C. G. JUNG SEU MITO EM NOSSA ÉPOCA

Marie-Louise von Franz

C. G. JUNG SEU MITO EM NOSSA ÉPOCA

Uma Biografia Única sobre a Vida, a Obra e o Perfil Arquetípico do Pai da Psicologia Analítica

Tradução
Adail Ubirajara Sobral

Editora
Cultrix
SÃO PAULO

Título do original: C. G. *Jung – His Myth in Our Time.*

2ª edição 2025.

Editor: Adilson Silva Ramachandra
Gerente editorial: Roseli de S. Ferraz
Preparação de originais: Verbenna Yin
Gerente de produção editorial: Indiara Faria Kayo
Editoração eletrônica: Join Bureau
Revisão: Ana Lúcia Gonçalves

Dados Internacionais de Catalogação na Publicação (CIP)
(Câmara Brasileira do Livro, SP, Brasil)

Franz, Marie-Louise von
C. G. Jung: seu mito em nossa época: uma biografia única sobre a vida, a obra e o perfil arquetípico do pai da psicologia analítica / Marie-Louise von Franz; tradução Adail Ubirajara Sobral. – 2. ed. – São Paulo: Editora Cultrix, 2025.

Título original: C. G. Jung: his myth in our time
ISBN 978-65-5736-357-7

1. Jung, C. G. (Carl Gustav), 1875-1961 2. Psicanalistas – Suíça – Biografia I. Título.

25-248559 CDD-150.1954

Índices para catálogo sistemático:

1. Jung, Carl Gustav: Psicanálise: Psicologia 150.1954
Cibele Maria Dias – Bibliotecária – CRB-8/9427

Direitos de tradução para a língua portuguesa adquiridos com exclusividade pela EDITORA PENSAMENTO-CULTRIX LTDA., que se reserva a propriedade literária desta tradução.
Rua Dr. Mário Vicente, 368 — 04270-000 — São Paulo, SP – Fone: (11) 2066-9000
http://www.editoracultrix.com.br
E-mail: atendimento@editoracultrix.com.br
Foi feito o depósito legal.

“In patientia vestra possidebitis animas vestras.”
“Na vossa paciência, possuireis as vossas almas. (DV)”

Lucas 21:19

SUMÁRIO

NOTA DE AGRADECIMENTO

Pela permissão para fazer citações das *Obras Completas* de C. G. Jung, das *Cartas* de Jung, editadas por Gerhard Adler em colaboração com Aniela Jaffé, e de *Shamanism – Archaic Techniques of Ecstasy* (*Xamanismo e as Técnicas Arcaicas do Êxtase*) de Mircea Eliade, agradece-se à Princeton University Press, editores dessas obras, da Série Bollingen, nos Estados Unidos, e a Routledge & Kegan Paul, editores no Reino Unido. Pela permissão para citações de *Memories, Dreams, Reflections* (*Memórias, Sonhos e Reflexões*), de C. G. Jung, gravado e organizado por Aniela Jaffé, agradece-se a Pantheon Books, Inc., uma divisão da Random House, Nova York, e a Collins e Routledge & Kegan Paul, Londres. (Tendo essas edições paginações distintas, citam-se ambas. Ver Introdução, p. 11.)

Pela permissão para usar a fotografia de C. G. Jung, agradece-se a Time-Life Picture Agency, © Time Inc.

INTRODUÇÃO

Escrever acerca do efeito de C. G. Jung na cultura de nossos dias e para a cultura de nossos dias, e fazer justiça ao assunto é uma tarefa que apresenta dificuldades incomuns. Em geral, as personalidades influentes o são, principal ou exclusivamente, em seus próprios campos profissionais. No tocante a Jung, contudo, a originalidade e a criatividade de suas descobertas e ideias se relacionaram com o ser humano como um todo, tendo portanto ecoado nas mais variadas áreas exteriores à psicologia: seu conceito de sincronicidade, por exemplo, refletiu-se na física atômica e na sinologia; sua interpretação psicológica dos fenômenos religiosos, na teologia; sua concepção fundamental do homem, na antropologia e na etnologia; sua contribuição para o estudo dos fenômenos ocultistas, na parapsicologia – para mencionar uns poucos casos. Como a obra de Jung abrange tantos e tão variados campos de interesse, sua influência na nossa vida cultural fez-se sentir de maneira gradual e, em minha opinião, mal começou. Hoje, cresce a cada ano o interesse por Jung, em especial na geração mais jovem. Desse modo, o crescimento da sua influência encontra-se ainda em seus estágios iniciais; daqui a trinta anos poderemos, com toda a probabilidade, discutir sua obra em termos bem diferentes dos de agora.* Em outras palavras, Jung estava a tal ponto à frente da sua época que as pessoas somente aos poucos começam a alcançar suas descobertas. Há também o fato de suas percepções e seus *insights* jamais serem superficiais, mas dotados de um grau tão assombroso de originalidade que muitos devem superar certo temor à inovação antes de poderem encará-los com a mente aberta. Ademais, suas obras publicadas incluem uma enorme quantidade de material detalhado, referente a muitos campos, devendo o leitor passar por toda essa gama de informações para conseguir acompanhá-lo. Jung observou certa vez que "tudo o que é bom é custoso. Requer tempo, requer paciência, e não há um fim para isso"[1].

Sendo esse o espírito que norteava o seu trabalho, não admira que a influência de Jung se faça sentir de modo lento. O leitor precisa dedicar toda a atenção às suas pacientes reflexões, que envolvem a penosa elucidação de muito material factual, para compreender o objetivo de Jung.

Além dessas considerações, há outra característica a distinguir, de maneira fundamental, a personalidade e a obra de Jung de todos os demais feitos culturais realizados até agora. Trata-se do fato de, nele, o inconsciente ter sido intensamente ativado, constelando-se também em seus leitores, visto que Jung foi o primeiro a descobrir a espontaneidade criativa da psique inconsciente e a segui-la conscientemente[2]. Ele permitiu que o inconsciente se expressasse diretamente naquilo que escreveu nas últimas obras. ("Tudo o que escrevi tem um fundo duplo", disse ele certa vez.) Assim, por um lado o leitor encontra de fato um argumento compreensível em termos lógicos, mas, por outro, vê-se exposto, ao mesmo tempo, ao impacto dessa "outra voz", o inconsciente, que pode tanto

---

* Na época em que este livro foi escrito, as teorias de C. G. Jung ainda estavam em processo de consolidação e divulgação pelas Sociedades de Psicologia Analítica. Porém, o vislumbre da autora foi acertado, passados já mais de trinta anos os conceitos de inconsciente coletivo e arquétipo são largamente aceitos e influenciam outras áreas além da psicologia, a exemplo do cinema e da propaganda. (N. do E.)

captá-lo como afugentá-lo. Entre outras coisas, pode-se ouvir essa "outra voz" na maneira especial como Jung revive os sentidos etimológicos originais das palavras e com que permite a entrada de elementos sentimentais e imaginativos em sua exposição científica[3].

Essas circunstâncias dificultam uma avaliação mais exata do impacto que Jung tem em nosso mundo. Esse impacto foi, e ainda é, dúplice: de uma parte, o efeito de sua personalidade e de sua obra e, de outra, o impacto dessa entidade maior, o inconsciente, com o qual ele estava tão comprometido.

Ao contrário de inúmeros homens e mulheres importantes, Jung não se importava tanto com o reconhecimento público de sua obra, e se importava menos ainda à medida que envelhecia. Ao mesmo tempo, ele fez todos os esforços possíveis para formular suas ideias de uma maneira compreensível a todos, para torná-las acessíveis a toda e qualquer pessoa. A correspondência sobremodo copiosa que deixou atrás de si, as numerosas cartas em que fez o possível para explicar seu ponto de vista às muitas pessoas que lhe escreviam com várias perguntas, o comprovam. Ele o fez, em parte, para não ser deixado sozinho e isolado com as próprias ideias, mas também, e em especial, por estar convencido de que o destino do mundo ocidental dependia em larga medida da compreensão dessas ideias. Porque, a seu ver, não é apenas o indivíduo quem está sujeito à enfermidade psíquica como resultado de uma atitude errônea para com o inconsciente; a mesma coisa pode acontecer a nações inteiras. Isso toca num ponto que aumenta ainda mais a dificuldade de descrever de maneira adequada o impacto causado por Jung em nossa cultura: sua obra ultrapassa a esfera acadêmica, penetrando em todas as outras áreas da vida. Jung interessava-se não somente pelos adoecimentos específicos da alma como também, e mais ainda, pelo próprio mistério da psique humana, que é a fonte de *todas* as atividades do homem. Nenhuma casa foi construída, nenhuma obra de arte foi criada, nem descoberta científica foi feita e nenhum rito religioso observado sem a participação da psique humana. Mesmo a bomba atômica, que um dia poderá aniquilar-nos a todos, teve sua origem na psique de alguns físicos. Tudo o que se possa descobrir acerca dessas leis naturais que se aplicam à psique humana também terá validade em relação a todos os aspectos da existência da humanidade. Podemos até dizer que as humanidades, as ciências naturais, as religiões, as artes, bem como o comportamento sociológico e individual dos seres humanos, surgem sob uma ótica inteiramente nova em razão da descoberta do inconsciente. Tanto o valor que imprimimos à nossa cultura como os valores que nela vemos e, talvez, também a sua própria sobrevivência, dependem de modo direto de uma compreensão "certa" ou "errada" do inconsciente.

Por mais estranho que pareça, as descobertas de Jung foram menos aceitas – ou foram aceitas com mais lentidão – em sua própria profissão, a psiquiatria acadêmica, do que em muitas outras. Líderes de outros campos científicos foram os primeiros a usar com proveito suas descobertas e ideias, e sempre foi a pessoa individual quem reagiu ao que encontrou na obra de Jung. Jung jamais foi um autor da moda; sua obra nunca foi fonte de nenhum *ismo*, tendo ele rejeitado movimentos e divisas. No seu octogésimo aniversário, realizaram-se duas celebrações. Para a primeira, foram enviados convites a pessoas cuidadosamente selecionadas, em sua maioria representantes oficiais de psicologia. Esse foi um evento um tanto formal, que o deixou cansado. Para a festa noturna, contudo, permitiu-se a presença de todos quantos desejassem ver o grande homem: estudantes, pacientes, o jardineiro de Jung, vizinhos de Bollingen. Em suma, uma grande variedade de pessoas "importantes" e "desimportantes" foi dar os parabéns na segunda festividade. A atmosfera era calorosamente humana e animada, e Jung se demorou mais do que pretendia. No caminho de casa, ele disse: "Sim, *essas* são as pessoas que darão continuidade à minha obra, indivíduos isolados que sofrem e buscam, e que tentam seriamente aplicar minhas ideias à sua própria vida, e não aqueles que satisfazem sua vaidade pregando-as a outros".

Seria contudo impreciso dizer que Jung não exerceu uma considerável influência em sua profissão. Apenas demorou mais para que suas realizações fossem reconhecidas por outros psicólogos; e a sua infeliz ligação com Sigmund Freud e a ulterior separação deles despertou, de modo desnecessário, tanta emoção que as questões objetivas ali envolvidas passaram despercebidas. Algo muito diferente de meros problemas pessoais esteve na base do conflito. O ponto fundamental era saber se o inconsciente é apenas um epifenômeno da consciência, advindo das repressões (Freud), ou, como pensava Jung, trata-se da matriz criadora autônoma da vida psíquica normal. Neste ponto, surgiam as diferenças básicas que permanecem ainda hoje.

Mas o que *é* de fato esse inconsciente que teve um papel tão amplo e imprevisível na vida e na obra de Jung? Na realidade, trata-se apenas de uma moderna expressão técnica para uma experiência interior que nasceu com a humanidade, a experiência que ocorre quando algo estranho e desconhecido toma conta de nós a partir de dentro de nós mesmos; quando as ações de forças interiores mudam subitamente nossa vida; quando sonhamos, temos inspirações e vislumbres que sabemos não terem sido "inventados" por nós, mas que vieram a nós a partir de uma psique "exterior" e abriram seu caminho até a consciência. Em épocas anteriores, esses efeitos de processos inconscientes eram atribuídos a um fluido divino (*mana*), a um deus, a um demônio ou a um "espírito". Essas designações exprimiam o sentimento de uma presença objetiva, estranha e autônoma[4], bem como de uma sensação de alguma coisa irresistível a que o ego consciente tem de submeter-se. O próprio Jung teve experiências desses sonhos, vislumbres e efeitos desde o começo da juventude, tendo escrito a seu respeito em sua autobiografia, *Memórias, Sonhos, Reflexões*. Embora ele possa ter tido experiências dessa espécie em número maior e com intensidade maior do que é costumeiro, elas não são de modo algum raras. No passado, e mesmo hoje, entre pessoas que vivem próximas da natureza, elas se acham entre as ocorrências óbvias e por si só evidentes da existência. Todo curandeiro primitivo depende de suas visões e de seus sonhos; todo caçador conhece impulsos e intuições sobrenaturais; toda pessoa genuinamente religiosa teve, em alguns momentos da vida, essas experiências interiores. Mesmo no contexto da nossa civilização ocidental, um número de pessoas maior do que pensamos experimenta coisas desse tipo, embora apenas raramente falem abertamente sobre elas, por temerem encontrar a rejeição racionalista tão característica da cultura contemporânea. Jung interessava-se pelo tabu, as chamadas manifestações parapsicológicas. Criado num ambiente rural no decorrer de sua primeira infância, ele as considerava familiares como o fazem todos os que vivem próximos da natureza, e elas despertaram sua curiosidade. Sua primeira obra publicada, a dissertação de graduação em medicina[5], trata desses fenômenos. Jung descobriu que o mais importante dos "espíritos" que se manifestavam durante as sessões descritas era uma parte ainda não integrada da personalidade da jovem médium, e essa parte se tornou, no decurso do crescimento ulterior dela, parte essencial de si mesma, tendo por isso cessado de aparecer autonomamente como um "fantasma". Logo, um importante passo na direção do seu trabalho ulterior foi dado no decorrer desse período inicial: ele percebeu que há fenômenos psíquicos objetivos que, embora inconscientes, pertencem à personalidade, e que não são conteúdos psíquicos reprimidos, mas nascentes. Dedicou um livro da obra posterior à investigação mais profunda desse mistério compreendido pelo aspecto criador da psique inconsciente.

As pessoas que tiveram suas próprias experiências fundamentais ou secundárias do inconsciente em geral compreendem sem dificuldade o que Jung diz ao descrevê-las. Para os intelectuais, contudo, em sua busca de definições exatas, o conceito de inconsciente é uma pedra de tropeço. Não temos condições de afirmar o que quer que seja acerca da natureza última desses fenômenos, pela simples razão de que a psique que os observa é a mesma psique que produz a experiência. Por honestidade, portanto, devemos resignar-nos com uma tentativa de organizar e descrever essas experiências sem nada concluir de modo definido sobre sua essência ou natureza última. Pode-se dizer que a compreensão junguiana do inconsciente marca o fim do racionalismo científico do século XIX. Isso, em minha opinião, é a causa básica de todas as disputas que jamais cessaram de surgir em torno da sua obra. Considerada mais de perto, contudo, essa questão, na verdade, não tem muita relevância. Os principais cientistas naturais de nossa época há muito abandonaram a ilusão de que o homem possa adquirir um conhecimento absoluto, de validade permanente, acerca da natureza – os físicos atômicos limitam-se, já há muito tempo, em descrever a matéria em vez de defini-la – e é chegada a hora de a psicologia avançar de forma semelhante. A atual pesquisa básica em todas as disciplinas científicas se inclina cada vez mais a sustentar a concepção razoável de que, mesmo nas chamadas ciências exatas, como a física e a matemática, não pode haver verdade absoluta, e de que a condição mental e psicológica geral do pesquisador, e, com elas, o *Zeitgeist* (espírito da época) e a comunicabilidade do que revelam as investigações, desempenham, todos, um papel relativizador. Na psicologia, há uma dificuldade adicional, que se traduz no fato de o objeto da ciência, a psique, ser também aquilo que pratica a ciência. Em outras palavras, não temos um ponto de Arquimedes fora da psique. Jung o percebeu bem no início de sua carreira e estava profundamente convencido da relatividade de todo conhecimento científico. "Eu considerava uma verdade científica como uma hipótese, adequada para o momento, mas não algo a ser preservado como um artigo de fé eternamente válido."[6] Para ele, suas próprias teorias jamais passaram de "sugestões e tentativas de formulação de uma nova psicologia científica fundamentada, em primeiro lugar, na experiência imediata com seres humanos"[7]. "Não elaborei um sistema nem uma teoria geral, tendo formulado, tão somente, conceitos auxiliares que me servissem de ferramentas [...]"[8] pois "[...] nunca acreditei que nossas percepções fossem capazes de apreender todas as formas de existência [...]. Toda compreensão e tudo o que se compreendeu é, em si mesmo, psíquico, e nessa medida encontramo-nos irrecuperavelmente aprisionados num mundo exclusivamente psíquico."[9] Por conseguinte, não pode haver uma verdade válida em geral, embora seja de fato possível fazer uma *descrição verdadeira* de dados psíquicos, que também pode ser comunicada a outras pessoas, desde que os dados tenham relevância para a experiência humana em geral. Se isso não ocorresse, todos estaríamos isolados numa subjetividade sem esperanças e só seríamos capazes de falar conosco mesmos. O fato de isso não ser a regra se deve em parte ao fato de que, quando se dá expressão a ideias que estão "no ar", ou que estão psicologicamente consteladas no coletivo, é possível que essas ideias encontrem certa aceitação.

Nossa imagem do mundo adquiriu um aspecto dual como resultado do reconhecimento e da aceitação do inconsciente, com consequências imprevisíveis para todas as disciplinas científicas. Já não é possível, ao contrário do que se fazia no passado, desconsiderar o fato de o ato de observação ser necessariamente subjetivo, ao menos num grau mínimo; mesmo os computadores dependem da psicologia dos seus programadores. Essa nova consciência nos faz dar um giro de cento e oitenta graus – mas num nível superior –, retomando à situação em que o *homo religiosus* das mais remotas épocas se sentia exposto a certos poderes psíquicos desconhecidos, benéficos ou prejudiciais, e com os quais ele teve de aprender a lidar.

Como não desejasse ocultar o elemento subjetivo de sua obra, Jung deu uma vívida descrição, em *Memórias, Sonhos, Reflexões*, do gradual surgimento do seu ego consciente (que ele denominou "nº 1") a partir do fundo objetivo-psíquico ("nº 2"). Durante esse processo, tornou-se aos poucos dolorosamente claro para ele que a maioria das pessoas que o cercavam tentavam como podiam esquecer os respectivos "nºs 2", isto é, o inconsciente, ficando ofendidas quando ele tentava falar-lhes a esse respeito. Além disso, sua lealdade ao "gênio" – ou "*daimon*" outra designação possível – interior provocava desconfiança e aversão em muitas pessoas, quase como se ele mesmo lhes parecesse o demônio do inconsciente a que tanto temiam. Isso ainda me parece ser o caso, em certa medida, mesmo em nossos dias. O nome de Jung poucas vezes deixa as pessoas indiferentes; elas quase sempre manifestam uma rejeição ou um entusiasmo carregados de emoção, sempre que ele é mencionado. Apenas raramente se encontra alguém que faça uma avaliação isenta[10]. Examinadas mais de perto, contudo, essas reações em geral se inclinam em direção a esse deus ou demônio, o inconsciente, cuja existência muitos contemporâneos não desejam reconhecer, razão pela qual fazem com frequência toda espécie de sofismas em objeção à psicologia profunda, sem perceber que são motivadas pelo medo. A obra de Jung destaca-se, portanto, como uma pedra de tropeço no cenário intelectual contemporâneo. É também fundamental, num certo sentido, ser moderno.

A afirmação de Jung a respeito de Freud, de que este era inspirado, também se aplica ao próprio Jung. Ele era inspirado, no sentido de estar vinculado às suas experiências numinosas interiores. Como ele escreve: "[...] na origem das grandes religiões confessionais, bem como de muitos movimentos místicos de menor envergadura, encontramos personalidades históricas individuais cujas vidas se distinguiam por experiências numinosas"[11]. Essas pessoas não são, contudo, casos patológicos, porque a "significativa diferença [...] entre casos meramente patológicos e personalidades 'inspiradas' reside no fato de estas, cedo ou tarde, encontrarem grande número de seguidores, podendo assim transmitir seu efeito pelos séculos. [...] elas falam de algo que está 'no ar' e que 'vem do coração'"[12]. "O sábio que não tem cuidado é considerado tolo, e o tolo que proclama a loucura geral, em primeiro lugar e em voz mais alta, passa por profeta e *Führer* e, por vezes, é, por sorte, justamente o contrário."[13] Quando um grande número de pessoas é persuadido ou convertido pelo efeito de uma personalidade notável, sempre se vem a saber que ele formula de modo consciente precisamente as ideias e concepções que servirão para compensar algum mal-estar psíquico geral[14], e que essas imagens irromperam do inconsciente como parte de sua experiência pessoal, mas também estão consteladas no inconsciente de muitas outras pessoas. No curso da história, essas personalidades inspiradas quase sempre apresentaram as próprias experiências interiores como novos ideais e novas verdades *religiosas*, em geral com a alegação "metafísica" de serem elas a verdadeira revelação definitiva. Mesmo filosofias e teorias científicas nem sempre estão livres dessas reivindicações de validade universal. Mas devemos nos dar conta de quão lamentavelmente relativas são todas as nossas convicções, mesmo as mais profundas, diante da multiplicidade histórica e internacional de imagens religiosas e verdades "definitivas". Por essa razão, Jung, embora fosse uma personalidade inspirada, rejeitava, de modo consciente e claro, toda reivindicação "religiosa" ou de alguma forma "absoluta" de validade para as suas descobertas. "Em vista dessa situação incerta ao extremo", escreveu ele, "parece-me muito mais cauteloso e razoável tomar conhecimento do fato de que não há apenas um inconsciente psíquico, mas também um inconsciente psicoide[15], antes de ter a pretensão de pronunciar julgamentos metafísicos [...]. Não é necessário temer que a experiência interior seja por isso privada de sua realidade e de sua vitalidade"[16]. Com isso, o indivíduo em si passa para o centro do campo de visão ou de atenção.

Nas páginas seguintes, não vou entrar nas muitas disputas pessoais, efêmeras e superficiais, acerca da obra de Jung. Tentarei, em vez disso, situar tanto o homem Jung como a influência de sua obra numa perspectiva histórica mais ampla, a da história de nossa cultura ocidental[17]. Enquanto, com poucas exceções, os contemporâneos de Jung, mais que outra coisa, ficaram alienados de sua obra, as gerações posteriores caminharam tanto com as mudanças em nosso *Zeitgeist* que lhes é mais fácil compreendê-la. Mas a roda do tempo terá de girar ainda mais antes de o público mais amplo começar a perceber o que Jung significou. Já antes da Primeira Guerra Mundial, Jung, durante uma crise de solidão, passou por uma morte interior e renovação espiritual, da espécie que, passadas duas grandes catástrofes mundiais, tornou-se hoje mais comum entre europeus e americanos cultos. Fica cada vez mais claro que os nossos valores culturais foram solapados, de maneira que, mesmo em meio à massa, em especial entre os jovens de hoje, há indivíduos que buscam não tanto a destruição do antigo, como algo novo que sustente uma construção. E, como a destruição se disseminou tanto e foi tão profunda, esse novo fundamento deve localizar-se nas profundezas, no núcleo humano mais natural, mais primordial e universal da existência. Quando fiz a Jung a observação de que suas percepções psicológicas e sua atitude para com o inconsciente me pareciam, em muitos aspectos, idênticas às das religiões mais arcaicas – por exemplo, o xamanismo ou a religião dos índios Naskapi, que não têm sacerdotes nem rituais, mas apenas seguem seus próprios sonhos, que acreditam serem enviados pelo "grande homem imortal do coração" –, Jung respondeu com um sorriso: "Bem, não há do que se envergonhar. É uma honra!" O filho do pastor, para quem a igreja passara a significar tão somente morte[18], cedo chegou ao doloroso reconhecimento de que a religião eclesiástica não lhe podia dar respostas. Em vez disso, ele descobriu o caminho da iluminação nas profundezas da própria alma. É o mesmo lugar em que a juventude americana, por exemplo, o procura hoje, na maioria das vezes por meio de drogas, e não do confronto consciente direto. A base e a substância de toda a vida e obra de Jung não residem nas tradições e religiões que se tornaram conteúdos da consciência coletiva, mas antes, na experiência primordial que constitui a fonte última desses conteúdos: o encontro do indivíduo com o seu próprio deus ou *daimon*, a batalha com as emoções, afetos, fantasias, inspirações criadoras e obstáculos poderosíssimos que vêm à luz a partir de dentro. É portanto natural que a maioria dos que compreendem isso sejam pessoas para quem a vida de todas as doutrinas pregadas, ensinadas e acreditadas perdeu o sentido e que se veem forçadas, por conseguinte, como o próprio Jung o foi, a curvar-se sem preconceito e a dar atenção ao lado desprezado de sua própria psique inconsciente em busca de sinais que possam indicar o caminho.

Quem tiver observado, ao longo da última década*, o desenvolvimento de influências inconscientes no *Zeitgeist* e na atual crise de nossa cultura, pode ver que as mesmas imagens arquetípicas que vivem sob a obra de Jung hoje exercem um impacto cada vez maior sobre o público mais amplo, que o "mito" de Jung vem se manifestando em todo o mundo de maneira virulenta e, de certo modo, negativa, e que a atitude

* A autora está se referindo ao movimento de contracultura dos anos 1960-1970, que defendia outras leituras da realidade e contestava os valores sociais hegemônicos. (N. do E.)

consciente de Jung diante dos conteúdos desse mito e o seu confronto com eles não são de forma alguma conhecidos em toda parte nem populares. As razões disso serão discutidas adiante, mas, aqui, tornou-se ao menos necessário vislumbrar os efeitos do "mito" de Jung tal como ele o viveu, em parte em consonância com as correntes espirituais de nossa época e, em parte, em oposição a elas. Eis por que não tomei como *leitmotiv* nem como tema deste livro as datas da biografia externa de Jung, nem uma apresentação cronológica ou apresentação sistemática do desenvolvimento de suas ideias[19], preferindo tentar seguir a melodia básica de seu mito interior.[20].

NOTAS

1. E. A. Bennet. C. G., *Jung*, p. 152. (Para referências completas, Ver a Bibliografia.)
2. Freud, como é bem sabido, considerava o inconsciente um epifenômeno, ou fenômeno secundário, composto de desejos incestuosos inconscientes que bem poderiam ser conscientes.
3. Por infelicidade, esse duplo aspecto dos escritos de Jung não foi preservado na monumental edição em inglês de suas *Collected Works* (*Obras Completas*), tradução de R. F. C. Hull.
4. Cf. Jung e Aniela Jaffé, *Memories, Dreams, Reflections*, pp. 336s/309s. [*Memórias, Sonhos, Reflexões*. São Paulo: Edição do Círculo do Livro, 1993, p. 303.] (Como as edições de Nova York e de Londres têm paginações distintas, são dadas duplas referências de página para essa obra; a referência de Nova York é a primeira.)
5. *Zur Psychologie und Pathologie Sogenannter Occulter Phänomene* (1902). A versão em inglês, *On the Psychology and Pathology of So-called Occult Phenomena*, aparece em *Psychiatric Studies*, vol. 1 das *Obras Completas* (daqui por diante indicadas nas notas em seus respectivos volumes; ver a Bibliografia para os detalhes).
6. *Memories*, pp. 151/148. [*Memórias, Sonhos, Reflexões*. São Paulo: Edição do Círculo do Livro, 1993, p. 143.]
7. Prefácio para Jolande Jacobi, *The Psychology of C. G. Jung*.
8. Jung, "Reply to Buber", *Spring*, 1973, p. 199. (Também em *A Vida Simbólica*, *Obras Completas*, vol 18/1 e 18/2.)
9. *Memories*, pp. 351s/323. [*Memórias, Sonhos, Reflexões*. São Paulo: Edição do Círculo do Livro, 1993, p. 316.]

10. Como escreve L. L. Whyte, em *The Unconscious Before Freud*, o conceito de inconsciente tem muitos antecedentes na filosofia ocidental e é concebido das mais variadas formas. Jung, infelizmente, mal é mencionado no livro e, portanto, é interpretado erroneamente; mas o leitor pode ao menos obter um quadro das concepções pré-freudianas do inconsciente na filosofia. Friedrich Seifert, em *Seele und Bewusstsein*, tenta conferir a Jung o seu lugar na história da filosofia. A leitura desse livro é muito mais proveitosa, em especial porque o autor teve experiência psicológica prática. Sua crítica a Heidegger (p. 246) me parece bem justa, sendo recomendada. Cf. também Ellenberger, *The Discovery of the Unconscious*, que, não obstante, contém alguns erros.
11. Jung, *Mysterium Coniunctionis*, *Obras Completas*, vol. 14, par. 792.
12. *Ibidem*.
13. *Ibidem*, par. 793.
14. "Compensar", completar uma unilateralidade consciente, ou equilibrá-la, na direção da totalidade.
15. Isto é, um inconsciente por trás do qual alguma coisa incognoscível e transpsíquica está em ação.
16. *Mysterium Coniunctionis*, par. 798.
17. Um excelente relato das teorias de Jung no tocante às tendências filosóficas imediatas pode ser encontrado em Peter Seidmann, *Der Weg der Tiefenpsychologie in geistesgeschichtlicher Perspektive*.
18. Cf. *Memories*, pp. 55/64 [*Memórias, Sonhos, Reflexões*. São Paulo: Edição do Círculo do Livro, 1993, p. 64]: "[...] não voltaria mais à igreja que, para mim não era o lugar da vida, mas da morte".
19. Não é intenção deste livro poupar ao leitor um estudo da obra de Jung. Um breve levantamento pode ser encontrado em Gerhard Wehr, *Portrait of Jung*, ou em E. A. Bennet, *What Jung Really Said*.
20. À medida que ler as páginas seguintes, o leitor vai perceber que estou convencida das ideias de Jung. Não se deve pensar que isso signifique que eu as considero verdades científicas "absolutas" e de validade universal. Contudo, desde a minha juventude tive eu mesma experiências interiores para as quais as descobertas de Jung me ofereceram a explicação mais esclarecedora até o momento e verifiquei que ocorre o mesmo com muitas outras pessoas. Portanto, estou convencida, por um lado, de que certos processos básicos na vida e na obra de Jung acompanham o de inúmeros homens e mulheres de hoje e, por outro, de que a honesta e cuidadosa tentativa de Jung no sentido de interpretar esses processos leva mais longe do que quaisquer outras explicações que conheço.

CAPÍTULO I

O DEUS SUBTERRÂNEO

A exclamação de Nietzsche "Deus está morto!" – muito discutida pela imprensa há não muito tempo[1] – expressa sucintamente uma experiência que perturbou Jung quando garoto. Nascido a 26 de julho de 1875, em Kesswil, cantão da Turgóvia, ele viveu por quatro anos no presbitério de Laufen, do lado suíço do Reno, perto da Basileia; ainda em tenra idade, sentiu-se oprimido pela sombria atmosfera que o cercava. Como era inevitável, testemunhou funerais, realizados no cemitério próximo, de "certas pessoas que antes vira pelas redondezas", sendo-lhe dito que "o Senhor Jesus as tomara para Si"[2]. Em razão da compreensão errônea de uma oração infantil que lhe ensinaram, chegou aos poucos à convicção de que Jesus era um "devorador de homens". Todavia, esse obscurecimento da imagem de Cristo não pode ser atribuído apenas a esses eventos exteriores. Também resultou da atmosfera geral prevalecente num lar cristão daquela época, uma atmosfera psíquica em que a fé religiosa perdera sua característica de vivacidade original e ficara, em larga medida, rigidamente cristalizada num estilo de vida coletivo-consciente. O pai de Jung, o pastor Johannes Paul Achilles Jung, aos poucos tinha perdido a fé no profundo do seu ser; tentara desesperadamente e com grandes sofrimentos substituí-la por um ponto de vista assumido conscientemente. A mãe de Jung, por sua vez, assumiu uma atitude ambígua, como costuma acontecer com as pessoas nas quais primeiro vem o sentimento. Na superfície, participava do modo de vida cristão coletivo, mas no fundo, sua *religio*[3] pessoal era a da natureza, dos animais, das águas, da floresta. De quando em vez, o filho tinha alguns vislumbres surpreendentes, chocantes e benéficos dessas profundezas, embora ela jamais discutisse com ele esses assuntos.

Mas o que significa de fato a afirmação das pessoas de que "Deus está morto"? Se há um deus que não depende da experiência humana, pode-se supor que esse moderno rótulo não o incomode muito! A questão em foco é antes o fato de que a nossa imagem de Deus, ou a nossa definição dele, está morta para nós, embora a palavra seja uma designação relativa a algo que, para as gerações passadas, estava vivo no mais elevado grau e representava para elas algum valor supremo. Esse Algo, que estava tão vivo na imagem que faziam de Deus, esse poder psicologicamente eficaz que evocava nelas uma impressionante reverência pelo seu "Deus", não está, contudo, morto (como Jung compreendeu mais tarde, tendo buscado verificar). Deus jamais foi "captado" de fato nessa imagem feita pelo homem, e menos ainda pelas definições, de modo que está livre para deixá-las para trás e para "revelar-se" de outro modo. Em vez de dizer, com Nietzsche, "Deus está morto", estaria mais próximo da verdade, na opinião de Jung[4], dizer: "[...] o valor mais elevado, que dá vida e sentido, perdeu-se"[5]. "(Deus) fugiu da nossa imagem, e onde o encontraremos outra vez?"[6]

Não é raro que uma comunidade cultural perca o seu deus e caia, por essa razão, numa severa crise social e psicológica; trata-se de uma ocorrência típica, que se repetiu com frequência no curso da história. Assim sendo, os deuses de muitas religiões "morrem": esse motivo tem até um lugar central no próprio mistério cristão, na imagem da crucificação, no sepultamento e na ressurreição de Cristo. "Sei apenas", diz, por conseguinte, Jung, "– e aqui exprimo o que inúmeras pessoas sabem – que o presente é uma época de morte e desaparecimento de Deus. O mito diz que ele não será encontrado no local em que depuseram o seu corpo. 'Corpo' significa a forma exterior, visível — o recipiente primitivo, mas efêmero do valor mais elevado"[7].

O mito cristão diz, ademais, que o valor se elevou novamente de uma forma miraculosa, mas *transformado*. Esse *insight* que Jung exprime numa obra publicada em 1938[8], remonta de certo modo a uma profunda experiência dele mesmo, a saber, o primeiro sonho de que se lembrava e que teve aos 3 ou 4 anos. O primeiro sonho da infância de que podemos nos lembrar costuma apresentar de forma simbólica, como Jung mais tarde observou[9], a essência de toda uma vida, ou da primeira parte da vida. Reflete, por assim dizer, um aspecto do "destino interior" para o qual o indivíduo nasceu. No cerne do próprio sonho infantil de Jung, havia um conteúdo misterioso que estava destinado a tecer o fundamento definitivo de sua vida e de sua obra. Ele escreve:

> O presbitério fica isolado, perto do castelo de Laufen, e atrás da quinta do sacristão estende-se uma ampla campina. No sonho, eu estava nessa campina. De súbito, descobri uma cova sombria, retangular, de alvenaria. Eu jamais a vira antes. Curioso, me aproximei e olhei seu interior. Vi uma escada que conduzia ao fundo. Hesitante e amedrontado, desci. Embaixo deparei com uma porta em arco, fechada por uma cortina verde. Esta era grande e pesada, de um tecido adamascado ou de brocado, cuja riqueza me impressionou. Curioso por saber o que se escondia atrás, afastei-a e deparei com um espaço retangular de cerca de dez metros de comprimento, sob uma tênue luz crepuscular. A abóbada do teto era de pedra e o chão, de azulejo. No meio, da entrada até um estrado baixo, estendia-se um tapete vermelho. A poltrona era esplêndida, um verdadeiro trono real, como nos contos de fadas. Sobre ele uma forma gigantesca quase alcançava o teto. Pareceu-me primeiro um grande tronco de árvore: seu diâmetro era mais ou menos de cinquenta ou sessenta centímetros e sua altura se aproximava de quatro ou cinco metros. O objeto era estranhamente construído: feito de pele e carne viva, sua parte superior terminava numa

> espécie de cabeça cônica e arredondada, sem rosto nem cabelos. No topo, um olho único, imóvel, fitava o alto.
>
> O aposento era relativamente claro se bem que não houvesse qualquer janela ou luz. Mas sobre a cabeça brilhava certa claridade. O objeto não se movia, mas eu tinha a impressão de que a qualquer momento poderia descer do trono e rastejar em minha direção qual um verme. Fiquei paralisado de angústia. Nesse momento insuportável, ouvi repentinamente a voz de minha mãe, como que vinda do interior e do alto, gritando: "Sim, olhe-o bem, isto é o devorador de homens!" Senti um medo infernal e despertei transpirando de angústia[10].

Antes desse sonho, o garotinho, como se mencionou, já tinha associado imagens plenas de ansiedade com a figura de Jesus e, por meio da compreensão errônea da oração das crianças, até extraíra a noção de que Jesus era um "devorador de homens".

> Nunca cheguei a saber [prossegue Jung em seu relato do sonho] se minha mãe pretendera dizer: "*Isto* é o devorador de homens" ou "Isto é o *devorador de homens*!" No primeiro caso, teria querido significar que não era Jesus [...] o devorador de crianças, mas sim o falo; no segundo, que o 'devorador de homens' é representado de um modo geral pelo falo; portanto, o sombrio 'Senhor Jesus' [...] e o falo eram idênticos[11].

Como o próprio Jung se deu conta, a cova na campina representava o túmulo, cuja cortina verde simboliza o mistério da terra, com a sua cobertura de vegetação verde. "A significação abstrata do falo é mostrada pelo fato de este ter sido entronizado por si mesmo 'itifalicamente' [...]. O falo desse sonho parece ser um Deus subterrâneo 'que não deve ser nomeado' [...]. O Senhor Jesus jamais se tornou muito real para mim, jamais muito aceitável [...] porque repetidas vezes eu pensava em sua contraparte subterrânea [...] algo não humano e do mundo inferior, que olhava fixamente para cima e se alimentava de carne humana."[12] Esse sonho era "uma iniciação no mundo das trevas. Minha vida intelectual teve seu começo inconsciente nessa época"[13].

Pode-se escrever um livro acerca desse misterioso símbolo onírico, tão pleno de sentidos. Em primeiro lugar, o próprio Jung viu nele um nascimento, o de sua vida intelectual. De fato, segundo a antiga concepção romana, o falo simboliza o "gênio" secreto do homem, a fonte de seu poder criador físico e mental, o gerador de todas as suas ideias brilhantes ou inspiradas e de sua esperançosa alegria de viver. Todo romano oferecia sacrifícios ao seu "gênio" no aniversário. Mais tarde, no caso de Jung, esse "gênio" sempre irradiava de sua personalidade, na "festiva" atmosfera jovial que criou em torno de si, em seu bom humor e em sua abertura a cada uma e a toda espécie de piada, em sua enorme vitalidade e, sobretudo, em seu compromisso, mantido por toda a vida, com o próprio espírito criador interior, que o impelia incessantemente a pesquisar e a criar cada vez mais. Esse espírito foi também a fonte de uma capacidade incomumente grande de amar, que representou, ao mesmo tempo, um estímulo e um ônus em sua existência. Jung era dotado, num grau extraordinário, do dom da empatia, quase ao ponto da mediunidade[14], bem como da participação, da simpatia e do calor humano pela sua família, pelos seus amigos, pelos seus pacientes, enfim, por toda a humanidade. Na realidade, ele sempre estava pronto a receber qualquer pessoa, com uma silenciosa aceitação e sem referência a raça ou posição social. Mas sua capacidade de amar também foi fonte de muitas desilusões e de muito sofrimento, sendo essa uma das razões por que ele sofreu, quase chegando ao desespero, durante as duas guerras mundiais que atravessou, embora, na qualidade de suíço, não tivesse sido afetado pessoalmente por elas. Jung compartilhava dessa característica de Eros intenso com outros suíços, como Nicolas de Flüe, general Dufour e Pestalozzi[15], todos eles homens que se voltaram para os seus semelhantes sofredores numa atitude de amor e que encontraram sua vocação por meio dessa postura, e não nas lutas acadêmicas ou políticas pelo poder.

"Jung era direto e primitivamente vital com rara intensidade", atesta, por exemplo, Otto Händler. "Enfrentava os homens, as coisas e as ideias com todo o seu ser, num confronto genuíno. Essa qualidade de acolher de peito aberto tudo o que lhe surgia no caminho vinculava-se a uma impressionabilidade imediata e a uma profunda capacidade para o sofrimento."[16] Um dos seus discípulos escreve: "Eis a primeira característica perceptível em Jung: seu respeito pelo outro [...] ele sempre dava a mesma atenção intensa a tudo aquilo acerca do que eu o consultava [...]. As questões pequenas e grandes pareciam assumir em sua mente [...] a característica de cores brilhantes mas transparentes, refletindo uma luz que não era sua, numa ampla tela"[17]. Era um homem passional de mente esclarecida que podia beber da fonte dos séculos de pensamento humano, possuindo aquela capacidade de "maravilhamento" e de nunca considerar algo como garantido, o que faz tudo parecer novo e fresco. Sua consciência, dotada de incomum clareza, permitia-lhe suportar a solidão que cerca inevitavelmente tal grandeza, ao mesmo tempo que o capacitava a entregar-se sem reservas ao trabalho, aos pacientes, à família e aos amigos. O que distinguia em especial a personalidade de Jung, e que se revelava de maneira notável no contato direto com ele, era, em minha opinião, sua integridade e franqueza absolutas – uma honestidade que se mantinha firme mesmo quando a conversa tocava em questões de que a maioria das pessoas fogem com embaraço e com uma polidez pseudocuidadosa. É verdade que ele também aprendeu, em consequência de muitas desilusões, a se retrair diplomaticamente e a se manter calado. Mas quem merecia seu respeito ou amizade era tratado com simplicidade e confiança tão profundas que quase se via forçado a tomar consciência do pano de fundo sombrio que havia nele. Muitos amigos íntimos de Jung eram criativos[18] e tinham condições de compreender algo de um destino regido pelo "gênio", porque também eles tinham sido tomados por um "*daimon*". Para outros, ele permaneceu por toda a vida um homem simpático e natural, mas um homem cujo "segredo" parecia incompreensível ou mesmo, por vezes, estranho. As mulheres, por natureza mais próximas do princípio de

Eros do que do Logos, o compreendiam melhor, de modo geral, do que os homens. Por isso, havia muitas mulheres na primeira geração de seus discípulos, que ajudaram a tornar conhecidas suas ideias. Em primeiro plano, sua própria esposa, Emma Jung, encorajou e enriqueceu seu trabalho[19]. Entre outras, merecem menção especial Toni Wolff[20], amiga e colega de Jung, que foi por muitos anos presidente e o espírito impulsionador do Clube de Psicologia de Zurique, bem como M. Esther Harding[21] e Eleanor Bertine[22], fundadoras do Clube de Psicologia Analítica de Nova York e, mais tarde, membros fundadores da Fundação C. G. Jung de Psicologia Analítica. Também muito conhecidas são Barbara Hannah[23], Rivkah Schärf-Kluger[24], Frances Wickes[25], Linda Fierz-David[26], Cornelia Brunner[27] e muitas outras. Aniela Jaffé[28] e Jolande Jacobi[29] compartilham o mérito especial de terem tornado a obra de Jung mais compreensível para o grande público[30].

Em 1903, Jung desposou Emma Rauschenbach, de Schaffhausen. Tiveram cinco filhos, quatro meninas e um menino. Ele amou profundamente sua família e passava muito tempo com ela. Em *Memórias, Sonhos, Reflexões*, Jung revela quanto ela significava para ele e quanto ela o ajudou para que evitasse ser absorvido completamente pelas exigências do demônio criador[31].

Ao longo da vida de Jung, o deus do Eros criador, que ele encontrara em seu primeiro sonho, mostrou ser um espírito exigente que não lhe dava paz e que o levou sem cessar a uma investigação cada vez mais profunda. O próprio Jung confessou, no fim da vida:

> Tive muitos problemas para lidar com minhas ideias. Havia um demônio em mim [...]. Ele me dominou e, se por vezes fui implacável, isso se deveu ao jugo do demônio. Nunca pude parar depois de conseguir alguma coisa. Eu tinha de correr, para acompanhar minha visão. Como os meus contemporâneos, compreensivelmente, não podiam perceber a minha visão, o que viam não passava de um tolo às carreiras. [...] Eu não tinha paciência com as pessoas – excetuando meus pacientes. Eu tinha de obedecer a

uma lei interior [...]. Assim, consegui muitos inimigos. Uma pessoa criativa tem pouco poder sobre a própria vida. Não é livre. É cativa e dirigida pelo seu demônio.

> *'Vergonhosamente,*
> *Uma força nos arranca o coração,*
> *Porque os Seres Celestes exigem sacrifício;*
> *Mas se acaso pudesse ela ser contida,*
> *Isso jamais produziria algum bem',*

diz Hölderlin.

"O demônio da criatividade exerceu impiedosamente sua influência sobre mim[32]".

Em seu jardim de Küsnacht, Jung erigiu uma estátua ao deus fálico do seu primeiro sonho, uma estátua em forma de *kabir*, que denominou *Atma victu* (Alento de vida) e, em seu local de nascimento em Bollingen, esculpiu uma grinalda de hera em torno de uma pedra angular fálica, que fica à beira do lago, com a inscrição "*Attei to kallisto*" ("Ao belíssimo Átis"). A pedra está cercada por anêmonas selvagens, a flor de Átis, um deus que simbolizava a eterna glória primaveril da vida.

Contudo, o antigo deus fálico do sonho de Jung não personificava apenas o princípio de Eros e o do criativo. Na Antiguidade, também era conhecido como Telésforo, um guia de Asclépio, o deus da medicina[33]. No pórtico do santuário de Asclépio, em Epidauro, há imagens de Eros e Methe: o amor e o êxtase como forças psíquicas de cura. O próprio Asclépio tem Telésforo como *kabir* fálico perto de si ou ao seu redor, como um duplo juvenil de si mesmo. O nome Telésforo significa "aquele que traz completude"; é um deus da transformação interior.

O intenso amor de Jung pelos seres humanos o dispôs, como o faz com tantos médicos, a ter simpatia por pacientes que nem sempre o merecem. Seu *schnauzer* cinza, Joggi, certa feita ficou com a pata presa na porta e, quando Jung tentava libertá-lo, o cão o mordeu, apenas por causa da dor. Jung gostava de contar essa história e acrescentava, com um sorriso, "os pacientes às vezes também fazem isso". Uma vez uma mulher estranha, perturbada e desagradável irrompeu na calma do seu local de nascimento em Bollingen e o deixou exausto com seus problemas. Quando o reprovaram por não ter-se protegido, ele replicou, com gravidade: "A vida tem sido tão cruel com algumas pessoas que não se pode julgá-las mal por serem deformadas". Durante toda a vida, Jung demonstrou a generosidade e a magnanimidade típicas dos fortes e, não por acaso, nativos africanos chamaram-no "o Urso", ao vê-lo descer uma escada de costas[34]. (O urso em geral está especialmente associado com curandeiros do norte, como um deus da floresta de quem eles tiram a força.)

O princípio de Eros, a *compassio* do médico curador e o "gênio" criador devem ser vistos como os componentes decisivos do destino de Jung. São simbolizados, todos eles, pelo misterioso falo do seu primeiro sonho. Mas há algo ainda maior, um fator de natureza transpessoal, sob a superfície, porque aquele primeiro sonho também contém uma resposta para o problema da morte de Deus, o problema específico da época em que Jung nasceu, cujo caráter tenebroso lançou uma sombra na atmosfera de sua primeira infância. Porque se trata da imagem de um falo-*túmulo*, da espécie que os etruscos, os romanos e os gregos usavam para erigir no túmulo de um homem; era um símbolo da *pós-vida do espírito* e garantia da ressurreição do morto. No sonho de Jung, o morto fora por certo um rei que agora, como falo-túmulo, esperava a ressurreição. No antigo Egito, por exemplo, o deus-sol e rei quando morto era honrado dessa maneira, como Osíris, sendo representado pela coluna fálica *djed*. A ereção dessa coluna na câmara mortuária significava a ressurreição do morto, que se tornara idêntico ao deus Osíris. Ele era o deus verde ou negro do mundo inferior, personificando ainda o espírito da vegetação.

Na Grécia antiga, Hermes, o mensageiro dos deuses, era representado por um falo e, tal como Osíris, era tanto condutor como rei dos mortos. Como Quilênio, era o deus do amor e da fertilidade. Hermes-Mercurius é o deus dos pacificadores, dos eruditos, dos intérpretes, dos cozinheiros e dos alquimistas – aspectos que Jung concretizou na própria vida[35].

Na Antiguidade recente, a imagem do deus fálico Hermes ampliou-se pouco a pouco, tornando-se a imagem cósmica de um deus-homem que anima toda a natureza, uma imagem do *anthropos* (homem divino cósmico), como era conhecido pelos gnósticos. Esse deus-homem foi descrito nas seguintes palavras de um texto ofita:

> Dizem agora que os egípcios, que de todos os homens, excetuando os frígios, são os mais antigos, foram os primeiros a proclamar a todos os outros homens [...] a consagração e o culto de todos os deuses, bem como de todos os poderes de todos os deuses e de suas formas de manifestação, e que eles detêm os sagrados e sublimes mistérios de Ísis, que não podem ser transmitidos aos não iniciados. Esses mistérios, contudo, não têm como seu objeto senão o falo de Osíris [...]. Por Osíris, eles designam a água [...]. Dizem da substância da semente que é a fonte de todo vir a ser, que ela nada é por si mesma, mas produz e cria todo vir a ser, porque eles dizem: "Torno-me o que quero e sou o que sou". Por conseguinte, é o que não se move, mas move tudo. Pois permanece o que é, mesmo criando todas as coisas, e não se torna coisa criada. Isso por si só é bom e não há templo em que o oculto (isto é, o falo) não esteja desnudo no pórtico, ereto de baixo para cima e cercado por uma grinalda dos frutos de todo vir a ser [...]. E os gregos incorporaram esse símbolo místico dos egípcios e o mantêm até hoje. Vemos, portanto, que Hermes era adorado por eles dessa maneira. Os quilênios, contudo, o homenageavam especialmente como o Logos. Dizem, literalmente: "Hermes é o Logos". Ele é considerado o Hermeneuta[36] e criador daquilo que era, é e será, merecendo deles honras, tendo-se tornado conhecido por meio de uma estátua que representa o órgão sexual masculino que luta, nas coisas inferiores, pelas superiores [...]. No santuário da Samotrácia, entretanto, há as estátuas de dois homens nus que estendem ambas as mãos para o céu e cujos membros sexuais apontam para cima, tal como a imagem de Hermes na Quilênia. Mas essas estátuas são imagens do homem

> original e do homem pneumático renascido, idêntico ao primeiro. Os frígios também o chamam de cadáver, porque ele é enterrado no corpo como um mausoléu numa sepultura. Em sentido oposto, os mesmos frígios o chamam pelo nome de Deus [...]. Trata-se daquele que tem muitos nomes, do que tem mil nomes, do incognoscível, na direção do qual toda criatura sempre está lutando por seguir, cada qual em seu caminho[37].

Essa imagem *Anthropos* gnóstica era um espírito divino *que permeia toda a natureza*, símbolo da "união da matéria espiritualmente viva e fisicamente morta"[38], personifica o segredo que os alquimistas e os filósofos herméticos sempre buscavam na natureza. Essa imagem de deus "subterrânea" ou "oculta" – isto é, escondida nas profundezas da psique – que apareceu a Jung em seu primeiro sonho marcou sua perspectiva religiosa para o resto da vida. Em suas memórias, ele nos conta como ficava cada vez mais desiludido com as concepções religiosas cristãs coletivas que seu pai, a Igreja e seus semelhantes pregavam, e nas quais pareciam acreditar. Costumavam falar, num tom de descrença e de dúvida, de um Deus "metafísico", como se isso fosse um conceito ou alguma coisa em que se *deva* acreditar, enquanto ele estava convencido, no íntimo, de que há um poderoso, misterioso e incognoscível Deus oculto, que fala ao indivíduo a partir das profundezas de sua alma e que se revela nas formas que Ele deseja. O deus do sonho não está só oculto; ele está vivo nas profundezas da terra coberta de grama, na natureza. Algo bem parecido com o "Deus-natureza" de Goethe, Jung se referiu à natureza como "mundo de Deus" – um mistério assombroso que nos cerca a todos, pleno dos mais maravilhosos e incríveis eventos e formas.

Jung amou os animais e as plantas, não só quando criança, mas durante toda a sua vida, e jamais se cansava da beleza dos lagos, florestas e montanhas. A natureza tinha para ele primordial importância, havendo tocantes descrições dela espalhadas por todas as suas obras. Já quase ancião, falando das limitações da idade, ele confessa: "Mesmo assim, há muita coisa que me preenche: plantas, animais, nuvens, o dia e a noite, e o eterno que há no homem. Quanto maiores as incertezas a meu próprio respeito, tanto mais crescia em mim um sentimento de parentesco com todas as coisas"[39]. É como se lhe tivesse sido afinal permitido, perto do fim da vida, entregar-se em paz ao "mundo de Deus". A natureza foi a sua maior paixão, e Jung, tal como sua mãe, sentiu-se, desde o começo da juventude, parcialmente "enraizado num profundo e invisível solo [...] em alguma coisa vinculada aos animais, às árvores, às montanhas, às campinas e à água corrente"[40]. Esse amor opôs-se à tradição cristã do mundo de seu pai, compensando-a[41].

Jung escreve: "Ao 'mundo de Deus' pertencem todas as coisas sobre-humanas – a luz deslumbrante, a escuridão do abismo, a fria impassibilidade do espaço e do tempo infinitos e a estranha bizarrice do universo irracional do acaso"[42]. Quando garoto, Jung perdeu-se tão profundamente no "mundo de Deus" que sofreu uma crise neurótica em seus dias escolares na Basileia, ficando perto de ser engolido pela sua amada natureza, numa tentativa de fugir dos problemas escolares e dos problemas do mundo das pessoas em geral. Essa crise também revelou quão claramente ele era, por natureza, introvertido[43].

O falo do primeiro sonho de Jung representa o espírito oculto no "mundo de Deus". Mas quem é o *rei* ali enterrado? Outra experiência da juventude de Jung lança alguma luz sobre essa questão. No decorrer dos seus anos de escola, ele foi percebendo cada vez mais – mesmo gostando tanto da camaradagem dos colegas – que o contato com o coletivo o tornava estranho a si mesmo. Ele se sentia dividido e inseguro no "grande mundo", e esses sentimentos o levaram a dar um passo que ele não compreendeu na época:

> Eu tinha naquela época uma caixa de lápis envernizada amarela [...] com uma pequena fechadura e a régua costumeira. Na extremidade da régua, entalhei um pequeno boneco de uns cinco centímetros, com sobrecasaca, cartola e brilhantes botinas negras! Colori-o de preto com tinta, extirpei-o da régua e o pus na caixa, onde fiz para ele um pequeno leito. Fiz-lhe até

> um casaco com um pedaço de lã. Também coloquei na caixa uma pedra do Reno, lisa e oblonga enegrecida, que pintei com aquarela para fazê-la parecer dividida numa metade inferior e numa metade superior [...]. Era a pedra *dele*. Tudo isso era um grande segredo. Levei a caixa, escondido, para o sótão proibido no topo da casa [...] e o escondi com grande satisfação numa das vigas sob o telhado. [...] Ninguém podia descobrir o meu segredo e destruí-lo. Senti-me seguro, e o sentimento torturante de estranhamento comigo mesmo acabou. Em todas as situações difíceis, sempre que fazia alguma coisa errada ou tinha os sentimentos feridos [...] eu pensava no meu boneco cuidadosamente acomodado e abrigado, com sua pedra lisa e de belas cores[44].

"Esse boneco", explica Jung, "era um pequeno deus disfarçado do mundo antigo, um Telésforo semelhante ao que há no monumento de Asclépio e que lê para este um pergaminho."[45] É idêntico ao falo do sonho infantil e constitui "uma primeira tentativa, ainda inconsciente e pueril, de dar forma ao segredo"[46] do sonho. Mas, por que Jung põe aspas em torno das palavras "sobrecasaca, cartola e brilhantes botinas negras"? Essas palavras remetem às experiências mais sombrias dos seus primeiros anos, pois esse era o tipo de roupas usado pelas pessoas que ele via nos funerais e que também vestia o cadáver de um homem que fora tragado pelo Reno e que Jung vira ao voltar de um *ofício religioso*. Por fim, referem-se à visão de um padre católico, vestido solenemente de negro, que provocara em Jung menino um traumático "medo infernal", como ele narra em sua biografia. Porque ele tomou o homem de preto por um daqueles "jesuítas" de quem seu pai falava com alarme, e com os quais ele associava a palavra "Jesus"[47]. Essa aparição terrível agora se unia, por meio da autoamplificação, com o rei fálico, na negra figura entalhada, acima da terra, um pesadelo para o garotinho, e subterrânea, como um ser real enterrado, transformado num deus-natureza oculto da criatividade[48]. Assim, o sombrio e misterioso "Jesus", associado a devoradores de homens e à morte, é, secretamente, o equivalente ao rei enterrado do primeiro sonho – que, morto, transformara-se numa força curativa, positiva; é até mesmo o guardião da força vital e do segredo pessoal de Jung. Em conexão com o primeiro sonho, Jung disse, como já mencionamos, que ele jamais pôde determinar se a afirmação de sua mãe, "Isto é o devorador de homens", significava "Isto é o *devorador de homens*", isto é, Jesus, ou "*Isto* (e não Jesus) é o devorador de homens". De fato, a razão disso é clara. Trata-se de um paradoxo; ele é e não é Jesus. Porque, quando o "Deus" morre (e, como deus que morre, ele se torna sombrio e negativo para o mundo superior), vai para as profundezas secretas do mundo inferior, para ali ser *transformado*. Na ressurreição, sua primeira aparição toma a forma de um falo. O estranho vínculo entre a imagem de Cristo e a figura desse espírito subterrâneo da natureza, que de um lado parece idêntico a Cristo mas, de outro, se afigura como um adversário oculto de Cristo, ocupou a atenção de Jung por toda a vida[49]. Numa obra a ser discutida mais tarde[50], ele considera Cristo o arquétipo da consciência (coletiva) ou do "reflexo de Deus em natureza física"[51]. Este último surge quando o primeiro escurece e "morre", não como adversário, mas como um símbolo de transformação que exibe exatamente o mesmo conteúdo psíquico durante seu período de latência no inconsciente. O boneco negro entalhado que representou um grande consolo para o garoto é uma reminiscência do Osíris negro dos egípcios antigos, "aquele que tem o falo forte", o deus-sol enterrado, da forma como vai aparecer em sua iminente ressurreição, quando ele vai comer todos os outros deuses, tornando-se assim *um* deus universal[52]. Por conseguinte, esse sonho e o boneco entalhado são respostas vindas das profundezas da psique à atmosfera cristã mortalmente paralisadora em que Jung cresceu, respostas não apenas à sua situação pessoal, como também a um problema que hoje – quase cem anos depois –, abala cada vez mais profundamente a nossa cultura.

Mais tarde, as profundezas "pagãs" da natureza e do "mundo de Deus" em que o rei enterrado do primeiro sonho de Jung vivia disfarçado, enviaram a Jung outro sonho, que resolvia suas dúvidas quanto à escolha da futura profissão. Jung sentia-se atraído de forma mais ou menos equivalente pelas humanidades, pela arqueologia em especial, e pelas ciências naturais, tendo adiado por muito tempo a decisão sobre o curso que deveria seguir. Então, teve um sonho em que desenterrava ossos de animais pré-históricos de uma velha cova e, pouco depois, outro sonho, da maior significação:

> Eu me encontrava outra vez na floresta; ela estava ponteada de cursos de água e eu vi, na parte mais escura, uma lagoa circular, cercada por um densa vegetação rasteira. Semi-imersa na água, estava a mais estranha e maravilhosa criatura: um animal redondo, de tremeluzentes matizes opalescentes, composto de inúmeras pequenas células ou de órgãos em forma de tentáculos. Era um radiolário gigante, que media cerca de um metro de um lado a outro. Parecia-me indescritivelmente prodigioso que aquela magnífica criatura pudesse estar ali, impassível, naquele lugar oculto, na água clara e profunda. Isso despertou em mim um intenso desejo de obter conhecimento[53].

Esses dois sonhos fizeram com que Jung se decidisse pelas ciências naturais. Jung não sabia na época, e só viria a descobrir mais tarde por meio do trabalho com a alquimia, que a imagem do radiolário representava sob outra forma a mesma força psíquica que havia aparecido a ele como o falo-túmulo e como o pequeno homem de preto no caixão – uma força denominada com propriedade, por Paracelso, "a luz da natureza" (*lumen naturae*)[54]. A forma redonda, radial, indica não apenas uma luz, mas também uma ordenação que, por assim dizer, está oculta na escuridão da natureza. É mais uma vez a *imagem de Deus* tal como se manifesta na mãe natureza, imagem que agora saiu da terra, mas ainda se mantém oculta, bem longe do mundo do homem, no interior da floresta.

A "luz da natureza", a partir da Idade Média, era considerada como uma segunda fonte de conhecimento, ao lado da revelação cristã. A partir da concepção de uma alma do mundo que permeia o universo, William de Conches (1080-1154), um estudioso platônico, desenvolveu a teoria do *sensus naturae*, que poderia ser descrito como um conhecimento sobrenatural instintivo e inconsciente de que são dotados os animais e os seres humanos. Os estudiosos retiraram essa ideia, em grande parte, do *Liber sextus de Anima*, de Avicena (Ibn Siná), que encontrara nesse conhecimento instintivo – "inconsciente", diríamos – uma explicação do dom natural da profecia e das capacidades telepáticas nos seres humanos. William de Conches associou essa espécie de conhecimento ao Espírito Santo, mais ou menos como o fez Abelardo, sendo essa concepção compartilhada por Guillaume de Paris, Guillaume d'Auvergne, Alberto Magno e pela maioria dos alquimistas ocidentais. Essa *lumen naturae* ou *sensus naturae* era considerada por eles basicamente como a *fonte de todo conhecimento da natureza*[55]. Segundo Agrippa von Nettesheim, da luz da natureza "desceram raios de profecia sobre as bestas quadrúpedes, os pássaros e outras criaturas vivas", que lhes permitiram prever coisas futuras[56]. Paracelso nutria a mesma concepção de Agrippa; todavia, em contraste com a maioria dos seus predecessores e sucessores, afirmava que essa luz não estava enterrada no corpo humano, mas no "corpo interior", o que, diz ele, "sempre é verdadeiro" ou real. Ele prossegue: "Além disso, a luz da natureza é uma luz acesa a partir do Espírito Santo e não surge no exterior, pois é bem acendida"[57]. É uma luz invisível. Mas o homem "é um 'profeta da luz natural'. Ele 'apre(e)nde' a *lumen naturae*, por meio dos sonhos, entre outras coisas. 'Como não pode falar, a luz da natureza constrói formas no sonho a partir do poder da palavra' (de Deus)"[58].

Jung não poderia conhecer essa ideia tradicional da luz da natureza na época do sonho, mas a conclusão a que os seus sentimentos o inclinaram – de que o sonho apontava para o estudo da natureza – era, evidentemente, correta. A partir de então, ele se sentiu comprometido com a "luz da natureza" e passou a se considerar, com acerto, um cientista natural empírico. Permaneceu fiel, por toda a vida, à convicção de que os fatos da natureza são o fundamento de todo conhecimento. O que muitos pesquisadores extrovertidos não conseguiram compreender acerca dele foi o fato de que, a seu ver, a natureza está não somente no exterior como dentro de nós: a psique coletiva humana é parte da natureza, do mesmo modo como o ser interior de Paracelso o é – um Algo objetivo que não é "construído" pelo nosso ego subjetivo, mas que é confrontado pelo ego como um *outro* objetivo.

No simbolismo alquímico, que será discutido adiante, o adepto deve começar por descobrir a *prima materia*, a substância inicial, na qual encontra o "espírito da natureza". Quando é por ele submetida ao processo alquímico de transformação, essa *prima materia* primeiro se desintegra ou cai na *nigredo*, a escuridão da morte. O estágio seguinte do *opus* é marcado por uma tremulação de cores iridescentes – denominada, com frequência, *cauda pavonis* (cauda do pavão). O homenzinho de preto da caixa de lápis de Jung representa, por assim dizer, a condição de *nigredo* do "deus" interior que lhe governaria a vida, tendo essa *nigredo* aparecido na consciência do rapaz como dúvida, depressões e incerteza. O luminoso radiolário gigante que brilha na floresta anuncia, entretanto, o estágio da *cauda pavonis*, e, segundo os alquimistas, representa o primeiro sinal da "ressurreição" da *prima materia* – uma *ativação do sentimento*. Esse desenvolvimento teve como paralelo os anos de estudante de Jung, que sucederam o sonho e que foram muito mais felizes do que os seus anos de escola. Seu ânimo revivesceu; ele fez amigos, especialmente Albert Oeri (mais tarde, um *Nationalrat* – membro do conselho nacional), que ele conhecia desde a juventude, e começou a desenvolver o amor exuberante pela vida e a vivacidade que mais tarde seriam tão característicos dele. Oeri deixou um retrato inspirado e carinhoso de Jung quando estudante, que mostra a intensidade com que vivia e o modo como gradualmente se encontrou[59].

Os três símbolos que governaram os primeiros anos de vida de Jung – a imagem onírica do falo subterrâneo, a fantasia do homenzinho de preto e a imagem onírica do radiolário luminoso nas trevas da floresta – eram forças psíquicas que deixaram sua marca na juventude de Jung. O que ele não sabia na época, no entanto, era o fato de esses símbolos também aludirem à tradição cultural ocidental que ele só viria a descobrir conscientemente muitos anos mais tarde, a saber, a filosofia alquímica e hermética, na qual descobriu ulteriormente seus ancestrais espirituais. Mas ele encontrou essa tradição, na época, sob *uma* forma: o *Fausto*, de Goethe, para o qual sua mãe lhe chamou a atenção em seus anos de ginásio. "Ele se derramou sobre a minha alma como um bálsamo miraculoso." Mefistófeles deixou nele vívida impressão; Jung não viu nele, tão somente, um "diabo", mas também uma figura que percebeu ter "vagamente uma relação com o mistério das Mães", isto é, com o mundo da natureza. "De qualquer maneira, Mefistófeles e a grande iniciação do final permaneceram para mim uma maravilhosa e misteriosa experiência na borda do meu mundo consciente"[60]. Só muito depois Jung tomou consciência de que Mefistófeles não personifica o demônio da imaginação cristã, sendo antes um paralelo do Mercúrio alquímico, o "companheiro divino" do adepto solitário, que lhe revela os mistérios da natureza. Mefistófeles inicia o intelectual e enfadonho erudito Fausto no mundo de Eros, levando-o, para além da vida que ele tivera, às profundezas, chegando às Mães e aos mistérios do "deus na natureza".

Embora se soubesse há muito tempo que o jovem Goethe, sob a influência de Fräulein von Klettenberg, teve um vivo interesse pela alquimia e pela filosofia hermética[61], se deve especialmente à obra mais recente de Rolf Chr. Zimmerman um conhecimento mais exato acerca desse interesse, bem como dos livros específicos sobre o tema lidos por Goethe[62]. Interessa em particular a obra de um católico austríaco anônimo, a *Aurea Catena Homeri* e o *Opus mago-cabalisticum et theosophicum*, de Welling. Mas Goethe também pode ter sofrido a influência de seu médico Johann Friedrich Metz, que o curou com o seu próprio "elixir" e que estava profundamente imerso nas ideias e concepções alquímicas[63], não se podendo deixar de lado sua participação na franco-maçonaria. Fräulein von Klettenberg introduziu o jovem Goethe nos círculos de certos pietistas germânicos do sul e, o que é muito curioso, também estes receberam inspiração de ideias alquímicas e rosa-cruzes através de Jacob Böhme e Franz Baader; assim, Goethe leu as obras de Samuel Richter, conhecido como "Sincerus Renatus", que, em 1709, publicou *Wahrhafte und vollkommene Bereitung des philosophischen Steins*[64], bem como, pouco depois, uma *Theo-Philosophia Theoretico-practica*, que incorporou ideias de Weigel, de Paracelso e de Jacob Böhme. Ele conheceu também Friedrich Christoph Ötinger, que tinha um vivo interesse pela química (isto é, pela alquimia) e pelas ciências naturais[65]. Também este último tinha uma dívida com Jacob Böhme, tendo tentado, em sua *Philosophia perennis* hermética, combinar o simbolismo alquímico e a filosofia hermética com a *Weltanschauung* cristã. Portanto, a "química" foi a "paixão secreta" do jovem Goethe, e continuou sendo-o no decorrer de seu período de Estrasburgo, como o comprova uma carta de 26 de agosto de 1770[66]. Essas ideias herméticas formavam a "religião particular" de Goethe, que ele teve o cuidado de ocultar, mas da qual recebeu sua mais profunda e mais grandiosa inspiração[67].

Pelo resto da vida, e apesar de algumas críticas morais ao caráter de Fausto, Jung conservou sua grande admiração por Goethe e, com efeito, amou-o como se ama um espírito afim[68]. Jung citava com frequência a observação de Napoleão acerca de Goethe: "*C'est un homme qui a beaucoup souffert*" ("Ele é um Homem que Sofreu Muito"). Tal como Goethe, ele estava sozinho e dominado pelo gênio da criatividade; assim como Goethe, isolado, muito afastado da vida cotidiana que o cercava, sofria por causa dos problemas básicos de nossa tradição cultural, exprimindo-os em sua obra, também Jung bebeu da mesma fonte de imagens psíquicas em que Goethe baseou sua "religião particular"[69]. Mas só com uma idade bem mais avançada do que a de Goethe ao fazê-lo, Jung descobriu a tradição histórica que o ajudara a compreender essas imagens, isto é, a alquimia e a filosofia hermética. Por um longo tempo, esses símbolos que ele vira permaneceram como um segredo que mantinha isolado o jovem em crescimento, segredo que ele não se atrevia a revelar a ninguém. Sendo artista, Goethe jamais foi obrigado a admitir a multidão escarnecedora no reino da sua religião alquímica privada; esta se infiltrou em sua obra sob o disfarce do simbolismo. Para Jung, que sendo do tipo pensamento, sentia-se atraído pelo mundo científico e responsável perante ele, foi mais difícil encontrar uma maneira de comunicar suas mais íntimas convicções. Certa feita, ele tentou expressá-las sob forma de "declaração" ou "anúncio" poético, nos "Septem sermones ad mortuos" ["Os Sete Sermões aos Mortos"], porém depois se arrependeu da publicação, qualificando-a como demasiado pessoal. Em seguida, tentou assumir o estilo científico do mundo psicológico contemporâneo, mas jamais conseguiu abandonar por inteiro a linguagem poética. Dessa maneira, muita coisa que parecia indizível era indicada tão somente por alusões. Só depois de ter descoberto os velhos alquimistas, ele finalmente encontrou uma *forma* na qual era capaz de moldar até mesmo suas experiências e convicções mais pessoais de acordo com a tradição histórica ocidental, uma forma na qual era capaz de comunicá-las.

Pouco a pouco, estava sendo preparada, na tradição alquímica, uma fundamental transformação na perspectiva que, na verdade, não era senão uma nova imagem de Deus e do homem. Esta leva a imagem cristã oficial de Deus e do homem a uma nova plenitude e a uma maior completude. Tal transformação é um processo da psique coletiva que é uma preparação para um novo éon, a *Era de Aquário*. Essa nova imagem de Deus aparece no primeiro sonho de Jung, do deus-rei fálico subterrâneo, que esperava, em sua forma oculta, a eventual ressurreição. Esse segredo marcou toda a vida de Jung e se tornou seu destino.

NOTAS

1. Especialmente *Time Magazine*, 8 de abril de 1966. Nesse sentido, cf. William Braden, *The Age of Aquarius*, pp. 263ss. (Devo a Fowler McCormick o ter me alertado para esse livro.) Em vez do tema "Deus está morto", certos teólogos (Ernst Block, Jürgen Moltmann, *Theologie der Hoffnung*) proclamaram recentemente um "Deus de esperança". O movimento "Deus está morto" teve como origem T. J. Altizer (*The Gospel of Christian Atheism*). Altizer usou como apoio os escritos de Mircea Eliade, ignorando a obra de Jung, embora deva tê-la conhecido.
2. *Memories*, pp. 24. [*Memórias, Sonhos, Reflexões*. São Paulo: Círculo do Livro, 1993, p. 28.]

3. No sentido de cuidadosa atenção para com um valor dominante ou "supremo" e de respeito por ele.
4. Cf. *Psicologia e Religião* (As Palestras Terry de 1937), *Obras Completas*, vol. 11/1, pars. 142ss.
5. *Ibidem*, par. 149.
6. *Ibidem*, par. 144.
7. *Ibidem*, par. 149.
8. *Ibidem*.
9. Cf. Os seminários sobre sonhos de crianças, ministrados no Instituto Federal de Tecnologia (ETH), em Zurique, 1936/37, 1938/39 e 1939/40.
10. *Memories*, pp. 11-2/25-6. [*Memórias, Sonhos, Reflexões*. São Paulo: Edição do Círculo do Livro, 1993, pp. 29-30.]
11. *Ibidem*, pp. 12/26. [*Memórias, Sonhos, Reflexões*. São Paulo: Edição do Círculo do Livro, 1993, p. 30.]
12. *Ibidem*, pp. 12-4/26-8. [*Memórias, Sonhos, Reflexões*. São Paulo: Edição do Círculo do Livro, 1993, pp. 30-1.]
13. *Ibidem*, pp. 15/28. [*Memórias, Sonhos, Reflexões*. São Paulo: Edição do Círculo do Livro, 1993, p. 32.]
14. No momento em que a mulher de um de seus colegas estava cometendo suicídio – uma mulher a quem ele só vira umas poucas vezes –, ele desmaiou, enquanto o marido, que por acaso estava em companhia de Jung, nada percebeu. Cf., por exemplo, uma experiência relatada em *Memories*, pp. 137s/136s. [*Memórias, Sonhos, Reflexões*. São Paulo: Edição do Círculo do Livro, 1993, p. 132.]
15. Quanto à relação entre as ideias de Jung e de Pestalozzi, cf. P. Seidmann, *Der Weg der Tiefenpsychologie in geistesgeschichtlicher Perspektive*, pp. 119ss., e Jung, *The Practice of Psychotherapy*, *Ab-reação, Análise dos Sonhos e Transferência*, *Obras Completas*, vol. 16/2 par. 539.
16. *Wege zum Menschen*. Cf. também G. Wehr, p. 144.
17. A. I. Allenby, "A tribute to C. G. Jung", *Contact with Jung*, pp. 67s. Ver também J. -L. Bruneton, *Jung, l'homme, sa vie, son caractère*.
18. Heinrich Zimmer e Richard Wilhelm; sobre este último, ver *Memories*, apêndice IV. [*Memórias, Sonhos, Reflexões*. São Paulo: Edição do Círculo do Livro, 1993, pp. 339-43.]
19. Ver Emma Jung e Marie-Louise von Franz, *The Grail Legend* [*A Lenda do Graal*. São Paulo: Cultrix, 1989 (fora de catálogo)] e Emma Jung, *Animus e Anima* [*Animus e Anima*. São Paulo: Cultrix, 2ª ed., 2020.]

20. Ver *Studies in Jungian Psychology*, de Toni Wolff. Trad. por Eugene M. E. Rolfe. Nova York.

21. Ver *The Way of All Women, Woman's Mysteries, Psychic Energy, Journey Into Self, The "I" and the "not-I"* e *The Parental Image*.

22. Ver *Human Relationships* e *Jung's Contribution to Our Time*.

23. Ver *Striving Towards Wholeness*, "The Beyond", *Quadrant*, 3, e *C. G. Jung: a Biographical Memoir*.

24. Ver *Satan in the Old Testament*.

25. Ver *The Inner World of Man, The Inner World of Childhood* e *The Inner World of Choice*.

26. Ver *The Dream of Poliphilo*.

27. Ver *Die Anima als Schicksalsproblem des Mannes*.

28. Ver *Apparitions and Precognition, The Myth of Meaning in the Work of C. G. Jung* [*O Mito do Significado na Obra de Carl G. Jung*. São Paulo: Cultrix, 2ª ed., 2021] e *From the Life and Work of C. G. Jung*. [*Os Últimos Anos de Carl G. Jung*. São Paulo: Cultrix, 2ª ed., 2022]. Ver também Jung e Jaffé, *Memories, Dreams, Reflections* [*Memórias, Sonhos, Reflexões*. São Paulo: Edição do Círculo do Livro, 1993].

29. Ver *The Psychology of C. G. Jung* e *The Way of Individuation*.

30. Para introdução à obra de Jung, ver também Frieda Fordham, *An Introduction to Jung's Psychology* e Nise da Silveira, *Jung, Vida e Obra*.

31. *Memories*, pp. 189/181-82. [*Memórias, Sonhos, Reflexões*. São Paulo: Edição do Círculo do Livro, 1993, p. 175.]

32. *Ibidem*, pp. 356-58. [*Memórias, Sonhos, Reflexões*. São Paulo: Edição do Círculo do Livro, 1993, pp. 320-22.]

33. Cf. C. A. Meier, *Ancient Incubation and Modern Psychotherapy, passim*.

34. Era também chamado por eles de "o Homem do Livro", porque conhecia o *Alcorão*. Cf. Charles Baudouin, *Jung, Homme Concrêt*, p. 347.

35. Sobre as tentativas de pacificação de Jung, ver adiante. As outras atividades são bem conhecidas. Deve-se, contudo, acrescentar um adendo: Jung era um cozinheiro de primeiríssima classe, que se dedicava à culinária durante horas com verdadeira devoção. Na verdade, parte da condição para ser um bom cozinheiro é ser um bom *gourmet*. Ele adorava deixar os convidados adivinharem os ingredientes da sopa ou do molho; lembro-me de um Boeuf Braisé à la Marseillaise acompanhado de um molho com dezesseis ingredientes!

36. Isto é, "tradutor", "intérprete".

37. Cf. Hans Leisegang, *Die Gnosis*, pp. 122ss. (Tradução para o inglês a partir da versão alemã de Hipólito, *Elenchos*, vol. 2. Pode-se comparar com uma versão inglesa anterior, de J. H. MacMahon, *in* Hipólito, *The Refutation of all Heresies*.)

38. *Memories*, pp. 211/201. [*Memórias, Sonhos, Reflexões*. São Paulo: Edição do Círculo do Livro, 1993, p. 202.]

39. *Ibidem*, pp. 359/330. [*Memórias, Sonhos, Reflexões*. São Paulo: Edição do Círculo do Livro, 1993, p. 322.]

40. *Ibidem*, pp. 90/95. [*Memórias, Sonhos, Reflexões*. São Paulo: Edição do Círculo do Livro, 1993, pp. 93-4.]

41. Jung entende por "compensação" a função de complementação e de equilíbrio da consciência pelo inconsciente. O alvo do processo de equilíbrio é a totalidade psíquica. Para Jung, trata-se de uma expressão da capacidade de autorregulação da psique.

42. *Memories*, pp. 72/79. [*Memórias, Sonhos, Reflexões*. São Paulo: Edição do Círculo do Livro, 1993, p. 78.]

43. Jung entende por "introvertido" o tipo de pessoa que costuma, por temperamento, dar mais peso ao objeto interior do que ao exterior.

44. *Memories*, pp. 21/34. [*Memórias, Sonhos, Reflexões*. São Paulo: Edição do Círculo do Livro, 1993, p. 37.]

45. *Ibidem*, pp. 23/35. [*Memórias, Sonhos, Reflexões*. São Paulo: Edição do Círculo do Livro, 1993, p. 38.]

46. *Ibidem*, pp. 22/35. [*Memórias, Sonhos, Reflexões*. São Paulo: Edição do Círculo do Livro, 1993, p. 37.]

47. *Memories*, pp. 11/25. [*Memórias, Sonhos, Reflexões*. São Paulo: Edição do Círculo do Livro, 1993, p. 29.]

48. Em *Memories*, pp. 23/36. [*Memórias, Sonhos, Reflexões*. São Paulo: Edição do Círculo do Livro, 1993, p. 39], Jung escreve: "O boneco era, em última análise, um *kabir*, envolto em seu pequeno manto, escondido na *kista*, provido de um suprimento de força vital [...]. Mas essas relações apenas se tornaram mais claras para mim muito mais tarde. Na minha infância, as coisas ocorreram tal como pude observar depois entre os povos indígenas da África; eles agem primeiro e não sabem absolutamente o que estão fazendo".

49. Cf. *Psicologia e Alquimia*, *Obras Completas*, vol. 12, capítulo V (pars. 447ss).

50. *Estudos Alquímicos*, *Obras Completas*, vol. 13, pars. 296ss.

51. *Ibidem*, par. 284.

52. Para mais detalhes, cf. Helmuth Jacobsohn, *Das Gegensatzproblem im altägyptichen Mythos* (1955), pp. 171ss.

53. *Memories*, pp. 85/90-1. [*Memórias, Sonhos, Reflexões* São Paulo: Edição do Círculo do Livro, 1993, pp. 88-9.]

54. Cf. Jung, "Paracelsus as a Spiritual Phenomenon", *Estudos Alquímicos, Obras Completas*, vol. 13, pars. 148ss.

55. Cf. Jung, "On Nature of the Psyche", *A Natureza da Psique, Obras Completas*, vol. 8/2, par. 393.

56. *De occulta philosophia* (1533), p. lxviii; citado em *A Natureza da Psique, Obras Completas*, vol. 8/2, par. 393. Descartes também acreditava nessa luz natural. Cf. 'Marie-Louise von Franz, "The Dream of Descartes", *Timeless Documents of the Soul*, pp. 55ss.

57. Citado em *A Natureza da Psique, Obras Completas*, vol.8/2, par. 391.

58. *Ibidem* (grifos meus). Para mais detalhes, ver *Estudos Alquímicos, Obras Completas*, vol. 13, pars. 148ss.

59. Albert Oeri, "Some youthful memories of C. G. Jung", *Spring*, 1970, pp. 182ss.

60. *Memories*, p. 60/68. [*Memórias, Sonhos, Reflexões*. São Paulo: Edição do Círculo do Livro, 1993, p. 68.]

61. Cf. R. D. Gray, *Goethe, the alchemist*, um estudo superficial.

62. Rolf Chr. Zimmerman, *Das Weltbild des jungen Goethe*.

63. Cf. *Ibidem*, pp. 172ss.

64. Cf. *Ibidem*, p. 105.

65. Cf. *Ibidem*, pp. 144ss.

66. Cf. *Ibidem*, p. 195.

67. Cf., em especial, o capítulo "Christliche Hermetik und die Nichtchristlichkeit von Goethes 'Privatreligion'", *in* Zimmerman, pp. 210ss.

68. Sobre a alegada descendência de Jung de Goethe, cf. *Memories*, p. 234. [*Memórias, Sonhos, Reflexões*. São Paulo: Edição do Círculo do Livro, 1993, pp. 217-18.]

69. Zimmerman também merece crédito por ter mostrado a continuidade genérica da vida das ideias alquímicas no século XVIII, tanto em paralelo como em conjunto com os primórdios contemporâneos do racionalismo científico. Esse foi um século com o qual Jung se sentiu a tal ponto relacionado em sua juventude que, com frequência, chegava a imaginar que vivia nele.

CAPÍTULO II

O FAROL NA TEMPESTADE

Somente na meia-idade, quando "Zaratustra o atravessou", Nietzsche aprendeu que "o Um se torna dois". Jung, por outro lado, teve essa experiência bem cedo na vida: *tornou-se consciente de uma segunda presença psíquica viva*, essa a que hoje damos o nome de "inconsciente" e que lhe pareceu uma segunda personalidade dentro de si mesmo. Em seu *Memórias, Sonhos, Reflexões* ele descreve, como já dissemos, os dois polos da sua existência como "nº 1" e "nº 2". O primeiro era o seu próprio ego humano, mas este último era o inconsciente ativado e, por isso, perceptível. Jung escreve:

> Em alguma parte profunda de mim sempre soube que era duas pessoas. Uma era o filho dos meus pais, que ia à escola e era menos inteligente, menos atento, menos esforçado, menos decente e menos limpo do que muitos outros garotos. A outra era um adulto – na verdade, um velho –, cético, desconfiado, distante do mundo dos homens, mas próximo da natureza, da terra, do sol, da lua, do clima, de todas as criaturas vivas e, sobretudo, próximo da noite, dos sonhos e de tudo aquilo que "Deus" operava diretamente nele. Aqui coloco "Deus" entre aspas. Porque a natureza, assim como eu, parecia ter sido posta de lado por Deus como não divina, embora criada por

Ele como expressão de Si Mesmo. Nada me poderia convencer de que "à imagem de Deus" só se aplicava ao homem. Com efeito, parecia-me que as altas montanhas, os rios, os lagos, as árvores, as flores e os animais exemplificavam muito melhor a essência de Deus do que o homem [...][1].

O mundo do nº 2 era "outro reino... em que todos os que entravam eram transformados e subitamente tomados por uma visão de todo o cosmos, podendo apenas maravilhar-se e admirar, esquecidos de si. Aqui vivia o 'Outro', que conhecia Deus como um segredo oculto, pessoal e, ao mesmo tempo, suprapessoal. Aqui, nada separava o homem de Deus; na realidade, era como se a mente humana olhasse de cima para a Criação juntamente com Deus"[2]. Em seus anos escolares, Jung ainda não era capaz de distinguir com clareza entre as duas personalidades e, por vezes, reivindicava a do nº 2 como sua. Mas "havia sempre, no fundo, a sensação de que algo distinto de mim estava envolvido. Era como se um sopro do imenso mundo das estrelas e do espaço infinito me tivesse tocado ou como se um espírito tivesse entrado invisivelmente no quarto – o espírito de alguém que morrera há muito tempo mas que ainda assim estava perpetuamente presente na atemporalidade, penetrando sobremaneira o futuro"[3].

Como nº 1, Jung se considerava "um jovem bem desagradável e de dotes modestos com ambições exageradas [...]"[4]. O nº 2, por sua vez, "não tinha caráter definido; era uma *vita peracta*, nascido, vivo, morto, tudo num só ser; uma visão total da vida. Embora impiedosamente consciente de si, era incapaz de exprimir-se através do denso e sombrio nº 1, embora o desejasse"[5]. O nº 1 o considerava uma "região de trevas interiores", enquanto no nº 2 "a luz reinava, como nos espaçosos recintos de um palácio real". O nº 2 "sentia ter feito um acordo secreto com a Idade Média, personificada pelo *Fausto*[6], com o legado de um passado que por certo instigara profundamente Goethe. Portanto, também para Goethe – e esse era o meu grande consolo –, o nº 2 era uma realidade; Fausto era o equivalente vivo do nº 2 e eu estava convencido de que *ele* era a resposta que Goethe dera à sua época"[7].

Sabemos da vida de muitos homens e mulheres criativos que permaneceram num limbo por algum tempo de sua juventude, num segundo "outro mundo", ou que se sentiram secretamente idênticos a uma personificação desse outro mundo[8]. Esse tipo de contato íntimo com o inconsciente coletivo constitui, por assim dizer, tanto a sabedoria como a loucura de um jovem. Todavia, se se permanecer nessa situação (depois de cerca de 25 anos de idade), ela leva a uma neurose que poderíamos denominar neurose do *puer aeternus*[9], uma espécie de inadaptação, possivelmente com um toque de genialidade, que costuma resultar na morte prematura.

No início de sua carreira universitária, Jung chegou a um ponto decisivo que prefigurou o fim dessa oscilação entre os dois mundos; precipitou-o um sonho profético:

> Era noite em algum lugar desconhecido, e eu fazia uma lenta e dolorosa caminhada contra um forte vento. Havia uma densa neblina em toda parte. Minhas mãos se aferravam a uma tênue lamparina, que ameaçava apagar-se a qualquer momento. Tudo dependia de eu manter acesa essa pequena luz. De súbito, senti que algo se aproximava de mim por trás. Olhei para trás e vi uma gigantesca figura negra que me seguia. Mas, ao mesmo tempo, eu sabia, apesar do meu terror, que devia levar minha lamparina através da noite e do vento, independentemente de quaisquer perigos. Quando despertei, percebi de imediato que a figura era um "espectro do Brocken", minha própria sombra na neblina serpenteante, produzida pela lamparina que eu levava. Percebi também que a luzinha era a minha consciência, a única luz que tenho. O conhecimento de mim mesmo era o único e maior tesouro que possuía.
>
> Esse sonho foi um grande esclarecimento para mim. Agora eu sabia que o nº 1 era o portador da luz e que o nº 2 seguia-o como uma sombra. Minha tarefa era proteger a luz e não olhar para trás, para a *vita peracta*; esta era, evidentemente, o domínio proibido de uma luz diferente [...]. Reconheci de modo claro que meu caminho levava irrevogavelmente para o exterior, para as limitações e as trevas da tridimensionalidade[10].

Esse sonho revelou a Jung que "à luz da consciência, o reino interior de luz parece uma gigantesca sombra [...]. Eis que compreendi, num piscar de olhos [...] aquela fria sombra de embaraço que turvava o rosto das pessoas sempre que eu aludia a algo que lembrasse o reino interior"[11].

Esse reconhecimento, esse crucial ponto decisivo, foi fundamental para a vida de Jung em sua totalidade. Ao mesmo tempo isso o protegeu, em seus anos de estudante, de uma crise que hoje ameaça a maior parte dos jovens de dois continentes. Bem familiarizados com a "luz interior" e com as trevas do seu nº 2, por meio do uso de alucinógenos, muitos perdem de vista o nº 1, sendo por isso destruídos. Na medida em que dão as costas às trevas da tridimensionalidade, eles também perdem a "luz interior" da consciência do ego, a única coisa de que dispõem capaz de guiá-los para o futuro.

A "sombra do estranhamento" mencionada por Jung, que perpassava o rosto das pessoas quando ele se referia à realidade do inconsciente, também se refletia nele, pois os seus amigos da escola o apelidaram de "Pai Abraão". Isso não é desprovido de interesse, visto que, mais tarde, eram frequentes as referências a ele como um místico, um profeta ou o portador de uma religião *substituta*, fato que o aborrecia bastante. As pessoas que o viam sob essa ótica nada sabiam do momento decisivo de sua vida, a crise na qual ele renunciara para sempre a toda espécie de identificação com a personalidade nº 2 e, em consequência, ao papel do pregador ou de quem proclama o reino da "luz interior". Em vez disso, ele fez esforços para descrever de modo objetivo esse mundo interior, destacado como um fenômeno autônomo *sui generis*[12]. Assim, por exemplo, na introdução da sua *Answer to Job* (*Resposta a Jó*), que é pessoal e plena de emoção, ele acentuou que *descrevia uma experiência puramente subjetiva*. "Escolhi deliberadamente essa forma porque queria evitar a impressão de que tivesse em alguma medida a pretensão de estar anunciando alguma 'verdade eterna'. O livro não quer ser senão a voz ou a pergunta de uma pessoa solitária que tem a esperança e a expectativa de encontrar compreensão no público"[13].

O fato de Nietzsche *não* ter tomado uma decisão ao chegar a esse ponto crítico exasperava Jung. "Da mesma maneira como *Fausto* me abrira uma porta, *Zaratustra* fechou violentamente outra, e por muito tempo"[14]. Jung, é claro, reconheceu que Zaratustra era o nº 2 de Nietzsche, da mesma maneira como Fausto era o de Goethe. Na opinião de Jung, o erro de Nietzsche residia no fato de "ele ter, destemida e confiadamente, deixado o nº 2 manifestar-se num mundo que nada sabia nem entendia dessas coisas"[15]; e, quanto mais sentia o estranhamento entre si e seus contemporâneos, tanto mais regredia para um estilo inflado, cheio de metáforas grandiloquentes e de entusiasmo rapsódico, esforçando-se ainda por convencer os outros. No entanto, quando o ego se identifica a esse ponto com a presença interior maior, o nº 2, o resultado é um "ego inflado e um *Self* esvaziado"[16]. A história está cheia de exemplos de pessoas desse tipo: Sabbatai Sevi, Hitler, Manson, Leary e todos os outros demagogos patológicos e pseudoprofetas religiosos. Eles infligiram um dano infinito ao mundo, por terem transformado as experiências interiores normais do inconsciente num veneno mórbido, por meio da identificação inflada com elas. Por isso, o mundo está inclinado a rejeitar todas as possibilidades de experiência interior, sem compreender que o fato de os fenômenos interiores funcionarem bem ou mal depende da atitude correta. Eis onde fica eminentemente importante proteger a integridade da pequena luz da consciência individual. Numa longa série de seminários, Jung elucidou *Thus Spoke Zarathustra* (*Assim Falou Zaratustra*), de Nietzsche, frase por frase, e interpretou suas imagens[17]. No "dançarino da corda", ele viu um símbolo do próprio Nietzsche, que ousou demais ao desejar trazer à luz o "super-homem", cuja consequência foi fazê-lo perder o contato com a realidade, que é a vida cotidiana normal. A queda do dançarino da corda é como uma premonição da doença psíquica ulterior de Nietzsche. O "bufão" provoca sua queda: "Bloqueias, o caminho de um homem melhor do que tu!"[18] Esse bufão é o nº 2 de Nietzsche em sua versão negativa, digamos assim; é, por conseguinte, destrutivo, visto que

Nietzsche não se mantinha firme em seu ego humano comum, mas se perdeu nas alturas vertiginosas da especulação descontrolada[19].

O resultado dessa falha de discriminação entre a consciência e o inconsciente é o fato de o inconsciente ficar contaminado com as inadaptações e preconceitos humanos, caso o ego prefira tomar ares de "arauto" da inspiração inconsciente, porque aqueles não foram anteriormente integrados à personalidade consciente. A água do espírito do inconsciente é, por assim dizer, turvada por conteúdos pessoais e demasiado humanos, que transbordam para a consciência. Jung analisou *Assim Falou Zaratustra* para chegar a uma clara distinção entre o que é, na obra, genuína inspiração e o que parece estar distorcido em razão dos problemas pessoais irresolvidos de Nietzsche, em especial os que se devem à sua inflação. Como Nietzsche identificava-se com o super-homem, os homens "superiores" desejavam devolvê-lo "à esfera coletiva da humanidade média" e, por fim, o homem "mais feio" surge como expressão da influência reguladora do inconsciente. "Mas o leão rugidor da convicção moral de Zaratustra força todas essas influências [...] a voltarem para a gruta do inconsciente. Dessa maneira, a influência reguladora é suprimida, mas não o contra-ataque secreto do inconsciente", que Nietzsche projetou, a partir de então, num ou noutro adversário. Ele encontrou seu primeiro oponente em Wagner, mas logo concentrou toda a sua ira contra o Cristianismo "e, em particular, contra São Paulo, que de alguma maneira padeceu de um destino semelhante ao de Nietzsche. Como é bem sabido, a psicose de Nietzsche primeiro produziu uma identificação com o 'Cristo Crucificado' e, mais tarde, com o Dioniso fragmentado. Com essa catástrofe, o contra-ataque finalmente chegou à superfície"[20]. Na realidade, Nietzsche identificou-se com o adversário da figura do Cristo oficial, o que explica sua inclinação "pagã" e anticristã. Ele foi tomado pelo inconsciente, que em sua época emergia com grande força.

Outra personalidade que também é citada com frequência é G. W. F. Hegel, a quem o mesmo problema levou à produção de uma ideologia igualmente insalubre. Embora Hegel não tenha caído na psicose, sua obra também padece de uma falta de diferenciação entre consciência e inconsciente. A autorrevelação do inconsciente é apresentada nos seus escritos como se o ego estivesse a cargo do pensamento[21], chegando ele a propor que o Estado, com seus instrumentos de poder, promulgasse essas verdades. Em outras palavras, ele foi vitimado por uma reivindicação de poder espiritual, razão pela qual sentia caracteristicamente uma admiração especial por Napoleão. A fraqueza de Hegel consistia naquilo que Jung chama de "a tentativa de dominar tudo com o intelecto"[22] – incluindo o inconsciente. Para evitar a necessidade de admitir que estamos expostos a influências psíquicas autônomas misteriosas vindas do inconsciente – e, portanto, para fugir à *experiência* dessas influências –, interpretamo-las num "mundo conceitual bidimensional [...] artificial, em que a realidade da vida é bem encoberta por conceitos pretensamente definidos"[23]. Logo, a experiência interior do espírito é envenenada pelo desejo de poder. Outro perigo, implícito nessa atitude diante do inconsciente e óbvia em muitos pensadores marxistas da vertente hegeliana, é que, se não for reconhecida, a autonomia do inconsciente se insinua nos processos conscientes de pensamento sob a forma de projeções, contaminando a inspiração inconsciente subjacente[24]. De um lado, isso confere à ideologia em questão um estimulante efeito pseudorreligioso, mas, de outro, a distorce com ressentimentos pessoais, julgamentos errôneos e limitações despercebidos[25].

Só se pode evitar essa contaminação da inspiração inconsciente por meio da discriminação crítica e da renúncia a toda espécie de reivindicação de poder espiritual, isto é, por intermédio da preservação da "luzinha" da consciência do ego. Jung nunca se cansou de enfatizar a importância da compreensão e percepção do significado dessa luzinha e, na verdade, até descobriu nela o significado último da existência[26].

Seja como for, o ego consciente do ser humano é um mistério indevassável, por mais familiar e subjetivo que nos pareça. Ele se afigura como um complexo – isto é, um núcleo psíquico de ideias carregadas de sentimento –, a que o nosso sentimento de identidade está vinculado no começo da juventude, mas que, perto do fim de nossa vida, na velhice, fica cada vez mais distante. Jamais podemos ver objetivamente o nosso próprio ego ou, se porventura o virmos, o faremos apenas a partir de seu reflexo via inconsciente. Ele desperta das profundezas toda manhã e reflete o mundo exterior diante de nós em imagens interiores[27]. É o centro e o sujeito de todos os atos pessoais conscientes e de todos os esforços e realizações voluntários de adaptação. Parece ter uma estrutura quaternária[28], porque, quando estudou a maneira como os indivíduos se adaptam ao meio ambiente com a "luzinha", o ego, Jung descobriu que se podiam dividir essas tentativas de adaptação em quatro formas básicas de atividade psíquica ou função psicológica[29]:

1) a função sensação, que registra conscientemente fatos interiores e exteriores, de modo irracional;
2) a função pensamento, por meio da qual o nosso ego consciente estabelece uma ordem lógica racional (isto é, em conformidade com a razão em geral) entre objetos;
3) a função sentimento, que estabelece de maneira racional ou, alternativamente, "seleciona" hierarquias de valor (isso é mais importante, mais agradável etc., do que aquilo); e
4) a função intuição – tal como a sensação, de cunho irracional –, que se assemelha a uma espécie de percepção por meio do inconsciente e que parece preocupar-se, em essência, com as futuras possibilidades de seu objeto imediato. (A intuição não é idêntica à fantasia[30] que Jung considera uma capacidade humana independente das funções, tal como o é a vontade[31].)

As quatro funções oferecem ao ego uma espécie de orientação básica no caos das aparências[32]. "A *sensação* (ou seja, a percepção pelos sentidos) lhe diz que algo existe; o *pensamento* lhe diz o que é esse algo; o *sentimento* diz se ele é agradável ou não; e a *intuição* diz de onde ele vem e para onde vai"[33].

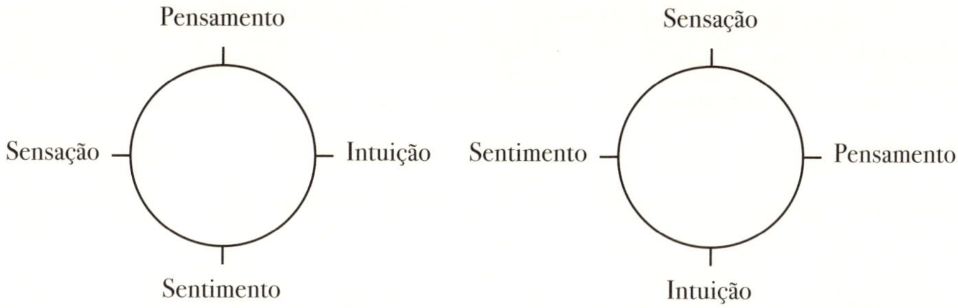

Todo ser humano, durante seu desenvolvimento, cultiva e diferencia uma função mais do que as outras, tendendo a apoiar-se em larga medida nessa função para adaptar-se. Na maioria dos casos, uma segunda ou até uma terceira função também se desenvolve (no diagrama acima, as duas funções à direita e à esquerda da função principal), mas a quarta (que se opõe à função principal no diagrama) permanece quase sempre inconsciente, razão pela qual Jung lhe dá o nome de "função inferior"[34]. Aqui, a luz da consciência torna-se crepúsculo. Nossas tentativas de adaptação à quarta função são, em larga medida, incontroladas e costumam cair na influência do nº 2, a personalidade inconsciente. Se, por conseguinte, nossos valores mais elevados e nossas principais ideias religiosas desaparecerem da consciência, eles caem, por assim dizer, no canto desdenhado e negligenciado da função inferior, lugar onde precisam ser redescobertos. A primeira vez em que Jung tratou conscientemente do problema da "morte de Deus" em sua obra foi em sua descrição dos tipos de função psicológica, e, em especial, em sua interpretação do *Prometheus*, de Carl Spitteler[35]. *Prometheus* aborda o tema da redescoberta do "tesouro" ou "joia" perdidos, o "novo deus" que caiu no reino do inconsciente. Esse tesouro está em poder do reino desprezado da alma, do "homem mais feio", na linguagem nietzschiana. O valor perdido sempre reaparece no lugar mais inesperado, como o afirma de maneira simbólica o nascimento de Cristo numa negligenciada manjedoura.

Como não teve o seu significado psicológico compreendido, esse aspecto do mito do deus-homem perdido – que se apossou de Jung e por ele foi vivido – materializou-se, em nossa cultura, de modo realmente curioso, sob a forma de projeções *exteriores*. Assim é que Karl Marx, por exemplo, buscou o *Self* perdido, ou a restauração do "verdadeiro homem", no elemento "desprezado" da sociedade, a classe operária[36]. Outros buscam a salvação por meio de esforços em favor dos países "subdesenvolvidos"; apenas uns poucos parecem compreender que tem idêntica importância cuidar primeiro das áreas subdesenvolvidas da alma de cada um, para evitar que se acumulem ali males imprevistos que alcancem a superfície para destruir nossos mais bem-intencionados esforços idealistas exteriores.

Ao descrever as quatro funções da consciência, Jung chegou a um padrão quaternário que se reveste de especial significado, visto ter ele mais tarde descoberto que o cerne nuclear do inconsciente também se manifesta, de modo geral, como uma estrutura quaternária. As duas partes da personalidade, a luz do farol na tempestade, do ego, e o centro do inconsciente, parecem por essa razão possuir uma estrutura semelhante a uma imagem especular, espelhada. Ambas contêm luz e trevas porque, embora o nosso ego familiar nos pareça lúcido, conhecido e claro, há nele as mais misteriosas trevas e, embora o inconsciente se afigure uma grande sombra, há nele uma luz inesperada, na medida em que produz, entre outras coisas, inspirações "iluminadoras". Em sua obra posterior[37], Jung diz, portanto, que até se pode definir o ego como uma "*personificação relativamente constante do próprio inconsciente*, ou como o espelho schopenhaueriano em que o inconsciente percebe o seu próprio rosto. Todos os mundos existentes antes do homem estavam fisicamente presentes ali. Mas constituíam uma ocorrência sem nome, e não uma realidade definida, porque ainda não existia aquela concentração mínima do fator psíquico igualmente presente para enunciar a palavra que prevaleceu diante de toda a Criação: Isto é o mundo e isto sou eu! Era a primeira manhã do mundo [...] quando esse complexo cuja consciência emergia, o ego, o filho das trevas, distinguiu entre sujeito e objeto, fazendo do mundo e de si mesmo realidades definidas [...]"[38].

Perto do final da vida, Jung teve um sonho em que o ego consciente manifestava-se como um reflexo ou projeção do centro interior mais amplo, exatamente como se o nº 2, a personalidade inconsciente, estivesse sonhando ou imaginando a vida consciente do nº 1. Parece, portanto, que a luz do nº 1, que tem o seu interior sombrio, e a luz do inconsciente, o nº 2, que é sombria no mundo exterior, formassem juntas, em última análise, uma estranha unidade dúplice, em que uma não pode existir sem a outra[39]; e a consciência do ego se afigura uma parte tão essencial dessa totalidade que, em muitos mitos e religiões, até representa a própria imagem de Deus, como *pars pro toto*. Na filosofia indiana, por exemplo, a identidade entre Deus e o ego "era tida por autoevidente. Era natural para a mente indiana compreender a significação cosmogônica da consciência que se manifesta no homem"[40].

Quando decidiu, na juventude, dirigir todos os esforços para manter viva a "luzinha" que levava consigo no sonho como um farol na tempestade, Jung tomou outra decisão que também o afastava do jovem comum. Quando a maioria das pessoas decidem – devido a pressões interiores ou oriundas do ambiente – crescer e abandonar os sonhos românticos da juventude, entrando na batalha da vida com a pequena luz do ego, esquecem e reprimem a existência do inconsciente[41]. Jung, contudo, decidiu conscientemente não negar o nº 2, nem "declará-lo inválido. Isso teria sido uma automutilação, que além do mais me teria privado da possibilidade de explicar a origem do sonho. Pois não havia dúvida na minha mente de que o nº 2 tinha alguma relação com a criação de sonhos e eu poderia facilmente atribuir a ele a necessária inteligência superior [...]. Ele era, na verdade, um espectro, um espírito que poderia manter-se diante do mundo das trevas"[42]. "Eu não vinculava isso à ideia de nenhuma individualidade definida [...]. O único aspecto distinto desse espírito era seu caráter histórico, sua extensão no tempo, ou melhor, sua atemporalidade"[43]. O nº 2 também personifica, de certa maneira, um *Zeitgeist* coletivo em ação na consciência humana, um espírito que é transformado e revelado ao longo dos séculos de história da mente humana[44].

A harmonização, ora contrastante ora concordante, entre a consciência do ego e o inconsciente, os dois mundos especulares entre os quais Jung tentou traçar um curso intermediário, também podia ser sentida nos contatos pessoais com ele. Seus vívidos e escuros olhos se concentravam delicadamente e com interesse no visitante, e se afastavam, como se estivessem olhando um fundo mais sombrio e buscando ali uma resposta. Apesar de sua modéstia natural, a pessoa se sentia como que transportada para pressagiosas circunstâncias mágicas, passando de repente a sentir o misterioso poder em cujas mãos repousa o destino humano, e do qual dependem o sentido e o sem-sentido da vida de cada um. Poucos deixavam seu consultório sem terem sido tocados pelo poder do inconsciente e, portanto, sem responder ao desafio de dar atenção, com toda a seriedade, ao seu nº 2, que porta a nossa efêmera consciência do ego, transformando-a e emprestando-lhe um sentido mais profundo.

NOTAS

1. *Memories*, pp. 44-5/55. [*Memórias, Sonhos, Reflexões*. São Paulo: Edição do Círculo do Livro, 1993, p. 56.]
2. *Ibidem*, pp. 45/55. [*Memórias, Sonhos, Reflexões*. São Paulo: Edição do Círculo do Livro, 1993, p. 56.] Jung continua: "O jogo alternado das personalidades nº 1 e nº 2, que persistiu no decorrer de minha vida, nada tem que ver com a dissociação no sentido médico habitual. Pelo contrário, tal dinâmica se desenvolve em todo indivíduo. São sobretudo as religiões que sempre falaram ao nº 2 do homem, ao "homem interior".
3. *Ibidem*, pp. 66/73. [*Memórias, Sonhos, Reflexões*. São Paulo: Edição do Círculo do Livro, 1993, p.73.]
4. *Ibidem*, pp. 86/92. [*Memórias, Sonhos, Reflexões*. São Paulo: Edição do Círculo do Livro, 1993, p. 90.]
5. *Ibidem*, pp. 87/93. [*Memórias, Sonhos, Reflexões*. São Paulo: Edição do Círculo do Livro, 1993, p. 90.]
6. Referência à peça, e não à personagem Fausto.

7. *Memories*, pp. 87/93. [*Memórias, Sonhos, Reflexões*. São Paulo: Edição do Círculo do Livro, 1993, p. 90.]
8. As crianças Brontë, por exemplo, ou Robert Louis Stevenson. Cf., quanto a isso, Barbara Hannah, *Striving Towards Wholeness*.
9. Cf. Marie-Louise von Franz, *Puer Aeternus*. Há também uma boa descrição do problema no romance de Bruno Goetz, *Das Reichohne Raum*. Cf. ainda James Hillman, "*Senex and Puer*" ["*O Livro do Puer*"], *Eranos-Jahrbuch*, 36, 1967, pp. 301ss.
10. *Memories*, pp. 87-8/93-4. [*Memórias, Sonhos, Reflexões*. São Paulo: Edição do Círculo do Livro, 1993, p. 91.]
11. *Ibidem*, pp. 89/94. [*Memórias, Sonhos, Reflexões*. São Paulo: Edição do Círculo do Livro, 1993, p. 92.]
12. Cf., no tocante a isso, G. Wehr, *C. G. Jung*, p. 122 e, em especial, p. 84. Willem A. Visser't Hooft, por exemplo, aponta em Jung esse tipo de ótica, em *Kein anderer Name*, pp. 34s.
13. *Resposta a Jó*, *Obras Completas*, vol. 11/4, p. 358.
14. *Memories*, pp. 103/106. [*Memórias, Sonhos, Reflexões*. São Paulo: Edição do Círculo do Livro, 1993, p. 105.]
15. *Ibidem*.
16. Jung, *A Natureza da Psique*, *Obras Completas*, vol. 8/2, par. 430. "*Self*" é a palavra usada mais tarde por Jung para designar o centro do nº 2.
17. Mimeografado em dez volumes (1938ss.); inédito.
18. Friedrich Nietzsche, *Thus Spake Zarathustra*, trad. de R. J. Hollingdale, p. 48.
19. Cf. Jung, "Picasso", *O Espírito na Arte e na Ciência*, *Obras Completas*, vol. 15, par. 214.
20. Cf. Jung, *A Natureza da Psique*, *Obras Completas*, vol. 8/2, par. 162.
21. Cf. Jung, *A Natureza da Psique*, *Obras Completas*, vol. 8/2, par. 360: "Uma filosofia como a de Hegel é uma autorrevelação do fundo psíquico e, em termos filosóficos, uma presunção".
22. *Memories*, pp. 144/142. [*Memórias, Sonhos, Reflexões*. São Paulo: Edição do Círculo do Livro, 1993, pp. 137-38.]
23. *Ibidem*. No caso de Hegel: a ideia de que o verdadeiro *Self* pode ser percebido por meio do pensamento abstrato. Cf. F. Ueberweg, *Grundriss der Geschichte der Philosophie*, IV, pp. 73ss. A filosofia exprime o espírito absoluto (isto é, a divina causa primeira criadora do mundo) sob uma forma subjetivo-objetiva; Ueberweg, p. 85.

24. Tentei demonstrá-lo em meu ensaio "Der kosmische Mensche als Zielbild des Individuationsprozess", *Evolution*, pp. 94ss.

25. Em Hegel, o inconsciente autônomo não reconhecido aparece como projeção no decurso da história. Cf. L. L. Whyte, *The Unconscious Before Freud*.

26. *Memories*, pp. 336ss./309ss. [*Memórias, Sonhos, Reflexões*. São Paulo: Edição do Círculo do Livro, 1993, pp. 302ss.]

27. Jung, *Psicologia e Religião Oriental*, *Obras Completas*, vol. 11/5, par. 935.

28. Cf. Jung, *Aion – Estudos sobre o Simbolismo do Si-mesmo*, *Obras Completas* vol. 9/2, pars. 1ss. O ego, segundo Jung, tem uma base somática e uma base psíquica. A primeira se manifesta sob forma de estímulos endossomáticos, alguns dos quais cruzam o limiar da consciência, tornando-se percepções, isto é, assumindo um caráter psíquico, e associando-se com o ego, ao passo que outros mantêm-se antes do limiar. A base psíquica consiste no campo total da consciência, por um lado, e na soma total de conteúdos inconscientes ou processos interiores, por outro. "[O ego] parece resultar, em primeiro lugar, do choque entre o fator somático e o ambiente e, uma vez estabelecido como sujeito, continua a desenvolver-se a partir de choques ulteriores com os mundos interior e exterior (par. 6)." Assim, a diferenciação entre sujeito e objeto, entre interior e exterior, ocorre gradualmente. Essa contribuição de Jung à psicologia da consciência, aqui bastante resumida, quase não foi reconhecida no campo mais amplo da psicologia filosófico-acadêmica, porque se refere a uma descrição da consciência do ego *que não se pode entender sem a experiência do mundo especular, o inconsciente*. A psicologia acadêmica costuma tentar descrever a consciência sob a perspectiva do sujeito consciente, embora este não possa referir-se a um ponto arquimediano exterior ao ego pensante. Cf., por exemplo, Detlev von Uslar, *Der Traum als Welt*, que aborda as dificuldades de se compreender a consciência sem o conhecimento empírico do sonho.

29. *Tipos Psicológicos*, *Obras Completas*, vol. 6, "Definições", par. 731; ver também pars. 723, 770, 792 e 830.

30. A fantasia pode ser expressa por meio do pensamento, do sentimento, da intuição e da sensação, sendo, por isso, provavelmente uma capacidade *sui generis* de profundas raízes no inconsciente.

31. Por "vontade" Jung entende a quantidade ou volume de energia psíquica de que a consciência do ego pode dispor.

32. Jung escreve, em *Tipos Psicológicos*, *Obras Completas*, vol. 6, (par. 933): "Desde tempos remotos, fazem-se tentativas de classificar os indivíduos segundo tipos e, assim, trazer ordem ao caos. As mais antigas tentativas que chegaram ao

nosso conhecimento são as dos astrólogos orientais [...].” (De igual maneira, a tipologia fisiológica da Antiguidade, a saber, a divisão por humores em quatro temperamentos, mantém estreitos vínculos com as ideias cosmológicas, ainda mais antigas.)

33. Jung, “Approaching the Unconscious” [“Chegando ao Inconsciente”], *Man and His Symbols* (*O Homem e seus Símbolos*), p. 61. Cf. também Jacobi, *The Psychology of C. G. Jung* (*A Psicologia de C. G. Jung*).

34. Isso não significa que um tipo pensamento normal não tenha sentimentos, nem que um tipo sentimento seja estúpido, mas sim que, em cada caso, a quarta função é primitiva, espontaneamente arbitrária, intensa, indisciplinada e arcaica. Além disso, ela se comporta de certo modo à feição do tipo oposto de atitude; isso significa que, por exemplo, o sentimento de um tipo pensamento introvertido é extrovertido, vinculado com o objetivo; que a sensação de um intuitivo extrovertido é introvertido etc. O que confere à questão algo de fatalidade é o fato de os tipos opostos se atraírem mutuamente na forma de um fascínio pleno de admiração (costumam casar-se) ou, com mais frequência, não poderem suportar um ao outro. O introvertido acha o extrovertido “superficial”, enquanto este o vê como um sonhador desligado da realidade. O tipo pensamento considera o tipo sentimento estúpido e sentimental, sendo considerado por este um “intelectual frio”. Para o tipo sensação, o intuitivo é “irreal”; o intuitivo tem o tipo sensação por uma “criatura desprezível, sem espírito e plana” etc. O que é alimento para um é veneno para o outro. A julgar por minhas experiências práticas, o mérito da tipologia junguiana, até hoje, reside em seu uso para os fins a que Jung se propôs originalmente, a saber, servir de base à *compreensão* recíproca entre indivíduos e entre escolas e movimentos. Por conseguinte, Jung cita em *Tipos Psicológicos* muitos exemplos tirados da história da cultura (a discussão a respeito da *Última Ceia na Idade Média*, Schiller *versus* Goethe etc.), em seu esforço por ilustrar a maneira como cada tipo interage de modo geral.

35. *Tipos Psicológicos*, *Obras Completas*, vol. 6, pars. 275ss.

36. Cf. Robert Tucker, *Philosophy and Myth in Karl Marx*, pp. 151ss.

37. *Mysterium Coniunctionis*, *Obras Completas*, vol. 14.

38. *Ibidem*, par. 129.

39. Nós o vemos com maior clareza em casos de severa doença mental, nos quais a pequena lamparina do ego é obscurecida ou extinta. As manifestações do inconsciente nos sonhos do paciente deterioram-se, tornando-se um subir e descer, um ir e vir sem sentido, sem direção ou alvo.

40. *Mysterium Coniunctionis, Obras Completas*, vol.14, par. 131.

41. Dei a isso, em minha obra, o nome de "queda de Ícaro", do *puer aeternus*; nela, o jovem romântico se torna de súbito um homem cínico, apegado à realidade e movido pelo poder; depois dos *hippies*, os *skinheads*!

42. *Memories*, pp. 89/94. [*Memórias, Sonhos, Reflexões*. São Paulo: Edição do Círculo do Livro, 1993, pp. 92-3.]

43. *Ibidem*, pp. 90/95. [*Memórias, Sonhos, Reflexões*. São Paulo: Edição do Círculo do Livro, 1993, p. 94.]

44. Cf. *Memories*, pp. 91/96. [*Memórias, Sonhos, Reflexões*. São Paulo: Edição do Círculo do Livro, 1993, p. 95.]

CAPÍTULO III

O MÉDICO

Asclépio, o deus da medicina, é, com frequência, representado nas esculturas antigas na companhia do fálico *kabir* Telésforo, "aquele que tem como objetivo a completude"; porque, com efeito, não há cura psíquica, ou psicossomática, sem uma profunda mudança de atitude. Embora o primeiro sonho de Jung tenha sido, por assim dizer, um chamado para que viesse a ser um curador de almas, foi somente depois de muita hesitação que ele descobriu sua vocação. Matriculou-se primeiramente na Faculdade de Ciências Naturais da Universidade da Basileia[1]. Quando, próximo ao término dos anos de estudo, chegou a hora da especialização, ele pensou em cirurgia ou medicina clínica[2]. Mas, quando se preparava para os exames finais, leu o manual de psiquiatria[3] de Krafft-Ebing, no qual encontrou duas observações que provocaram nele "profunda emoção". Uma delas referia-se à relativa subjetividade das percepções psiquiátricas; e a outra, à afirmação de que as psicoses são "doenças da personalidade". Isso fez com que ele se decidisse. "Era intensa a minha agitação, pois ficara claro aos meus olhos, num relance de iluminação, que, para mim, o único objetivo possível era a psiquiatria. Somente em direção a ela poderiam convergir as duas correntes que me interessavam [...]. Ali estava o campo empírico comum aos fatos biológicos e espirituais [...]. Era como se dois rios se tivessem unido e, numa caudalosa torrente, me conduzissem inexoravelmente para alvos distantes"[4]. A radical oposição entre as humanidades e as ciências, tão característica da nossa cultura, lhe pareceu finalmente resolvida num terceiro domínio, o da ciência da psique humana, visto ser na psique, como o veremos, que a matéria e o espírito tornam-se um.

Terminados os exames finais, Jung passou a fazer parte do Hospital Psiquiátrico Burghölzli, em Zurique (10 de dezembro de 1900), como assistente. Tratava-se, como diz ele, de "uma submissão ao voto de só acreditar no que era provável, comum, conhecido, pobre de sentido"[5]. Sendo o seu temperamento o que era, ele começou quase de imediato a fazer perguntas que até então só tinham recebido pouca atenção. "Dominando meus interesses e minha pesquisa, estava a ardente questão: 'O que acontece de fato no interior da pessoa mentalmente enferma?'"[6] O tratamento desses pacientes limitava-se tradicionalmente a uma rotulação de enfermidades por meio da catalogação de sintomas e diagnósticos, uma tarefa que se limitava a aspectos externos e que não se apegava à psicologia do paciente. Esse hábito de fazer perguntas não ortodoxas caracterizou a atitude de Jung durante toda a vida; a doença psíquica sempre foi para ele o drama pessoal de um indivíduo particular, apesar de todas as categorias de enfermidades. A história pessoal é "o segredo do paciente, a rocha contra a qual ele se despedaça. Se eu conhecer essa história secreta, terei a chave do tratamento". Encontrar essa chave exige, antes de tudo, "um longo e paciente contato humano com o indivíduo"[7].

"Não se pode supor", reconhece Jung no último artigo que escreveu, "que o analista seja um super-homem que se mantém acima dessas diferenças apenas porque ele é um médico que assimilou uma teoria psicológica e uma técnica equivalente [...]. Não há técnica nem doutrina terapêutica de aplicação genérica, visto que cada caso que se recebe para tratamento é um indivíduo que se encontra numa condição específica"[8]. É muito mais importante estabelecer uma relação de confiança do que demonstrar uma teoria clínica. O médico "tem algo a dizer, mas o paciente também tem"[9]. Para Jung, todo tratamento é *diálogo* e *encontro*. O tratamento, do mesmo modo, não é uma mera logoterapia (Victor Frankl), porque como Jung entendia, ao encontro terapêutico pertencem todas as imponderabilidades irracionais, tais como o tom de voz, a expressão facial, os gestos e – o que de modo algum é menos importante – o próprio inconsciente, "que *é de fato inconsciente*". As palavras de Paracelso, que Jung cita no artigo "Paracelsus, the Physician" para descrever a arte da terapia, também podem ser aplicadas, com justiça, ao próprio Jung: "Onde não há amor, não há arte". "Assim, o médico deve ter uma compaixão e um amor equivalentes ao de Deus em relação ao homem." O médico é "o meio pelo qual a natureza é acionada". O que o médico faz não é o *seu* trabalho. "A prática dessa arte está no coração; se o teu coração for falso, o médico dentro de ti também o será"[10].

Sei de uma paciente de Jung que estipulou, como condição para iniciar o tratamento com ele, que ele jamais lhe falasse de suas teorias, ideias ou interpretações; ela só queria falar com ele da vida cotidiana dele, por exemplo, do que ele fazia nos feriados etc. Embora essa fosse uma condição difícil para um médico, Jung aceitou – e o tratamento foi um grande sucesso. Isso é apenas um exemplo do grau de adaptação a que ele sempre chegava em relação aos analisandos – mesmo quando isso contrariava sua natureza e seu temperamento[11]. Eros era o princípio que o guiava no exercício da medicina. Certa feita, depois de uma jovem paciente ter confessado com grande embaraço que tinha uma "transferência" para com ele, Jung, após um grave silêncio, sugeriu que passeassem pelo jardim, já que fazia um lindo dia. Como se fosse por acaso, ele parou quando passaram por um recanto em que cresciam juntas as mais raras e variadas flores silvestres. Ele as apontou e disse: "Veja que tenho algumas flores belas e raras. Eu lhes ofereço o solo. Se gostarem dele, elas podem permanecer, florescer e crescer. Se não, bem, nesse caso, nada se pode fazer". Essa foi sua resposta. Ele fazia coisas assim quase sem intenção consciente; seguia simplesmente um impulso espontâneo do inconsciente e fazia ou dizia tudo o que a natureza lhe sugerisse. Quando o tempo estava bom, ele gostava de trabalhar em sua casa de verão, aberta, com seus olhos e ouvidos sempre atentos às imagens e aos sons da natureza. Ele percebia em que ponto da conversa seu cão suspirava, uma vespa entrava na sala ou uma onda alta arrebentava contra o muro. Quando, o que era frequente, esses pequenos eventos se harmonizavam com o que estava sendo discutido no momento, ele chamava a atenção para isso com uma piscadela marota. Porque o médico é "o meio pelo qual a natureza é acionada".

Desde o início de sua prática, Jung tratava seus pacientes a partir desse relacionamento total. Ao mesmo tempo, contudo, prosseguia com suas pesquisas e experimentos. Instalou uma espécie de laboratório de parapsicologia na Clínica Psiquiátrica de Burghölzli durante os anos de 1904-1905, e seu chefe, Eugen Bleuler, o apoiou com generosidade e coração aberto. Por essa época, ele terminou sua dissertação. "*On the Psychology and Pathology of So-called Occult Phenomena* (*Sobre a Psicologia e Patologia dos Fenômenos Chamados Ocultos*")[12] e, pouco depois, seu livro *Studies in Word Association* (*Estudos Experimentais sobre o Método de Associação de Palavras*)[13]. Embora muito distintas em termos de assunto e de tratamento, essas duas obras iniciais relacionam-se intimamente num nível mais profundo. Durante seus anos de estudante, Jung tinha lido um grande número de livros então disponíveis sobre espiritualismo[14], "porque não podia deixar de ver que os fenômenos descritos [...] eram em princípio bem semelhantes às histórias que eu ouvira repetidas vezes no campo, desde a mais tenra infância. O material era, sem dúvida, autêntico. Mas a grande questão sobre a realidade física dessas histórias não tinha recebido uma resposta que eu julgasse satisfatória. Não obstante, era possível estabelecer que em todas as épocas e em todas as partes do mundo essas mesmas histórias tinham sido registradas inúmeras vezes". Essas coisas "devem estar vinculadas ao comportamento objetivo da psique humana [...]. As observações dos espiritualistas, por mais estranhas e questionáveis que me parecessem, eram os primeiros relatos de fenômenos psíquicos objetivos que eu já vira"[15]. Foi nesses estudos que o ego, ou o nº 1 de Jung, tentou pela primeira vez abordar os enunciados do nº 2 como afirmações objetivas.

Dois fenômenos *poltergeist* (a súbita rachadura sem causa de uma mesa e a quebra de uma faca) despertaram-lhe o interesse e a curiosidade[16], tendo ele decidido, ainda estudante, frequentar algumas sessões centradas numa garota de 15 anos sujeita a manifestações sonambulísticas e espiritualistas. (Durante o período que passaram em Burghölzli, Jung e Eugen Bleuler costumavam frequentar sessões com um médium do sexo masculino.) Ele registrara com cuidado tudo o que a médium dissera e chegou à conclusão de que uma segunda parte, mais sábia e mais madura, da própria personalidade da médium falava, uma parte que, à medida que o tempo passava, "se embutira" na médium, por assim dizer, porque a própria garota passou a exibir cada vez mais as características do espírito que no início atuara autonomamente[17]. Como resultado dessa experiência, Jung esteve propenso, por um longo tempo, a encarar todos os fenômenos espiritualistas como "almas parciais" autônomas que, em princípio, pertencem à personalidade consciente[18].

As investigações então empreendidas por Jung no Burghölzli, seus estudos a respeito da associação de palavras, pertencem a esse contexto. Franz Riklin, Sr., que estivera trabalhando com Gustav Aschaffenburg na Alemanha, levou aos médicos de Burghölzli a notícia do experimento ligado à associação feito por Wundt; ele mesmo alimentara a esperança de poder descobrir possíveis lesões cerebrais por meio de seu uso. Jung adotou esse experimento com entusiasmo, mas fez nele modificações radicais. Para ele, o experimento representava a possibilidade de demonstrar a presença, a influência e a estrutura daquelas "almas parciais", por ele então denominadas "complexos de tonalidade emocional"[19]. Aliado a Riklin, Frederick W. Peterson, Charles Ricksher, J. B. Lang, Ludwig Binswanger e outros, iniciou um trabalho experimental mais amplo que possibilitasse identificar tipos diferentes de reação, e semelhanças entre reações, bem como tipos de enfermidades, e desenvolver uma avaliação jurídica desse experimento para usá-la no diagnóstico de fatos[20]. Jung encontrara finalmente nesse trabalho uma sólida base experimental científica para suas percepções intuitivas acerca do nº 2 das pessoas, isto é, da atividade autônoma do inconsciente. Embora estendesse a sua pesquisa desse período ao campo psicossomático, ele nunca considerou os fenômenos corporais concomitantes como *causas* dos indicadores de complexos, o que seria fundamental para uma interpretação materialista dos complexos. Para ele, as reações físicas eram fenômenos *concomitantes* e jamais viu razões para mudar seu ponto de vista. Em contraste com o pai, que, numa crise de dúvida quanto à própria fé, começou a aceitar uma interpretação materialista de conteúdos psíquicos[21], Jung rejeitava uma origem materialista dos fenômenos psíquicos, pela razão essencial de que não sabemos o que é "matéria", da mesma maneira como não sabemos o que é "psique objetiva" nem "espírito". Só podemos descrevê-los indiretamente, por meio dos vestígios que deixam em nossas mentes conscientes, mas eles não podem ser definidos em si mesmos. "Tanto a matéria como o espírito aparecem no reino psíquico", escreveu Jung num artigo ulterior, "como qualidades distintivas de conteúdos conscientes. A natureza última dos dois é transcendental, isto é, irrepresentável, visto que a psique e seus conteúdos constituem a única realidade que nos é dada *sem intermediários*"[22]. Dessa maneira, é até possível definir a psique como uma qualidade da matéria ou a matéria como o aspecto concreto da psique. "Em consequência da inevitabilidade dos fenômenos psíquicos, uma *única* abordagem do mistério da existência é impossível, devendo haver ao menos duas, a saber, o evento físico ou material de um lado, e seu reflexo psíquico de outro"[23], de modo que é muito difícil decidir o que reflete o quê. Assim sendo, Jung rejeitou toda tentativa de interpretação materialista ou espiritualista da vida[24]. Porque a psicologia "não trata das coisas tais como são 'em si mesmas', mas apenas daquilo que as pessoas pensam a respeito delas"[25].

Embora considerasse os "espíritos", nesse período inicial, "apenas" como complexos psíquicos, Jung mudou sua postura em sua obra posterior. É difícil perceber como um fantasma "vinculado a um lugar", por exemplo, possa ter sido evocado pelos complexos de uma pessoa. Ele terminou, por conseguinte, por exprimir certa dúvida acerca da possibilidade de um método puramente psicológico explicar esses fenômenos[26], pois, em algum recôndito do fundamento do ser, a psique e os conceitos microfísicos do contínuo espaço-tempo se encontram, ou, ao menos, se conectam. "Isso deixa aberta toda a questão da realidade transpsíquica que subjaz imediatamente à psique"[27]. Mas esse problema será discutido adiante. Naquele período inicial, Jung dedicou-se ao estudo empírico da realidade puramente psíquica, deixando de lado o possível substrato "material" ou "espiritual" desses elementos, caracterizados, naquele momento, como incognoscíveis. Assim, ele protegeu sua postura psicológica da influência dos efêmeros pressupostos ideológicos da *Weltanschauung* (*visão de mundo*) prevalecente.

Por meio dos estudos de associação de palavras feitos em Burghölzli, Jung descobriu o complexo psíquico, tal como o denominava – isto é, ele foi capaz de demonstrar que há núcleos emocionalmente carregados na psique que podem ser inteiramente inconscientes, parcialmente inconscientes ou conscientes. São constituídos por um "cerne" ou núcleo interior, que é autônomo e tende a ampliar-se por meio da atração de um número cada vez maior de representações e ideias de tonalidade emocional, com ele relacionadas. Os complexos podem ser inferioridades (complexo paterno, complexo materno, complexo de inferioridade, complexo de dinheiro etc.), tipos a que costuma se referir a linguagem coloquial de nossos dias. Mas os complexos também são os centros positivos ou "pontos nodais da vida psíquica"[28]. É provável que toda a nossa personalidade tenha sido originalmente construída pouco a pouco a partir desses complexos. "Como o corpo humano é construído por hereditariedade a partir de algumas unidades mendelianas, não parece totalmente fora de questão que a psique humana seja composta de maneira semelhante"[29].

Esses eram, muito resumidamente, os interesses e as realizações profissionais de Jung até ele conhecer Freud. Ele vinha lendo a obra publicada de Freud desde 1900[30] e, apesar da impopularidade das descobertas de Freud na época, Jung resolveu divulgá-las[31], embora não aceitasse todas as concepções dele[32]. Perto do final da vida, ele escreveu:

> A mais importante realização de Freud consistia, provavelmente, no fato de levar a sério os pacientes neuróticos e de penetrar em sua peculiar psicologia individual [...]. Ele via com os olhos do paciente, por assim dizer, tendo por isso alcançado uma compreensão da enfermidade mental mais profunda do que até então tinha sido possível. No tocante a isso, ele estava livre de vieses, era corajoso e conseguira superar inúmeros preconceitos. Tal como um profeta do Antigo Testamento, ele se dispusera a derrubar os falsos deuses, a retirar os véus de uma gama de desonestidades e hipocrisias, expondo impiedosamente a podridão da psique contemporânea [...]. O ímpeto dado por ele à nossa civilização veio de sua descoberta de uma via de acesso ao inconsciente. Ao considerar os sonhos a mais importante fonte de informação acerca dos processos inconscientes, ele devolveu à humanidade um instrumento que se afigurava irremediavelmente perdido[33].

É, de fato, significativo que o mesmo tema mítico básico, o deus fálico, tivesse aprisionado Jung e Freud, e que os dois tivessem sido motivados até a medula por um grande amor pela humanidade, pela *compassio medici*. Mas no tocante à questão da interpretação científica desse poder central do inconsciente, eles tiveram de seguir caminhos distintos.

Não cabe levantar outra vez os detalhes pessoais do rompimento entre Jung e Freud[34]. Entretanto, a partir dos fatos apresentados acima, deve estar bastante claro que Jung não foi um discípulo de Freud que o abandonou, como se costuma erroneamente afirmar, mas que já desenvolvera os componentes básicos da sua própria vida profissional *antes* de encontrar Freud. O que uniu esses dois grandes pioneiros foi o reconhecimento comum do inconsciente como realidade psíquica fundamental, empiricamente demonstrável. A separação foi necessária, em termos amplos, porque Freud concentrava-se no fundamento físico e biológico do inconsciente e na explicação causal das manifestações, ao passo que Jung concebia a psique em termos de polaridade, no sentido de que tanto o impulso (o aspecto biológico) como as restrições (o chamado "aspecto espiritual" ou "cultural") pertencem à própria natureza do inconsciente e de que a explicação causal de suas manifestações devia ser complementada e completada, por assim dizer, pela explicação final ou teleológica[35]. Para Freud, a sexualidade se enraíza, em última análise, num impulso biológico; para Jung, a sexualidade, embora seja de fato uma ocorrência biológica, é também a expressão de um "espírito ctônico" que constitui "a outra face de Deus", o lado sombrio da imagem de Deus (o sonho do falo). Diante da emoção de Freud ao discutir a sexualidade, Jung suspeitava de que também para Freud a sexualidade fosse de fato um "deus", mas um deus que ele era incapaz de aceitar conscientemente.

Mais tarde, Jung também tentou explicar a oposição entre Freud e ele como uma diferença tipológica de temperamento[36]. O pensamento de Freud correspondia a uma abordagem extrovertida da pesquisa científica, ao passo que a abordagem de Jung era a de um introvertido. No caso do extrovertido, o objeto exterior é o que mais interessa ao sujeito, enquanto no do introvertido a atenção se afasta do objeto e volta ao sujeito. Jung comparava o movimento e o contramovimento da energia psíquica com os conceitos de *sístole* e *diástole* de Goethe. Ambas as atitudes existem em todos; o tipo é determinado tão somente pelo fato de que uma ou outra atitude costuma predominar. A atitude pode mudar com a passagem do tempo. Em termos gerais, o introvertido se caracteriza por uma natureza reflexiva que "o leva a sempre pensar e considerar antes de agir. Isso naturalmente o faz lento no agir. Sua timidez e desconfiança o induzem à hesitação, razão por que sempre lhe é difícil adaptar-se ao mundo exterior"[37]. O extrovertido, por outro lado, tem uma disposição aberta e expressiva que o faz ficar à vontade em todas as situações. Estabelece relacionamentos com facilidade. "As situações novas e desconhecidas o fascinam. Para familiarizar-se mais com o desconhecido, ele se atira de corpo e alma"[38]. O próprio Jung era, sem sombra de dúvida, um introvertido. Como tal, ele ajudou na ocorrência de uma maior valorização da subcorrente introvertida em nossa cultura – que, com frequência, desvaloriza a atitude introvertida diante da vida. Ao mesmo tempo, ele também nos ajudou a compreender melhor a perspectiva mais introvertida da maioria das culturas orientais. A diferenciação junguiana entre os tipos introvertido e extrovertido foi reconhecida com tamanha amplitude que os dois conceitos penetraram no vocabulário da linguagem cotidiana. Todavia, as escolas junguiana e freudiana ainda se opõem uma à outra, provavelmente em razão da diferença tipológica. A perspectiva freudiana ganhou até agora uma prevalência quase exclusiva, porque se aproxima mais da orientação predominantemente extrovertida de nossas ciências. Somente nos últimos anos surgiu uma tendência a considerar com maior seriedade o fator subjetivo, mas isso não aconteceu na psiquiatria com tanta intensidade como na física atômica, enquanto, entre muitos psicólogos acadêmicos, Jung ainda é considerado um místico "desenfreado"!

Por infelicidade, muitos rumores maliciosos foram espalhados no exterior acerca do relacionamento entre Freud e Jung, e um desses boatos é a calúnia repetida com frequência de que Jung era nacional-socialista e/ou antissemita. Conheci Jung pessoalmente, de 1933 até sua morte, e jamais percebi o mais leve traço consciente ou inconsciente dessa atitude. Pelo contrário, era comum que ele se definisse claramente contra Hitler e o nazismo. Entre seus analisandos, ele contava com inúmeros refugiados judeus (alguns dos quais tratava gratuitamente). Parece-me supérfluo repetir os fatos aqui[39], mas talvez sejam necessárias duas ou três palavras de Aniela Jaffé sobre esse assunto[40]. Ela faz um real e fiel relato de todas as ações que poderiam ser arroladas como erros de Jung e que ele mais tarde considerou como tais. O seu grande erro, segundo Jaffé (e na própria opinião dele, depois do evento) era falar demais. Ela acentua corretamente que Jung era demasiado otimista, "o que prova mais uma vez o truísmo de que um grande cientista não é necessariamente um bom político!"[41] Jung certa vez confessou a Leo Baeck: "Escorreguei" (no escorregadio terreno da política). Jaffé aproveita essa ocasião para falar de uma "sombra" de Jung que, a seu ver, imiscuía-se na questão[42]. A mim me parece uma opinião sem nenhum fundamento. O erro se devia, com bastante clareza, como ela mesma afirma em outra parte, ao otimismo "terapêutico" de Jung ou, em outras palavras, à paixão com que ele se dedicava ao trabalho médico. Sempre que irrompiam o sombrio, o destrutivo, no plano individual ou no coletivo, ele tentava, com a intensidade apaixonada do médico nato, salvar o que houvesse para salvar. Quando um amigo observou que ele mostrava um otimismo exagerado em relação a uma paciente maliciosa e temperamental, e que sempre pensava: *Agora* ela vai melhorar, ele respondeu: "Eu sei, eu sei, você tem razão. Mas como eu iria tratar as pessoas se não mantivesse a esperança?" E ele confessa numa carta (datada de 20 de abril de 1946) que tinha tido ilusões em relação às pessoas à época do nazismo[43]. Ele jamais poderia ter imaginado que um tal malefício abissal pudesse aflorar e eclodir. Não foi um elemento de sombra oculto, mas o otimismo "terapêutico" de seu temperamento que o conduziu ao "erro".

O deus fálico do sonho infantil de Jung também é, como Hermes, a divindade dos arautos e pacificadores e, como tinha anseios de salvar a situação na Alemanha, que estava se transformando em psicose coletiva, Jung não ficou calado, o que talvez tivesse sido mais sábio. Em outra ocasião, seus sonhos foram frustrados. Um ou dois anos antes do fim da guerra, um médico alemão, que de modo algum nutria simpatias pelo nacional-socialismo, mas cuja ocupação profissional lhe propiciava o acesso a uma personagem importante – Schellenberg, no quartel-general do *Führer* – aproximou-se de Albert Oeri, de Carl J. Burckhardt e de Jung pedindo que o ajudassem a enviar à Inglaterra uma proposta de capitulação que Schellenberg esperava persuadir Hitler a fazer. Jung se pôs a trabalhar de imediato, na esperança de poupar ambos os lados de muitos sofrimentos. Mas Hitler, de repente, mudou de ideia, e o médico alemão, o professor Wilhelm Bitter, teve de refugiar-se às pressas na Suíça para não ser perseguido como opositor. Jung disse com tristeza a um discípulo inglês, a quem esperava enviar à Inglaterra nessa missão: "Esse mal é tão profundo que só pode terminar com a destruição total. Mesmo as pessoas inocentes que restam já não podem ser poupadas do sofrimento que está por vir". Não se tratava de nenhum elemento de sombra inconsciente, mas de uma intensa *compassio medici*, o que dispôs Jung a cometer esse "erro". Seu otimismo natural o levava a frequentes frustrações, tanto em questões importantes como naquelas sem importância, mas também lhe permitia conseguir transformações na terapia que um médico de disposição mais cética não poderia levar a efeito. No mitologema do médico, de forma bem interessante, Asclépio foi levado por sua paixão pela cura a rebelar-se contra o decreto dos deuses, mas teve de pagar caro por essa ofensa.

Jung abominava a guerra e, perto do final da vida, costumava dizer que não seria capaz de sobreviver à eclosão de uma terceira conflagração mundial. Entretanto, como sabia que os militares suíços jamais seriam usados numa ação ofensiva, tinha uma atitude bastante positiva diante do exército de seu país. Tinha orgulho de seu posto de capitão do Serviço Médico e, quando havia desfiles militares nas redondezas, grandes ou pequenos, costumava assistir a eles.

Hermes, o deus dos pacificadores, dominava não apenas a adaptação de Jung ao mundo circundante, como também, e sobretudo, seu modo de lidar com os pacientes. Ele não tinha interesse em "treinar" ou em "educar" o paciente de acordo com algum tipo de método. Em vez disso, sempre tentava ajudá-lo a encontrar a paz consigo mesmo intermediando as mensagens enviadas pelo inconsciente do paciente. Sentia ser esse o papel do obstetra ou da parteira, por assim dizer: assistir à vinda à luz do dia de um processo interior natural, o processo de chegar até o próprio *Self*. Esse processo segue um caminho distinto em cada indivíduo, visto que os seres humanos individuais e os destinos individuais são infinitamente variados. Assim, o médico é de fato um *hermeneuta*, um intérprete que traduz as cartas oníricas simbólicas que o paciente recebe de suas próprias profundezas inconscientes durante a noite. No tocante a isso, o trabalho de Jung se assemelhava ao dos antigos xamãs e curandeiros entre os povos primitivos. O xamã ou curandeiro também busca com seus próprios meios (o transe, os oráculos etc.) descobrir o que os "espíritos", isto é, o inconsciente ativado ou certos complexos ativados, querem da pessoa que sofre, para que isso seja propiciado por meio de rituais, ritos expiatórios e sacrifícios apropriados etc., ou afastá-los se forem alheios à personalidade. O xamã pode fazê-lo porque, durante sua prova iniciatória, lutou pessoalmente com o mundo dos espíritos, com o inconsciente, tendo chegado a um acordo com ele, de maneira que aprendeu a compreender a linguagem dos espíritos e dos animais. Como assinala Mircea Eliade[44], o próprio xamã não cura; ele faz a mediação do confronto curativo entre o paciente e os poderes divinos.

Embora jamais tenha empregado expressamente um método ou técnica terapêuticos esquemáticos[45], Jung descreveu certas fases típicas do processo analítico. Ele distinguiu *quatro* estágios característicos: confissão, elucidação, educação e transformação[46].

O primeiro passo ou estágio, a *confissão*, tem como protótipo as práticas confessionais de quase todas as religiões de mistério da Antiguidade e a continuação histórica dessas práticas na Igreja Católica. Isso significa que o paciente toma consciência de tudo o que está oculto, reprimido, carregado de culpa, de tudo o que o isola do convívio com seus semelhantes e o confessa ao médico. Os conteúdos reprimidos podem consistir em pensamentos, desejos, emoções e afetos. "É como se o homem tivesse um direito inalienável de contemplar tudo o que é sombrio, imperfeito, estúpido e culposo em seus semelhantes – porque essas são, na verdade, as coisas que mantemos em segredo, a fim de nos proteger [...]. Há um ditado dos mistérios gregos: 'Dá o que tens e receberás'"[47]. Esse primeiro estágio de catarse (purificação) serve para trazer à consciência a sombra, isto é, os aspectos sombrios inferiores de nossa personalidade. A cura, contudo, nem sempre começa nesse estágio. Em muitos casos, o paciente regride, depois da confissão, a uma dependência infantil do médico ou do próprio inconsciente[48]. Essa dependência (transferência) tem sua fonte, na maioria dos casos, em fantasias inconscientes. Em contraste com o material reprimido, essas fantasias são conteúdos que jamais se tornam conscientes; de fato, algumas delas até têm sido, por assim dizer, inerentemente inconscientes, ou seja, não são capazes – ou ainda não – de aflorar à consciência. Para tornar conscientes esses conteúdos, Freud, assim como Jung, usava o método da interpretação dos sonhos, mas Freud empregava um método mais redutivo: fazia os conteúdos oníricos remontarem causalmente aos impulsos e impressões do começo da infância[49]. Trata-se do estágio da *elucidação*. Uma vez assimilados esses conteúdos na consciência, a tarefa seguinte é a de *educação* ou de autoeducação *como um ser social*[50]. Com essa educação, pode parecer que todo o necessário na jornada psicoterapêutica foi alcançado, não fosse o fato de essa "normalidade", embora seja de fato uma solução para algumas pessoas, ser também, para outras, uma prisão. "Ser 'normal' é alvo ideal do fracassado", escreve Jung, "de todos quantos ainda se encontrem abaixo do nível geral de adaptação. Mas para pessoas de capacidade acima da média [...] a compulsão moral por não ser normal representa a Cama de Procusto – o tédio mortal e insuportável, um inferno de esterilidade e de desespero"[51]. Parece-me que hoje há cada vez mais pessoas que sofrem, como Jung percebeu, daquilo a que deu o nome de "neurose facultativa" ou "opcional" – ou seja, elas são normalmente adaptadas socialmente, ou podem ser, mas percebem que é impossível acompanhar a desorientação neurótica desse coletivo supostamente "normal". Jung escreve: "Entre os chamados neuróticos dos nossos dias, há muitos que em outras épocas não teriam sido neuróticos – isto é, divididos contra si mesmos. Se tivessem vivido num período e num ambiente em que o homem ainda *estava ligado pelo mito ao mundo dos ancestrais e, portanto, à natureza, verdadeiramente experimentada, e não vista tão somente de fora*, eles teriam sido poupados dessa divisão em si mesmos"[52]. O mundo descrito de fora, tal como o apresentam as ciências naturais e a mera especulação intelectual, não é um substituto. Esse problema vai se tornando mais agudo a cada ano que passa, segundo penso, e a rebelião das gerações mais jovens contra a pseudonormalidade do nosso raso e banal racionalismo acadêmico está ganhando força. Na busca do mito perdido, muitos se voltam para os ensinamentos do Oriente[53], outros querem retornar à natureza e outros ainda tentam encontrar uma abertura para a experiência imediata e para o inconsciente por meio das drogas. Assim, a atual dissociação neurótica leva constantemente a crises maiores. Mal sabemos se as pessoas mais normais não são aquelas que se recusam a adaptar-se a uma época fora do eixo, mas há de fato muitas pessoas genuinamente neuróticas e preguiçosas que usam esse argumento para ocultar sua real inferioridade social.

Se, contudo, não se tratar de um desses indivíduos inadaptados, mas de uma pessoa normal que sofre das deformações neuróticas do mundo coletivo, o médico não pode ajudá-la com um tratamento voltado para a normalidade. Em vez disso, deve ir ao encontro do paciente com toda a sua personalidade e manter-se aberto às forças irracionais do inconsciente do paciente e do seu próprio inconsciente. Mas o mais importante é que ele deve "ser o homem por meio do qual [a pessoa deseja] influenciar outros"[54]. No quarto estágio, o médico deve, antes de tudo, aplicar a si mesmo o sistema no qual acredita. O analisando só deve ser transformado na medida em que o próprio médico se transforma. A ética pessoal do médico e a sua atitude diante da vida passam a ser, por conseguinte, o ponto central de sua atuação. A autoeducação e o autodesenvolvimento empreendidos pelo terapeuta vão, contudo, muito além do âmbito do consultório. Atualmente, o terapeuta deve tratar das pessoas saudáveis[55] mais ou menos da mesma maneira como o guru ou mestre o faz nas culturas orientais. Tanto na terapia como no crescimento pessoal fora dela, deve-se substituir a compulsão pelo desenvolvimento, pelo crescimento na direção da maturidade. Mais tarde, Jung denominou *individuação* a esse processo de maturação. É difícil descrevê-lo cientificamente, porque a individuação inclui muitas variações individuais, como o seu próprio nome indica. Mesmo assim, é possível discernir certas características gerais, caso se observe um número suficiente de casos[56].

No primeiro encontro com o próprio inconsciente, o europeu ou americano criado numa atmosfera cristã costuma descobrir as qualidades inferiores e "sombrias" que foram reprimidas ou que ele tentou suprimir conscientemente. O inconsciente se mostra no início, digamos assim, como a "sombra" da personalidade que o ego acredita ser. Tanto Sigmund Freud como Alfred Adler se preocuparam, em termos essenciais, com esse aspecto da terapia. A sombra, no entanto, nem sempre é formada por aspectos inferiores da personalidade, como os impulsos sexuais e de poder. Hedwig Boye[57], por exemplo, observou alguns criminosos que tinham vivido sem inibições o seu lado mais sombrio e descobriu que a figura da sombra presente no inconsciente exibia características morais e até nobres. Na análise de um indiano, também tive a oportunidade de observar que o inconsciente tendia a separar as partes claras e escuras da personalidade, em vez de uni-las – o que faz conosco – porque, como resultado da atitude geral da mente consciente do indiano, essas partes eram demasiado misturadas entre si. Isso, todavia, é uma forma de inconsciência que em nada difere da repressão de um ou de outro lado.

Uma vez que os aspectos "inferiores" da personalidade-ego se tornem conscientes e sejam integrados[58], costuma vir à luz um aspecto contrassexual do inconsciente[59]. Se a personalidade consciente estiver mais comprometida com o aspecto Logos da vida, como costuma acontecer com os homens, o aspecto Eros aparece personificado em figuras femininas nos sonhos. Inversamente, se o aspecto Eros da vida tiver recebido mais atenção do ego, como costuma acontecer com as mulheres, haverá personificações masculinas do aspecto Logos. Jung deu a essas personificações contrassexuais da personalidade inconsciente o nome de *anima* (nos homens) e de *animus* (nas mulheres)[60]. Num homem, a *anima* encontra expressão, principalmente, na forma de humores ou tonalidades emocionais, positivos ou negativos, específicas; de fantasias eróticas; de impulsos; de inclinações e de incentivos emocionais para a vida. O *animus* da mulher, por sua vez, assume antes a forma de impulsos inconscientes de ação; de súbita iniciativa; de enunciação autônoma de opiniões; de razões ou convicções. Esses componentes contrassexuais da personalidade formam, por um lado, uma ponte nas relações com o sexo oposto (na maioria das vezes por meio de projeções); por outro lado, também constituem um obstáculo especial na tentativa de compreender o parceiro, visto que a *anima* do homem tende a irritar as mulheres, e o *animus* destas, tende a irritar os homens. Essa é quase sempre a causa da chamada "guerra dos sexos", e a maioria das dificuldades conjugais pode ser remetida à influência desses fatores inconscientes.

Caso se retirem esses fatores psíquicos contrassexuais inconscientes, por assim dizer, dos objetos nos quais são projetados, integrando-os à consciência, o inconsciente vai revelar uma personalidade superior que, nos homens, costuma ter as características do "mestre", do velho sábio mágico, do semideus; nas mulheres, as da cortesã, da grande mãe, da velha sábia ou de uma deusa que é Koré e Deméter ao mesmo tempo. Jung deu a esse aspecto do inconsciente o nome de "*Self*", tomando o termo da filosofia indiana. O *Self* parece abranger todos os aspectos da psique acima mencionados, incluindo o ego. A descrição que Jung fez de seu próprio nº 2, que descobriu no começo da juventude, corresponde ao *Self*. Ele é, vamos dizer, o ser humano maior e eterno que há em nós. Mas essa imagem nem sempre se personifica. Pode ser simbolizada com igual frequência por uma figura matemática, a imagem de um círculo ou de um quadrado que representa o centro da personalidade. Jung denominou essas estruturas "mandalas". Nesses símbolos, são enfatizados mais a ordem e o significado do que os aspectos puramente pessoais do *Self*. Esse símbolo da totalidade psíquica será discutido mais amplamente no capítulo VII.

Jung sugeriu que a sequência de transformações acima descritas não se encerra com o *Self*. É provável que existam poderes adicionais por trás da personificação do *Self*, mas ele decidiu não tentar uma descrição mais aprofundada deles, pois achava que ela não seria compreendida. Estava convencido de que horizontes existenciais cada vez mais longínquos poderiam abrir-se à nossa consciência em crescimento.

É fato bem conhecido nos círculos junguianos que a sequência de mudanças da personalidade acima não é a única, podendo essas mudanças ocorrer também numa ordem bem diferente, razão por que não devemos tomar o esquema como o único padrão possível. Especialmente no caso dos jovens, em que o ego começa a ser constelado, por vezes deparamos com uma exata inversão. A descrição de Jung apresenta, digamos, uma escala de graus de dificuldade no processo de integração. Tornar-se consciente da sombra poderia ser descrito como um trabalho para iniciantes; a integração do *animus* e da *anima* é uma tarefa bem mais avançada e poucos hoje conseguem passar desse ponto. Os componentes descritos estão *presentes* em todo homem e em toda mulher, mas as pessoas os encontram de modo geral na projeção, ou se identificam inconscientemente com eles. Se, por exemplo, não se souber coisa alguma a respeito da própria sombra, pode-se simplesmente parar e perguntar a si mesmo quais são as características das outras pessoas que nos irritam mais do que deveriam. Aí se oculta o diabo! O *animus* e a *anima* em geral influenciam os bastidores dos relacionamentos amorosos, mas também podem ser identificadas na efeminação de um homem ou na masculinização de uma mulher. No século XX, vários "líderes" políticos deram notáveis exemplos de identificação com o *Self*, enquanto, em épocas anteriores, esses "líderes" estavam mais propensos a serem figuras religiosas que dizem falar em nome de Cristo, de Deus ou do Espírito Santo. De maneira menos notável, contudo, todo comportamento ultra-autoritário indica uma identificação com o *Self*, seja na ciência, na política ou na religião. A identificação com os aspectos do inconsciente que descrevemos é o inverso de torná-los conscientes.

Há por fim outra identificação com conteúdos inconscientes que deve ser mencionada e com a qual deparamos frequentemente. Há pessoas que sofrem da ilusão de serem idênticas ao papel social que representam (Jung dá a esse papel social o nome de "*persona*"): o sábio erudito ou médico "sabe-tudo", o funcionário "enérgico", a enfermeira "bondosa", o clérigo "paternal e benevolente" etc. Um motivo folclórico familiar materializou-se nesses indivíduos, o motivo no qual a máscara (*persona*) se apossa da pessoa que a usa e já não pode ser tirada. Muitos, no entanto, têm percepção e senso de humor suficientes para evitar essa armadilha e têm capacidade para a pronta discriminação entre o papel público que exercem e o seu ego pessoal.

Esses termos de Jung (*persona*, sombra, *animus e anima*), que servem para diferenciar conteúdos inconscientes típicos, não devem ser entendidos, em nenhuma circunstância, como meros conceitos intelectuais ou definições[61]. São designações destinadas a estabelecer uma certa ordem no caos das experiências interiores amplamente variadas de muitos homens e mulheres, de maneira muito semelhante à atividade de classificação de plantas e de animais. A expressão "casco fendido", por exemplo, não é filosófica, mas um nome descritivo de um grupo relativamente semelhante de criaturas reais e observáveis. O que Jung denominou "*processo de individuação*" é, do mesmo modo, uma *experiência* que não se restringe de maneira alguma ao contexto da terapia junguiana. Esse caminho para a maturidade é seguido naturalmente por muitas pessoas, sozinhas ou na dependência de algum valor espiritual tradicional. O terapeuta, ao tratar desse tipo de paciente, funciona apenas como uma parteira no nascimento de um processo de crescimento e de tomada de consciência, na direção da qual a própria natureza parece estar lutando por seguir.

"Na realidade [...] a individuação é uma expressão desse processo biológico – simples ou complicado, conforme o caso –, por meio do qual toda coisa viva se torna o que está destinada a ser desde o começo"[62]. O alvo da individuação, tal como o retratam as imagens do inconsciente, representa uma espécie de ponto médio ou de centro em que o valor supremo e a maior intensidade de vida se acham concentrados. Não o podemos distinguir das imagens do valor supremo das várias religiões. Aparece no processo de individuação com a mesma naturalidade com que se manifesta nas religiões, no mundo cristão, por exemplo como um "castelo interior" (Teresa de Ávila), uma cidade ou jardim de quatro lados, como a *scintilla animae*[63], como a *imago* Dei que há na alma, como o "círculo cuja periferia não está em lugar nenhum e cujo centro está em toda parte"[64], como um cristal, uma pedra, uma árvore, um vaso ou uma ordem cósmica – ou, mais uma vez, nas religiões orientais, como uma flor de ouro de quatro pétalas, como a luz, como um "vazio" cheio de significado. A experiência dessa extremidade mais elevada, ou centro, traz ao indivíduo um senso de significado e de realização, na presença do qual ele pode aceitar a si mesmo e encontrar um caminho intermediário entre os opostos presentes em sua natureza interior. Em vez de ser uma pessoa fragmentada, obrigada a apegar-se a apoios coletivos, o indivíduo torna-se um ser humano inteiro, autoconfiante, que já não precisa viver como um parasita de seu ambiente coletivo, mas que enriquece e fortalece esse mesmo ambiente com a sua presença[65]. A experiência do *Self* traz a sensação de pisar num solo firme no interior de si mesmo, num terreno de eternidade interior que nem a morte física pode tocar.

Nos círculos terapêuticos profissionais, essas descobertas e a interpretação de Jung foram menos favorecidas que as de Freud. Mesmo assim, elas estão se disseminando, embora, na maioria das vezes, sob a forma de instituições e sociedades de operação privada[66]. Em quase todas as grandes cidades da Europa (Londres, Paris, Bremen, Berlim, Stuttgart, Munique, Zurique, Copenhague, Roma, Milão), há associações de terapeutas e de outras pessoas interessadas na orientação junguiana e, em algumas dessas cidades, há também centros de treinamento. O mesmo ocorre em Israel e na América. Nos Estados Unidos, há associações profissionais e grandes grupos em Nova York, São Francisco, Los Angeles e Boston, bem como organizações de bom porte em Chicago, Mineápolis, Houston, Saint Louis e em algumas outras cidades. Há organizações ativas no Canadá, tanto em Toronto como em Montreal, e uma sociedade no Rio de Janeiro, no Brasil. Erich Neumann criou uma ampla reputação com base no trabalho junguiano, em especial com *Origins and History of Consciouness* (*História das Origens da Consciência*)[67]. Outros incluem Joseph Henderson[68], John Perry[69], Gerhard Adler[70], Michael Fordham[71], E. A. Bennet[72], Bruno Klopfer[73], Wilhelm Bitter, C. A. Meier[74], Gustav Schalmz[75] e muitos outros[76]. Mas as honras pelas contribuições à psicologia junguiana não são devidas apenas aos que escrevem livros. Há em toda parte vozes anônimas que vivem com as concepções de Jung e as transmitem oralmente e por meio da linguagem silenciosa das próprias vidas.

A descrição de Jung do processo de individuação não encontrou muita compreensão fora da escola junguiana[77]. Eis por que vemos, a cada ano que passa, que esses "poderes", cuja vinda à consciência é parte do processo de individuação, capturam um número cada vez maior de pessoas. Isso leva, não à individuação, mas ao fenômeno da possessão primitiva: a irrupção da sombra em distúrbios e no aumento da criminalidade; a ativação do *animus* e da *anima* na relativa efeminação de muitos jovens homens e na masculinização de muitas garotas. O inconsciente sempre parece passar pela porta com o pé esquerdo na frente – pode ser, portanto, que esses fenômenos sejam os primeiros sinais de esperança, anunciando uma futura ampliação da consciência. De qualquer maneira, descobri que não poucos jovens de hoje parecem ter menos dificuldades em tomar consciência da sombra e do *animus/anima* do que as gerações precedentes.

NOTAS

1. Cf., quanto a isso, Franz N. Riklin, "C. G. Jung – ein Porträt", *Was weiss man von der Seele?*, pp. 32ss; e Wehr, p. 19.
2. Para esse período de sua vida, ver *Memories*, pp. 104ss/107ss. [*Memórias, Sonhos, Reflexões*. São Paulo: Edição do Círculo do Livro, 1993, pp. 106-09.]
3. *Lehrbuch der Psychiatrie*, 4ª edição, 1890.
4. *Memories*, pp. 108s/111s. [*Memórias, Sonhos, Reflexões*. São Paulo: Edição do Círculo do Livro, 1993, pp. 109ss.] Cf. também a entrevista na BBC com Stephen Black, reproduzida em Bennet, *C. G. Jung*, pp. 146ss. (Incluída também em *C. G. Jung Speaking*. [*C. G. Jung: Entrevistas e Encontros*. São Paulo: Cultrix, 1982 (fora de catálogo).]
5. *Memories*, pp. 112/114. [*Memórias, Sonhos, Reflexões*. São Paulo: Edição do Círculo do Livro, 1993, p. 113.] Ele leu, portanto, os cinco primeiros volumes de *Allgemeine Zeitschrift für Psychiatrie*.
6. *Ibidem*, pp. 114/116. [*Memórias, Sonhos, Reflexões*. São Paulo: Edição do Círculo do Livro, 1993, p. 114.]
7. *Ibidem*, pp. 117/118. [*Memórias, Sonhos, Reflexões*. São Paulo: Edição do Círculo do Livro, 1993, p. 116.]
8. *Man and His Symbols* (*O Homem e seus Símbolos*), pp. 60 e 64.

9. *Memories*, p. 131/131. [*Memórias, Sonhos, Reflexões*. São Paulo: Edição do Círculo do Livro, 1993, p. 128.] Cf., no tocante a isso, Wehr, p. 129. Wehr acentua corretamente o fato de ser errôneo atribuir a Jung uma experiência "eu-isso", em contraste com a experiência "eu-tu" de Buber; Jung sempre (e não apenas em maior grau nos seus últimos anos, como pensa Wehr) atribuiu uma importância central à relação "eu-tu".
10. *O Espírito na Arte e na Ciência, Obras Completas*, vol. 15. par. 42.
11. Diante dessa evidência, como observamos acima, a curiosa acusação de Hans Trübb em *Heilung aus der Begegnung*, de que Jung mostrava-se pouco sentimental em relação a seus pacientes, não requer resposta. Trübb era um tipo sentimental; para esse tipo, o tipo pensativo muitas vezes dá a impressão errônea de ser, como foi dito acima, um "intelectual frio" – o que é, na verdade, uma projeção da própria função inferior do pensamento do tipo sentimental.
12. Em *Estudos Psiquiátricos, Obras Completas* vol. 1, pars. 1ss.
13. Em *Estudos Experimentais, Obras Completas* vol. 2, pars. 1ss.
14. Ele nomeia, entre outros, Zoellner, Crookes, Swedenborg, Duprel, Eschenmayer, Passavant, Justinus Kerner e Goerres; *Memories*, pp. 99/102-03. [*Memórias, Sonhos, Reflexões*. São Paulo: Edição do Círculo do Livro, 1993, p. 102.] Quanto ao interesse de Jung pela parapsicologia, cf. Aniela Jaffé, *From the Life and Work of* C. G. *Jung*, pp. 1ss. [*Os Últimos Anos de Carl G. Jung*. São Paulo: Cultrix, 2ª ed., 2022.]
15. *Memories*, pp. 99/102-03. [*Memórias, Sonhos, Reflexões*. São Paulo: Edição do Círculo do Livro, 1993, p. 102.]
16. Para os detalhes, ver *Memories*; pp. 104ss./107ss. [*Memórias, Sonhos, Reflexões*. São Paulo: Edição do Círculo do Livro, 1993, p. 107.]
17. Cf. "Sobre a Psicologia e Patologia dos Fenômenos Chamados Ocultos", em *Estudos Psiquiátricos, Obras Completas*, vol. 1.
18. "Os Fundamentos Psicológicos da Crença nos Espíritos", em *A Natureza da Psique, Obras Completas*, vol. 8/2, pars. 570ss.]
19. O experimento consiste, em princípio, em fornecer à pessoa testada cem palavras com a função de estímulo, pedindo-lhe a mais rápida associação de palavras possível. A demora em responder, bem como o chamado efeito psicogalvânico etc. mostram que há "vazios" no campo das associações conscientes, por trás dos quais devem ser localizados os complexos inconscientes.
20. Cf. seu artigo "Sobre o Diagnóstico Psicológico de Fatos", em *Estudos Psiquiátricos, Obras Completas*, vol. 1.] pars. 478ss. Como resultado desse trabalho, publicado originalmente em 1905, ele foi convidado, com Freud, a fazer

palestras na Universidade Clark, de Worcester, Massachusetts, em 1909. Cf. também C. A. Meier, *Die Empirie des Unbewussten*, e a literatura nele citada. Esse trabalho foi mais tarde continuado por Franz Riklin, Jr., o distinto ex-presidente do Instituto C. G. Jung de Zurique, falecido em 1969.

21. *Memories*, pp. 93s/97s. [*Memórias, Sonhos, Reflexões*. São Paulo: Edição do Círculo do Livro, 1993, pp. 94s.]
22. *A Natureza da Psique, Obras Completas*, vol. 8/2. pars. 420.
23. "Ein Brief zur Frage der Sinchronizität", *Zeitschrift für Parapsychologie und Grenzgebiete der Psychologie*, vol. 1, 1961. Para tradução, ver a carta a A. D. Cornell, de 9 de fevereiro de 1960, em *Jung: Letters*, org. por Adler, vol. 2. Cf. ainda, quanto aos conceitos de espírito e matéria, Jung, *in Man and His Symbols* (*O Homem e seus Símbolos*), pp. 94s.
24. No sentido de que tudo é "espírito" e de que a matéria é "espírito" concretizado "somente".
25. "Os Fundamentos Psicológicos da Crença nos Espíritos", em *A Natureza da Psique, Obras Completas*, vol. 8/2, par. 585, n. 5.
26. *Ibidem*, par. 600, n. 15.
27. *Ibidem*.
28. Cf. Jung, *Tipos Psicológicos, Obras Completas*, vol. 6, par. 925.
29. Jung, *Civilização em Transição, Obras Completas*, vol.10/3, par. 141.
30. Ele escreve (*Memories*, pp. 146-47/144) [*Memórias, Sonhos, Reflexões*. São Paulo: Edição do Círculo do Livro, 1993, p. 139.]: "Desde o início da minha carreira psiquiátrica, os estudos de Breuer e Freud, e também os trabalhos de Pierre Janet, me estimularam e me enriqueceram. Sobretudo, as primeiras tentativas de Freud, em busca do método de análise e de interpretação de sonhos, foram fatores decisivos para a minha compreensão das formas de expressão esquizofrênicas. Já em 1900, lera *The Interpretations of Dreams* (*A Interpretação dos Sonhos*), de Freud [...]. Em 1903, retomei *A Interpretação dos Sonhos* e descobri a relação que havia entre essa obra e minhas próprias ideias".
31. *Freud e a Psicanálise, Obras Completas*, vol. 4, pars. 1ss. Em 1906, Jung iniciou a correspondência com Freud, que durou até 1913. Cf. *The Freud/Jung Letters*. Em 1906, Jung enviou a Freud seus *Diagnostische Assoziationsstudien I* (incluindo os artigos 1-3 e 5 de *Experimental Researches*, vol. 2) e, em 1907, seu *Über die Psychologie der Dementia praecox* ("The Psychology of Dementia Praecox" (Psicogênese das Doenças Mentais, *Obras Completas*, vol. 3, pars. 1ss.). Cf. *Memories*, pp. 148-49/145-46 [*Memórias, Sonhos, Reflexões*. São Paulo: Edição do Círculo do Livro, 1993, p. 140]; e Wehr, pp. 23ss.

32. Cf. Wehr, pp. 23-4.
33. *Memories*, pp. 168-69/163 [*Memórias, Sonhos, Reflexões*. São Paulo: Edição do Círculo do Livro, 1993, p. 157.]
34. O leitor pode encontrar uma orientação acerca do ponto de vista de Jung em *Memories, Dreams, Reflections*, pp. 146-49/144-47 [*Memórias, Sonhos, Reflexões*. São Paulo: Edição do Círculo do Livro, 1993, pp. 139-42.] e em *Man and His Symbols* (*O Homem e seus Símbolos*), parte 1; quanto ao ponto de vista de Freud, ver Ernest Jones, *Life and Work of Sigmund Freud*. Cf. também *The Freud/Jung Letters*.
35. Cf. Liliane Frey-Rohn, *From Freud to Jung*, e a literatura adicional ali citada.
36. Pela primeira vez, numa palestra sobre a questão dos tipos psicológicos, no Congresso Psicanalítico de Munique, de 1913. Desenvolvida em *Psychological Types* (1921) (*Tipos Psicológicos*), que apareceu quase ao mesmo tempo em que *Körperbau und Charakter*, de E. Kretschmer. Cf. Wehr, pp. 49s. A avaliação do pensamento de Freud como extrovertido não significa que Freud, como homem, fosse extrovertido. Em minha opinião, ele era um tipo sentimento introvertido, e o seu pensamento, por consequência, extrovertido.
37. *Psicologia do Inconsciente*, *Obras Completas*, vol. 7, par. 80. Cf. também Wehr, p. 51. A diferenciação tipológica adicional desenvolvida por Jung é menos bem conhecida, tendo-se mantido até agora no contexto de terapia e de diagnóstico da escola junguiana, basicamente porque há necessidade de certo grau de discriminação por parte do observador para que ele as reconheça. Cf., nesse sentido, Heinz Remplein, *Psychologie der Persönlichkeit*, citado por Wehr, p. 56.
38. *Psicologia do Inconsciente*, *Obras Completas*, vol. 7, pars. 80.
39. O leitor encontrará o melhor relato dos fatos em E. A. Bennet, C. G. Jung, pp. 56ss.; e em Barbara Hannah, *C. G. Jung*. Cf. também Ernest Harms, "Carl Gustav Jung, Defender of Freud and the Jews", *Psychiatric Quarterly*, 20, 1946, pp. 199ss.; e Wehr, pp. 114-16.
40. *From the Life and Work of C. G. Jung*, pp. 78ss. [*Os Últimos Anos de Carl G. Jung*. São Paulo: Cultrix, 2ª ed., 2022.]
41. *Ibidem*, p. 90.
42. *Ibidem*, pp. 95ss.
43. Cf. Jung, *Letters*, vol. I, p. 425; cf. também Jaffé, p. 91.
44. *Shamanism: Archaic Techniques of Ecstasy* (*Xamanismo e as Técnicas Arcaicas do Êxtase*), pp. 326ss.
45. O leitor interessado nos detalhes dessa abordagem não técnica da psicologia junguiana os encontrará em Wolfgang Hochheimer, *The Psychotherapy of. C.*

G. *Jung*, um excelente livro. Hochheimer assinala com acerto que essa abordagem tem algo em comum com o método "não diretivo" de Rogers.

46. Cf. *A Prática da Psicoterapia*, *Obras Completas*, vol. 16/1, pars. 122ss.
47. *Ibidem*, pars. 132-33.
48. Uma condição que Freud denomina "fixação".
49. Enquanto Jung emprega também o chamado "método sintético"; cf. abaixo.
50. Cf. *A Prática da Psicoterapia*, *Obras Completas*, vol. 16/1, par. 150. Aqui entra em jogo o ponto de vista de Alfred Adler.
51. *Ibidem*, par. 161.
52. *Memories*, pp. 143-44/142 (grifo meu). [*Memórias, Sonhos, Reflexões*. São Paulo: Edição do Círculo do Livro, 1993, p. 137.]
53. Pensa-se, por exemplo, no guru dos Beatles ou na disseminação do zen-budismo na América, bem como nos muitos tipos diferentes de yoga praticados na Europa e na América.
54. *A Prática da Psicoterapia*, *Obras Completas*, vol. 16/1, par. 167.
55. *Ibidem*, par. 174.
56. Quanto a isso, cf., em especial, Jung, *Psicologia do Inconsciente*, *Obras Completas*, vol. 7, pars. 202ss; ver ainda meu artigo "The Process of Individuation", *Man and His Symbols* (*O Homem e seus Símbolos*), pp. 160ss. e Jolande Jacobi, *The Way to Individuation*.
57. *In Menschen mit grossem Schatten*.
58. Por "integração", Jung entende a incorporação consciente e moralmente responsável dos complexos inconscientes à personalidade como um todo.
59. E, com isso, o problema da transferência, que será tratado adiante.
60. Cf., quanto a isso, Jung, *Aion – Estudos sobre o Simbolismo do Si-mesmo*, *Obras Completas*, vol. 9/2; e Emma Jung, *Animus and Anima* [*Animus e Anima*. São Paulo: Cultrix, 2ª ed., 2020.]. Cf. também Cornelia Brunner, *Die Anima als Schicksalsproblem des Mannes* e, em especial, Barbara Hannah, "The Problem of Contact with the *Animus*" e *Striving Towards Wholeness*, *passim*.
61. Jung escreve (*Memories*, pp. 144/142) [*Memórias, Sonhos, Reflexões*. São Paulo: Edição do Círculo do Livro, 1993, pp. 137-38.]: Quando "a experiência real [é subtraída] em benefício de um mundo conceitual aparentemente seguro mas artificial, [e privada] de sua substância para atribuí-la a um simples nome que, a partir desse instante, é posto em lugar da realidade. Uma noção não compromete ninguém [...]. O espírito não vive através de conceitos, mas através dos fatos e das realidades. Não é com palavras que se afasta um cão do fogo. E no entanto, esse processo é repetido infinitamente".

62. Jung, *Psicologia e Religião, Obras Completas*, vol. 11/1, par. 144.
63. Cf. Hans Hof, *Scintilla animae*, especialmente pp. 185ss.
64. Sobre esse símbolo, cf. Dietrich Mahnke, *Unendliche Sphäre und Allmittelpunkt*.
65. Cf., quanto a isso, Jung, *O Desenvolvimento da Personalidade, Obras Completas*, vol. 17, especialmente os pars. 299ss.
66. Cf. Esther Harding, "Jung's influence on contemporary Thought".
67. Cf. também *The Great Mother* [*A Grande Mãe*. São Paulo: Cultrix, 2ª ed., 2021], *Depht Psychology and a New Ethic, The Child* [*A Criança*. São Paulo: Cultrix, 1991], *Amor and Psyche* [*Eros e Psiquê*. São Paulo: Cultrix, 2ª ed., 2017], *Art and the Collective Unconscious* e outras obras.
68. Cf. *Thresholds of Initiation* e outras obras.
69. Cf. *The Self in Psychotic Process*.
70. Cf. *Studies in Analytical Psychology* e *The Living Symbol*.
71. Cf. *Children as Individuals, The Objective Psyche* e outras obras.
72. Cf. *C. G. Jung* e *What Jung Really Said*.
73. Cf. Bruno Klopfer e outros, *Developments in the Rohrschach Technique*; "Some dimensions of Psychotherapy", *Spectrum Psychologiae*, 1965; e outras obras.
74. Cf. *Ancient incubation and modern psychotherapy* e outras obras.
75. "Das Machen der Wahrheit im eigenen, Herzen", *Östliche Weisheit und westliche Psychotherapie* e *Komplexe Psychologie und Körperliches Symptom*.
76. Meus colegas ao redor do mundo talvez me perdoem por citar apenas uma pequena seleção aleatória. Uma relação completa e mais justa iria além do escopo deste livro.
77. A crítica mais comum contra Jung é a de que a individuação é um exercício antissocial e egocêntrico. Não se trata absolutamente disso. O ser humano, em sua natureza instintiva, é um ser social e, quando a natureza é resgatada da inconsciência e relacionada com a consciência, ele passa a ser mais integrado socialmente e se relaciona melhor com os semelhantes. Como é natural, pode acontecer de uma pessoa ter se dedicado demais à sua função social e ser forçada a um relativo afastamento, pelo fato de ter se tornado consciente daquilo que diz seu inconsciente, o que traz como consequência o sentimento por parte das outras de que ela se tornou egocêntrica. Esse retraimento, entretanto, apenas antecipa um retraimento muito mais radical que teria sido precipitado pelo inconsciente sob a forma de um coração enfartado ou qualquer outro tipo de "colapso". Esse problema será discutido com detalhes no Capítulo XIV.

CAPÍTULO IV

A SIMETRIA ESPECULAR E A POLARIDADE DA PSIQUE

Como foi sugerido no capítulo anterior, a consciência do ego – a "luzinha" – e o domínio do inconsciente parecem ter uma mesma estrutura quaternária básica e possuir um relacionamento simétrico-especular de projeção mútua entre si.

"Projeção" foi, originalmente, um conceito freudiano que Jung também usou na época, mas num contexto distinto[1]. Não é difícil reconhecer na vida diária o que se designa por projeção. Trata-se da tendência de ver nos outros peculiaridades e formas de comportamento que nós mesmos exibimos sem que tomemos consciência disso. No fundo, há uma projeção sempre que sofremos um fascínio emocional excessivo, seja de amor ou de ódio. Em outras palavras, a projeção é uma transposição involuntária de alguma coisa inconsciente de nós mesmos no objeto externo. A ocorrência da projeção decorre, em última análise, do fenômeno psicológico universal e original que Jung denomina "identidade arcaica", uma condição na qual o homem primitivo, a criança e, de certa maneira, todo adulto, não se diferencia do seu ambiente e, por isso, estão mais ou menos "fundidos" com ele. Nossa empatia instintiva para com as pessoas, com os animais e até com objetos inanimados também tem como fonte a identidade arcaica[2]. Baseado no conceito de projeção, Jung criou, em primeiro

lugar e sobretudo, um instrumento a ser usado no esclarecimento de muitos desentendimentos entre pessoas e grupos e, em sua aplicação prática, o conceito encontra hoje um uso bastante amplo. Mas o retraimento de uma projeção, em especial quando esta envolve conteúdos negativos tomados como "maus" e projetados em outras pessoas, é uma realização moral – isto é, uma realização na área do sentimento. A necessidade de retirar uma projeção é sempre constelada no momento em que surgem dúvidas conscientes ou semiconscientes a respeito do acerto de nossa maneira própria de ver as coisas e quando, no nível consciente, essa visão é defendida de modo dramático. A dúvida e o fanatismo são, pois, sintomas que indicam ter chegado o momento de retirar alguma projeção.

Como envolve um considerável esforço moral, o retraimento de projeções não é um exercício popular. Se houvesse maior aceitação do conceito junguiano de projeção, haveria profundas e amplas mudanças, porque todas as doutrinas religiosas e científicas mostrariam ser, em última análise, projeções. Dessa maneira, já não poderíamos tachar de "superstições" a religião ou cultura vivas de outro povo – como ainda hoje o fazem desavergonhadamente tantas missões religiosas e civilizatórias. Somente aquilo que é superado e questionado pela própria pessoa pode ser descrito como projeção. Mesmo então, as crenças e outros conteúdos superados não podem ser descartados como meros "erros". Devem-se ajudar as pessoas a vê-los antes como *psíquicos* do que como verdades "exteriores" concretas.

Mas muitas dificuldades não esclarecidas ainda se acham ocultas no conceito de projeção, e sou da opinião de que a tarefa de um futuro psicólogo é investigá-las. Não seria todo o nosso quadro do mundo uma projeção (tal como a entende o hinduísmo ou Leibniz, com suas mônadas "sem janelas")? E o que possibilita, num momento particular, a retirada de uma projeção – isto é, o ato de percepção daquilo que antes era projetado?

Da perspectiva de Jung, a assimilação de uma projeção ocorre em cinco estágios[3]. No primeiro estágio, no nível da identidade arcaica, o ser humano experimenta a projeção, tão somente, como se ela fosse a percepção da realidade. Todavia, se surgirem dúvidas conscientes ou inconscientes a partir de dentro, e se o comportamento do objeto conflitar com as ideias que o indivíduo faz dele, este indivíduo vai começar a diferenciar a imagem projetada do objeto real; esse é o segundo estágio da assimilação de uma projeção. No terceiro estágio, há um julgamento moral quanto ao conteúdo da projeção. No quarto nível, esse indivíduo costuma explicar a projeção como tendo sido um erro ou uma ilusão. No quinto nível, contudo, ele se pergunta de onde veio essa imagem errônea; então, ele tem de reconhecê-la como a imagem de um conteúdo psíquico que pertencia, na origem, à sua própria personalidade. Mas se esse conteúdo não estava e ainda não estiver em evidência na própria psicologia do indivíduo, devem-se considerar outra vez fatores externos e o círculo se inicia novamente.

A história da química e da física pode servir de exemplo. Na Antiguidade, homens instruídos – ou seja, alquimistas – fizeram muitas afirmações fantásticas acerca da matéria e consideraram esses enunciados como sendo descrições fiéis. Mais tarde, percebeu-se que um bom número delas não se coadunava com o comportamento real da matéria, e novos modelos – aquilo que hoje chamamos de hipóteses científicas – da natureza e do comportamento último da matéria foram descobertos. Os enunciados anteriores foram descartados como "superstições" ou erros. Jung descobriu então que precisamente nesses "erros" as afirmações dos alquimistas descreviam conteúdos *psíquicos* e que, embora aquelas não fossem verdadeiras quando aplicadas ao comportamento da matéria, havia nelas um retrato adequado de certos conteúdos psíquicos do inconsciente coletivo[4]. Apesar de a concepção de Jung mal ter sido percebida até agora, a pesquisa moderna dos problemas fundamentais das ciências já se aproxima muito dela, visto que hoje se reconhece, de modo geral, que o conhecimento científico tem como base a criação de modelos no pesquisador. Também é verdade, contudo, que as origens pré-conscientes de nossos modelos conceituais, observáveis nos sonhos, não são examinados de maneira profunda, razão pela qual o aspecto da projeção peculiar a cada modelo ainda é, em larga medida, ignorado.

O aparecimento de uma projeção vincula-se provavelmente ao relacionamento simétrico-especular entre o complexo do ego e o centro da personalidade inconsciente. A capacidade de *refletir* que tem a consciência, da qual advém toda consciência superior, tem estreitos laços com esse relacionamento.

Hoje, os conceitos de simetria e de polaridade dominam em larga medida, senão de modo exclusivo, o campo da física atômica e, portanto, amplas áreas das ciências naturais, especialmente a biologia[5]. Jung seguiu essa abordagem psicológica desde o começo de seu trabalho, de um lado como polaridade entre a consciência do ego (nº 1) e o inconsciente (nº 2) e, do outro, como polaridade entre matéria (base biológica) e espírito (isto é, o fator ordenador que dá forma). Da mesma maneira como as polaridades das ciências naturais são hoje descritas, de modo geral, como simetrias, diante da intercambialidade dos polos, assim também impôs-se gradualmente a Jung a ideia de que também no reino psíquico é concebível que os polos possam transformar-se um no outro. No nível prático, contudo, a simetria é uma questão de polaridade e, com frequência, de opostos genuínos.

Em suas reminiscências, Jung apresenta uma dramática descrição do primeiro tipo de polaridade. Ele relata como, em sua própria vida, o consciente e o inconsciente eram polarizados e, quanto a isso, suas convicções coincidiam com as de Freud. Mas isso não ocorria no tocante ao segundo tipo de polarização psíquica, a tensão entre espírito e matéria, visto que

Freud estava convencido, em última análise, de que os processos psíquicos se originam na matéria. Deve-se portanto analisar o que Jung entendia por "espírito" com muito mais atenção.

No alemão, a palavra "*Geist*" (aqui traduzida por "espírito") tem muitas aplicações diferentes. Por exemplo, é usada para indicar algo que contrasta com a matéria, algo imaterial, que alguns filósofos identificam com Deus ou consideram como a substância básica na qual ocorrem os processos psíquicos. Wilhelm Wundt entendia por "Geist" "o ser interior, tomado como desvinculado do ser exterior". A palavra "*Geist*" é aplicada por outros filósofos a determinadas capacidades psíquicas, tais como o pensamento ou razão, a totalidade do intelecto, a vontade, a memória, a fantasia e as lutas por um ideal, ou a certa atitude de consciência. A palavra "*Zeitgeist*" ("espírito do tempo" ou "da época") costuma apontar para ideias, juízos e motivações comuns a uma coletividade. A ideia de *Geist* enfatiza uma tendência à personificação. Fala-se do espírito de Pestalozzi, de Goethe etc., quase no sentido de uma sobrevivência da alma de alguém que morreu; trata-se de um resquício do uso original da palavra[6]. "O 'frio hálito dos espíritos' aponta, por um lado, para a antiga afinidade entre ψυχὴ, que significa 'frio' e, por outro, para o sentido original de πνεῦμα, que apenas denotava 'ar em movimento'; e, da mesma maneira, *animus e anima* vinculavam-se com ανεμος, 'vento'. A palavra alemã *Geist* provavelmente tem mais relação com alguma coisa que espuma, que efervesce ou que fermenta [...]"[7]. Jung então resume o significado da palavra *Geist* ("espírito") como sendo "um complexo funcional que, na origem, no nível primitivo, era sentido como uma 'presença' semelhante ao vento, invisível [...]. Quando, pois, alguma coisa psíquica que o indivíduo sente como sua acontece nele, esse algo é [considerado como] o seu próprio espírito. Mas se acontece alguma coisa psíquica que ele considera estranha, esse algo é o espírito de outrem"[8], o que também pode ser tomado por um aspecto ainda não integrado do inconsciente. Esse aspecto "espiritual" do inconsciente tem o poder de movimentar-se espontaneamente e, sem depender de estímulos sensoriais exteriores, produz imagens e pensamentos repentinos no mundo interior da imaginação, e até os ordena de maneira significativa. Pode-se observá-lo mais claramente se se pensar naquele Algo desconhecido que produz sonhos. A partir de resíduos das experiências do dia passado e de todo tipo de elemento da memória e de outras fontes desconhecidas, compõe-se num sonho uma série de imagens e de cenas que costumam dar à mente consciente, a princípio, a sensação de alguma coisa tão estranha que a pessoa fica inclinada a considerar o sonho sem sentido. Num exame mais apurado, contudo, essa composição mostra ser uma afirmação altamente inteligente e significativa, frequentemente superior às formadas pela consciência. Portanto, espírito, de acordo com Jung, é, a princípio, *o criador de sonhos*: um princípio de movimento psíquico espontâneo que produz e organiza, livremente e segundo suas próprias leis, imagens simbólicas.

Também é possível elucidar o fenômeno do "espírito" por meio da pesquisa do comportamento animal. Os zoólogos, como é bem sabido, referem-se aos "padrões elementares de comportamento"[9], entendendo por isso padrões motores instintivos específicos, comuns aos animais e aos seres humanos, tais como o ódio, o amor, o cuidado parental na época da procriação, a agressão etc. Eibl-Eibesfeldt, por exemplo, faz um cruzamento de várias formas de cumprimento e de beijo entre os seres humanos, na tentativa de reconstituir uma forma humana geral de "comportamento elementar", para compará-la aos observados em animais – e que pode, em sua opinião, remontar a uns poucos impulsos ou necessidades primordiais elementares, tais como o impulso de cuidar dos filhotes na época da procriação, impulso que, quando usado para cumprimentar, adquire uma significação transposta.

A "urgência" de concretizar esses padrões instintivos de comportamento deve ser observada nos seres humanos, não apenas de fora, por meio da comparação com seu comportamento usual, como também *a partir* de dentro. Eles aparecem em homens e mulheres, quase ao mesmo tempo em que surgem seus padrões elementares de comportamento, mas no campo interior de visão, imagens fantásticas, pensamentos súbitos ou noções com alta carga de emoção, ideias e sentimentos "inspirados" (isto é, reações valorativas) que também são, como os impulsos físicos para a ação, semelhantes ou mesmo iguais em todos os seres humanos. Basta comparar os poemas de amor ou canções de batalha em todo o mundo ou mitos e contos de fadas dos mais diversos povos para descobrir que todos seguem algum padrão, basicamente idêntico. *O dinamismo que produz padrões simbólicos interiores na psique é aquilo que Jung entende pela palavra "espírito".*

Essas imagens interiores manifestas dão aos impulsos sua *forma* específica[10]. Entre povos primitivos, podemos observar que os fatores inibidores dos impulsos instintivos costumam, em geral, consistir em usos e tradições e em rituais e costumes religiosos. Estes últimos são, digamos, costumes ou crenças "mágicas", que não só exprimem a forma do impulso como também o "disparam"[11]. *Eles constituem os elementos básicos de todas as religiões*, podendo-se explicar o íntimo vínculo entre instinto e religião no sentido mais amplo por meio dessa associação primordial entre impulso e imagem simbólica. A religião, diz Jung, "significa, no nível primitivo, o sistema regulador da psique que está coordenado com o dinamismo do instinto"[12] – sendo o sistema regulador da psique o espírito doador de forma. O homem primitivo, no entanto, experimenta o espírito como Outro autônomo, da mesma maneira que o próprio Jung a princípio percebeu o seu nº 2, na juventude, como uma misteriosa presença "psíquica objetiva". Com o crescente desenvolvimento da consciência, certos aspectos são sentidos como pertinentes à personalidade[13], como uma função da própria psique ou como o "próprio" espírito. Os resquícios ainda vivos dessa perspectiva são preservados pelas religiões na ideia de um "espírito objetivo", a exemplo da ideia cristã do Espírito Santo ou do "espírito do mal" (Satanás). Nesse sentido, as religiões servem para nos lembrar do caráter primordial do espírito[14].

Entre os polos consciência do ego/inconsciente e entre os polos matéria/espírito há uma carga de energia que leva a processos energéticos ou a um fluxo de energia psíquica[15]. Jung, em consequência, considerava a vida psíquica, tal como Freud, como um processo energético. Ao contrário de Freud, contudo, ele não considerava essa energia como libido psicossexual, mas como *algo em si mesmo inteiramente indefinido quanto ao conteúdo*[16]. Somente no campo da experiência real ela aparece como poder, impulso, desejo, vontade, afeto, realização no trabalho etc[17]. No momento, a energia psíquica não pode ser medida em termos quantitativos. Entretanto, a intensidade de determinados pensamentos ou emoções pode ser estimada por meio da função sentimento[18]. A *qualidade* de um afeto também pode ser sentida com clareza. "Podemos perceber as mais leves flutuações emocionais nas outras pessoas e sentir com bastante precisão a qualidade e a quantidade dos afetos de nossos semelhantes"[19]. (Pode-se acrescentar que até os animais, os cães, por exemplo, têm a capacidade de avaliar a intensidade das nossas emoções.)

A energia física, como é bem sabido, obedece à lei da entropia, e todo gasto de energia é acompanhado por certa diminuição da carga de energia, como a perda irrecuperável de energia na forma de calor[20]. A energia psíquica também parece obedecer a essa lei, ao menos em certa medida. De qualquer maneira, é possível, mas resta provar, que a dinâmica *espiritual* da energia psíquica obedece à lei da *neg*entropia, isto é, que ela pode acumular uma carga superior. Sem conhecer a obra de Jung e agindo a partir de considerações puramente cibernéticas, o físico francês Olivier Costa de Beauregard postulou recentemente um "infrapsiquismo" cósmico que segue a lei da negentropia[21].

A energia psíquica movimenta-se num padrão polar, por um lado, entre a extroversão e a introversão, e, por outro, entre pulsações regressivas e progressivas. A pulsação progressiva é um movimento vital que se dá para a frente, (para dentro e para fora), no sentido de um desenvolvimento adicional, ao passo que a regressiva é um recuo temporário para formas de vida anteriores, com o fim de trazer à tona valores abandonados no passado e incorporá-los à situação psíquica presente, ou de reunir condições para dispor de energia para novos empreendimentos[22] (*reculer pour mieux sauter*!).

Outro par de conceitos polares se afigurou útil a Jung na observação de fenômenos psíquicos – o par causalidade/finalidade. Por um lado, toda ocorrência psíquica pode ser remetida, de maneira causal, a eventos passados (por exemplo, a experiências infantis traumáticas, como Freud demonstrou); por outro, muitos desses processos só podem ser compreendidos tendo-se em vista seu propósito ou meta[23]. Ambas as abordagens antinômicas da compreensão são necessárias, na opinião de Jung, caso se deseje ter uma descrição genuína de eventos psíquicos. Elas são mutuamente complementares, no sentido expresso por Niels Bohr, que diz:

> É um fato bem conhecido a existência de conexões biológicas que, pela sua natureza, são descritas não de maneira causal, mas de modo finalista, ou seja, com relação ao seu objetivo. Pense-se, por exemplo, no processo de cura ulterior ao ferimento de um organismo. A interpretação finalista mantém uma relação tipicamente complementar, como uma descrição consoante com leis físico-químicas ou atômico-físicas conhecidas [...]. Os dois tipos de descrição são mutuamente excludentes, mas não necessariamente contraditórios[24].

De maneira absolutamente semelhante, Jung pensava que os processos psíquicos, e os sonhos em especial, devem ser descritos tanto em termos causais como em relação ao seu alvo ou propósito. O processo psíquico de cura só pode ser compreendido da perspectiva finalista, enquanto o ponto de vista causal é mais adequado para gerar um diagnóstico[25].

O uso dado por Jung à abordagem finalista ou energética e à abordagem causal levou a resultados muito importantes em duas áreas sobremodo relacionadas da psicologia: a interpretação de sonhos e a terapia. Para Freud, o sonho servia de instrumento de *desvelamento* de desejos inconscientes reprimidos, em geral infantis, esperando-se que o efeito terapêutico resultasse dessa elucidação. Para Jung, contudo, o sonho é muito mais do que isso. Ele alude, de forma simbólica, ao objetivo em direção ao qual a carga de energia psíquica se movimenta – ou seja, o sonho contém simbolismos antecipatórios de tendências de desenvolvimento[26]. Eis por que a direção a ser seguida pela terapia deve derivar dos próprios sonhos do analisando. É essa, por fim, a razão pela qual, na terapia junguiana, *não pode* haver uma técnica ou método, nem uma meta terapêutica arbitrária a que o médico aspire. Trata-se, antes, de uma questão de procurar entender as tendências energéticas específicas de cura e de crescimento de cada paciente, a fim de fortalecê-las por meio da participação da consciência e de assistir à sua irrupção na vida consciente do paciente.

O poeta secreto e diretor do sonho, contudo, é, como dissemos, o "espírito", o aspecto ativo e dinâmico da psique. O espírito é um fator real gerador de cultura nos seres humanos. É provável que a humanidade, à medida que se elevou aos poucos do reino animal, tenha se desenvolvido de modo gradual, por assim dizer, a partir de um excedente de energia que não podia encontrar uma manifestação completa em padrões instintivos de comportamento[27] e, por conseguinte, não tinha emprego no ambiente natural imutável original[28]. Esse excedente de energia começou a manifestar-se na criação de ritos simbólicos e imagens fantásticas. Na opinião de Jung, portanto, os símbolos não foram inventados nem concebidos pelo homem, mas produzidos a partir do inconsciente por intermédio da chamada "revelação" ou "intuição".

É provável que um bom número de símbolos religiosos históricos tenham até se originado diretamente dos sonhos[29] ou sido por eles inspirados. É possível que também o ritual tenha advindo por vezes de movimentos involuntários, em especial, movimentos das mãos. Sabemos que, entre povos primitivos, a escolha de um totem pessoal ou de um deus como guardião pessoal ou protetor é com frequência determinada por sonhos, mesmo em nossos dias. No curso do desenvolvimento ulterior da cultura, a tendência a suprimir a formação individual de símbolos no interesse dos símbolos coletivos estabelecidos tornou-se cada vez mais perceptível. Um primeiro passo nessa direção foi dado com a instituição de uma religião do Estado em muitas civilizações do passado, ao lado da supressão de inclinações e tendências politeístas[30]. Todavia, assim que essas formas religiosas oficiais decaem, a formação individual original de símbolos começa a ser reativada.

É peculiar ao espírito, ou à função de formação de símbolos da psique, tornar a multiplicidade de impulsos instintivos uma estrutura unificada. Quanto à vida animal, Konrad Lorenz fala, por exemplo, de um "parlamento dos instintos"; no homem, a função formadora de símbolos do inconsciente corresponderia ao presidente desse parlamento. Essa função é o *spiritus rector* do processo de individuação descrito no capítulo precedente.

O homem, do ponto de vista de Jung, é um ser natural, pleno de instintos animais primitivos, por um lado, e, por outro, de uma herança espiritual que consiste em disposições estruturais criadas pela função psíquica de formação de símbolos. Esses padrões simbólicos estruturais servem para controlar os impulsos humanos instintivos. "A mente, como princípio ativo da herança, consiste na soma das mentes ancestrais, dos 'pais invisíveis', cuja autoridade renasce com a criança"[31]. Enquanto Freud vê o conflito humano fundamental como uma colisão entre instinto e consciência coletiva (o superego), Jung acha que *ambos* os polos estão presentes na natureza ou no inconsciente humano, que os dois sempre estiveram presentes e que nenhum deles é epifenômeno do outro. A recente descoberta, no campo da pesquisa comportamental, de que os rudimentos dos rituais que transformam instintos elementares em novas formas de aplicação são perceptíveis até no reino animal, parece-me dar um peso adicional à hipótese de Jung. Ainda está em aberto a questão de saber se os animais também percebem imagens mentais simbólicas interiores quando agem com base num padrão instintivo. No momento, dependemos inevitavelmente, quanto a isso, do estudo de seres humanos, visto que a possibilidade de comunicação verbal não está presente nos animais[32].

A função criativa da dinâmica psíquica formadora de símbolos – ou o espírito – *sempre se manifesta na pessoa individual*. Somente no indivíduo as novas ideias, as inspirações artísticas e as intuições e fantasias construtivas são criadas. Estas são, por vezes, tomadas e imitadas pelo grupo a que o indivíduo pertence. Essa opinião de Jung também é sustentada pela análise do comportamento. Observou-se que, a princípio, apenas o animal individual experimenta novas variações comportamentais (por exemplo, ficar num local específico graças à comida oferecida, em vez de migrar de forma tradicional). Na medida em que pareça ter sucesso, ele é imitado pelo grupo. *O espírito criativo parece, pois, estar vinculado de modo incondicional ao princípio da individuação*. A contribuição do grupo não passa do aprimoramento e da consolidação de novas formas de comportamento[33].

Visto dessa perspectiva, fica claro por que o sonho, a mais frequente e mais importante manifestação da dinâmica psíquica de formação de símbolos, desempenha um papel tão central na psicologia de Jung[34]. Ao lado das inspirações e das fantasias involuntárias, o sonho é a real manifestação do espírito. Mesmo quando entrou na universidade, quando ponderou acerca da significação de seu sonho do farol na tempestade, Jung recebeu o impacto da inteligência superior do sonho, que sugeria uma significativa nova atitude diante da vida. No curso de seu desenvolvimento posterior, ele continuou a descobrir cada vez mais coisas a respeito da *lumen naturae* que se revelava nos sonhos. Assim, ele elaborou certos ângulos de abordagem para chegar mais perto dessa fonte interior de luz[35].

É aconselhável, antes de tudo, manter com firmeza na mente todas as associações pessoais para cada imagem onírica individual que se manifestar. Feito isso, fica evidente uma conexão mais ampla entre as imagens e cenas individuais. Caso apareçam símbolos mitológicos universais, como o fogo, o céu, as estrelas, uma árvore etc. e não ocorrerem associações pessoais específicas do sonhador, pode-se com frequência, ou deve-se, introduzir as associações da humanidade, a compreensão histórica coletiva disseminada desses símbolos. A maioria dos sonhos é dotada de uma estrutura dinâmica que merece atenção. Essa estrutura assemelha-se à do drama clássico, já que o sonho começa por uma exposição (apresentação do tempo, do lugar e das personagens principais) seguida por uma trama ou por complicações (início da ação no tempo e apresentação do "problema"), de uma *peripeteia* (as idas e vindas e os altos e baixos do tratamento) e de uma *lysis* (ou catástrofe)[36], isto é, uma observação final que traz uma solução ou efeito chocante negativo, ponto em que o sonhador costuma despertar. Se se observarem cuidadosamente todos esses dados, eles fornecem a base de uma interpretação ou de um "significado" do sonho. Contudo, essa interpretação não pode ser uma formulação completa ou final, do sentido do sonho, já que esse sentido jamais pode ser formulado de modo exaustivo. Em vez disso, a interpretação equivale antes a um esforço por sintonizar a atitude consciente de uma maneira que permita a saída de uma centelha do sonho para a consciência, o estímulo de uma reação "a-ha!", com um sentido de choque ou de iluminação. Por conseguinte, a interpretação de um sonho só é correta quando parece "evidente" ao sonhador, quando estimula e evoca uma alteração emocional da personalidade. Concentrando-nos nas imagens oníricas[37], expressamo-nos tendo-as como centro, por assim dizer, até que ocorra uma reação desse tipo. Embora Jung tenha trabalhado e elaborado certos princípios científicos gerais da sua arte de interpretação, esta não segue nenhum "método" descritível, sendo, em certa medida, uma habilidade prática. Mesmo depois de interpretar milhares de sonhos, sempre temos consciência de quão obscuros eles costumam permanecer e de quanto ainda temos que aprender sobre eles. A "equação pessoal" do intérprete também deve ser levada em consideração no processo, tendo-se em vista que, quanto mais desenvolvido se é, tanto mais sentido se "vê" nos sonhos da outra pessoa[38].

Uma das mais importantes contribuições de Jung para a arte da análise dos sonhos está em acrescentar uma interpretação no nível subjetivo à interpretação objetiva de Freud. Visto a partir do nível subjetivo, um sonho é um drama interior no qual o sonhador é, a um só tempo, espectador, poeta ou dramaturgo, diretor e todas as personagens do palco onírico. Todos os atores trazem em si elementos projetados da psique do sonhador, entre os quais o drama se autorrepresenta. Interpretado a partir do nível objetivo, o sonho nos fornece, de forma simbólica, uma orientação referente a pessoas e coisas "objetivas" que são parte do mundo da vigília. (Por exemplo, podemos ter um sonho de advertência acerca de alguém que termina por mostrar-se hostil, sem que o sonhador tivesse consciência dessa hostilidade na época do sonho.) A interpretação no nível subjetivo é quase sempre mais gratificante, visto ser muito raro podermos mudar o mundo exterior; mas, com percepção, podemos produzir mudanças em nós mesmos. Assim é que, com sonhos em que há figuras malignas, por exemplo, é sempre mais útil tomá-las como a trave no nosso próprio olho e não como o argueiro no olho do outro. O próprio sonho costuma mostrar de modo claro se devemos considerá-lo a partir do nível objetivo ou do subjetivo. A decisão é muito mais *uma questão de sensibilidade* por parte do sonhador ou da pessoa a quem ele consulta. Logo, a interpretação de sonhos é também um assunto ético, e não um mero procedimento intelectual. Embora uma determinada interpretação traga com frequência uma "luz" ao sonhador e ao analista, isso ainda não prova que ela esteja certa. Há, graças a Deus, outro meio de controle, a saber, *a série de sonhos*. Se um sonho tiver sido interpretado "falsamente", o que significa, de certo modo, de uma maneira não saudável para o sonhador, é comum o surgimento, numa das noites seguintes, de um sonho corretivo que esclareça algo da obscuridade do sonho anterior. Simplesmente não existe um método científico de interpretação de sonhos, de validade universal e definitiva, eis a opinião de Jung. No final das contas, há um critério último de sucesso nessa arte: a pergunta "Essa maneira de lidar com o sonho tem ou não um efeito terapêutico?" O sonho permanece sendo um elemento misterioso da realidade psíquica[39], de que, com compreensão, podemos apenas chegar perto, mas que jamais pode ser esgotado de modo definitivo pela interpretação consciente.

A abordagem junguiana dos sonhos não é analítica, mas sintética e construtiva, o que significa que Jung atribui mais importância à busca das tendências de cura propositais do inconsciente do que à derivação causal do distúrbio. A confirmação inesperada da representação simbólica dessas tendências no sonho veio da pesquisa onírica puramente exterior que tem sido feita (na América em particular) com a ajuda do eletroencefalograma. Se se evitar que uma pessoa sonhe, esta fica doente.

Em consequência, parece que o sonho tem uma função normal no processo vital que tende a estabelecer a homeostase[40].

De acordo com Freud, o sonho disfarça conteúdos psíquicos que precisam ser descobertos (o sonho pode, por exemplo, falar de "bengala" para designar "pênis"). Jung rejeitava essa concepção. Em sua opinião, o sonho não disfarça coisa alguma, sendo apenas uma manifestação de pura natureza. O fato de não podermos compreendê-lo necessariamente de imediato se deve à polaridade entre nº 1 e nº 2 – a nossa consciência do ego e o inconsciente. "Devemos, portanto, aceitar que o sonho é apenas o que pretende ser, nada mais e nada menos que isso"[41]. Podemos achar grosseiro – o que é muito compreensível – o fato de o sonho nos falar numa linguagem um tanto incompreensível, em especial, por exemplo, nos casos em que a advertência de perigo é apresentada de maneira tão obscura que só compreendemos o aviso depois de o infortúnio acontecer. A razão disso não se deve a um "censor" que impeça o sonho de se comunicar diretamente, ao contrário do que supunha Freud, mas sim ao fato de a claridade concentrada da nossa consciência do ego ter o efeito de "obscurecer" o mundo onírico, da mesma maneira como mal vemos a luz de uma lamparina quando acendemos uma lâmpada elétrica. A condição de inconsciência mantém as imagens e ideias num nível de tensão muito menor; elas perdem clareza e distinção; suas interligações parecem menos consistentes, apenas "vagas analogias". Elas não parecem enquadrar-se na nossa lógica nem conformar-se com escalas temporais. Dessa maneira, "um sonho *não pode* produzir um pensamento definido. Se começar a fazê-lo, deixará de ser um sonho, por ter cruzado o limiar da consciência"[42]. Ele simboliza aquela parte do espírito que ainda não é "nossa", mas que, em sua condição original, é uma manifestação de pura natureza[43], a partir da qual e para além da qual a nossa consciência do ego, com as suas funções concentradamente focalizadas, se desenvolveu. O propósito do esforço que se faz para compreender os sonhos é a tentativa de reconectar essas funções conscientes mais ou menos diferenciadas com as suas raízes, evitando assim que o nosso ego consciente fique demasiado autônomo e, portanto, desligado dos instintos. Se se obtiver essa compreensão, a atividade onírica no inconsciente tem um efeito animador e criativamente inspirador sobre a consciência – efeito que promove a inteligência e a saúde psicológicas.

A concepção de sonhos de Jung e sua maneira de entendê-los vinculam-se a uma decisão tomada por ele depois de o sonho do farol da tempestade ter-lhe produzido uma profunda mudança interior. Ele decidiu, na época, identificar-se com o nº 1, continuar a viver de acordo com isso, mas sem jamais esquecer o nº 2 ou lhe dar as costas, coisa que muitos fazem nessa época da vida. “Sempre tentei”, escreve ele, “dar livre curso a tudo o que quisesse vir a mim a partir de dentro”[44]. Uma negação do nº 2 teria sido uma autoviolação[45] e teria privado Jung da oportunidade de explicar a fonte dos seus sonhos, nos quais sentia a ação de uma inteligência superior. Grande número de homens e mulheres “iluminados” contemporâneos, contudo, permitiram-se separar-se do seu nº 2. Como resultado, foram forçados com frequência a encontrar o caminho de volta, por meio do acometimento de uma neurose, para uma consciência e um reconhecimento novos do efeito do nº 2 em suas vidas, não para se identificarem com ele ou com a sua sabedoria, mas *para permanecerem em diálogo com ele*[46].

A observação adicional sugeriu a Jung que os sonhos têm uma certa relação compensatória com o consciente; em outras palavras, eles equilibram a unilateralidade da orientação consciente[47], mais ou menos da mesma maneira como agem os processos biológicos, ou como estes fornecem o que falta à totalidade de cada pessoa. Nesse sentido, os sonhos são a expressão do *processo autorregulador* da totalidade psíquica do indivíduo, dentro do qual o inconsciente parece ter uma relação complementar (no sentido dado à palavra pela física) com a consciência[48]. A cooperação estável entre conteúdos conscientes e inconscientes, tão desejável no processo vital, depende da função transcendente, que é em si um elemento do aspecto de formação de símbolos do inconsciente; ela possui uma tendência proposital de manter unidos a consciência e o inconsciente[49]. Nossa consciência do ego tende a concentrar-se exclusivamente na adaptação às circunstâncias do presente. Assim fazendo, obscurece ou negligencia o material inconsciente não apropriado a essa adaptação; alternativamente, os conteúdos inconscientes têm uma carga de energia demasiado baixa para se tornarem conscientes ou, talvez, ainda não estejam "prontos" para isso. Por intermédio dessa concentração, o ego pode desenvolver com facilidade uma unilateralidade que não esteja de acordo com a totalidade instintiva. É a função transcendente – ou seja, o espírito formador de símbolos – que torna organicamente possível a transição de uma atitude unilateral para uma atitude nova e mais completa[50]. Ao esboçar de modo simbólico novas possibilidades de vida, ela abre o caminho do crescimento. O sonho jamais aponta apenas para algo conhecido, mas sempre para dados complexos *ainda* não percebidos pela nossa consciência do ego[51]. Ele indica um *significado* que ainda não percebemos de forma consciente.

O contato intenso com o inconsciente, portanto, não é importante para os mentalmente enfermos apenas porque a tendência de cura do sistema de autorregulação psíquica pode vir à sua consciência por esse meio[52]. Esse contato também pode servir a todos e, no caso dos talentos criativos, costuma ser indispensável, bem como costumeiramente presente[53], como ocorreu com o próprio Jung.

A forma junguiana de interpretação de fenômenos oníricos foi mal compreendida em muitos círculos. No meu entender, isso se deveu à sutil posição intermediária que ela ocupa entre os polos do inconsciente – espírito/matéria, nível subjetivo/nível objetivo, interpretação causal redutiva/interpretação finalista prospectiva etc. Alguns críticos reprovam Jung por manter uma posição demasiado distante do inconsciente[54] e, outros, por valorizá-lo em demasia[55]. Mas exatamente essa posição intermediária sutilmente equilibrada me parece ser especificamente o elemento significativo da concepção junguiana dos sonhos. Ela permite compreender a psique como um sistema vivo de opostos, sem violá-la em termos intelectuais com uma abordagem unilateral, de maneira que a porta está aberta para a aventura da experiência interior cada vez mais profunda.

O que não passava, há algum tempo, de objeto de querelas facciosas entre as diferentes escolas científicas é hoje um problema mundial. Os defensores dos alucinógenos são engolfados por um inconsciente unilateralmente superestimado, enquanto os movimentos e partidos de orientação racionalista alimentam a esperança de mudar o mundo apenas com medidas sociológicas conscientes, ignorando por completo o inconsciente. Talvez agora essa divisão possa ter-se aprofundado a ponto de mais pessoas ouvirem Jung como defensor de um caminho intermediário, doador de vida, que se deve buscar permanentemente.

Entre os que advogam ambos os pontos de vista, observa-se que o inconsciente é forçado a uma contraposição pela unilateralidade da atitude consciente e que isso pode ser muito destrutivo. As pessoas que usam drogas costumam ser acossadas por atemorizantes sonhos e visões cheios de ansiedade, destinados a evitar que penetrem mais no inconsciente (uma *bad trip*!); ao mesmo tempo, os sonhos dos reformadores do mundo que são orientados pela política e pela sociologia costumam criticar seu intelectualismo, sua inflação e sua falta de sentimentos.

NOTAS

1. Na concepção de Freud, só projetamos nos objetos externos os desejos e impulsos que *reprimimos*. Para Jung, *todo* conteúdo inconsciente – e não somente os que reprimimos – podem ser projetados. Jung define a projeção (*Tipos Psicológicos, Obras Completas*, vol. 6, par. 783) como "a atribuição de um conteúdo subjetivo a um objeto [...]. A projeção resulta da *identidade* arcaica [...] entre sujeito e objeto, *mas só é propriamente considerada como tal quando a necessidade de dissolver a identidade com o objeto já surgiu*. O surgimento dessa necessidade ocorre quando a identidade se torna um fator de distúrbio, isto é, quando a ausência do conteúdo projetado é um empecilho à adaptação e o recolhimento deste para o interior do sujeito se torna desejável" (grifos acrescentados). Jung faz outra distinção, entre projeção ativa e projeção passiva; esta é um ato de "sentir-dentro" e, aquela, um ato de julgamento.
2. Jung: "Uso o termo *identidade* para denotar uma conformidade psicológica. É sempre um fenômeno inconsciente [...] um vestígio da não diferenciação

original entre sujeito e objeto [...]. Não se trata de uma *equação* [...]. Mas a identidade também possibilita uma *atitude* social conscientemente *coletiva* [...]"– *Tipos Psicológicos, Obras Completas*, vol. 6, pars. 741-42. L. Lévy-Brühl cunhou a expressão "*participation mystique*" para essas relações. Contudo, "mística" parece uma escolha infeliz, visto que, para o primitivo, nada há de místico nisso, tratando-se antes de algo inteiramente natural.

3. Cf. Jung, *Estudos Alquímicos, Obras Completas* vol. 13, pars. 247-48, no qual o processo é exemplificado pela ideia de um espírito "mau".
4. Há mais acerca da alquimia nos Capítulos XI, XII e XIII.
5. Por causa da relativização do princípio da paridade. Cf., quanto a isso, Karl Lothar Wolf, "Symmetrie und Polarität" *Studium Generale*, 2, julho, 1949, pp. 221ss. Cf. ainda Vilma Fritish, *Links und Rechts in Wissenschaft und Leben*, pp. 153ss.
6. Cf. Jung, *Arquétipos e o Inconsciente Coletivo, Obras Completas*, vol. 9/1, par. 387.
7. *Ibidem*, par. 387.
8. *Ibidem*, par. 388.
9. Cf. Konrad Lorenz, *On Aggression*, e Irenäus Eibl-Eibesfeldt, *Liebe und Hass*.
10. Não é absolutamente verdadeiro o fato de que, no reino animal, impulsos como agressão, sexualidade etc., sejam ilimitados; eles são mantidos dentro de certos limites por contraimpulsos; por exemplo, pela inibição do impulso de atacar ante a atitude submissa do inimigo, no advento da periodicidade sexual etc.
11. Cf. Jung, *Mysterium Coniunctionis, Obras Completas*, vol. 14, par. 602.
12. *Ibidem*, par.603.
13. Em *Number and Time*, tentei explicá-lo à luz da história da matemática.
14. Jung fez constantes advertências contra o perigo da ilusão segundo a qual *possuímos* o espírito. "O espírito ameaça o homem ingênuo com a inflação, de que nossa época ofereceu os exemplos mais horrivelmente instrutivos. O perigo torna-se ainda maior quanto maior for o nosso interesse pelos objetos externos e quanto mais nos esquecermos de que a diferenciação da nossa relação com a natureza deve seguir em paralelo com uma relação correspondentemente diferenciada com o espírito, de modo a estabelecer o necessário equilíbrio. Se o objeto externo não for compensado por um objeto interno, surge um materialismo desenfreado, unido a uma arrogância maníaca, ou então a extinção da personalidade autônoma, o que é, de qualquer maneira, o ideal do estado totalitário de massa." *Os Arquétipos e o Inconsciente Coletivo, Obras Completas*, vol. 9/1, par. 393.

15. Assim, Jung vê a vida psíquica como uma tensão entre os dois polos da matéria e do espírito, vistos originalmente nas imagens primordiais da mãe terra e do pai espírito. Cf. *Man and His Symbols*, pp. 94ss (*O Homem e seus Símbolos*).
16. Cf. *Símbolos da Transformação*, *Obras Completas*, vol. 5, Capítulo 2, e *A Energia Psíquica*, *Obras Completas*, vol. 8/1, pars. 54ss.
17. Cf. a exposição fundamental de Jung, *A Energia Psíquica*, *Obras Completas*, vol. 8/1, pars. 6ss. A energia psíquica talvez mantenha com a energia física uma relação de interação recíproca. Assim, é provável que a energia psíquica se comporte de acordo com o princípio da equivalência, segundo o qual "para uma dada quantidade de energia gasta ou consumida, uma quantidade igual dela ou de outra forma de energia aparece em outro lugar". É incerto se ela segue o princípio da constância, visto só podermos observar sistemas parciais.
18. O afeto pode ser mais bem medido de modo indireto, a partir de suas síndromes físicas, tais como a curva da pulsação e da respiração, ou por meio do fenômeno psicogalvânico. (Cf. Jung, *Estudos Experimentais*, *Obras Completas*, vol. 2.)
19. *A Energia Psíquica*, *Obras Completas*, vol. 8, par. 25.
20. Cf. Jung, *Símbolos da Transformação*, *passim*, e *A Energia Psíquica*, pars. 48ss.
21. Para uma discussão mais detalhada, cf. meu *Number and Time*, pp. 17, 207ss. Cf. também Nathan Schwartz, "Entropy, Negentropy and the Psyche". Segundo Jung, um símbolo psíquico ou um ato simbólico são, por assim dizer, uma máquina de transferência de energia e, talvez, também de aumento de energia. A cerimônia da primavera dos *wachandis* da Austrália pode servir de exemplo. "Eles cavam no solo um buraco de forma oval e o circundam com arbustos, dando-lhe a aparência da genitália feminina. Então, dançam ao redor desse buraco, trazendo suas lanças à frente do corpo, em uma imitação do pênis ereto. À medida que dançam à volta do buraco, vão atirando as lanças nele e gritando: '*Pulli nira, pulli nira, wataka*!' ('não é um poço, não é um poço, é uma b...!')." Durante a cerimônia, não se permite que nenhum dos participantes olhe para uma mulher.

    "Por meio do buraco, os *wachandis* fazem uma analogia à genitália feminina, o objeto do instinto natural. Por meio [...] dos gritos e do êxtase da dança, sugerem a si mesmos que o buraco é na realidade uma vulva [...]. Não pode haver dúvida de que se trata de uma canalização de energia e de sua transferência para um símile do objeto original por intermédio da dança (que é de fato de um jogo de acasalamento, como ocorre com as aves e outros animais) [...]". *A Energia Psíquica*, *Obras Completas*, vol. 8/1, pars. 83-4. A imagem mágica, ou o símbolo, é, portanto, a máquina que transforma a energia psíquica.

22. *Ibidem*, par.77.

23. *Ibidem*, pars. 2-3. Cf. também par. 4, n. 5.

24. Palestra citada por Werner Heisenberg em *Der Teil und das Ganze*, pp. 128-29.

25. De qualquer maneira, este último, na opinião de Jung, não tem aqui a mesma importância de que se reveste na medicina física, porque o diagnóstico não indica a terapia, ao contrário do que ocorre na medicina física: de modo geral, deve-se chegar à terapia, independentemente do diagnóstico.

26. Na Antiguidade, esse aspecto chegou a ser considerado o verdadeiro significado do sonho, preocupando-se a sua interpretação principalmente com o prognóstico de futuros desenvolvimentos.

27. Cf. Jung, *A Natureza da Psique, Obras Completas*, vol. 8/2, pars. 530ss.

28. Cf. *A Energia Psíquica, Obras Completas*, vol. 8/1, pars. 91-2.

29. Cf. *Ibidem*, par. 92; e dois exemplos em Marie-Louise von Franz, "The Process of individuation" ["O Processo da Individuação"], *Man and His Symbols*, pp. 160ss (*O Homem e seus Símbolos*).

30. "A antiquíssima função do símbolo ainda está presente em nossos dias, apesar de o desenvolvimento mental ter fendido por muitos séculos à supressão da formação individual de símbolos. Um dos primeiros passos nessa direção foi o estabelecimento de uma religião oficial do estado, sendo outro passo o extermínio do politeísmo [...]." *A Energia Psíquica, Obras Completas*, vol. 8/1, par. 92.]

31. *Ibidem*, par. 101.

32. Se forem bem-sucedidas as atuais tentativas de investigação da "fala" dos golfinhos e dos chimpanzés, poderão lançar alguma luz sobre a situação.

33. Afirma-se que equipes ou grupos também podem funcionar de maneira criativa; mas, numa observação mais cuidadosa, descobre-se que também no seu âmbito a pessoa individual deve "fazer suas próprias coisas", como dizem os *hippies*. Pequenos estímulos e inovações surgem por vezes de um grupo, mas a ação criativa importante, genuína, sempre se origina na pessoa individual em busca do seu próprio modo de viver. Cf. Donald C. Pelz e Frank M. Andrews, "Autonomy, Coordination and Stimulation in Relation to Scientific Achievement", *Behavioral Science*, março de 1966.

34. E é vista sob perspectivas bastante distintas pela escola freudiana e pela teoria existencialista.

35. E com essa intenção que não me refiro a "métodos de interpretação", visto ser mais uma questão de "arte" que de método.

36. Às vezes, a *lysis* é omitida, o que revela determinadas condições de que não posso tratar aqui.

37. Em contraste com o método freudiano da "livre associação", que se afasta das imagens e dirige-se para os complexos. Cf. Jung, *Man and His Symbols*, pp. 26ss (*O Homem e seus Símbolos*.)

38. Não quero tratar aqui de questões filosóficas; em minha opinião, o levantamento dessas questões foi prematuro. (Cf. Detlev von Uslar, *Der Traum als Welt*). Temos de obter muito mais experiência nesse campo do que a que alcançamos até o momento.

39. Medard Boss dá ênfase particular a isso, supondo erroneamente que essa não era a opinião de Jung. Cf. Detlev von Uslar, *passim*.

40. Cf. W. Dement, "Die Wirkung des Traumentzugs", *in* Jutta von Graevenitz, *Bedeutung und Deutung des Traumes in der Psychotherapie*, e a literatura ali citada, p. 330. Os vínculos entre a pesquisa biológica dos sonhos e as concepções de Jung estão sendo explorados, no momento, por Stefan Vlaikovic, *in* "Biologie des Traumens in Tiefenpsychologischer Sicht", dissertação inédita. Aspectos parciais foram investigados também na Clínica C. G. Jung, em Zurique (igualmente inéditos). Cf. também C. A. Meier, *Die Bedeutung des Traumes* e Hans Dieckmamm, *Traume als Sprache der Seele*.

41. *Psicologia do Inconsciente, Obras Completas*, vol. 7/1, par. 162.

42. Jung, *Man and His Symbols*, p. 64 (*O Homem e seus Símbolos*.)

43. A análise biológica dos sonhos demonstrou que há amplas probabilidades de que, depois do nascimento, saiamos gradualmente de um sonho "permanente" ou "eterno".

44. *Memories*, pp. 45/55. [*Memórias, Sonhos, Reflexões*. São Paulo: Edição do Círculo do Livro, 1993, p. 56.]

45. *Ibidem*, pp. 89/94. [*Memórias, Sonhos, Reflexões*. São Paulo: Edição do Círculo do Livro, 1993, p. 92.]

46. Ludwig Binswanger e Medard Boss veem tanto o meio quanto o alvo da compreensão dos sonhos (sem interpretação) em total união do ego isolado com o mundo psíquico comum a toda a humanidade. Seguindo a tradição hegeliana, eles proclamam o *Welt der Dinge* ("O Mundo das Coisas"). Assim fazendo, eliminam precisamente a polaridade, que é tão essencial à vida. Cf. o excelente levantamento das várias concepções dos sonhos em Jutta von Graevenitz, pp. 360ss.

47. Cf. Jung, *A Natureza da Psique*, *Obras Completas*, vol. 8/2, pars. 530-69 e, especialmente, pars. 555ss, onde são citados exemplos. Menção mais antiga: *Psicogênese das Doenças Mentais*, *Obras Completas*, vol. 3, pars. 1ss.

48. Cf. Jung, *A Natureza da Psique*, *Obras Completas*, vol. 8/2, especialmente pars. 137-39.

49. *Ibidem*, par. 132: "Essa falta de paralelismo não é um mero acidente ou algo sem propósito, mas se deve ao fato de o inconsciente se comportar de maneira compensatória ou complementar com relação ao consciente". O inconsciente contém, além disso, "todas as combinações fantásticas que ainda não atingiram a intensidade do limiar, mas que, ao longo do tempo [...] penetrarão a luz da consciência".

50. *Ibidem*, par. 145.

51. *Ibidem*, par. 148.

52. Cf. John W. Perry, *The Far Side of Madness*.

53. Cf. *A Natureza da Psique*, *Obras Completas*, vol. 8/2, par. 135.

54. Medard Boss, por exemplo.

55. Em especial, expoentes da escola comportamentalista.

CAPÍTULO V

A JORNADA PARA O ALÉM

As origens mais remotas da moderna psicoterapia, conhecidas da história, estão no xamanismo arcaico e nas práticas dos curandeiros de povos primitivos. Nas sociedades civilizadas, o sacerdote é, primariamente, o guardião do ritual e da tradição coletivos existentes; entre os povos primitivos, contudo, a figura do xamã caracteriza-se pela *experiência individual do mundo dos espíritos* (aquilo que hoje recebe o nome de inconsciente), sendo a sua principal função a *cura* de adoecimentos pessoais e de distúrbios na vida do coletivo[1]. Ele cura o sofredor por meio do seu próprio transe; conduz os mortos para o "reino das sombras", servindo de mediador entre eles e seus deuses – de certo modo, ele vigia suas "almas". "O xamã", diz Eliade, "é o grande especialista da alma humana; só ele a 'vê', pois conhece a sua 'forma' e o seu destino"[2]. Seu dom de andar livremente entre as forças do além é por vezes uma herança de família, mas é mais frequente que tenha suas raízes numa experiência individual de vocação. Isso costuma ser anunciado por um período de desorientação psíquica[3]. Quando chamado, ele se afasta, torna-se contemplativo; é comum receber seu chamado por meio de uma experiência onírica[4]. Às vezes, ele fica fisicamente enfermo e só recupera a saúde ao iniciar sua atividade de xamã. Em termos psíquicos, contudo, ele é essencialmente normal, embora costume ser mais sensível e mais suscetível do que as outras pessoas. (Os romanos se referem a "*genus irritabile vatum*", a "raça suscetível dos videntes".)

A doença implícita no chamado para o xamanismo é retratada por alguns povos como um rapto por um pássaro que leva o indivíduo chamado para o mundo inferior. Ele fica aprisionado ali por algum tempo e, com frequência, é desmembrado pelos espíritos ou sofre outras torturas. Mais tarde, o "pássaro mãe" o devolve ao mundo dos seres humanos. Então, o xamã desperta, como se de um sono profundo, sendo dotado, daí por diante, do dom de curar as pessoas. Essa viagem para o além muitas vezes ocorre numa ampla área de iniciação, na qual o futuro xamã empreende longas jornadas na direção dos deuses do mundo inferior e do céu[5]. Experiências de desmembramento no além, semelhantes às dos xamãs, têm-nas os curandeiros australianos, bem como os feiticeiros da América do Norte e do Sul, da África e da Indonésia[6]. "Sonhos, doença ou cerimônia de iniciação, o elemento central sempre é o mesmo: a morte e a ressurreição simbólica do neófito"[7]. Durante a jornada para o além, o iniciado recebe instruções da mais elevada divindade do céu ou do mundo inferior, de um ancestral morto ou de um grande xamã do passado, de uma figura feminina com poderes mágicos ou de uma *anima* mágica. Um iniciado contou, por exemplo, que, enquanto jazia em seu sofrimento, viu o espírito de uma pequenina mulher, que lhe disse: "Sou o '*ayami*' (espírito protetor) dos seus ancestrais, os xamãs. Eu os ensinei a serem xamãs. E agora vou ensinar você. Os antigos xamãs morreram e não há quem cure as pessoas. Você vai se tornar um xamã [...]. Eu amo você e não tenho marido agora; você vai ser o meu marido [...]. Dar-lhe-ei espíritos assistentes. Você vai curar com a ajuda deles e eu mesma vou ensinar e ajudar você [...]. Se não me obedecer, tanto pior para você. Eu vou matar você"[8].

Dessa maneira, muitos xamãs têm uma esposa celeste invisível e outros têm como o seu mais importante auxiliar o espírito de um dos grandes xamãs falecidos, um "Velho Sábio" que os guia[9] e, no estado de transe, com frequência se expressam diretamente por meio de sua boca[10]. Ser capaz de ver os espíritos, em estado de vigília ou nos sonhos, é a mais importante indicação da vocação do xamã[11]. É comum acontecer que, depois de uma experiência dessas, ele possa compreender a linguagem secreta dos espíritos ou dos animais, dos pássaros em especial[12]. É frequente o xamã ser tanto o vidente como o poeta do seu povo, podendo ele, quando em transe, falar em versos. Entre os *altaians* da Ásia Central, por exemplo, quando, depois de uma longa e fatigante jornada para o céu, o xamã surge diante de Bai Ülgän, o deus mais elevado, ele deve depor seu tambor e exclamar:

"Príncipe, a quem três escadas levam,
Bai Ülgän dos três rebanhos,
Curva azul que apareceu,
Céu azul que se mostra!
Nuvem azul que se afasta,
Céu azul inalcançável
Céu branco inalcançável,
Oásis um ano além!
Pai Ülgän, três vezes louvado,
A quem a face de machado da lua poupa,
Que usa a pata do cavalo!
Criaste todos os homens, Ülgän,
Tudo o que faz ruído ao nosso redor.
Todo o gado abandonaste, Ülgän!
Livra-nos do infortúnio,
Faze-nos resistir ao Maligno!
Não nos mostres Körmös [o espírito mau],
Não nos deixes em suas mãos!
Tu que o céu estrelado
Revolveste mil, um milhar de vezes,
Não condenes meus pecados![13]"

Um encantador hino de um xamã *yakut* diz:

"O forte touro da terra, o cavalo da estepe,
O forte touro mugiu!
O cavalo da estepe estremeceu!
Estou acima de todos vós, sou um homem!
Sou o homem que tem todos os dons!
Sou o homem criado pelo Senhor do Infinito!
Vem, pois, ó cavalo da estepe, e ensina!
Surge, pois, maravilhoso touro do universo, e responde!
Ó Senhor do Poder, comanda!...
Ó minha Mãe, mostra-me as minhas faltas e os caminhos
Que devo seguir! Voa à minha frente, seguindo um amplo caminho;
Prepara para mim o meu caminho!"[14]

Entre muitos povos, o xamã descobre, repetidas vezes, as próprias melodias e canções[15]. Ao lado da subida ao deus do céu, há também a descida pelos sete "níveis" sucessivos ao negro Erlik Khan, Senhor do Mundo Inferior. O xamã leva-lhe vinho e sacrifícios e o dispõe favoravelmente, após o que ele promete dispensar fertilidade[16]. Ou então o propósito da descida do xamã é trazer de volta a alma de um doente ou escoltar um morto até seu espaço no além[17].

No xamanismo e nas experiências de iniciação dos curandeiros primitivos, aparece um fenômeno religioso antiquíssimo, mantido em parte ao menos em culturas superiores ulteriores; trata-se do tema da "ascensão da alma" ou de uma jornada celestial empreendida pela alma, que sempre ocorre depois da morte e, em alguns casos, mesmo em vida do eleito, que a experimenta num estado de êxtase[18]. No judaísmo, uma jornada semelhante é descrita no primeiro *Livro de Enoque*, que relata como este, perto do final da vida, é levado ao céu pelo espírito, vê Deus e é contemplado com certas revelações[19].

Viagens celestiais semelhantes são descritas também no segundo *Livro de Enoque*, no chamado *Apocalipse de Baruch*, mencionado sob a forma ainda mais arcaica por Orígenes (*De Principiis, II*, 3-6) e no *Apocalipse de Sofonias*, citado por Clemente de Alexandria. Sofonias também é elevado ao céu pelo espírito (*pneuma*) e contempla a majestade de Deus[20]. Mesmo o apóstolo Paulo (II *Coríntios* 12: 2,4) se orgulha de ter sido "levado ao terceiro céu" e "ao paraíso" – sem saber "se no corpo [...] ou fora do corpo" – e de ter "ouvido ali palavras impronunciáveis"[21]. Em escritos rabínicos menos antigos, lemos: "Quatro buscaram entrar no paraíso[22], Ben Asai, Ben Soma, Acher e o rabino Akiba [...]. Ben Asai viu e morreu, Ben Soma viu e sofreu um ataque (isto é, enlouqueceu). Acher derrubou as árvores[23]. Somente o rabino Akiba retornou em paz"[24]. Afora referências feitas por alguns dos primeiros padres da Igreja, relatos dessa espécie de ocorrência não são muito comuns mais tarde, fato que pode atribuir-se à tendência da Igreja, a que nos referimos no Capítulo IV, de reprimir a formação do simbolismo individual.

Contudo, com mais frequência do que no judaísmo, encontramos nos gnósticos[25] e nas tradições iranianas, já na época dos mistérios mitraicos, descrições de jornadas para o céu; na realidade, nessas tradições uma jornada para o além em estado de êxtase era parte da iniciação nesses mistérios: "Hoje contemplarei, com olhos imortais, mortalmente criados do ventre de uma mãe mortal, o imortal Aion e Senhor da Coroa Flamejante" – assim começa a instrução dada na chamada liturgia mitraica[26].

Mircea Eliade assinala que as características primordiais da jornada celestial dos xamãs também existiam na Grécia antiga. Os médicos sacerdotes Ábaris e Aristeu de Proconeso curavam e profetizavam um estado de transe extático. Hermótimo de Clasomena, ao que se supõe, deixou seu corpo "por muitos anos", tendo viajado para bem longe, período depois do qual recebeu a graça de "muito saber mântico e conhecimento do futuro". Epimênides de Creta dormiu numa caverna do monte Ida e ali apreendeu uma "sabedoria entusiasta". Entre os trácios e os cítios, a fumaça do cânhamo comum era usada como meio de indução ao êxtase, com o fim de se obterem experiências do além[27]. O Er de Platão caiu num transe cataléptico no campo de batalha, foi-lhe revelado o "outro mundo" e ele soube o segredo do destino e da vida depois da morte[28]. A lenda de Timarco contém material semelhante[29]. Ele desceu até a caverna do deus curandeiro Trofônio e ali experimentou a separação das camadas do crânio, pelo qual sua alma saiu para vagar pelo além. No período helenístico, o Hades era estranhamente aliado às moradas celestiais dos espíritos abençoados e se localizava no mesmo lugar destas[30].

Do antigo Irã provêm relatos dessas jornadas celestiais, nas quais o extático experimenta aquilo que, em condições normais, estaria reservado à alma depois da morte. No *Book of Artay Virāf* [*Livro de Artay Virāf*], há uma descrição do sofrimento de Virāf, durante sete dias, causado pelo tétano. No decorrer desse período, sua alma vagueia pelos espaços celestiais, cruza a ponte para o além e contempla os locais da danação e da bem-aventurança[31]. Antigas imagens e conceitos persas da mesma espécie foram revivenciados na lenda da jornada de Maomé para o céu. No *Somnium Scipionis* romano, descrito por Macróbio, Scipião é instruído nos segredos do além pelo espírito do seu ancestral morto; e o chamado *Oracula Chaldaica* descreve com riqueza de detalhes a jornada visionária de um iniciado para o além. Ali, o alvo último é um "fogo informe" cuja voz pode ser ouvida pelo iniciado. Também há vestígios dessa tradição na literatura hermética, no *Pimandro*, por exemplo[32].

Esse tipo de experiência religiosa foi mantido na tradição alquímica por muito mais tempo do que na Igreja Cristã. O adepto da alquimia, em sua busca do divino segredo da *materia*, tinha revelado a verdade em sonhos-iniciações visionários (Zósimo) ou em jornadas celestiais extáticas (Crates)[33].

Os relatos de Jung sobre suas experiências posteriores à separação de Freud[34] causam impacto pelo surpreendente paralelismo com essa forma de experiência primeva do mundo dos espíritos, isto é, do inconsciente. Sua "jornada para o além" ocorreu na meia-idade (dezembro de 1913), quando ele contava 38 anos. "Porque, na hora secreta do meio-dia da vida, [...] nasce a morte [...]. A ascensão e o declínio formam uma única curva"[35]. Enquanto na primeira metade da vida a consciência se desenvolve a partir da base puramente natural fornecida pelos instintos[36], esforçando-se de modo primordial por alcançar uma meta de adaptação e de realização sociais, ocorre uma mudança fundamental na segunda metade – é como se o sol, tendo cruzado o meridiano, recolhesse seus raios, a fim de iluminar a si mesmo, depois de ter dispersado sua luz sobre o mundo. "Para um jovem, constitui quase um pecado [...] preocupar-se demasiado consigo mesmo; mas, para a pessoa que envelhece, constitui uma tarefa e uma necessidade dedicar-se seriamente a si mesma"[37]. Durante esse fatídico período da meia-idade, Jung teve sonhos cujo tema recorrente era o renascimento dos mortos do passado histórico ou o de uma pomba, que se transformava numa garotinha, vindo a ele como mensageira do reino dos mortos[38] (algo semelhante à mulher pequenina do transe do xamã). A pressão interior continuou a aumentar; com grande desespero, ele começou a brincar com pedras às margens do lago, tendo construído com elas uma cidadezinha em miniatura em que havia uma igreja, a fim de conseguir algum alívio da pressão originada por suas fantasias.

Jung continuou a fazer isso periodicamente pelo resto da vida. Quando chegava a um impasse, ele pintava um quadro ou, com um cinzel, esculpia numa pedra a imagem que lhe parecia habitá-la. "Por vezes", disse ele certa feita, "sei tão pouco acerca do que o inconsciente pede que simplesmente deixo-o entregue às minhas mãos, de maneira que, depois, eu possa pensar acerca daquilo a que dei forma." Trata-se de um método usado também por certos curandeiros, entre os índios Navajo da América do Norte, por exemplo. Os Navajo dizem que há três maneiras de descobrir o invisível nas doenças, na vontade dos espíritos ou no futuro: a observação das estrelas, audição (interior) ou o "movimento-da-mão", isto é, um espírito que leva as pessoas a fazerem movimentos involuntários com as mãos[39]. Mas a brincadeira criativa, com as mãos ou com o pincel, ainda não reduzia a pressão das fantasias interiores de Jung. Também no mundo exterior estava em curso uma situação psíquica cada vez mais nefasta, visto ser esse o período imediatamente precedente à eclosão da Primeira Guerra Mundial. Da mesma maneira como um xamã padece com frequência por causa das agruras de seu povo, assim também Jung se afligia em função de sonhos com derramamento de sangue e catástrofes na Europa – sonhos que ele só conseguiria compreender depois de 1º de agosto de 1914. Durante o Advento de 1913, ele resolveu dar um passo decisivo no sentido de aventurar-se diretamente em suas fantasias e de tentar anotá-las por escrito. *Ele decidiu fazer a jornada para o além.* "De repente, era como se o chão faltasse literalmente sob os meus pés e eu mergulhasse em sombrias profundezas"[40]. Ele pisava o chão firme nas mais espessas trevas. Diante dele havia uma caverna na qual entrou através de águas profundas e frias como o gelo. Encontrou uma corrente ainda mais profunda, oculta sob um cristal vermelho e que fluía com grande força; havia nela, flutuando, o cadáver de um jovem loiro. Sob o cadáver, um negro escaravelho gigante e uma camada de sangue. Jung compreendeu que isso era uma alusão ao mito do herói: o herói-sol assassinado e desmembrado, e o símbolo de ressurreição dele, o escaravelho. Mas por que o sangue? Era precisamente essa visão do sangue que se repetia muitas vezes. Então, na primavera de 1914, ele sonhou três vezes seguidas "que, na metade do verão, uma frente fria ártica veio e o país ficou coberto de gelo [...]. Não havia ninguém em parte alguma [...] tudo o que era verde e vivo ficou congelado". No terceiro sonho, contudo, deu-se um final inesperado: "Havia uma árvore, com folhas, porém sem fruto (minha árvore da vida, pensei), cujas folhas tinham sido transformadas pela ação da geada em doces uvas cheias de sumo benéfico. Colhi as uvas e as dei a uma expectante multidão".

Quando estourou a Primeira Guerra Mundial, Jung fez pleno uso dessa época de tensão mediante a investigação dos impenetráveis conteúdos do inconsciente – à medida que prosseguia em sua jornada para o além –, de modo que, mais tarde, foi capaz de torná-los acessíveis a outros em seu trabalho, e em seus livros. Na época, no entanto, ele ainda não sabia até que ponto as próprias experiências refletiam a situação coletiva, e buscou, em vão, explicações no nível pessoal. O herói-sol assassinado de sua visão se refere ao fato de os nossos ideais conscientes terem perdido a validade e de que o ingênuo racionalismo esclarecido do século XIX, sua crença no progresso e seu desejo ambivalente de expansão estavam no fim. Contudo, por meio do escaravelho, uma representação do poder do inconsciente, estava sendo preparada uma transformação da consciência; no tema egípcio, o escaravelho cria, em seu ovo, um novo deus-sol, o novo dominador da consciência, impulsionando-o por sobre o horizonte. Mas, ao que parece, essas transformações profundas e de amplo alcance ocorridas na consciência de uma cultura jamais são possíveis, historicamente, sem monstruosos sacrifícios de sangue.

Durante a primeira metade da sua vida, Jung partilhou até certo ponto da fé otimista no progresso que caracterizava sua época e sua geração. Quando uniu forças com Freud, acreditava que, juntos, poderiam desenvolver um conhecimento novo, científico, da psique, um empreendimento que não apenas beneficiaria muitas pessoas doentes como também transformaria toda a consciência de nossa cultura. Então, perto do final de dezembro de 1913, teve um sonho que lhe mostrou que o deus-sol deveria ser assassinado, não apenas no coletivo como também nele mesmo. Ele escreve:

> Eu estava com um homem desconhecido, de pele morena, um selvagem, numa solitária paisagem formada por montanhas rochosas. Era antes da alvorada, o sol já brilhava no leste e as estrelas se apagavam. Então, ouvi a corneta de Siegfried soar sobre as montanhas e entendi que tínhamos de matá-lo. Estávamos armados com rifles e estávamos deitados, à sua espera, numa estreita plataforma acima das rochas.
>
> E Siegfried apareceu bem no alto da crista da montanha, aos primeiros raios do sol que se elevava. Numa carruagem feita com ossos dos mortos, ele descia, numa velocidade louca, a íngreme elevação. Quando fez uma curva, atiramos nele e ele caiu por terra, mortalmente ferido.

Cheio de desgosto e de remorso por ter destruído algo tão belo e grandioso, fiz menção de fugir, impelido pelo temor de que o assassínio fosse descoberto. Mas começou a cair uma tremenda tempestade e eu percebi que ela apagaria todos os vestígios do morto. Eu escapara ao perigo da descoberta; a vida podia seguir seu curso, mas permanecia um insuportável sentimento de culpa[41].

Ao comentar esse sonho, Jung observou que Siegfried personificava tanto a sua própria atitude como a dos alemães da época, pois todos acreditavam no poder da vontade e dos ideais de cada um. O jovem selvagem, por outro lado, representa o homem primitivo que segue os instintos. A chuva anuncia a resolução da tensão entre consciente e inconsciente.

Esse é um típico sonho da meia-idade. Todas as metas de adaptação e de realização social já foram atingidas e agora o herói, que é o sol do meio-dia, deve morrer para evitar o bloqueio do caminho para a nova vida. A carruagem de Siegfried, feita dos ossos dos mortos, nos mostra quantas outras possibilidades de vida haviam sido sacrificadas no interesse daquilo que foi alcançado até então pela consciência. Na época, Jung era *Privatdozent* de psiquiatria havia oito anos, na Universidade de Zurique. Mas depois de escrever seu livro *Wandlungen und Symbole der Libido* (*Transformações e Símbolos da Libido*), publicado em 1911-1912[42], sentira crescer sua resistência ao intelectualismo acadêmico e, quando da sua jornada para o além e da morte do "herói", desistiu da carreira universitária para dar livre curso às novas possibilidades interiores.

Depois do sonho com a morte de Siegfried, abria-se a Jung o caminho para uma penetração mais profunda no além. "Era como uma viagem à lua ou uma descida no espaço vazio. [...] Eu tinha a sensação de estar na terra dos mortos"[43]. Com a passagem do tempo, certas figuras que lhe vinham do inconsciente começaram a cristalizar-se, por assim dizer, e eram, em parte, personificações do próprio inconsciente. Tinham especial importância para ele a figura de uma mulher chamada Salomé, que era cega e que corresponde à fada noiva do xamã, e várias personificações do "Velho Sábio", tendo este último dado a ele importantes conselhos acerca do prosseguimento de suas experiências interiores. A mais importante imagem do Velho Sábio chamava-se Elias, tendo sido superada pela de Filêmon, que Jung depois pintou na parede acima de sua cama em Bollingen. Filêmon era um homem com chifre de touro (cf. a canção do xamã citada anteriormente) e asas de rei-pescador, e trazia consigo quatro chaves. Ele personificava uma "percepção superior" vinda do inconsciente. "Filêmon", diz Jung, "me trouxe a percepção crucial de que há na psique coisas que eu não produzo, mas que são produzidas por si mesmas e têm a sua própria vida [...]. Nas minhas fantasias, eu mantinha conversas com ele e ele dizia coisas que eu não teria pensado conscientemente [...]. Ele dizia que eu tratava os pensamentos como se os gerasse eu mesmo; mas, ao seu ver, os pensamentos eram como animais na floresta ou pessoas numa sala [...]. 'Se você vê pessoas numa sala, você nem pensa ter feito essas pessoas, nem ser responsável por elas.' Ele me ensinou a objetividade psíquica, a realidade da psique [...]. Por vezes, ele me parecia bem real, como se fosse uma personalidade viva[44], como um guru ou mestre invisível.

Laurens van der Post referiu-se certa vez, numa palestra, a um encontro seu com um profeta e curandeiro zulu que lhe contou a história de sua iniciação. Ele sonhara durante a iniciação que devia atirar seu mingau de aveia no rio. Quando fez isso, um bando de pássaros apareceu e devorou todos os flocos de aveia antes que estes tocassem a água. Esse era o sinal de sua vocação. Então ele disse a Van der Post que a função do curandeiro é manter um equilíbrio entre os princípios masculino e feminino na sociedade. Ele ilustrou isso com a história de uma garota que atirava todas as coisas de valor que possuía na água e que, graças a esse sacrifício, recebeu da "anciã" que vivia na água bênção e fertilidade, para si e para todo o seu povo. Jung, disse Van der Post, trouxe o seu conhecimento de nossa época e de muitas culturas de volta às águas do inconsciente, cumprindo assim, para o nosso tempo, o papel de curandeiro. A garota cega que ele encontrou em *sua* jornada para o além é o princípio feminino, que o homem moderno rejeitou, razão pela qual ficou cego. A jornada para o além empreendida por Jung é a antecipação de um renascimento do nosso mundo, da mesma maneira como a de Dante antecipou o espírito da Renascença. A de Jung, contudo, levou-o mais longe e mais profundamente que a de Dante, a um nascimento ainda mais abrangente do nosso *Zeitgeist*[45].

Os xamãs e curandeiros dos povos primitivos conservam suas experiências para si mesmos e só as transmitem a xamãs mais novos. Seus pacientes não participam da jornada para o além; em vez disso, abandonam-se passivamente àquele que cura. O monopólio daquele que cura, que consiste no fato de só *ele* ter sonhos e fazer viagens para a terra dos espíritos, foi de certa maneira rompido no curso do desenvolvimento cultural. Nos antigos locais de incubação de Asclépio e de outros deuses da cura, os sacerdotes observavam não apenas seus sonhos como também os de seus pacientes e, às vezes, o paciente tinha de fazer a sua própria "descida ao mundo inferior" para encontrar a cura[46]. Havia ainda a instituição da chamada Katochè, cujo procedimento era semelhante ao da Asklepeia. Um leigo podia colocar-se voluntariamente em "confinamento" ou na "posse" de um deus; enquanto permanecia assim, escrevia seus sonhos, que eram interpretados pelos sacerdotes. Uma das raízes do monarquismo cristão e da vida eremítica ulteriores está nesse costume.

Jung jamais pensou em manter para si a sua descoberta a fim de aumentar o próprio prestígio. Em vez disso, ensinou essa maneira de lidar com o inconsciente, que denominava "imaginação ativa", a muitos de seus pacientes.

Em princípio, a imaginação ativa consiste em suspender a faculdade crítica e permitir que emoções, afetos, fantasias, pensamentos obsessivos ou até imagens de sonho desperto emerjam do inconsciente, confrontando-as como se estivessem objetivamente presentes[47]. Esses conteúdos se exprimem com frequência de modo solene ou pomposo, "uma infernal mistura do sublime e do ridículo", razão por que, a princípio, a consciência pode sentir-se chocada e inclinada a descartar tudo como sem sentido.

A ansiedade pode provocar uma espécie de "cãibra" consciente, ou a pessoa pode penetrar fundo demais no inconsciente e cair no sono. Um confronto alerta e vívido com os conteúdos do inconsciente é, no entanto, a própria essência da imaginação ativa. Isso requer um *compromisso ético* em relação às manifestações vindas do interior[48], para não se cair vítima do princípio do poder e para que o exercício da imaginação não seja destrutivo, tanto para os outros como para o sujeito[49]. A prática disso torna-se uma espécie de magia negra. Fantasias podem ser objetificadas por meio de seu registro escrito, do desenho, da pintura ou (o que é mais raro) da dança alusivos a elas. Um diálogo escrito é a modalidade mais diferenciada disso e costuma levar aos melhores resultados[50].

Uma ênfase demasiado unilateral na qualidade estética da imagem obstrui a realização de seu *significado*, devendo por isso ser evitada, segundo Jung. A impaciência por chegar ao significado com a maior rapidez possível deve ser combatida por intermédio da paciente atenção para com o aspecto formal[51]. Mas, quando as duas preocupações operam juntas de modo rítmico, a função transcendente, que se esforça por unir a consciência e o inconsciente, age mais efetivamente[52]. A imaginação ativa é o mais eficaz instrumento por meio do qual o paciente pode tornar-se independente do terapeuta e aprender a seguir os próprios passos. Todavia, nesse caso, ele deve fazer o próprio trabalho interior, visto que ninguém pode fazê-lo por ele[53]. Quem passar a fazê-lo começará a compreender que toda fantasia é um processo ou experiência psíquicos genuínos, e que ele se torna dessa forma um protagonista agente e paciente de um drama interior. No entanto, se apenas contemplar as imagens interiores, nada vai acontecer. É preciso entrar no processo com as próprias reações pessoais. Há quem o faça de fato, porém com uma personalidade fictícia, ou seja, as reações não são genuínas, mas "representadas", ao mesmo tempo que, em algum ponto do íntimo, permanece a noção de que isso tudo "não passa de fantasia"; também nesse caso nada acontece e o desenvolvimento interior se interrompe.

Se se "compreendem" as imagens e se pensa que o processo se dá pela via da cognição, sucumbe-se a um perigoso erro. Porque todo aquele que não consegue tomar a própria experiência como um compromisso ético é vitimado pelo princípio do poder[54]. Se, por outro lado, se penetra genuinamente nos acontecimentos interiores com um espírito sóbrio e com compromisso ético, fazendo-se uma séria busca de uma consciência maior, o fluxo de imagens interiores começa a contribuir para a integralidade da pessoa, isto é, para a individuação e para a criação de uma segurança interior dotada de força suficiente para resistir às arremetidas dos problemas interiores e exteriores. "Somente ele pode reivindicar genuinamente a autoconfiança, porque enfrentou o solo escuro de seu eu e, assim, conquistou a si mesmo"[55].

A primeira descrição detalhada da imaginação ativa publicada por Jung foi seu comentário sobre *The Secret of the Golden Flower* (*O Segredo da Flor de Ouro*)[56], traduzido para o alemão em 1929 por Richard Wilhelm. Ao ler esse guia oriental de meditação, Jung percebeu que caminhara de modo espontâneo por um caminho interior que não apenas era conhecido há centenas de anos no Oriente, como se tornara, ao longo de muitos séculos, uma vereda interior estruturada. Embora seja de fato verdadeiro que a técnica de imaginação ativa exibe semelhanças profundamente enraizadas com as mais variadas modalidades de meditação oriental (yoga etc.), ainda assim não devemos desconsiderar as diferenças entre elas. O caminho da imaginação ativa é *não programado e totalmente individual*. O guia não assume o encargo de orientar o processo, ao contrário do mestre (do guru) oriental, limitando-se a supervisar o processo no começo, a fim de assegurar-se de que o aluno, ou discípulo, não vá parar num dos becos sem saída acima descritos, o da interpretação intelectual ou o do esteticismo. Em todos os seus outros aspectos, trata-se de um acontecimento interior peculiar. Quanto a essa ausência de estrutura, o caminho interior que Jung descobriu se aproxima do zen-budismo, mas, mesmo nesse caso, há uma diferença importante. A maioria dos mestres zen recusa-se expressamente a levar os sonhos a sério, considerando-os fragmentos de ilusão que devem ser superados. Jung, por sua vez, encara os sonhos como "mensagens do *Self*" que servem de base para o caminho da meditação[57]. Deve-se observar, entretanto, ter havido uns poucos mestres zen chineses – Han Shan (1546-1623), por exemplo – que deram uma cuidadosa atenção a seus sonhos, tomando-os por faróis ao longo da trilha da busca da iluminação[58].

Apesar da profunda impressão que lhe causou a sabedoria do Oriente, Jung advertiu muitas vezes os ocidentais acerca da imitação das técnicas de yoga e de outras práticas orientais[59]. Ele considerava a imitação uma apropriação indébita e uma desconsideração para com nossa própria herança psíquica e, em especial, para com a nossa sombra. Embora nós, ocidentais, tenhamos muito a aprender com o Oriente, no sentido de ajuda no atendimento às nossas necessidades espirituais, não nos é dado esquivar-nos da tarefa de trabalhar nossos problemas particulares[60]. Se abordarmos o inconsciente a partir de nossas próprias raízes psíquicas, não vamos nos deparar de início com a "luz interior", mas com uma "camada" de conteúdos pessoais reprimidos[61]. O yoga indiano (bem como o chinês) nada sabe, contudo, do conflito moral que a sombra representa para nós, visto que as religiões orientais estão a tal ponto em sintonia com a natureza que seus seguidores podem aceitar o mal sem muito conflito[62]. Somente depois de termos resolvido o problema da sombra, podemos ter a esperança de atingir o solo interior do ser, exaltado pela meditação oriental[63], um estado de sintonia com a energia vital divina ou universal – do qual o oriental, ao contrário dos ocidentais, jamais esteve realmente muito afastado. A advertência de Jung, contudo, se refere apenas ao *caminho*, na medida em que o ocidental possa pretender segui-lo, mas não ao *objetivo* que na realidade é *idêntico* para *ambos* os caminhos.

Em suas memórias, Jung esclarece sua postura quanto ao caminho oriental. Ele escreve que não busca, ao contrário do indiano, libertar-se da natureza e das contradições interiores. Ele busca, em vez disso, a sabedoria que vem da plenitude da vida vivida com devoção – "A natureza, a psique e a vida se afiguram a mim como a divindade revelada", devendo-se ainda viver por inteiro "o inferno das paixões" –, a fim de libertar-se delas[64]. Aqui, Jung confessa sua herança espiritual cristã: o conflito (representado pelo símbolo da cruz) não pode ser contornado, nem o sofrimento evitado. Ele gostava de citar Tomás de Kempis em sua afirmação de que o sofrimento é o cavalo que nos leva com mais rapidez à plenitude. Apesar dessa confissão, Jung considerava o Buda um ser humano mais completo do que o Cristo[65], porque o Buda viveu a sua vida e assumiu como tarefa a realização do *Self* por meio da compreensão, enquanto, em relação ao Cristo, essa realização assemelhou-se mais a um destino que lhe aconteceu.

Jung previu que o Oriente exerceria uma crescente influência psicológica em nossa cultura, ao mesmo tempo que interviríamos drasticamente em seu mundo com o materialismo e a destruição política[66]. Jung percebia que, tal como ocorrera com o Cristianismo nas mãos do ocidental, também o budismo fora degradado, por meio de um enrijecimento parcial, a uma fórmula exterior[67]. Essa constatação (1929) parece ainda mais verdadeira hoje. Tenho verificado pessoalmente ser por vezes necessário, recorrendo às concepções e ideias junguianas, ajudar homens e mulheres orientais a reconstruírem sua ligação com a experiência primordial das próprias tradições espirituais. "Está claro para mim", escreveu um professor japonês, "que Jung pode contribuir para a nossa religião e para a nossa tradição espiritual com uma base de realidade que, em parte, perdemos." Parece que no Oriente, bem como no Ocidente, certos indivíduos estão sendo chamados a descobrir o caminho para a experiência original, em vez de se satisfazerem com a mera imitação da luta por preservar a tradição, visto que somente aquilo que é verdadeiramente experimentado pode nos proteger de modo adequado da devastação psicológica que hoje exportamos para o Oriente.

É sobremodo interessante o fato de também haver, na China, no fundamento das formas de meditação alquímico-taoistas, antiquíssimos elementos de xamanismo[68]. O sábio centra a si mesmo, concentra-se e, por isso, é capaz de "elevar-se às esferas mais altas e descer às mais baixas, distinguindo nelas as coisas que seria adequado fazer [...]. Estando nessa condição, o *shën* inteligente desceu sobre eles"[69]. Vista nesse contexto, a descoberta por Jung da técnica da imaginação ativa é um retorno às mais antigas fórmulas conhecidas de meditação, tal como existiam *antes* do desenvolvimento que derivou no yoga, na meditação budista e na alquimia taoista. É como se ele tivesse sido transportado retroativamente pelos milênios, num ousado salto, para o universo em que o homem primordial, em sua total ingenuidade, começou a entrar em contato com o mundo do espírito. No entanto, certas diferenças são inconfundíveis. Ao contrário dos xamãs, Jung não entrou nesse universo em estado de transe, mas plenamente e de forma alguma em detrimento da responsabilidade moral individual, que constitui uma das realizações da cultura ocidental. Trata-se de algo novo e ímpar, algo que não pode ser comparado com os estágios anteriores da cultura já descritos. Isso, contudo, traz exigências tão pesadas à integridade do meditador, que é compreensível o fato de nem todos poderem trilhar sem hesitação esse caminho.

Apesar das reservas quanto à imitação direta dos métodos orientais de meditação, Jung honrou o espírito do Oriente e tinha por ele um alto apreço. Sua amizade com Richard Wilhelm, além disso, deu-lhe pleno acesso ao espírito que anima o *I Ching – O Livro das Mutações*, em todo o seu alcance e profundidade[70]. Durante muito tempo ele usou o *I Ching* para obter respostas a perguntas acerca de situações duvidosas, mas desistiu de fazê-lo perto do final da vida, ao descobrir que sempre sabia de antemão, antes de atirar as varetas de milefólio, qual seria a resposta. Em outras palavras, ele estava por essa época tão aberto ao significado constelado no inconsciente e tão preparado para ele que já não podia usar o oráculo como um método indireto acessível por meio de uma técnica exterior. Seu relacionamento com o indólogo Heinrich Zimmer e com o sinólogo Erwin Rousselle também lhe permitiu intercâmbios de descobertas de extrema importância[71]. A descoberta do princípio da sincronicidade (a ser discutido adiante) é, em minha opinião, uma real chave para a compreensão da cultura chinesa. O *upasaka* zen, Lu K'uan Yü[72], de Hong Kong, escreve apreciativamente: "Jung foi um homem de grande coração, desprovido de orgulho e de preconceitos. Eis a razão dessas prodigiosas descobertas. Mas homens como esse são muito raros hoje"[73].

Afora os métodos orientais de meditação, há outro paralelo, um pouco mais remoto, da "imaginação ativa" de Jung; trata-se dos *Exercitia Spiritualia* de Inácio de Loyola. Esses exercícios são praticados na Igreja Católica Romana, mas são mais bem estruturados do que os orientais. Cada símbolo a ser contemplado tem seu lugar prescrito numa série, de modo que a prática da formação *individual* de símbolos é reprimida, em vez de assistida e promovida[74].

Na época em que Jung experimentava a imaginação ativa, primeiro em si mesmo e, mais tarde, em seus analisandos, todas essas potencialidades da psicoterapia por meio do caminho interior ainda eram praticamente desconhecidas. De lá para cá, contudo, a situação mudou. O método de Carl Happich, que é uma meditação dirigida pelo terapeuta, por exemplo, vem sendo usado, e René Desoille introduziu a técnica do *sonho desperto*. Hoje, a maioria das clínicas permite aos pacientes – ou os encoraja a isso – a pintura, a modelagem em argila, a redação de histórias e a composição ou execução de obras musicais. A psicoterapia contemporânea, em termos gerais, encontrou o caminho para o estágio estético da criatividade[75], mas ainda não chegou ao estágio seguinte, o do confronto ético com os produtos dele derivados, nem a um ponto de vista ou atitude moral convincentes; parece que esse estágio ainda não encontrou uma compreensão geral[76].

As técnicas de imaginação que chegaram a um uso tão disseminado na psicoterapia, nos últimos anos, diferem da imaginação ativa de Jung em outro aspecto, a saber, no papel diretivo do terapeuta, que às vezes prescreve as imagens a serem contempladas (no método de Happich, por exemplo) ou que pode intervir de alguma outra maneira para guiar o processo por meio de interrupções ou de outras observações incidentais. A imaginação ativa, por sua vez, é feita apenas pelo analisando. Não lhe são prescritas imagens nem reações às imagens interiores; trata-se de um caminho solitário na direção do próprio eu, sem proteção, mas, ao mesmo tempo, sem a interferência de uma mão-guia. O papel de guia, preferido por alguns terapeutas que usam outras técnicas, é perigoso para o próprio terapeuta. Pode seduzi-lo, levando-o a exibir o "orgulho do xamã", de cujos males os mitos primitivos estão cheios de descrições. Além disso, isso furta ao paciente aquilo que constitui sua maior necessidade, a livre responsabilidade interior. Na realidade, havia no caráter de Jung uma característica típica do suíço democrata, que o levou a renunciar de modo absoluto a todo tipo de poder terapêutico e ao reconhecimento da livre responsabilidade do outro.

O uso de alucinógenos, controlado pelo médico, que recentemente passou a ser praticado, também padece do mesmo abuso de poder tão característico dos muitos métodos que empregam a imaginação: o poder do inconsciente é conjurado pelo uso da droga, mas é o terapeuta controlador, e não o sujeito da experiência, o responsável pelo confronto com ele[77]. É certo que esse experimento pode acelerar a resolução de uma ferrenha resistência ao inconsciente de uma maneira não alcançada pela análise de sonhos; mas a integração dos conteúdos trazidos dessa forma nem sempre é possível. Numa carta dirigida a um clérigo (abril de 1954), Jung tratou da questão da seguinte maneira:

> Sei apenas que não existe nenhuma razão para querer conhecer mais do inconsciente coletivo do que se consegue por meio dos sonhos e da intuição. Quanto mais se sabe sobre ele, *maior e mais pesada a responsabilidade moral*, porque os conteúdos do inconsciente se transformam em tarefas e responsabilidades individuais tão logo começam a se tornar conscientes. Desejas aumentar a solidão e a incompreensão? Desejas encontrar cada vez mais complicações e crescentes responsabilidades?"[78]

O inconsciente tem suas maneiras próprias de revelar o que está destinado a uma vida humana, bem no momento em que está pronto para ser integrado. Jung considerava ilegítimo buscar o sagrado segredo da luz mais íntima por simples e vã curiosidade[79]. Em minha opinião, contudo, o modo atual do uso dessas drogas constitui um estágio preliminar negativo que precede uma abertura mais iluminada do inconsciente. Há muitas pessoas hoje que sabem do que Jung falava quando escrevia ou discorria sobre o inconsciente.

Os xamãs e curandeiros com frequência encetavam a jornada para o além com o objetivo de encontrar uma maneira de aliviar o sofrimento de seu povo[80]. Jung, de certo modo, também foi forçado a seguir esse caminho interior como resultado dos sonhos com catástrofes antes mencionados, sonhos que lhe anunciavam a Primeira Guerra Mundial, embora na época ele não pudesse saber que esse era o significado.

Mais tarde, ele percebeu que aquilo que experimentara em sua jornada interior referia-se não apenas a ele mesmo mas a muitas outras pessoas. "Nesse momento, deixei de pertencer apenas a mim mesmo, deixei de ter esse direito. A partir de então, minha vida pertenceu à coletividade. O conhecimento com o qual eu me preocupava, ou que buscava, ainda não podia ser encontrado na ciência daqueles dias. Eu mesmo tinha de passar pela experiência original e, além disso, tentar plantar as sementes da minha experiência no solo da realidade [...]. Foi então que me dediquei ao serviço da psique. Eu a amava e a odiava, mas ela era meu maior bem"[81].

O problema mais importante nas mãos de Jung era o de assistir outras pessoas para alcançar um tipo de experiência pessoal interior por ele descoberta, em especial levando-se em conta que ele renunciara às funções de profeta e de pregador, como dissemos anteriormente[82]. Por conseguinte, ele tinha de tentar recapturar o que havia experimentado, incorporá-lo à sua obra científica e, ao mesmo tempo, "ao quadro contemporâneo do mundo"[83]. Porém, antes disso, era necessário haver alguma forma objetiva, ou material objetivo, com o qual pudesse estabelecer uma conexão. Ele encontrou isso ao se familiarizar com o *simbolismo alquímico*. Ali, finalmente, ele pôde estabelecer uma ligação com a tradição espiritual do Ocidente. Isso será comentado adiante.

NOTAS

1. Cf. Mircea Eliade, *Shamanism: Archaic Techniques of Ecstasy* (*Xamanismo e as Técnicas Arcaicas do Êxtase*), *passim*.
2. *Ibidem*, p. 8.
3. Não se deve confundir essa condição com "possessão" ou distúrbio psíquico, o que alguns historiadores da religião erroneamente fizeram. Cf. Eliade, pp. 23ss.
4. *Ibidem*, p. 21.
5. *Ibidem*, p. 5. Cf. também A. Friedrich e G. Buddruss, *Schamanengeschichten aus Sibirien*, e Georg Nioradze, *Der Schamanismus bei den sibirischen Völkern*.
6. Cf. Mircea Eliade, pp. 53ss.
7. *Ibidem*, p. 56.
8. *Ibidem*, p. 72.
9. *Ibidem*. p. 77, bem como os paralelos ali apresentados para o tema da noiva fada na mitologia.
10. *Ibidem*, p. 83.
11. *Ibidem*, p. 84.
12. *Ibidem*, pp. 96s.
13. *Ibidem*, pp. 196-97.
14. *Ibidem*, pp. 230-31.
15. *Ibidem*, pp. 201s.
16. *Ibidem*, pp. 200-03.
17. *Ibidem*, pp. 208ss.
18. Cf. Wilhelm Bousset, *Die Himmelreise der Seele*.
19. Mais antigo, talvez, é o relato da ascensão do profeta Levi no chamado "Testamento dos Doze Patriarcas", bem como o texto original perdido que fala da ascensão de Isaías a Deus. Bousset, pp. 9-11.
20. Essa ideia da ascensão ao céu também era conhecida dos essênios. Cf. *ibidem*, p. 12.
21. *Ibidem*, pp. 13ss.
22. Siegmund Hurwitz informou-me gentilmente que "*pardes*" ("paraíso") também significa "cuidar do misticismo".
23. Isso provavelmente significa que ele introduziu heresias (Bousset, p. 15), pois acreditava em dois, não um, poderes divinos (p. 16). Sobre outras tradições judaicas, *ibidem*, pp. 21s.

24. *Talmud babylonicus*, Traktat Chagiga, 14b, citado por Bousset, p. 14.
25. Bousset, p. 30.
26. O *Pariser papyrus magicus*, publicado por Albrecht Dieterich, *Eine Mithrasliturgie*, pp. 55ss.
27. Cf. Mircea Eliade, pp. 388ss.
28. Platão, *The Republic* (*A República*), 614Bss.
29. Plutarco, *De genio Socratis*, 22, 590B.
30. Cf. Bousset, p. 59.
31. Cf. Mircea Eliade, p. 399. Extraído de M. A. Barthétemy, *Artâ Vîrâf-Nâmak* ou Livre *d'Ardâ Virâf*.
32. *De genio Socratis*, 22; cf. Bousset, p. 63 e os exemplos adicionais ali apresentados.
33. Cf. Jung, "The Visions of Zosimos" em *Estudos Alquímicos, Obras Completas*, vol. 13, pp. 59ss.
34. *Memories*, pp. 170ss./165ss. [*Memórias, Sonhos, Reflexões*. São Paulo: Edição do Círculo do Livro, 1993, pp. 159ss.]
35. Cf. Jung, A *Natureza da Psique*, *Obras Completas*, vol. 8/2, par. 800.
36. Cf. Jung, A Natureza da Psique, *Obras Completas*, vol. 8/2, pars. 757 e *passim*.
37. *Ibidem*, par. 785.
38. Para detalhes, ver *Memories*, pp. 171s./166s. [*Memórias, Sonhos, Reflexões*. São Paulo: Edição do Círculo do Livro, 1993, p. 160.]
39. Cf. L. C. Wyman, "Origin Legend of Navaho Divinatory Rites", *Journal of American Folk-Lore*, 49, 1936, pp. 134ss.
40. *Memories*, pp. 179/172. [*Memórias, Sonhos, Reflexões*. São Paulo: Edição do Círculo do Livro, 1993, p. 166.]
41. *Ibidem*, p. 180/173. [*Memórias, Sonhos, Reflexões*. São Paulo: Edição do Círculo do Livro, 1993, p. 167.]
42. A primeira tradução para o inglês de *Psicologia do Inconsciente* apareceu em 1916; a versão revista, em 1952, traduzida como *Símbolos da Transformação* (1956), *Obras Completas*, vol. 5.
43. *Memories*, pp. 181/172. [*Memórias, Sonhos, Reflexões*. São Paulo: Edição do Círculo do Livro, 1993, p. 168.]
44. *Ibidem*, pp. 183/176. [*Memórias, Sonhos, Reflexões*. São Paulo: Edição do Círculo do Livro, 1993, pp. 169-70.]
45. Cf. a versão resumida da palestra de Van der Post no *Bulletin of the Analytical Psychology Club of New York*, março de 1971.

46. Cf. C. A. Meier, *Ancient Incubation and Modern Psychotherapy*.

47. Cf. o ensaio de Jung *A Natureza da Psique*, *Obras Completas*, vol. 8/2, pars. 131ss.

48. Cf. *Memories*, pp. 192-93/184-85. [*Memórias, Sonhos, Reflexões*. São Paulo: Edição do Círculo do Livro, 1993, p. 178.]

49. No nível primitivo, isso ocorre aos chamados xamãs negros ou magos negros.

50. Cf. Marie-Louise von Franz, "Die Aktive Imagination in der Psychologie C. G. Jungs", *Meditation in Religion und Psychotherapie*, pp. 136ss., e Barbara Hannah, "The Healing Influence of Active Imagination in a Specific Case of Neurosis". Cf. também Nise da Silveira, "Expérience d'art spontané chez les schizophrènes dans un service thérapeutique occupationnel ["Experiência de arte espontânea com esquizofrênicos num serviço de terapia ocupacional"].

51. Cf. *A Natureza da Psique*, *Obras Completas*, vol. 8/2, pars. 173ss. Tenta-se captar o sentido, a partir de uns poucos indícios, com demasiada rapidez, perdendo-se os conteúdos que poderiam aflorar num confronto genuíno. O perigo da tendência esteticista é a supervalorização do aspecto formal; o da pressa de compreender, uma supervalorização do conteúdo.

52. *Ibidem*, par. 177.

53. Cf. Jung, *Mysterium Coniunctionis*, *Obras Completas*, vol. 14, par. 754.

54. Cf. *Memories*, pp. 192s./184s. [*Memórias, Sonhos, Reflexões*. São Paulo: Edição do Círculo do Livro, 1993, p. 178.]

55. *Mysterium Coniunctionis*, *Obras Completas*, vol. 14, par. 756.

56. Incluído em *Estudos Alquímicos*, *Obras Completas*, vol. 13, pars. 1ss; cf. especialmente pars. 20ss. Cf., também, Jung, "The Relations Between the Ego and the Unconscious", *Two Essays on Analytical Psychology*, CW 7, pars. 202ss.

57. Cf. Von Franz, "Die Aktive Imagination", p. 145.

58. Cf. "The Story of Ch'an Master Han Shan", *World Buddhism*, fevereiro de 1963. Devo a Lu K'uan Yü, de Hong Kong, o despertar da minha atenção para esse artigo; cf. também Lu K'uan Yü, *Practical Buddhism*, pp. 88ss.

59. Cf., em especial, "Commentary on 'The Secret of the Golden Flower'", em *Estudos Alquímicos*, *Obras Completas*, vol. 13, pars. 3ss.

60. *Ibidem*, par. 4.

61. Cf. *Psicologia e Religião Oriental*, *Obras Completas*, vol. 11/5, par. 939. Cf. também *Memories*, pp. 276/258. [*Memórias, Sonhos, Reflexões*. São Paulo: Edição do Círculo do Livro, 1993, p. 253.]

62. *Ibidem*, par. 941.

63. *Ibidem*, pars. 943ss.
64. Cf. *Memories*, pp. 276-77/258-59. [*Memórias, Sonhos, Reflexões*. São Paulo: Edição do Círculo do Livro, 1993, p. 253.]
65. *Ibidem*, pp. 279/260-61. [*Memórias, Sonhos, Reflexões*. São Paulo: Edição do Círculo do Livro, 1993, pp. 255-56.]
66. Cf. *Estudos Alquímicos, Obras Completas*, vol. 13, pars. 4s.
67. Cf. *Memories*, pp. 279-80/261-62. [*Memórias, Sonhos, Reflexões*. São Paulo: Edição do Círculo do Livro, 1993, p. 256.]
68. Cf. Eliade, *Shamanism* (*Xamanismo e as Técnicas Arcaicas do Êxtase*), pp. 447ss.
69. Jan J. M. de Groot, *The Religious System of China*, vol. 6, pp. 1190s; citado por Mircea Eliade, *Shamanism* (*Xamanismo e as Técnicas Arcaicas do Êxtase*), p. 453.
70. Para mais detalhes, conferir adiante. Cf. o prefácio de Jung para a edição em inglês do *I Ching*, incluído em *Psicologia e Religião Oriental*, *Obras Completas*, vol. 11/5, pars. 964ss.
71. Cf. *Obras Completas*, vol. 11/5: *Psicologia e Religião Oriental*, pars. 759s; pars. 831s; pars. 877ss. Cf. ainda *Memories*, pp. 278/259. [*Memórias, Sonhos, Reflexões*. São Paulo: Edição do Círculo do Livro, 1993, pp. 254-55.] Cf. também Gerhard Wehr, *C. G. Jung*, pp. 93ss.; e Wehr, "Östlicher Geist und westliches Denken bei C. G. Jung und R. Steiner".
72. Cf. seu *Geheimnisse der chinesischen Meditation* e "Taoist Yoga", *Alchemy and Immortality*.
73. Comunicação pessoal.
74. Jung comenta esses exercícios, ponto por ponto, numa série de palestras feitas no Instituto Federal de Tecnologia (ETH), em Zurique (inverno de 1940-1941, impresso em caráter particular).
75. A obra de Jung é, na maioria das vezes, cuidadosamente ignorada. Assim é que Wolfgang Kretschmer, por exemplo, em seu ensaio "Die Meditativen Verfahren in der Psychotherapie", examina detalhadamente os métodos de Schultz-Hencke, de Carl Happich, de René Desoille, de Fr. Manz etc., sem fazer menção à contribuição anterior de Jung (*Zeitschrift für Psychotherapie und Medizinische Psychologie*, I:3, maio de 1951). Hoje existe a Societé Internationale des Techniques d'Imagerie Mentale (SITIM) em Paris, que regularmente distribui informações e organiza seminários. Aqui Jung é, ao menos, mencionado secundariamente. Cf. além disso Walter L. Furrer, *Objektivierung des Unbewussten*, e o ensaio de P. Solié, "Psychologie Analytique et Imagerie

Mentale", *Action et Pensée*, 44, nºˢ 1-2, março-junho de 1968. Ct. também Jolande Jacobi, *Vom Bilderreich der Seele*.

76. Ct. Jung, *Mysterium Coniunctionis*, *Obras Completas*, vol. 14, par. 755.
77. Cf. quanto a isso, Aniela Jaffé, *The Myth of Meaning in the Work of C. G. Jung*, pp. 68ss. [*O Mito do Significado na Obra de Carl G. Jung*. São Paulo: Cultrix, 2ª ed., 2021.]
78. *Ibidem*, pp. 72-3. [Também em *Letters*, org. por G. Adler, vol. 2: a Victor White, 10 de abril de 1954.]
79. Também pode ser que uma pessoa espiritualmente empobrecida use isso como antídoto para sua carência; mas Jung desconfiava também desse uso.
80. Cf., por exemplo, J. G. Neihardt, *Black Elk Speaks*.
81. *Memories*, pp. 192/184. [*Memórias, Sonhos, Reflexões*. São Paulo: Edição do Círculo do Livro, 1993, p. 177.]
82. *Os Sete Sermões aos Mortos* poderiam ter sido uma oportunidade de assumir essa função, mas Jung renunciou intencionalmente a esse estilo por escrito, tendo-se referido à publicação particular desse ensaio (e não às condições nele contidas, ao contrário do que Aniela Jaffé parece pensar erroneamente) como uma "loucura da juventude".
83. *Memories*, pp. 199/190. [*Memórias, Sonhos, Reflexões*. São Paulo: Edição do Círculo do Livro, 1993, p. 183.]

CAPÍTULO VI

O *ANTHROPOS*

Em incontáveis mitos da origem do mundo, emerge a figura de um homem gigantesco, que ocupa todo o cosmos, representante da *prima materia* do mundo e substância básica de todas as gerações humanas ulteriores, ou que condensa todas as almas humanas numa unidade transtemporal e transpessoal. O *Edda*, por exemplo, descreve como os deuses dão forma ao mundo a partir do corpo do gigante original Ymir[1]. Na China, o anão-gigante P'an Ku foi o ser cósmico original; quando chorou, os rios foram criados; quando respirou, o ar foi criado; e, quando morreu, as cinco montanhas sagradas surgiram do seu cadáver e seus olhos tornaram-se o sol e a lua[2]. O *Rig-Veda* indiano (19) contém uma descrição de como todo o mundo, visível e invisível, veio de um ser primordial chamado "Purusha" ("Homem", "Pessoa"). "Na verdade, ele é o eu mais recôndito de todas as coisas"[3]. Na Pérsia, quando o deus-rei equivalente a esse ser, Gayomart, foi morto pelo princípio do mal nos tempos imemoriais, seu corpo desintegrou-se nos metais da terra e nasceu de sua semente um pé de ruibarbo do qual surgiu o primeiro casal humano[4].

Na lenda judaica, Adão era um gigante que cobria o mundo inteiro e, "tal como o pavio de uma lâmpada, era formado por vários fios entrelaçados; assim, a sua alma contém, unida a si, os seis milhares de almas de todos os seres humanos"[5]. De modo semelhante, Cristo, o segundo Adão, também representa uma espécie de alma coletiva, como o "Cristo interior" dentre a multidão.

Uma elaboração do mito do ser original que se reveste de especial importância para a cultura ocidental está nos sistemas gnósticos do final da Antiguidade. São apresentados relatos altamente dramáticos, por parte de inúmeros gnósticos, da jornada feita pelo "homem-luz" ou pelo princípio personificado da luz, o *Anthropos*, que equivale à divindade suprema. No início, ele viaja num além espiritual, mas depois, persuadido pelos poderes estelares maléficos, cai ou flui na matéria e termina por ser partido em milhares de centelhas de luz ou por ser espalhado por toda a matéria como "a alma do mundo crucificada", onde espera pela redenção. Sua libertação é feita por meio dos esforços de um redentor enviado por Deus; alternativamente, seria tarefa do indivíduo isolado a libertação do ser pneumático original que existe dentro dele e o retorno, ao lado dele, para o reino da luz. Esse mito gnóstico do *Anthropos* sobreviveu, oculto, na tradição alquímica e na filosofia hermética, alcançando o começo do período contemporâneo[6]. Elementos semelhantes também se encontram nas imagens judaicas do Messias[7].

No copioso texto da seita gnóstica dos ofitas, citado no Capítulo I, o falo "que luta, nas coisas inferiores, pelas superiores", é uma imagem do *Anthropos*, mergulhado na matéria e ansioso por retornar ao mundo da luz. Ele está sepultado como um cadáver na matéria, esperando pela ressurreição, que vem por meio dos esforços do indivíduo isolado no interesse do desenvolvimento do seu "homem interior". Assim, ele é, por um lado, o núcleo mais interno da psique individual, e, por outro, ao mesmo tempo, uma espécie de alma coletiva de toda a humanidade.

Costuma-se aceitar hoje que a maior e mais característica descoberta de Jung foi a prova empírica da existência real de uma "alma coletiva" ou psique coletiva – o "inconsciente coletivo", como ele o denominou. Desde a mais tenra infância, seus sonhos continham as mais impressionantes imagens mitológicas, que possivelmente não seriam explicadas em termos de suas próprias lembranças pessoais e para as quais ele encontrou paralelos explicativos na história religiosa, muitos anos depois. No início de sua carreira médica, ele descobriu que o mesmo ocorria com seus pacientes e que mesmo um esquizofrênico produzia imagens religiosas (um tubo no sol, por meio do qual era gerado o vento) que constituíam um paralelo exato da imagem contida num antigo texto que, na época, ainda não havia sido publicado[8]. Freud observara materiais semelhantes; ele descreveu essas imagens mitológicas, que emergiam do inconsciente, como "resíduos arcaicos". Para ele, constituíam vestígios do passado (equivalentes ao que o apêndice representa no corpo), enquanto Jung viu nessas imagens, desde o início, os fósseis ainda vitalmente significativos da psique humana. Quase todos os complexos pessoais mais fortes têm um foco coletivamente humano como núcleo. Jung, portanto, fez uma clara distinção entre duas camadas no reino dos produtos do inconsciente: uma, de conteúdos experimentados, esquecidos ou reprimidos em termos pessoais, e outra, formada pelo inconsciente coletivo, que revela uma natureza psíquica inata, comum a todos os seres humanos.

Um possível modelo de descrição do inconsciente coletivo é o de "campo" que é em si mesmo invisível, mas que pode tornar-se visível com o uso de meios apropriados[9]. Seria de todo errôneo, contudo, imaginar a consciência como uma espécie de Aqui e o inconsciente como uma espécie de Lá, pois a psique é, na verdade, um todo consciente-inconsciente, um "Uno todo abrangente"[10]. Conforme mencionamos, o consciente e o inconsciente, como uma espécie de dois-em-um, são o substrato dos processos psíquicos em que ora predomina o inconsciente, como ocorre nos sonhos, ora o consciente, como se passa no estado vígil. O fenômeno da identidade arcaica, que é o sentimento de formar uma unidade com o ambiente, e que constitui a base de toda comunicação entre os seres humanos, tem suas raízes, em última análise, na existência do inconsciente coletivo[11].

Tal como "pontos ativados" no interior de um campo eletromagnético, encontramos no inconsciente coletivo centros que admitem certo grau de delimitação (mas apenas certo grau) e que Jung denominou "*arquétipos*".

Deve-se estabelecer uma distinção clara entre *arquétipos* e *imagens arquetípicas*[12]. Embora não se possa fazer uma demonstração direta, os arquétipos têm muitas probabilidades de serem *predisposições* estruturais inatas que se manifestam na experiência concreta como o fator, ou elemento, que ordena ou organiza representações em determinados "padrões"[13]. Em sua obra posterior, Jung escreveu que os arquétipos podem ser parcialmente não psíquicos, mas que, nesse momento, só podem ser descritos em termos da função ordenadora no campo psíquico[14]. No domínio do consciente-inconsciente, os arquétipos indemonstráveis se mostram como ideias ou representações arquetípicas, ou seja, na forma de representações simbólicas, mitológicas, comuns a certas coletividades, bem como a povos ou épocas inteiros[15]. São "modos de apreensão" típicos que pertencem, do ponto de vista estrutural, a todos os seres humanos[16], e que formam ao mesmo tempo uma autoimagem interior, por assim dizer, dos instintos humanos ou de sua estrutura[17]. Da mesma maneira como os conteúdos vivos da psique parecem, num dos extremos da escala, "fluir" para se transformarem em processos fisiológicos, assim também, no outro extremo, "fluem" para tornar-se arranjos ou padrões abstratos não fisiológicos, pertencentes ao reino da existência descrito acima como "espírito".

Também é possível descrever os arquétipos como "padrões elementares de comportamento" da psique[18], cujos efeitos só são observáveis no campo de visão interior do sujeito, mas não, no caso de muitas pessoas, pela comparação com o seu comportamento exterior. No campo interior de visão, a ativação dos instintos é acompanhada por fantasias ou ideias intensas, emocionalmente carregadas, que se apossam de toda a personalidade e a motivam em termos psicológicos ou a "impulsionam" numa certa direção.

No início, Jung considerou a questão da origem dos arquétipos algo vinculado com a hereditariedade, mas em suas últimas obras, deixou a questão totalmente em aberto. Em minha opinião, a pesquisa no campo da hereditariedade e do comportamento em breve poderá nos fornecer informações mais exatas. De qualquer modo, trata-se apenas de uma questão de tempo até que a pesquisa comportamental possa dar as mãos à exploração junguiana dos arquétipos. No momento, o principal obstáculo no caminho dessa cooperação tem sido o fato de os pesquisadores do comportamento (Konrad Lorenz, por exemplo) terem compreendido o arquétipo junguiano como uma *imagem* de memória herdada, o que os levou a rejeitá-lo[19]. Os mecanismos inatos de liberação (IRMs — innate release mechanisms) dos animais são simples, provavelmente formas básicas, quase matemáticas, que funcionam como impulsos-chave e se incluem na complicada percepção de uma *Gestalt* constante. Perto do final de sua vida, Jung viu nos números naturais o elemento mais primitivo do "espírito" e pensou que eles deviam ser o "impulso-chave" por trás das imagens arquetípicas.

Uma segunda diferença ainda não resolvida é o fato de a pesquisa comportamental se inclinar ainda hoje a uma concepção materialista-determinista do mundo, em contraste com a concepção polar da realidade para Jung. Essa dificuldade já não me parece insolúvel; de qualquer maneira, Konrad Lorenz me assegura que aceita em princípio a teoria junguiana dos arquétipos.

No outro polo da pesquisa arquetípica, há a religião comparada e a pesquisa mitológica, que foram inevitavelmente influenciadas pela teoria dos arquétipos de Jung. As conferências de Eranos, iniciadas por Olga Froebe-Kapteyn, em Ascona, no ano de 1933, possibilitaram a Jung o encontro com notáveis representantes de outras disciplinas, bem como a participação numa estimulante troca de ideias. Esses encontros tinham, no começo, uma orientação teosófica, mas aos poucos se tornaram uma ampla discussão científica e humanista de nível bastante elevado. Jung foi convidado para a primeira reunião em 1933 e frequentou as palestras com relativa regularidade até 1953[20]. Ali, conheceu Karl Kerényi, com quem publicou várias obras sobre mitologia; Gilles Quispel, com quem discutiu questões vinculadas ao gnosticismo[21]; Henry Corbin, que redescobriu os arquétipos junguianos no misticismo persa[22]; Adolf Portmann, que com ele discutiu "padrões de comportamento"; Hugo Rahner, especialista em imagética simbólica cristã[23]; Gershom Scholem, especialista em misticismo judaico[24]; o egiptólogo Helmuth Jacobsohn[25]; *Sir* Herbert Read[26]; e muitos outros eruditos importantes[27]. O conhecimento da descoberta junguiana do inconsciente coletivo e de sua teoria dos arquétipos, ampliando-se para fora desse círculo, encontrou ampla divulgação e reconhecimento; ao mesmo tempo, contudo, como era de esperar, encontrou também considerável resistência e inúmeras interpretações errôneas. Uma infelicidade particular foi, por exemplo, o fato de Mircea Eliade também usar a palavra "arquétipo", mas com um sentido distinto; para ele, trata-se do padrão mitológico do mundo, projetado num tempo primordial (*illud tempus*), que, por meio de ritos, da recontagem de mitos e de outras observâncias e celebrações, é constantemente criado de novo no interesse do aperfeiçoamento e do avanço da vida[28]. Na concepção de Jung, contudo, esses padrões mitológicos não eram arquétipos, mas representações e ritos arquetípicos que formam *os conteúdos da consciência coletiva* de um povo particular[29]. Os arquétipos em si, por outro lado, são os dinamismos inconscientes *por trás* dessas representações coletivas conscientes; eles as produzem, mas não são idênticos a elas. Jung acentua:

> Outra expressão bem conhecida dos arquétipos são o mito e o conto de fadas. Mas [...] aqui, lidamos com formas que receberam uma marca específica e foram transmitidas por longos períodos de tempo. O termo "arquétipo", portanto, aplica-se apenas indiretamente às "representações coletivas", visto designar somente os conteúdos psíquicos ainda não submetidos à elaboração psíquica e que são, por esse motivo, *um dado imediato de experiência psíquica*. Nesse sentido, há considerável diferença entre o arquétipo e a fórmula histórica produzida. De maneira especial nos níveis superiores do ensinamento esotérico, os arquétipos aparecem sob uma forma que revela, de modo quase inconfundível, a influência crítica e avaliativa da elaboração consciente. Sua manifestação imediata, tal como a encontramos nos sonhos e nas visões, é muito mais individual, menos compreensível e mais

ingênua do que, por exemplo, nos mitos. O arquétipo é, essencialmente, um conteúdo inconsciente que é alterado ao tornar-se consciente e ao ser percebido; empresta sua coloração à consciência individual em que porventura aparece[30].

Estimulados pelas descobertas de Jung e pelas concepções de Kerényi, de Raffaele Pettazoni e de outros pesquisadores, surgiram muitos estudos de temas mitológicos que demonstram de modo valioso a verdade viva e o poder psicológico das imagens e representações arquetípicas. No tocante a isso, deve-se mencionar especialmente *Les structures anthropologiques de l'imaginaire: introduction à une archétypologie générale* (*As Estruturas Antropológicas do Imaginário*), de Gilbert Durand, ao lado da vasta literatura nele citada. Há no entanto um perigo, que a meu ver nenhum desses estudos evita por inteiro: trata-se de uma certa falta de clareza, decorrente do fenômeno de *contaminação* dos arquétipos. Jung tomou cuidados consideráveis para enfatizar que os arquétipos são estruturas que só podem ser isoladas *de modo relativo*; eles se interpenetram num grau extraordinário, de maneira que, na prática, é possível estabelecer associações de sentido e de tema e até de identidade, entre *todos* os símbolos arquetípicos. Uma delimitação racional de certos tipos de temas tal como a empreendida por Durand, por exemplo, é, portanto, arbitrária. Em outras palavras, as representações arquetípicas fogem a toda tentativa de apreensão acadêmica, isto é, puramente intelectual ou intuitiva. *Elas só são delimitadas e genuinamente apreensíveis na cultura concreta de um povo ou na obra e na experiência de um indivíduo*. Sem essa "espécie de" base na realidade psicológica, podemos apenas descrever toda representação arquetípica como "tudo em tudo e em tudo o mais", seguindo em frente e interpretando-as ao bel-prazer. Muitos investigadores se afogaram nesse mar. Como deixam de lado o tom emocional peculiar a cada manifestação arquetípica, tais manifestações tornam-se para eles meras palavras ou imagens. "Aqueles que não percebem o tom emocional peculiar do arquétipo", diz Jung, "terminam tendo em suas mãos uma simples mixórdia de conceitos mitológicos que podem ser unidos entre si para demonstrar que tudo significa qualquer coisa ou absolutamente nada"[31]. Se se tenta lidar com termos como "Grande Mãe", "Animal Totem" "Árvore da Vida" etc., de maneira puramente teórica, sem ter experimentado sua numinosidade, não se sabe de fato de que se está falando. Esses termos "só ganham vida e sentido quando se tenta levar em conta a sua numinosidade – isto é, a sua relação com o indivíduo vivo"[32]. Boa parte da atual pesquisa mitológica padece do fato de carecer dessa relação, mesmo quando se trata de pesquisas que aceitam a ideia junguiana dos arquétipos. Em outras palavras, é impossível aplicar a teoria junguiana ou levar a efeito uma pesquisa efetiva nesse campo se houver uma separação entre ela e a sua base na experiência psicológica prática[33].

Embora o mito, assim como o sonho, seja, em última análise, "o seu próprio sentido", não podemos ignorar o fato histórico de que, para as pessoas que vivem *no presente*, os mitos não têm o mesmo sentido que tinham para as culturas do passado. Se desejamos que façam sentido para nós hoje, devemos reinterpretá-los *do ponto de vista psicológico*. O método que Jung desenvolveu para fazê-lo é em princípio o mesmo usado na interpretação dos sonhos. Este consiste essencialmente na chamada "amplificação". Isso significa que reunimos os temas mais análogos possíveis, primeiro a partir do ambiente cultural do símbolo mítico e depois de outras áreas, até ficar evidente que esses temas diferentes se assemelham a facetas distintas do mesmo tema básico. As amplificações são situadas de modo sequencial na narrativa, que oferece ela mesma certa seleção das imagens amplificadoras[34]. Quando o conjunto tiver sido enriquecido dessa maneira, vem a interpretação – ou seja, a tradução em linguagem psicológica moderna, o que significa a conexão ou associação das imagens com a *experiência psíquica que pode ser vivida no presente*. Em consequência, uma interpretação jamais é absolutamente "correta", mas tem, em maior ou menor grau, um efeito "esclarecedor" ou "iluminador" e vivificador. Com efeito, a interpretação não tem outro alvo que não seja a religação da consciência com a fonte de energia que é o arquétipo. Essa fonte de poder é o espírito primordial de que a nossa consciência, por assim dizer, "se diferenciou", perdendo, no processo, parte da energia primitiva contida no mito. Parece ser propósito do mito, tal como ocorre com o sonho, manter viva na memória a nossa pré-história psicológica, chegando mesmo aos instintos mais primitivos[35]; de igual maneira, a assimilação do sentido dos mitos tem como efeito a ampliação e modificação da consciência de forma a produzir uma apreciação da vida aumentada.

Uma interpretação meramente intelectual jamais é satisfatória, pois o valor emocional do conteúdo arquetípico é tão importante quanto sua compreensão. Eis por que Jung diz: "A psicologia é a única ciência que tem de levar em consideração o elemento de valor (isto é, o sentimento), pois ele constitui o vínculo entre os eventos psíquicos e a vida. Costuma-se acusar a psicologia de, nesse aspecto, não ser científica; mas seus críticos não conseguem compreender a necessidade prática e científica que tem a psicologia de dar ao sentimento a devida consideração"[36].

Na interpretação junguiana de um mito, jamais está em questão a "precisão" interpretativa, mas antes a descoberta de uma nova expressão do mito em linguagem moderna, expressão que nunca pode ser muito independente do intérprete. Trata-se, antes, de uma questão de "como se", que jamais pode reivindicar uma validade absoluta. Isso irritou muitos eruditos e pesquisadores, mas nada se pode fazer quanto a isso. Trata-se sempre de saber se a interpretação "lança luz" ou não. Apesar das muitas e diferentes reservas a seu respeito, a pesquisa dos contos de fadas aceitou, ao menos em parte, algo das hipóteses junguianas, particularmente a ideia da origem arquetípica do conto de fadas[37].

Tem-se acentuado, sempre e de modo constante, que o conto de fadas e o mito, ao contrário do sonho, são formações transmitidas pela história e moldadas de acordo com as necessidades estéticas, algo com que o psicólogo deve concordar, tal como o próprio Jung fez[38]. Não obstante, as críticas à ambiguidade de todas as interpretações não se justificam, visto ser essa ambiguidade inevitável. Devemos até dar-lhe uma avaliação positiva[39], já que o real problema é sempre o de descobrir o maior número possível de meios de religação da nossa consciência com o significado latente desses contos. Dentro de cem anos, como observou Jung, nossas interpretações "modernas" serão consideradas, provavelmente, mitologemas amplificadores, e uma nova interpretação alcançará validade. Isso em nada prejudica o mito "eterno". Somos os únicos a sofrer quando não mais podemos conectar o significado à nossa própria vida psíquica.

Em todo caso, é bastante claro que a pesquisa contemporânea dos contos de fadas e do folclore considera cada vez mais as hipóteses de Jung[40]. Mas tudo isso, afinal, não passa de uma ajuda para a melhor compreensão de certos fenômenos históricos por meio do uso da teoria dos arquétipos. Tem muito maior importância o efeito vívido dos poderes arquetípicos no presente e sua influência imprevisível nos eventos de nossa época. Isso porque o efeito de qualquer arquétipo pode ser tanto negativo quanto positivo. Quando atuam de modo positivo, os arquétipos estão por trás de toda realização humana criativa no âmbito da cultura. São a origem da inspiração na poesia, na pintura, e em todas as outras artes; são a fonte de novos modelos científicos; e dão forma a ideias e conceitos característicos de um momento e de uma época específicos[41]. O historiador Arnold Toynbee compreendeu que os ciclos vitais das culturas são determinados por formas arquetípicas[42]. Jung tentou demonstrar, em sua obra *Aion*, o modo como, no tocante aos dois últimos milênios do nosso período cristão, os processos arquetípicos básicos do inconsciente coletivo se manifestam em nossa cultura particular. E A. Dupront e R. Alphandéry, tratando de um período de tempo mais curto, demonstraram como o símbolo arquetípico da "Jerusalém celestial" e do "sepulcro de Cristo", tomados como uma mandala[43], exerceram influência determinante sobre todo o período das Cruzadas[44]. Mesmo as formas de governo desenvolvidas por determinadas nações não escaparam à influência desse substrato, não podendo ser totalmente explicadas pelos fatores sociais e econômicos, ao contrário do que se costuma afirmar. Hans Marti e M. Imboden, por exemplo, demonstraram de modo convincente, a meu ver, as representações arquetípicas presentes na constituição suíça e em sua concepção de

Estado[45]; Eugen Bühler, por sua vez, mostrou que mesmo o moderno pensamento econômico sofre forte influência de representações arquetípicas ou mitológicas[46]. Por conseguinte, a teoria junguiana dos arquétipos vem se tornando, de forma gradual e crescente, a base de uma nova antropologia geral[47].

A influência negativa de um arquétipo constelado manifesta-se como possessão, fanatismo cego e rigidez ideológica. Jung tentou mostrar que a antiga imagem arquetípica de Wotan foi reativada no movimento nacional-socialista alemão e resultou num estado de possessão guerreira, semelhante à dos turcos ao derrubarem os portões de Viena aos gritos de "Não Deus, mas Alá!".

Motivações mítico-religiosas ocultas também estão por trás da ideologia comunista: a ideia de um reino de paz a ser implantado na terra e, ainda mais, a noção da libertação do ser humano verdadeira ou naturalmente criativa, representado pelo proletariado[48]. É muito interessante o fato de a imagem arquetípica do *Anthropos*, encontrada na Gnose e na Cabala, ressurgir em Karl Marx; trata-se do mito do "homem-luz" mergulhado nas trevas e que deve ser libertado. Em última instância, contudo, o mito é projetado na sociedade. Capitalistas, revisionistas, imperialistas etc. constituem os poderes das trevas, que oprimem o "verdadeiro ser humano" que é altruísta, de visão abrangente e criativo[49]. "A revolução comunista mundial", escreve Robert Tucker, "é para Marx uma revolução da autotransformação, um ato pelo qual o homem vai dar fim à sua alienação, restaurar a harmonia perdida consigo mesmo e atualizar-se como homem."[50] A meta é "a completa unidade essencial do homem com a natureza, a real ressurreição da natureza, o atingimento do naturalismo do homem e do humanismo da natureza"[51].

Fica-se imaginando por que a imagem de Cristo, como símbolo do *Anthropos* que une a humanidade, não atendeu à tarefa de libertação "do verdadeiro homem", de modo que essas projeções de uma imagem modificada do *Anthropos* ocorreram – e por que a imagem simbólica do Buda não pôde proteger o Oriente da invasão da ideologia comunista?

Segundo Jung, a imagem de Cristo é por demais unilateralmente espiritual e boa para representar de maneira adequada a totalidade do homem[52]. Faltam-lhe obscuridade e realidade corporal e material. Isso foi percebido, já na Idade Média, pelos alquimistas, os cientistas naturais da época, cuja atenção dirigia-se não à própria redenção, mas à libertação de Deus das trevas da matéria[53]. O divino *Anthropos* que eles procuravam libertar da matéria era uma imagem do homem em que o bem e o mal, o espírito e a matéria, estivessem genuinamente unidos, imagem por meio da qual não apenas o homem como toda a natureza se tornariam inteiros. É essa imagem alquímica do deus-homem que está constelada na base coletiva da psique do homem contemporâneo e que – por não ser reconhecida – se exprime em toda espécie de projeções singulares, na ideia nietzschiana do super-homem, no "verdadeiro homem" de Karl Marx, na nova imagem crística de Pierre Teilhard de Chardin, para mencionar umas poucas[54]. No fundo, o que está se formando no inconsciente coletivo é a imagem do homem da Era de Aquário. A imagem astrológica do período aquariano é uma imagem do homem que, segundo Jung, representa o *Anthropos* como uma imagem do *Self*, ou da personalidade interior mais abrangente que habita em todos os seres humanos e na psique coletiva. Ele derrama água de um cântaro na boca de um peixe, da constelação do chamado "Peixe do Sul", que representa alguma coisa ainda inconsciente[55]. Isso poderia significar que a tarefa do homem na Era de Aquário será tornar-se consciente dessa presença interior mais ampla, o *Anthropos*, e ter o maior cuidado com o inconsciente e com a natureza, em vez de explorá-la (como acontece hoje, na maioria das vezes).

Como o *Anthropos* também representa a psique coletiva da raça humana, é ele a fonte arquetípica do sentimento de ligação com toda a humanidade[56]. *Essa ligação tem vital importância hoje*. Eis por que tantas pessoas a perseguem, ou a buscam, com um vigor fanático. Porém, quando um arquétipo constelado não é reconhecido conscientemente e percebido no nível interior, pessoal, ele então toma a pessoa à revelia e a leva a um estado de possessão. Mas a possessão é mórbida. Os povos primitivos distinguem com grande precisão um homem possuído por um "espírito", isto é, por um conteúdo arquetípico, e que, por isso, precisa de tratamento, de um xamã ou curandeiro que sabe controlar os espíritos e pode deixar que estes exerçam livremente seus poderes por meio dele sem se deixar possuir[57]. O efeito dos temas arquetípicos tanto pode levar à loucura como ser culturalmente construtivo; pode levar a um assassinato em massa, de motivação ideológica, ou a uma mania coletiva, assim como pode levar às mais elevadas criações espirituais. Isso remete ao problema discutido no Capítulo II: a questão de saber se o indivíduo é capaz de preservar a consciência do ego intacta ou se ele sucumbe à imensa força emocional de que todos os arquétipos estão plenos, havendo, nesse último caso, uma desintegração parcial ou completa da consciência. As muitas guerras religiosas, batalhas e perseguições ideológicas do passado e do presente constituem, hoje e sempre, a abertura da humanidade à possessão. Na maioria dos tipos de doenças graves, há também, em última análise, segundo Jung, um fenômeno de tomada da consciência por conteúdos arquetípicos que, em razão de uma fraqueza particular, ela é incapaz de integrar. Quanto mais estreita, racionalista e rígida a consciência, maior o perigo. O conteúdo arquetípico constelado nesses casos individuais ou nessas situações coletivas é, ao mesmo tempo, *tanto* o maior perigo *quanto* o poder redentor, porque esses conteúdos sempre vêm à luz e forçam seu caminho a partir do inconsciente, quando este é necessário como compensação da unilateralidade da consciência. Contudo, eles só podem ser reconhecidos e integrados pelo indivíduo. Se esse ato de criatividade não ocorrer, então o conteúdo persiste, mas na forma de uma *projeção*, e o inimigo – isto é, tudo o que bloqueia esse conteúdo – é projetado em inimigos externos, enquanto o conteúdo positivo é projetado sob a forma de um líder, um herói ou uma classe de elite. Assim, a possibilidade de o conteúdo vir a ser consciente se perde e acontece um estilhaçamento da personalidade ou da sociedade. O mito (descrito no início deste capítulo) da queda do *Anthropos*, o homem cósmico, que se transformou na multiplicidade do mundo, reflete esse evento, sendo esse o motivo de a maioria dos mitos relatar que o homem primordial, fragmentado neste mundo, deve ser "reunido de novo" e tornado inteiro. O fato de haver um grande número de arquétipos diferentes (provavelmente em número igual ao de instintos) aponta por certo para determinada dissociabilidade da psique humana. Essa tendência a se repartir em diferentes conteúdos arquetípicos é, contudo, contrabalançada no inconsciente coletivo por uma tendência oposta, revelada pela imagem do *Anthropos* que acabamos de discutir, e pelo símbolo da mandala a ser tratado no próximo capítulo. *Visto como uma "alma grupal" da humanidade, o* Anthropos *é, literalmente, uma imagem do vínculo que une todos os homens, ou do Eros inter-humano*, o solo pré-consciente de toda comunicação e de toda comunhão entre os homens, sendo ainda o elemento psíquico que, por meio do poder de compensar e limitar, se opõe ao impulso ilimitado ou unilateral de viver *todos* os instintos[58].

O problema de uma comunidade supranacional de natureza coletivamente humana vem se impondo, a cada dia que passa, como a única solução para uma ameaçadora fragmentação mundial em vários grupos de interesses particulares. O comunismo internacional, na realidade, estabeleceu esse ideal[59], mas com a exclusão de todos os que não apoiam a sua ideologia e com base na identificação com o grupo e não na relação sensível, livre e consciente entre pessoas. Como resultado disso – o que constitui um sinal de possessão –, obtém-se o oposto polar do alvo natural, havendo antes uma *dissolução* do indivíduo na massa em vez de um relacionamento consciente com os semelhantes. Em outras palavras, o arquétipo do *Anthropos* pode operar de maneira positiva apenas quando é consciente e criativamente constelado no ser humano individual. Jung sustentou sozinho esse ponto de vista, contrário a todos os "ismos", a todas as tendências da moda e ao fanatismo ideológico, tendo sido criticado por todos os lados, sem jamais mudar de opinião.

NOTAS

1. Cf. *The Prose Edda*, trad. de Arthur Gilchrist Brodeur, pp. 16s.
2. Cf. Jung, *Mysterium Coniunctionis*, *Obras Completas*, vol. 14, par. 573.

3. Cf. Von Franz, "Der kosmische Mensch als Zielbild des Individuationsprozess-es und der Mensch-heitsentwicklung", *Evolution*, pp. 94ss.
4. Cf. Sven Hartmann, *Gayomart*.
5. Cf. August Wünsche, "Schöpfung und Sündenfall des ersten Menschenpaares", pp. 8-13.
6. Do mesmo modo, nos ensinamentos de Adam Kadmon, na Cabala. Cf. Gershom Scholem, *On the Kabbalah and its Symbolism*, pp. 112ss. Quanto a mitos ocidentais mais recentes do homem original, cf. Ernst Benz, Adam: *Der Mythus vom Urmenschen*.
7. Cf. Siegmund Hurwitz, *Der sterbende Messias*.
8. *Eine Mithrasliturgie* publicado por A. Dietrich, 1903.
9. Cf., quanto a isso, Wolfgang Pauli, "Naturwissenschaftliche und erkenntnistheoretische Aspekte der Ideen vom Unbewussten", *Aufsätze und Vorträge über Physik und Erkenntnistheorie*, p. 113. A descrição do inconsciente como um "campo" vem originalmente de William James.
10. Jung, *O Símbolo da Transformação na Missa*, *Obras Completas*, vol. 11/3, par. 419.
11. Esse ponto ainda não foi pesquisado de maneira sistemática da perspectiva da teoria da informação e da comunicação. Cf., contudo, Pascual Jordan, *Verdrängung und Komplementarität*, que supõe, na linha de Jung, que o inconsciente coletivo forma a base da possibilidade da comunicação humana.
12. A princípio, Jung nem sempre distinguia com clareza "arquétipos" de "imagens primordiais". Isso provocou muitas incompreensões. H. H. Balmar atacou, com base nisso, o conceito junguiano de arquétipos (*Der Archetypentheorie von C. G. Jung: Eine Kritik*). Ele recebeu uma excelente resposta de Aniela Jaffé, em *Zeitschrift für Parapsychologie und Grenzgebiete der Psychologie*, 15:1, 1973.
13. Cf. Jung, A *Natureza da Psique*, *Obras Completas*, vol. 8/2, par. 440.
14. *Ibidem*, par. 420.
15. Cf. Jung, *Tipos Psicológicos*, *Obras Completas*, vol. 6, par. 747.
16. Cf. Jung, A *Natureza da Psique*, *Obras Completas*, vol. 8/2, pars. 280-81.
17. Cf. Jung, *Aion – Estudos sobre o Simbolismo do Si-mesmo*, *Obras Completas*, vol. 9/2, par. 278.
18. Cf. Irenäus Eibl-Eibsfeldt, *Liebe und Hass*.
19. Cf. Konrad Lorenz, "The Role of Gestalt Perception in Animal and Human Behavior", *in* L. L. Whyte, *Aspects of Form*, p. 161; K. Lorenz e P. Leyhausen, *Antriebe tierischen und menschlichen Verhaltens*, pp. 44, 47.
20. Cf. W. R. Corti, "Vingt ans d'Eranos", *Le disque vert*, pp. 288ss.

21. Ao lado de H. C. Puech e M. Malinine, Quispel publicou o chamado "Codex de Jung". *Evangelium veritatis*, traduzido como *The Gospel of Truth*; e *De resurrectione*. Cf. Também G. Quispel, *Die Gnosis als Weltreligion*.
22. Cf. O seu belo livro, *Creative Imagination in the Sufism of Ibn'Arabi*; ver também sua discussão a respeito da *Resposta a Jó* em *La Sophia éternelle*.
23. Cf. *Greek Mythis and Their Christian Meaning*.
24. Cf. *Major Trends in Jewish Mysticism*.
25. Cf. "Der Altägyptische, der Christliche und der Moderne Mythos", *Eranos-Jahrbuch*, 37, 1968, pp. 411ss. e "Das Gegensatzproblem in Altägyptischen Mythos", *Studien zur Analytischen Psychologie C. G. Jung*, II, pp. 172ss.
26. Cf. sua palestra "C. G. Jung on his 85th birthday", de 26 de julho de 1960; e Nise da Silveira, "Sir Herbert Read, *in memoriam*", *Quaternio*, e a literatura ali citada.
27. Jean Gebser também foi estimulado por Jung nas Conferências de Eranos. Gebser escreve (*Abendländische Wandlung*, p. 175): "O futuro mostrará se um processo psíquico de desenvolvimento vai surgir do 'freio' psicológico (a religião), se o caminho científico do conhecimento subjetivo pode levar, sem rupturas, ao encorajador universo da fé objetiva. A partir do fato [...] de já não ser exclusivamente 'psicologia' no sentido científico pretendido por Freud, mas de já ter condições de considerar-se uma teoria da alma – nesse fato reside o real significado da psicologia complexa".
28. Cf. *The Myth of the Eternal Return* (*O Mito do Eterno Retorno*).
29. Mesmo Jan de Vries comete esse erro na descrição do ponto de vista junguiano. Ele confunde o consciente coletivo com o inconsciente coletivo, de modo que sua apresentação da concepção de Jung é completamente distorcida. *Forschungsgeschichete der Mythologie*, pp. 344ss.
30. *Os Arquétipos e o Inconsciente Coletivo*, *Obras Completas*, vol. 9/2, par. 6.
31. Em *Man and His Symbols* (*O Homem e seus Símbolos*), p. 96.
32. *Ibidem*, p. 98
33. Joseph Campbell, *The Hero with a Thousand Faces* [*O Herói de Mil Faces*. São Paulo: Cultrix, 1988]. Mesmo Kerényi segue o seu mestre, W. F. Otto, na medida em que considera o mito ou deuses individuais como o solo genuíno último do ser, expresso na imagem mítica. Assim, embora demonstre de modo valioso a realidade daquilo que Jung descreve como inconsciente coletivo (mesmo em seu aspecto psicoide), deixa de lado a relação com o aqui e agora do ser humano. O mesmo se aplica, em minha opinião, ao trabalho de Raffaele Pettazoni. Cf. a crítica de Otto em Ulrich Mann, *Theogonische Tage*, pp. 69s.

34. Se, por exemplo, uma raposa parecer útil no contexto, a ênfase deve recair principalmente nas amplificações positivas, como as de esperteza etc., e menos no aspecto igualmente válido do "feiticeiro animal" etc.

35. Cf. Jung, *Man and his Symbols* (*O Homem e seus Símbolos*), p. 99.

36. *Ibidem*.

37. Cf. os prós e contras em Wilhelm Laiblin, *Märchenforschung und Tiefenpsychologie*, e, H. E. Giehrl, *Volksmärchen und Tiefenpsychologie*.

38. Cf., quanto a isso, a sólida obra de Wolfgang Schmidbauer, *Mythos und Psychologie*, pp. 68ss, em especial. Em muitos trechos, a crítica de Schmidbauer a Jung é um mero empurrão numa porta, que está, de fato, aberta e, em outras, baseada na falta de compreensão. Ele diz, por exemplo, que Jung não descreveu o poder criativo espontâneo do arquétipo (p. 70)! Diz que o arquétipo não produz representações, o que também *não* é a concepção de Jung. Além disso, acusa Jung de lamarckismo, insistindo estar este último definitivamente ultrapassado. Ainda está em aberto a questão da real superação absoluta de todas as ideias teológicas! E mais: ele acusa Jung de não perceber as influências socioculturais (p. 74), mesmo tendo citado, numa passagem imediatamente precedente, a ênfase de Jung no fato de os mitos serem representações arquetípicas coletivamente reelaboradas (p. 68).

39. Sou responsável pela interpretação junguiana contida na primeira obra de Hedwig von Beit, *Symbolik des Märchens*, e em *Gegensatz und Erneuerung in Märchen*. Em sua segunda obra, *Das Märchen*, ela se afastou dessa interpretação. Mantenho as minhas interpretações que, no entanto, muitas vezes exprimi de forma um tanto abstrata, porque, na época, ainda não tinha nenhum experiência psicoterapêutica. Cf. Hans Dieckmann, *Märchen und Träume als Helfer des Menschen*.

40. Cf., por exemplo, os estudos feitos, a partir da perspectiva da psicologia junguiana, por Gotthilf Isler, *Die Sennenpuppe*, e Adolf Ammann, *Tannhäuser im Venusberg*.

41. Nesse sentido, J. B. Priestley, por exemplo, foi estimulado por Jung. Cf. o seu *Man and time*, *passim*.

42. Cf., quanto a isso, Richard I. Evans, *Conversations with Carl Jung*, p. 115. Mais detalhes adiante.

43. Quanto a esse símbolo, ver adiante.

44. *La Chrétienté et l'idée de la Croisade*. Cf. também Helen Adolf, *Visio Pacis, Holy City and Grail* e o excelente livro de A. Dupront, "Introduction à l'étude d'un archétype", *La Table Ronde*, dezembro de 1957.

45. Hans Marti, *Urbild und Verfassung*; e M. Imboden, *Die Staatsformen*.

46. *Der Mythus in Wirtschaft und Wissenschaft, Zukunft als Problem des Modernen Menschen, Ideologie und Ideal* e outras obras.
47. Cf. Erich Neumann, *The Origins and History of Consciousness* [*História das Origens da Consciência*, São Paulo: Cultrix, 2ª ed. 2022]; e Peter Walder, *Mensch und Welt bei C. G. Jung*.
48. Cf. Robert Tucker, *Philosophy and Myth in Karl Marx*, especialmente pp. 151ss. e *Quotations from Chairman Mao Tse-tung*, *passim*.
49. Cf. Von Franz, "Der kosmische Mensch" pp. 109ss.
50. Tucker, p. 156.
51. Karl Marx e Friedrich Engels, *Historisch-kritische Gesamtausgabe*, vol. III, p. 116, citado por Tucker, p. 160.
52. Cf. *Aion – Estudos do Simbolismo do Si-mesmo*, *Obras Completas*, vol. 9/2, par. 74; cf. também *Interpretação Psicológica do Dogma da Trindade*, *Obras Completas*, vol. 11/2, par. 232.
53. Cf. Jung, *Psicologia e Alquimia*, *Obras Completas*, vol. 12, par. 420.
54. Jung disse do livro de Pierre Teilhard de Chardin, *The Phenomenon of Man* [*O Fenômeno Humano*. São Paulo: Cultrix, 1988 (fora de catálogo).]: "É um livro da melhor qualidade". Cf. também Miguel Serrano, *C. G. Jung and Hermann Hesse*.
55. Cf. *Memories*, pp. 339/312-13. [*Memórias, Sonhos, Reflexões*. São Paulo: Edição do Círculo do Livro, 1993, pp. 305-06.]
56. Na Cabala, Adam Kadmon consiste nos preceitos do Torá, e a imagem adâmica dos mandeus consistia na "lei". Em termos psicológicos, isso significa que, nesse nível cultural, o indivíduo não pode ter contato direto com o "homem interior", devendo fazê-lo por meio dos preceitos religiosos.
57. Cf. Eliade, *Shamanism* (*Xamanismo e as Técnicas Arcaicas do Êxtase*), pp. 5-6.
58. Esse é o motivo pelo qual Jung acentuava com frequência o fato de devermos nos preocupar menos com a perfeição (no unilateral sentido cristão da palavra) do que com a completude ou *totalidade*, sem excluir nenhuma disposição humana essencial, sequer os elementos inferiores e contrassexuais da nossa psique.
59. Cf. Von Franz, "Der kosmische Mensch", p. 112.

CAPÍTULO VII

A MANDALA

Jung teve o sonho do radiolário gigante oculto no centro da floresta quando ainda era estudante secundário, e esse sonho determinou sua decisão de estudar ciências naturais. Embora na época não pudesse saber coisa alguma acerca do significado universal da imagem onírica, ele concluiu com acerto ser ela uma indicação de que ele deveria buscar a luz de todo o conhecimento adicional no secreto ordenamento da natureza. Ele não sabia naquela época que essa imagem arquetípica, à qual aplicaria mais tarde a palavra em sânscrito "mandala", se tornaria uma das principais preocupações de todas as suas pesquisas posteriores.

Essa imagem-motivo reapareceu, num novo contexto e com associações distintas de sentido, durante a Primeira Guerra Mundial, quando Jung era comandante da Région Anglaise des Internés de Guerre (1918/1919). Toda manhã, ele traçava, devotada e meticulosamente, um desenho circular numa caderneta. Depois de algum tempo, deu-se conta de que a forma desses desenhos parecia refletir sua condição subjetiva. Se ele estivesse "fora de si" ou de mau humor, a simetria da mandala ficava distorcida. Ele escreveu:

> Somente aos poucos descobri o que a mandala realmente é: "Formação, transformação, eterna recriação da Mente Eterna"[1]. E assim é o *Self*, a totalidade da personalidade, que, se tudo vai bem, é harmônico, mas que não pode tolerar autoenganos.
>
> Minhas mandalas eram criptogramas relativos ao estado do *Self* [...]. Eu tinha a nítida sensação de que eram alguma coisa central e, na época, adquiri com elas uma vívida concepção do *self*. O *Self*, pensei, era como a mônada que eu sou, e que é o meu mundo. A mandala representa a mônada e corresponde à natureza microcósmica da psique [...].
>
> A mandala é o centro. É o expoente de todos os caminhos. É o caminho para o centro, para a individuação[2].

Naqueles anos, ficou claro para Jung "que o alvo do desenvolvimento psíquico é o *Self*. Não há evolução linear; há apenas uma circunvolução do *Self*"[3].

Em 1927, Jung sonhou com uma mandala dessas. Ele a pintou e lhe deu o nome de "Janela para a Eternidade"[4]. Um ano depois, pintou um quadro semelhante, com um castelo dourado no centro[5]. Pouco depois, ocorreu uma extraordinária coincidência: Richard Wilhelm enviou-lhe o manuscrito de *O Segredo da Flor de Ouro*, no qual Jung reconheceu entusiasticamente uma descrição da ação do mesmo processo[6].

Jung registrou seu sonho de 1927 da seguinte maneira:

> Encontrei-me numa cidade suja e fuliginosa. Era uma noite de inverno, estava escuro e chovia. Eu estava em Liverpool[7]. Com alguns suíços – uma meia dúzia, digamos –, eu caminhava pelas ruas sombrias [...] subindo até um platô [...]. Quando chegamos a ele, descobrimos uma enorme praça, iluminada pela fraca luz dos postes, para a qual convergiam muitas ruas. Cada setor da cidade estava situado radialmente em torno da praça[8]. Havia no meio um reservatório redondo e, em seu centro, uma pequena ilha. Enquanto tudo ao redor estava obscurecido pela chuva, pela neblina, pela fumaça e pela semiescuridão, a pequena ilha brilhava com a luz do sol.

> Havia nela uma única árvore, uma magnólia cheia de flores vermelhas. Era como se a árvore permanecesse à luz do sol e fosse, ao mesmo tempo, a fonte da luz. Meus companheiros [...] evidentemente não viram a árvore [...]. Fiquei enlevado pela beleza da árvore florescente e pela ilha iluminada pelo sol [...].
>
> Esse sonho trouxe com ele a noção de finalidade. Vi que, ali, o objetivo fora revelado [...]. Graças a esse sonho, compreendi que o *Self* é o princípio e o arquétipo da orientação e do significado. Aí reside a sua função curativa [...]. *A partir [dessa percepção] tive um primeiro vislumbre do meu mito pessoal*[9].

Os símbolos do *Anthropos* cósmico e da mandala são sinônimos; apontam para uma unidade psíquica interior última, para o *Self*. O Buda, o grande símbolo oriental dessa unidade, sempre era representado, no princípio, como uma roda de doze raios; somente depois de algum contato com a Grécia, começou-se a representá-lo na Índia como figura humana[10]. No Ocidente, Cristo foi com frequência retratado no centro de uma mandala, com símbolos dos quatro evangelistas. Quando, nos seus primeiros anos, descobriu o motivo do núcleo da psique em forma de mandala, o *Self*, Jung não sabia que tinha chegado a um símbolo antiquíssimo da divindade e do cosmos; somente aos poucos ele se deparou com os amplos paralelos históricos de sua experiência.

Em nossa cultura, esse tema tem uma longa e curiosa história. Sabe-se muito bem que um dos momentos fatídicos da evolução da cultura ocidental foi a gênese do pensamento científico natural (investido de uma prioridade por demais intensa, demoníaca até, nos eventos mundiais): o nascimento da filosofia natural grega nos séculos VII e VI a.C. No decorrer desse período, uma nova imagem do divino e da estrutura última da realidade irrompeu na consciência e deslocou cada vez mais as divindades pessoais do panteão grego. Essa imagem tem muitas e pronunciadas variações entre os diferentes filósofos naturais. Não obstante, dada a perspectiva temporal, não é difícil discernir no seu interior algo de novo, coerente e uniforme, a saber a ideia de uma base unitária de todos os seres e de sua estrutura circular ou esférica, bem como de seu arranjo segundo as próprias leis interiores. Os filósofos naturais mais antigos, como Tales de Mileto, procuravam essencialmente a *substância* básica de todo o ser cósmico. Todavia, já na escola de Parmênides, surgiu a imagem estrutural de uma esfera ("*sphaera*"), como a forma do princípio básico último do cosmos. Os filósofos naturais provavelmente emprestaram essa imagem ao orfismo panteísta, mais antigo, no qual pensava-se a divindade como uma presença todo-abrangente, esférica ou cíclica, que compreenderia o início, o meio e o fim[11]. Essa mesma imagem ressurge em Empédocles. Segundo sua concepção, quando está sob o domínio de Eros, o cosmos é, "de todos os lados, semelhante a si mesmo e, em toda parte, sem fim; *Sphaeros*, o que tem a forma de esfera, acima da solidão prevalecente à toda volta, cheio de jubiloso orgulho"[12]. No caso de Anaximandro, o princípio do mundo é o *Apeiron* ("o sem limites"), mas, no centro do mundo, há uma "esfera que circunda com firmeza o cosmos". Para Xenófanes, o deus cósmico é limitado e esférico, "sempre e em toda parte homogêneo", "abalando o universo [...] pelo poder do pensamento de seu espírito".

Essa imagem primordial, contudo, só seria esclarecida por Platão e, mais tarde, por Plotino[13], momento em que o movimento circular foi caracterizado como próprio da alma e do espírito e como elemento que a tudo governa, sendo o cosmos visto como uma esfera perfeita, concebida à feição do organismo esférico do ser, do mundo das ideias. Foi principalmente Plotino quem ampliou essas representações e as transmitiu à Era Cristã: o centro de todas as criaturas é o Uno, a Luz que se irradia em todas as direções até o infinito; cerca esse Uno a camada esférica da alma do mundo e, para além dela, o cosmos visível. Mas o centro é uma "esfera espiritual" (*sphaera noètè*), que é unidade, totalidade e a própria divindade.

Esse deus é o "todo-abrangente" e, ao mesmo tempo, vive "nas profundezas do íntimo", no ponto central[14]. Devemos às imagens de Plotino a famosa frase que surge e ressurge em toda a filosofia hermética e em todo o misticismo cristão: "Deus é uma esfera (ou círculo) espiritual cujo centro está em toda parte e cuja periferia não está em lugar algum"[15]. A tradição continua com o *Liber viginti quattuor philosophorum* neoplatônico, via Salomão ben Gebirol até Agostinho, Joannes Scotus Erigena, Alain de Lille e muitos outros, chegando a Meister Eckhart, Tauler, Ruysbroeck, Seuse, Nikolas von Kues e, depois, a Kepler, Weigel, Reuchlin, Bovillus, Marsilio Ficino, Giordano Bruno, Pascal, Jakob Böhme e Leibniz, bem como a Schelling, Oken, Fichte, Franz Baader e outros, uma tradição ininterrupta e que Dietrich Mahnke estabeleceu de forma brilhante em *Unendliche Sphäre und Allmittelpunkt*; esse livro, portanto, pode ser recomendado aqui.

Embora em épocas remotas representasse a divindade, o cosmos e a alma do mundo, a imagem da mandala ou esfera tornou-se gradualmente uma imagem análoga ao divino e símbolo da alma ou psique individual, tornando-se por fim uma imagem do "ego ideal"[16] ou do "ego absoluto" (Schelling) – que, no entanto, não equivalia ao limitado ego empírico. A projeção exterior dessa imagem no "Todo" recolheu-se cada vez mais ao mundo interior do ser humano, na região onde Jung, independentemente e sem saber ainda dessas associações, voltou a encontrá-la. Não que ele a tenha descoberto; ao contrário, ela lhe apareceu em sonhos, revelando-se espontaneamente. Mas Jung soube perceber que era importante e captou o fato de que alguma coisa significativa se lhe revelava.

Na vida de certos místicos importantes da Idade Média, a ideia de que o ser humano individual traz em si uma "centelha divina" ou uma semelhança com Deus no centro mais profundo de sua psique teve um papel fundamental[17]. Em consequência, o autoconhecimento, não no sentido de uma reflexão subjetiva e egocêntrica do ego, mas como um reconhecimento do "centro mais profundo" do homem, tem enorme relevância no pensamento de Meister Eckhart, de Johannes Tauler e de Heinrich Seuse[18]. Mesmo o amor ao próximo tem como base exclusiva o amor por esse *Self*[19]. Chega-se ao *Self* por meio da serenidade, do sacrifício de todos os desejos do ego, da persistência e da curiosidade intelectual. ("Diminui-te humildemente e, na tua ignorância, diminui-te até abaixo da tua vontade de saber.")[20]. Dessa maneira, chega-se ao "homem mais íntimo". Trata-se do "mais nobre, mais divino, mais íntimo, mais oculto homem"[21], que consiste na "mais pura substância anímica"[22]. Esse é o reino de Deus, "onde Deus vive e age"[23]. Mas esse solo divino da psique humana é concebido pelos místicos medievais como espírito puro à semelhança do Deus cristão. A criatura e a matéria naturais não estão incluídas nele; pelo contrário, requer-se que, antes de tudo, a pessoa se "aliene" do homem natural, tal como foi criado. Na experiência original de Jung, por outro lado, o símbolo da base psíquica aparece harmoniosamente integrado à natureza.

Embora a imagem da mandala cósmica apareça nas obras dos principais pensadores, como Plotino, Agostinho, Nikolas von Kues, Pascal, Leibniz e outros, unida de modo harmonioso à representação de um Deus mais pessoal, há, contudo, alguma diferença entre esse símbolo matemático de Deus e do cosmos e a representação de um Deus pessoal que predomina em outras paragens da nossa cultura. Como ventre ou matriz da "base psíquica", a mandala contém mais características *femininas*, que, no Oriente, são expressas pela imagem lúdica do lótus e da cidade de ouro e, na cultura ocidental, pela imagem do Éden dividido em quatro partes, pelo *temenos*, pela fortaleza e pelo recipiente redondo – todos eles símbolos femininos. É uma imagem de Deus mais vinculada à natureza maternal e à imagem maternal da matéria (*mater-materies*!), o que explica o fato de a sua primeira manifestação compreensível em nossa cultura ter ocorrido mais ou menos na mesma época em que se iniciou a ciência natural.

O elemento feminino teve uma influência determinante na personalidade e no pensamento de Jung. O intelecto, o espírito puramente masculino do mundo do conhecimento profissional, era-lhe estranho, porque esse universo nada sabe dos processos de fertilização pela via do inconsciente. "Mas uma mente mais ampla traz a marca do feminino; ela é dotada de um ventre receptivo e fértil que pode remodelar o que é estranho e dar-lhe uma forma familiar." É esse o "raro dom de um intelecto maternal" que era característico de Jung[24]. Como costuma acontecer com homens muito viris, Jung tinha uma formação emocional e sentimentos marcados por uma grande sensibilidade e uma intensa vulnerabilidade, embora ocultos sob modos joviais e interesse pela vida. Poucos homens sofreram tanto quanto ele; sua grande obra criativa foi desentranhada não apenas do quente abismo das paixões, mas também do sofrimento. As feridas pessoais, embora pudessem atingi-lo de maneira profunda, não o afetavam tanto quanto o sofrimento do mundo contemporâneo, a devastação da natureza, o problema da superpopulação, a guerra, a violência imposta às ainda florescentes culturas não cristãs pela brutalidade da moderna tecnologia. Para Jung, esses problemas eram uma agonia que o mantinha, de modo constante e incansável, à espreita de quaisquer possibilidades de uma transformação curativa que porventura emergissem das profundezas da psique. Talvez apenas os que estavam à sua volta e os que tiveram a sorte de serem seus pacientes conheciam o poder de empatia e a extrema sensibilidade de Jung, pois ele ocultava sua enorme vulnerabilidade e só de raro em raro exprimia seus sentimentos mais fortes. O poeta romântico que ele era, poucas vezes irrompe em seus escritos.

No entanto, a integração do feminino no mundo do Logos masculino com o qual nossa cultura tem estado comprometida desde então não constituía para Jung apenas uma questão pessoal. Ele estava convencido de que isso costuma ser exigido de todos hoje em dia. Autores bem-intencionados sempre nos dizem que devemos dominar nossa agressividade caso desejemos evitar uma catástrofe mundial[25]. Mas a razão, apenas, sempre se mostrou demasiado fraca para lidar com esse impulso tão primordial. Há necessidade de um poder maior para enfrentar em igualdade de condições a unilateralidade do comportamento puramente agressivo. Esse outro poder é a constelação de um arquétipo contrário, que hoje é o arquétipo do feminino, o qual nunca foi integrado de maneira adequada às nossas imagens religiosas ou científicas do mundo.

Jung deixou uma lembrança desse fato, ao menos no que se refere à sua própria vida. Na entrada de sua torre redonda (um símbolo materno e uma mandala feita em pedra), em Bollingen[26], ele gravou a cinzel a inscrição: "*Philemonis Sacrum – Fausti Poenitentia*" ("Santuário de Filêmon –

Penitência de Fausto")[27]. Esse autoencarceramento do próprio *Self*, digamos assim, configura-se uma contrapartida ao impulso de Fausto para a expansão, para aquela vontade de poder que o levou a assassinar Filêmon e Baucis, os dois velhos que eram os únicos a honrar os deuses numa época sem Deus (Ovídio). Assim é que Jung sacrificou o próprio impulso fáustico ao "respeito pelos direitos eternos do homem, ao reconhecimento do 'antigo' e à continuidade da cultura e da história intelectual"[28]. Porque "mergulhamos numa torrente de progresso que nos arrasta em direção ao futuro com uma violência tanto maior quanto mais nos afasta de nossas raízes. Uma vez rompido, o passado costuma ser aniquilado e não é possível deter o movimento para a frente. Lançamo-nos impetuosamente à novidade, movidos por um sentimento cada vez maior de insuficiência, insatisfação e inquietude [...]. Recusamo-nos a reconhecer que tudo o que é melhor tem como preço algo pior; que, para dar um exemplo, a esperança de mais liberdade é anulada pela crescente escravidão ao Estado, para não mencionar os terríveis perigos a que as mais brilhantes descobertas da ciência nos expõem"[29]. O impulso masculino para a atividade e para a agressividade fáustica, preso no ventre materno da mandala, só nele pode tomar uma nova forma criadora em que a iniciativa destrutiva de nossa existência se integre.

Uma das raízes de nossa atual cultura é o mundo greco-romano. As tribos indo-germânicas migratórias, com seu sistema social puramente patriarcal, instalaram-se na Grécia, onde a cultura precedente tivera um caráter mais matriarcal. Na Grécia antiga, os dois mundos se amalgamaram, criando uma *tensão* duradoura expressa no dissonante e conflituoso casamento de Zeus e de Hera[30]. Algo parecido ocorreu ainda na Roma antiga. O princípio matriarcal alcançou o seu mais amplo reconhecimento com o florescimento do culto de Ísis no período final[31], mas jamais uniu-se ao princípio patriarcal da religião do Estado romano.

A outra raiz de nossa cultura é o mundo judaico. Também nele as tribos patriarcais prevaleceram sobre o mundo cananeu, com seu culto às deusas mães, mas jamais houve uma união real entre eles. Tehom-Tiamat e as grandes deusas do amor, e até a "prostituta da Babilônia", mantiveram-se como o princípio oposto, rejeitado, do deus Javé. Assim sendo, o espírito do mundo cristão primitivo também foi patriarcal. Ao mesmo tempo, contudo, são perceptíveis, por todo o período, tendências compensatórias. Nós as vemos claramente, pela primeira vez, na forma de "Sabedoria", tal como esta aparece nos Provérbios e nos escritos apócrifos do Antigo Testamento, provavelmente influenciados pelos gregos.

"O Senhor me criou, primícias de sua obra,
    primeiro dos seus feitos mais antigos.
Desde a eternidade, fui constituída,
    desde o princípio, antes da origem do mundo.
[.....]
Quando assentava os fundamentos da terra,
    eu estava ao seu lado, como um mestre-de-obras;
e Eu era todos os dias o seu deleite,
    folgava todo o tempo na sua presença [...]"[32].

E na Sabedoria de Jesus, Filho de Sirac (Eclesiástico):

"Saí da boca do Altíssimo [...]
[.....]
Antes de todos os séculos, desde o princípio ele me criou [...]
E na cidade amada ele me deu repouso [...][33]
Alcancei as alturas como um cedro no Líbano,
    e como cipreste na montanha do Hermon.
Lancei-me às alturas como palmeira de En-gaddi [...]
Eu sou a mãe do puro amor,
    do temor, do conhecimento e da santa esperança [...]"[34].

Essa figura, como Jung explica em *Resposta a Jó*, "é um númen feminino da 'metrópole' [...] a mãe-amante, reflexo de Ishtar"[35]. A metáfora da árvore remete a inúmeras outras deusas do amor e deusas-mães semitas.

Também na Sabedoria de Salomão essa figura feminina aparece como um *pneuma* criador do mundo, que é bondosa para o homem, um espírito divino compreensivo que "é íntimo de Deus" e constitui "um resplendor da luz perpétua, um espelho imaculado do poder de Deus"[36].

Maria, a mãe de Jesus, foi considerada a sua personificação na terra. Maria também é Sabedoria e, a partir da Assunção, ocupa, como "noiva celeste", o lugar da divina Sofia[37]. Outra imagem primordial do feminino surge na Revelação de João (Apocalipse), na "mulher vestida de sol" que gerou um filho, mas foi levada com ele de volta ao céu[38]. Essa figura também é cósmica e tem os atributos da natureza cósmica. "Ela é o *Anthropos* feminino, a contraparte do princípio masculino"[39], e, na medida em que completa este último, ela "reconcilia a natureza com o espírito"[40], preparando o caminho para o novo nascimento de Deus[41].

Como imagem final, aparece no Apocalipse o motivo do casamento do Cordeiro com sua Noiva, que é a "nova Jerusalém, descendo do céu" uma cidade-mandala feita de pedras preciosas "semelhantes ao jaspe, claras como cristal"[42]. Essa cidade é outro aspecto de Sofia, "que estava com Deus desde toda a eternidade e que, no final dos tempos, voltará a unir-se com Deus por meio do sagrado casamento"[43]. Jung tinha um entusiasmado interesse pela *Declaratio Assumptionis Mariae* do papa Pio XII; via nessa declaração uma tendência, vinda das profundezas do inconsciente coletivo, e voltada para o alto, "um anseio de paz que move as mais profundas camadas da alma" e uma compensação para a "tensão ameaçadora entre os contrários"[44], tensão de que todo indivíduo padece hoje, cada qual à sua maneira, devendo a soma total de tensões levar inevitavelmente, e de maneira exclusiva, à guerra e aos massacres revolucionários.

Essa mesma tendência inconsciente tem ainda outra expressão: as singulares fantasias tecidas em muitos lugares em torno dos chamados "OVNIs" ou "Objetos Voadores não Identificados". Em *Um Mito Moderno sobre Coisas Vistas no Céu* (*Obras Completas*, vol. 10/4), Jung assinala que os OVNIs costumam ser vistos como objetos redondos (pratos ou discos!) e que deles se espera a salvação ou a destruição de nosso planeta.

Os discos voadores tornaram-se para muitos um símbolo do *Self*, uma manifestação redentora ou aniquiladora do divino.

A mandala difere de uma imagem pessoal de Deus não apenas por seu aspecto feminino mas também pelo caráter inequivocamente matemático-geométrico. Não deve, por isso, causar admiração o fato de ela ter sido usada como símbolo do divino pelos primeiros cientistas naturais e pelos grandes matemáticos e filósofos, como Nicolau de Cusa, Pascal ou Leibniz. A característica essencial da mandala é o fato de apontar para a orientação no caos, para a ordem e para o sentido.

Quando a imagem medieval do divino, masculina e espiritual, começou a perder o vigor na época do Renascimento, esse grande período de transformação cultural, os homens se voltaram para a terra e para o princípio da matéria. Não por acaso, foi precisamente nessa época – mediada pelos escritos de Pimandro sobre o *Corpus Hermeticum* redescoberto – que a mandala voltou a ocupar um lugar especial como modelo da divindade e do cosmos[45]. Marsilio Ficino, por exemplo, recomendava a preparação de uma representação circular do cosmos como um meio mágico de exercer uma influência positiva sobre as constelações[46]. Se contemplarmos essa representação, poderemos ver, através da multiplicidade de coisas do mundo exterior, as imagens da realidade superior que trazemos dentro de nós. Giordano Bruno recomendava que se fizesse algo semelhante, como forma de reunir em uma unidade todas as coisas do mundo e todos os conteúdos da memória de nossa psique[47]. Tanto o sistema de mundo ptolomaico como o de Copérnico constituíam para ele uma mandala dessa espécie, dotado de profunda significação religiosa e mágica[48]. De Giordano Bruno, essa tradição passou a Robert Fludd e a Johannes Kepler. Por outro lado, o sistema de coordenadas de Descartes – que também é uma mandala – parece ter como base uma visão primordial vinda do inconsciente[49]. Há não muito tempo essa mesma forma refletiu-se no modelo do átomo de Niels Bohr e, Walter Boehm sugeriu a esfera infinita, com o centro onipresente, como modelo estrutural do elétron[50].

Ao que parece, sempre que o homem finalmente se confronta com algo desconhecido de importância fundamental, essa imagem é constelada, tanto no mundo exterior como no interior, como símbolo de uma *ordem* transpessoal final.

Depois de ter descoberto a mandala nas profundezas de sua psique inconsciente, Jung começou a observar seu aparecimento e seus efeitos também nas outras pessoas. Em *Os Arquétipos e o Inconsciente Coletivo*, ele analisa certo número de imagens dessa espécie que ilustram o processo de realização do *Self*, da "personalidade real", do "homem completo" ou *Anthropos*[51]. E, na primeira parte de *Psicologia e Alquimia*, ele voltou ao tema, ilustrando a forma como a mandala apareceu periodicamente, de modo espontâneo, numa série de sonhos de um indivíduo[52], na forma de símbolos da quaternidade – que se manifestam não menos de 71 vezes em quatrocentos sonhos. Todas essas imagens parecem simbolizar o "deus interior"[53]. O ponto alto da série de sonhos em questão é um "relógio do mundo" que causou ao paciente "uma impressão da mais sublime harmonia"[54]. O centro dessa mandala, formado por dois círculos em interseção, está vazio; o espaço que costuma ser ocupado por uma imagem divina não passa de um ponto abstrato. Nas mandalas desenhadas por homens e mulheres contemporâneos, o centro costuma ser uma estrela, uma flor, uma cruz com braços de igual comprimento, uma pedra preciosa, uma figura humana etc., mas quase nunca uma imagem divina. Essas imagens são vivenciadas como um centro psíquico interior e essa experiência permite a aceitação de si mesmo[55]. Um símbolo desses, como diz Jung, "é uma confissão involuntária de uma condição mental peculiar. Não há nenhuma divindade na mandala bem como nenhuma submissão a uma divindade ou reconciliação com ela. *O lugar da divindade parece tomado pela integridade do homem*"[56].

"O moderno desenvolvimento psicológico leva a uma compreensão muito melhor da verdadeira constituição do homem. No princípio, os deuses viviam com um poder e uma beleza sobre-humanos, no cimo de montanhas revestidas de neve ou na escuridão de cavernas, florestas e mares. Mais tarde, formaram juntos um só deus, que veio a tornar-se homem. Mas, nos nossos dias, mesmo esse Deus-homem parece ter descido do trono e estar em vias de dissolver-se no homem comum[57]. Contudo, esse novo desenvolvimento, se ocorrer inconscientemente, traz consigo um perigo muito grande para o homem, o risco de ele identificar-se com o poder divino que o invadiu, o próprio ego empírico limitado. O indivíduo é, nesse caso, vitimado por uma inflação (Nietzsche!), inflação que se apossa do coletivo sob a forma de hipertrofia e de exigências totalitárias do Estado idealizado. "Do mesmo modo que o Estado se apossou do indivíduo, este imagina que se apossou da psique e que a segura no oco de sua mão"[58]. O ponto crítico que diferencia o nº 1 do nº 2, nessa circunstância, perdeu-se.

A mandala atua como o *Anthropos* que, embora projetado no grupo e, portanto, privado de sua função essencial de criador da coesão interior, desempenha secretamente um papel no mito comunista da redenção. A imagem-mandala aparece repetidas vezes na teoria hegeliana e leninista da ciência como um "círculo dos círculos" ou espiral. Também aqui o fundo arquetípico da imagem está privado de reconhecimento, sendo por isso congelado numa fórmula racionalista que, não obstante, os pensadores individuais tentam constantemente romper[59].

Se o processo de roubo da alma da natureza cósmica – realizado por meio da retirada dos deuses ou de Deus para dentro do ser humano – prossegue até o momento, "então todas as coisas de caráter divino ou demoníaco que se encontrem no exterior devem retornar à psique, para o interior do homem desconhecido, de quem, ao que parece, surgiu"[60].

Era talvez inevitável que essa retirada da imagem de Deus para o interior do ser humano fosse encarada, a princípio, como um erro materialista de interpretação. Como Deus não podia ser encontrado em lugar algum atrás ou além das constelações estelares, pensava-se que, sendo assim, ele simplesmente não existia. Popovich enviou à Terra de sua nave espacial, brincando, a mensagem de que não encontrara vestígios de Deus no espaço exterior. A interpretação errônea que se seguiu foi psicológica, em especial a noção freudiana de que a ideia de Deus não passava de ilusão nascida da sexualidade reprimida ou da vontade de poder de uma casta sacerdotal[61].

Segundo Jung, contudo, esse poder não é algo conhecido ou consciente; a ideia de Deus vem da realidade da psique inconsciente, que é muito mais forte do que o ego. *Essa realidade é tudo aquilo que está dentro de nós, compelindo-nos ao medo, à submissão ou à devoção*. Essas coisas podem exibir as mais variadas naturezas e podem ser boas ou ruins. Um homem é dominado por um complexo de dinheiro, tendo Mammon por deus; outro o é por um impulso de poder; e, outro ainda, por uma obsessão ideológica. Por isso, hoje o homem pode *escolher* o seu "deus" ou "mestre". "O homem é livre para decidir se 'Deus' será um 'espírito' ou um fenômeno natural como o apego de um viciado em morfina [...]"[62].

Jung "preferiu" servir ao centro último mais íntimo, a "quantidade desconhecida das profundezas da psique"[63], a que deu o nome de *Self*, e que hoje se manifesta nos seres humanos como a imagem de um "grande ser humano que a tudo abarca" (*Anthropos*) ou sob a forma de mandala[64]. Esse *Self* jamais foi concebido (sequer pelos alquimistas e filósofos herméticos, precursores de Jung) como uma essência ou substância idêntica ao ego, mas sim como uma "natureza divina" que difere do ego e que só pode ser encontrada no interior da pessoa, quando já não pode ser projetada. Os círculos protetores externos, que costumam ser bastante acentuados nas imagens da mandala, significam o isolamento desse conteúdo interior, que "não deve misturar-se com as coisas de fora". O habitante da mandala um dia foi um deus, mas hoje parece ser o "grande homem interior" presente no ser humano individual. "Também poderíamos dizer que o próprio homem, ou a sua alma mais recôndita, é o prisioneiro ou habitante protegido da mandala. Como as mandalas modernas são, de modo espantoso, paralelos próximos dos antigos círculos mágicos, que costumavam ter uma divindade no centro, está claro que, neles, o homem – a raiz profunda, por assim dizer, do *Self* – não é um substituto, mas um símbolo da divindade"[65]. "O inconsciente produz a ideia de um ser humano deificado ou divino que está aprisionado, escondido, protegido, normalmente despersonalizado, e representado por um símbolo abstrato"[66]. Só quem viveu essa experiência, contudo, sabe o que isso significa. "Não importa o que o mundo pense da experiência religiosa; aquele que a teve possui um grande tesouro, uma coisa que se tornou para ele uma fonte de vida, de sentido e de beleza, e que deu um novo esplendor ao mundo e à humanidade. Ele tem *pistis* e paz [...]. Haverá de fato uma verdade melhor sobre as coisas últimas do que aquela que o ajuda a viver?"[67].

Jung escreveu essa passagem há uns quarenta anos* e é assombroso constatar a precisão com que suas observações atingiram o alvo. Quando vejo carros pintados com mandalas de flores pelos jovens, tenho de sorrir e perguntar a mim mesma: "Será que eles sabem o que fazem?" Uns poucos, em especial no meio *hippie*, parecem perceber alguma coisa – por exemplo, quando Ronald Steckel publicou em negrito na revista *Love*: "E o Reino está dentro de vocês, e está fora de vocês, e quem conhece a si mesmo vai encontrá-lo"[68]. Ou quando os *hippies* dizem uns aos outros: "Você é um deus; transe como um". Mas grande parte do que eles sentem é distorcido por drogas estupefacientes e por um mau gosto neurótico. Há por certo os que reconhecem que as "viagens" e o sexo mais atrapalham do que ajudam qualquer encontro com a verdade interior[69]. Porém, o que causa um espanto imediato é o fato de a maioria das comunidades de *hippies* estar orientada de modo quase exclusivo para o lado "leve/luminoso" e "idealista" da vida, para o "amor" sem ódio, para a sabedoria – mas sem perceber a sua própria tolice –, para a liberdade espiritual – sem considerar o fato de que a sombra, precisamente nessa situação, se torna cada vez mais o realista cínico ou mesmo o ladrão. Os *hippies* estão muito no lado "leve/luminoso", exclusivamente introvertidos, e seus oponentes são os *Apos* alemães, os *weathermen* americanos e os que estão engajados na luta de classes – demasiado extrovertidos de maneira unilateral, perdidos na "destruição" e nas trevas de modo exagerado. Todavia, uns e outros têm, e de alguma forma vivenciam, o pressentimento de uma nova imagem do Deus-Homem em algum

---

* A autora está se referindo ao volume 11/1 das Obras Completas - *Psicologia e Religião*, que foi escrito originalmente em 1938 para uma série de conferências na Universidade de Yale, nos EUA. (N. do E.)

lugar das profundezas do inconsciente, mas que ainda não alcançou a consciência ou o fez apenas em poucos casos.

Mesmo assim, parece-me que os *hippies* estão na trilha de alguma coisa melhor e mais real – em sua rejeição de toda a violência faustiana (*Philemonis sacrum*!), em sua busca de elementos criativos e, em especial, em seu voltar-se para o interior de si mesmos –, enquanto a maioria dos progressistas se manteve presa aos ultrapassados preconceitos marxistas do século XIX, que levam as pessoas a acreditar ser possível lidar com os males básicos da natureza humana por meio da força.

O espírito religioso do inconsciente coletivo se assemelha ao fogo; mas o fogo, na realidade concreta, significa destruição. Quando muitas pessoas que vivenciaram esse fogo espiritual se unem, fundam uma instituição – então, o espírito morre e a chama se apaga. Nessa situação, as reações pessoais são distintas; algumas são fiéis ao fogo, outras preferem a ordem institucional. Os revolucionários amam o fogo, porém costumam repelir mais do que atrair, mesmo em seus próprios círculos. Quando o fogo consome tudo o que precisa ser consumido por ele, vêm as pessoas razoáveis e equilibradas para restringir os fogosos, que são problemáticos. Há, portanto, necessidade de encontrar um *recipiente* que contenha o fogo. O primeiro recipiente dessa espécie, no qual é possível lidar em segurança com o fogo, é o *relacionamento humano*; porque mesmo o relacionamento com o coletivo tem suas raízes, em primeiro lugar, no relacionamento individual[70]. Eis por que a questão de Eros tem importância tão decisiva em nossos dias.

Os "progressistas" são os "fogosos", que na verdade podem ter recebido do destino a incumbência de destruir tudo o que já não seja viável. Mas, como todas as pessoas que brincam com fogo, é provável que também eles venham a ser destruídos, porque o futuro sempre pertence, em última análise, aos que moldam criativamente novas formas de vida. Vistos por essa ótica, os programas de certas comunidades de *hippies* – o cultivo da terra e o trabalho manual criativo – são dignos de nota[71]. Numa entrevista, Jung acentuou a sua opinião de que o descontentamento revolucionário das massas urbanas pode ser atribuído ao fato de o trabalho ter sido desespiritualizado na indústria técnica. O trabalho de um camponês ou fazendeiro é significativo *em si mesmo* e satisfaz a alma humana; o artesão deve na realidade renunciar ao produto do seu trabalho, mas mesmo assim encontra satisfação no orgulho da realização trazido pelo produto. No entanto, o trabalho na linha de produção significa empobrecimento espiritual, porque a fantasia criativa é desperdiçada ou reprimida. Jung acreditava que os trabalhadores descontentes costumam atribuir erroneamente seus ressentimentos a circunstâncias externas, visto serem incapazes de perceber que sua *alma* está necessitada[72]. Essa insatisfação está irrompendo hoje em setores da sociedade onde não está em questão a necessidade material (o que não significa, é verdade, que a necessidade material tenha deixado de ser, em muitas partes do mundo, a questão mais urgente). A tentativa *hippie* de encorajar o reconhecimento do componente criativo do trabalho me parece, portanto, genuinamente significativa.

A divisão da juventude contemporânea, em sua busca de novos valores, em dois campos é, no final das contas, o resultado da dissociação, de que ainda não tomamos consciência, do *Self* ou da imagem de Deus. Seu efeito é como o da imagem de Deus de Böhme, o de uma mandala em que os lados luminoso e sombrio de Deus se acham em oposição, situados em dois semicírculos antagônicos (em vez de se unirem num círculo)[73]. Essa divisão tem uma pré-história longa e oculta, vinculada a toda a história do Cristianismo.

NOTAS

1. *Faust*, Parte II, p. 79 (Edição Penguin).
2. *Memories*, pp. 195-96/187-88. [*Memórias, Sonhos, Reflexões*. São Paulo: Edição do Círculo do Livro, 1993, pp. 180-81.]
3. *Ibidem*, pp. 196/188. [*Memórias, Sonhos, Reflexões*. São Paulo: Edição Círculo do Livro, 1993, p. 181.]
4. Reproduzido em C. G. Jung e Richard Wilhelm, *The Secret of the Golden Flower (O Segredo da Flor de Ouro)*, fig. 3; também em *Estudos Alquímicos*, *Obras Completas*, vol. 13, ilust. A3.

5. *Golden Flower (O Segredo da Flor de Ouro)*, fig. 10; *Obras Completas*, vol. 13, ilust. A10.
6. Cf. *Memories*, pp. 197/188-89. [*Memórias, Sonhos, Reflexões*. São Paulo: Edição do Círculo do Livro, 1993, pp. 181-82.]
7. Jung comentou: "Liverpool é a 'fonte da vida'. Segundo uma velha concepção, o fígado ['*liver*'] é a sede da vida". *Memories*, pp. 198/190. *Memórias, Sonhos, Reflexões*. São Paulo: Edição do Círculo do Livro, 1993, p. 183.]
8. Cada setor da cidade também estava organizado radialmente em torno de um ponto central, uma imitação menor da planta maior.
9. *Memories*, pp. 197-99/180-90 (grifo meu.). *Memórias, Sonhos, Reflexões*. São Paulo: Edição do Círculo do Livro, 1993, pp. 182-83.]
10. Os índios *naskapis*, da península do Labrador, ensinam que todo homem traz em seu coração Mistap'eo, o "Grande Homem", que envia os sonhos e a semente imortal, ou núcleo, da psique individual. Mas eles o representaram como uma imagem de mandala e não como figura humana. Cf. Frank Speck, *Naskapi*.
11. Cf. Dietrich Mahnke, *Unendliche Sphäre und Allmittelpunkt*, pp. 243-44.
12. *Ibidem*, p. 236. Mahnke sugere, em vez de "em toda parte sem fim" ("überall endlos"), como o traduz W. Kranz, "völlig unzerstückelt" ("completamente indiviso"). Considero isso bastante esclarecedor.
13. Cf., *Ibidem* pp. 227ss.
14. *Ibidem*, p. 220.
15. Tal como o formula o *Pimandro*, de Hermes Trismegisto; cf. Mehnke, p. 44.
16. *Ibidem*, p. 9.
17. Cf. Hans Hof, *Scintilla animae*, p. 183.
18. Cf. Alois M. Haas, *Nim din selbes war*.
19. *Ibidem*, p. 51.
20. *Ibidem*, p. 135.
21. Tauler, citado em Haas, p. 125.
22. Haas, p. 139.
23. *Ibidem*, p. 147.
24. Observação que ele fez acerca de Richard Wilhelm em "Richard Wilhelm: *In Memoriam*" em *O Espírito na Arte e na Ciência*, *Obras Completas*, vol. 15, par. 76.
25. Por exemplo, Konrad Lonrez, *On aggression*.
26. Cf. *Memories*, pp. 223ss/212ss. *Memórias, Sonhos, Reflexões*. São Paulo: Edição do Círculo do Livro, 1993, pp. 204ss.]
27. *Ibidem*, pp. 235/222; cf. também pp. 233-34/221-22. *Memórias, Sonhos, Reflexões*. São Paulo: Edição do Círculo do Livro, 1993, p. 217.]

28. *Ibidem*, pp. 235/222. *Memórias, Sonhos, Reflexões*. São Paulo: Edição do Círculo do Livro, 1993, p. 218.]
29. *Ibidem*, pp. 236/223. *Memórias, Sonhos, Reflexões*. São Paulo: Edição do Círculo do Livro, 1993, pp. 218-19.]
30. Cf. Charles Seltmann, *The Twelve Olympians and Their Guests*; ou Karl Joël, *Der Ursprung der Naturphilosophie aus dem Geiste der Mystik*, *passim*.
31. Recordamo-nos do capítulo final de O *Asno de Ouro*, de Apuleio.
32. Provérbios 8:22-24 (versão standard revista); cf. Jung, *Resposta a Jó*, *Obras Completas*, vol. 11/4.
33. A Jerusalém Celeste em forma de mandala!
34. Eclesiástico 24:3-18 (versão moderna autorizada).
35. *Resposta a Jó*, *Obras Completas*, vol. 11/4, par. 612.
36. *Ibidem*, par. 613.
37. *Ibidem*, par. 628. Cf. *Constitutio apostolica: Munificentissimus Deus*, par. 27. Cf., quanto a isso, Friedrich Heiler, "Das neue Mariendogma im Licht der Geschichte und im Urteil der Ökumene", em "Ökumenische Einheit", *Archiv für ökumenisches und soziales Christentum* 2, vol. 2.
38. Cf. *Resposta a Jó*, *Obras Completas*, vol. 11/4, par. 711.
39. Ao que se presume, influenciada pela imagem pagã da grega Leto (*ibidem*, grifo meu).
40. *Ibidem*.
41. *Ibidem*, pars. 714ss.
42. Apocalipse 21:10-11 (versão standard revista).
43. *Resposta a Jó*, *Obras Completas*, vol. 11/4, par. 727.
44. *Ibidem*, par.754.
45. Cf. Frances Yates, *Giordano Bruno and the Hermetic Tradition*. [*Giordano Bruno e as Tradições Herméticas*. São Paulo: Cultrix, 1987 (fora de catálogo).]
46. *Ibidem*, pp. 74ss.
47. *Ibidem*, p. 76.
48. *Ibidem*, p. 155, e na reprodução, p. 147.
49. Cf. Marie-Louise von Franz, "The Dream of Descartes", *Timeless Documents of the Soul*, pp. 57ss.
50. *Die metaphysischen Grundlagen der Naturwissenschaft und Mathematik*, pp. 159ss. Ele ao menos cita Jung de passagem.
51. *Os Arquétipos e o Inconsciente Coletivo*, *Obras Completas*, vol. 9/1, pars. 525ss; cf. também pars. 627ss.

52. *Psicologia e Alquimia, Obras Completas*, vol. 12; resumido também em *Psicologia e Religião, Obras Completas*, vol. 11/1, pars. 108ss.

53. *Ibidem*, par. 101.

54. *Ibidem*, par. 110.

55. *Ibidem*, pars. 137-38.

56. *Ibidem*, par. 139 (grifos acrescentados).

57. *Ibidem*, par. 141.

58. *Ibidem*.

59. Cf. Wilhelm Raimund Beyer, "*Das Sinnbild des Kreises im Denken Hegels und Lenins*", *Zeitschrift fur philosophische Forschung*, 26.

60. *Psicologia e Religião, Obras Completas*, vol. 11/1, par. 141.

61. *Ibidem*, par.142.

62. *Ibidem*.

63. *Ibidem*, par. 144.

64. *Ibidem*, par. 150.

65. *Ibidem*, par. 157.

66. *Ibidem*, par. 158.

67. *Ibidem*, par. 167.

68. Cf. Peter Brügge, "Uber die apolitische Jugendbewegung in der Bundesrepublik", *Der Spiegel*, 25:33, 9 de agosto de 1971, p. 48. Devo o fato de ter conhecido esse artigo à gentileza de Manfred Wiele.

69. *Ibidem*, p. 41.

70. Essas observações são resumidas a partir das notas feitas por Esther Harding no seminário dirigido por Jung em Polzeath, Cornualha, Inglaterra, em 1923, com a gentil permissão da Dra. Harding.

71. Cf. Brügge, p. 44. O autor do artigo trata essas atividades com ironia e sugere, zombeteiramente, que "Robinson" volte discretamente ao negócio da mercearia. Isso me parece errôneo porque, embora muita infantilidade e muita insipidez neurótica sejam inerentes a essas tentativas, deve-se levar a sério a busca de algo substancial e real por parte desses jovens, visto que essa busca contém de fato a semente de uma nova atitude que tenta compensar as anomalias da nossa época.

72. Cf. Hans Carol, "Aus einem Gespräch mit C. G. Jung", *Neue Zürcher Zeitung*, 2 de junho de 1963, p. 6.

73. Reproduzindo em *Os Arquétipos e o Inconsciente Coletivo, Obras Completas*, vol. 9/1, p. 297. A mandala faz parte, originalmente, das XI *Questions Concerning the Soule* (1620), de Böhme. Cf. Victor Weiss, *Die Gnosis Jakob Böhmes*.

CAPÍTULO VIII

COINCIDENTIA OPPOSITORUM

Aos 11 anos (1887), Jung teve uma visão que o marcou pelo resto da vida. Foi um acontecimento de tal significado que cumpre narrá-lo em suas próprias palavras:

Num belo dia de verão, saí da escola ao meio-dia e fui para a praça da catedral. O céu estava gloriosamente azul e o dia brilhava sob os radiantes raios de sol. O telhado da catedral faiscava, refletindo o sol nas telhas novas, plenas de um vítreo brilho. Vi-me tomado pela beleza da visão e pensei: "O mundo é belo e a igreja é bela, e Deus fez tudo isso e está sentado acima disso, bem longe, no céu azul, num trono de ouro e [...]". Um grande branco surgiu nos meus pensamentos e tive uma sensação chocante. Senti-me entorpecido e sabia apenas o seguinte: "Não continue a pensar agora! Algo terrível se aproxima, algo em que não quero pensar, algo de que sequer me atrevo a aproximar-me. Por que não? Por que estaria cometendo o mais assustador pecado [...] o pecado contra o Espírito Santo [...]. Tudo o que preciso fazer é não continuar a pensar".

Cheguei em casa num estado de grande perturbação [...]. Dormi muito mal à noite [...]. Os dois dias seguintes foram de pura tortura [...].

Mas na terceira noite o tormento ficou tão insuportável que eu já não sabia o que fazer. Despertei de um agitado sono para me ver pensando outra vez na catedral e em Deus. Eu quase retomara o pensamento no mesmo ponto! [...] Suando de medo, sentei-me na cama [...]. "Agora está vindo, agora é sério! *Tenho de pensar*. É preciso pensá-lo de antemão. *Por que* devo pensar sobre algo que não conheço? Por Deus, é certo que não quero. Mas *quem* quer que eu faça? [...] De onde vem essa terrível vontade? [...] surgiu em mim como um sonho ruim. De onde vêm essas coisas? Isso me aconteceu sem que eu nada fizesse. Por quê? Afinal, eu não criei a mim mesmo, vim ao mundo da maneira como Deus me fez – isto é, da maneira como os meus pais me fizeram"[1].

Jung continuou a pensar e percebeu que seus pais não poderiam ser responsáveis, nem os pais deles. Por fim, seus pensamentos o fizeram remontar a Adão e Eva, que foram criados diretamente pelo próprio Deus.

Eles eram perfeitas criaturas de Deus. Ele só criou perfeição e, ainda assim, eles cometeram o primeiro pecado [...]. Como isso foi possível? Eles não o poderiam ter cometido se Deus não tivesse colocado neles a possibilidade de cometê-lo. Isso também ficava claro a partir da serpente, que Deus criara antes de criá-los, obviamente para que ela pudesse induzir Adão e Eva a pecar [...]. *Portanto, Deus tinha a intenção de que eles pecassem.*

Esse pensamento me libertou instantaneamente do meu pior tormento, já que eu sabia que o próprio Deus me pusera naquela situação. No início, eu não sabia se ele pretendia que eu cometesse ou não o meu pecado [...].

"O que quer Deus? Agir ou não agir? Devo descobrir o que Deus quer de mim [...]". Por mais estranho que pareça, não pensei em nenhum momento que o demônio pudesse estar me pregando uma peça. Na época, o demônio não representava muito no meu mundo mental e, de qualquer maneira, eu o considerava, comparado com Deus, impotente [...]. Assim, não havia dúvida na minha mente de que o próprio Deus estava preparando um teste decisivo para mim e de que tudo dependia de eu compreendê-lo corretamente [...].

"[...] É possível que Deus esteja querendo ver se eu sou capaz de obedecer à Sua vontade, mesmo que minha fé e minha razão coloquem diante de mim os espectros da morte e do inferno? Esta poderia de fato ser a resposta! Mas isso são apenas os meus próprios pensamentos. Devo estar enganado [...]."

Pensei em tudo aquilo outra vez e cheguei à mesma conclusão. "Certamente Deus quer que eu demonstre coragem", pensei. "Se assim for e eu conseguir fazê-lo, Ele me dará Sua graça e Sua luz".

Reuni toda a minha coragem [...] e deixei vir o pensamento. Vi à minha frente a catedral, o céu azul. Deus está sentado em Seu trono de ouro, bem acima do mundo – e, vinda de sob o trono, cai uma enorme quantidade de excremento sobre o telhado brilhante, derrubando-o e destruindo as paredes da catedral.

E assim foi. Senti um imenso e indescritível alívio. Em vez da esperada danação, a graça caíra sobre mim e, com ela, uma bênção impronunciável que eu jamais conhecera [...]. Um prodigioso número de coisas que eu antes não entendia tornou-se claro para mim [...]. Em Seu teste de coragem humana, Deus se recusa a seguir a tradição, por mais sagrada que ela seja [...].

[...] Ele também podia me pedir algo que eu teria rejeitado em termos religiosos tradicionais. Foi a obediência que me trouxera a graça [...]. Devemos nos abandonar por inteiro a Deus: nada importa senão cumprir a Sua vontade. De outro modo, tudo é tolice e falta de sentido. A partir daquele momento [...] começava a minha verdadeira responsabilidade. "Por que Deus conspurcara a Sua catedral?" Isso, a meu ver, era um terrível pensamento. Mas surgiu a compreensão difusa de que Deus podia ser algo terrível. Eu vivenciara um sombrio e horrível segredo. Isso tomou conta de toda a minha vida e eu me tornei profundamente pensativo[2].

O "Deus terrível" que Nicolas de Flüe também encontrara[3], que Martinho Lutero e Jakob Böhme e muitos outros conheceram, tornou-se para Jung, como resultado dessa experiência, uma realidade permanente. Todas as suas ideias infantis e ingênuas a respeito de um "Deus de amor" como o *summum bonum* foram superadas para sempre. A descrição de Jung torna exaustivamente claro que não se tratava de uma questão de percepção intelectual, mas que estava envolvido um profundo conflito moral.

Ao contrário do que ocorria nos sonhos e visões de mandalas mencionados no capítulo anterior, o inconsciente aparece aqui personificado numa imagem de Deus. O *Self* é simbolizado, nesse caso, não como uma significativa ordem matemática de coisas, mas como um Deus que age. A vantagem dessa personificação "está no fato de possibilitar uma objetivação muito melhor do *vis-à-vis*"[4] e de permitir que as emoções, os sentimentos, o amor, o ódio, o temor e a reverência possam unir-se nesse encontro, o que não acontece quando a forma da mandala, que é mais abstrata, é constelada. "O homem todo é desafiado e entra na luta com toda a sua realidade. Só então pode tornar-se inteiro e só então Deus pode nascer", isto é, entrar na realidade humana e associar-se com o homem na forma de 'homem'"[5].

Porém aqui encontramos a grande dificuldade. O Deus do mundo cristão só é bom, mas o homem – feito à sua semelhança – é tanto bom como mau; assim, a "imagem cristã de Deus não pode encarnar-se no homem empírico sem contradições [...]"[6].

Jung labutou com esse problema a vida inteira e exprimiu dramaticamente essa luta em *Resposta a Jó*[7]. Na velhice, ele observou certa feita que, agora que sabia mais, gostaria de reescrever todos os seus livros, exceto *Resposta a Jó*, deixando-o exatamente como é. Ele o escreveu numa irrupção de energia e com forte emoção, durante uma enfermidade e depois de uma febre alta; ao terminá-lo, voltou a sentir-se bem. *Resposta a Jó* não deve ser considerado uma obra teológica[8]. Visa, como escreveu o próprio Jung, mostrar "a maneira pela qual o homem moderno, de educação e formação cristãs, chega a um acordo com a treva divina desvelada no Livro de Jó [...]. Assim, espero agir como uma voz para muitos que se sentem do mesmo modo como eu me sinto, bem como dar expressão à comoção interior provocada pela exibição indisfarçada da maldade e da selvageria divinas"[9].

É terrível aquilo que Deus, em sua cruel competição com Satanás, inflige ao seu fiel servo Jó. Homens e mulheres que passaram inocentemente por Hiroshima, que definharam em campos de concentração ou que padecem hoje de destinos semelhantes, compreenderão melhor isso. A grandeza de Jó está no fato de que, em meio às suas aflições, ele jamais duvida da existência de Deus nem jamais se ergue, de maneira inflada, a julgá-lo ("Ponho minha mão sobre a boca.") e, ao mesmo tempo, permanece fiel aos ditames da sua consciência e da sua convicção acerca do certo e do errado, apelando para a Sofia, ou para a onisciência de Deus, contra o Javé "colérico". Ele se volta para Sofia, com quem Deus compartilhou sua vida no começo do mundo, mas que se perdeu de vista "desde os dias da Criação"[10]. O princípio do Eros divino desapareceu, por essa razão, na inconsciência, sendo substituído pelo ideal da perfeição, cuja realização Deus exigiu de Israel.

A retidão e o amor ao Deus de Jó produzem uma curiosa mudança no próprio Deus, para o qual o comportamento de Jó é, de certo modo, uma derrota moral. Essa mudança é a decisão de tornar-se homem em Cristo[11] e de voltar-se novamente para o feminino sob a forma de Maria, Mãe de Deus, que serve de imagem renovada da Sofia[12]. Por meio de Maria, será criado um novo Deus-Homem, visto que, tendo sido vencido pela sua criatura, Deus precisa regenerar-se[13]. Porém, a eliminação de toda mácula de pecado na mãe e no filho afasta-os do resto da humanidade. Eles "não são seres humanos reais, mas deuses"[14], razão pela qual o ideal masculino da perfeição, em contraste com o ideal feminino da totalidade, ainda predomina. Todavia, um pretenso estado ou condição ideal sempre é ameaçado por uma *enantiodromia*[15]. "Nenhum caminho leva ao futuro, passando pela perfeição; há apenas uma reversão, um colapso do ideal, o que poderia ter sido evitado com facilidade se tivesse dado atenção ao ideal feminino da integridade"[16]. Num contraste cada vez maior com as imagens "totalmente boas" de Maria e de Cristo, a imagem oposta de Satanás, o Anticristo, se destaca, mesmo nas Sagradas Escrituras, como a personificação da contraintenção ou sombra de Deus; o próprio Cristo viu Satanás cair como um relâmpago do céu (Lucas 10:18) e, assim, aproximou-se muito mais do mundo humano.

Segundo a lenda medieval, Satanás, cheio de inveja, também queria encarnar-se num ser humano, para que também o Deus *tenebroso* se tornasse homem. Como íncubo, ele impregnou uma piedosa virgem sem que esta soubesse. *Foi essa a concepção de Merlin.* Mas a piedade da mãe evitou que Merlin sucumbisse ao mal. Mais tarde, porém, no final do milênio astrologicamente predeterminado, alocado ao reino de Cristo, Satanás conseguirá encarnar-se na imagem do Anticristo e, ao fazê-lo, causará a catástrofe final, descrita no Apocalipse de São João[17].

No princípio, Deus encarnou apenas o seu lado bom em Cristo. Depois da morte de Cristo, o Espírito Santo começou a fazer sentir o seu efeito, que significa tanto a continuidade da encarnação de Deus no homem como a transformação de todos os homens que creem nesse "Espírito da verdade", em "co-herdeiros de Cristo" e até em "deuses", isto é, homens-deuses[18]. Graças ao fato de não ser pecador, Cristo não foi totalmente um ser humano. "Jó, por outro lado, foi um ser humano extraordinário e, portanto, o mal praticado contra ele e por meio dele contra a humanidade só pode ser reparado, nos termos da justiça divina, pela encarnação de Deus num ser humano concreto. Esse ato de expiação é realizado pelo Paráclito; porque, da mesma maneira que o homem deve sofrer em Deus, Deus deve sofrer no homem. Se assim não for, não pode haver reconciliação entre os dois"[19].

Todo o drama, como Jung acentua, revela uma curiosa incongruência ou falta de relação entre Deus e suas criaturas, porque é inconcebível que um Deus onisciente, bom e todo-poderoso possa ficar tão irado com suas impotentes criaturas, homens e mulheres, como acontece nas Sagradas Escrituras. A desproporção de forças é demasiado grande. Na verdade, parece que Deus era "inconsciente", tendo por isso sucumbido com muita frequência à sua própria sombra, Satanás. "Como então poderia ele esperar que o homem, com sua limitada consciência e com seu conhecimento imperfeito, agisse melhor do que ele?"[20]. "Acreditar em Deus como o *summum bonum* (o bem maior) é impossível para uma consciência reflexiva."[21] "Cedo ou tarde, uma consciência mais diferenciada deve achar difícil amar como pai bondoso um Deus que também deve ser temido por causa de suas repentinas explosões de ira, pela sua instabilidade, injustiça e crueldade."[22] "Portanto, o temor de Deus deve ser considerado, e com justa razão, o começo de toda sabedoria."[23] Deus é uma *coincidentia oppositorum*, ao mesmo tempo o amor mais elevado e o bem supremo e a tenebrosa crueldade inumana. Contudo, "a instabilidade interior de Javé é a condição primeira, não apenas da criação do mundo, mas também do drama pleromático ao qual a humanidade serve de coro trágico. O encontro com a criatura transforma o criador"[24].

O aparecimento do Anticristo no final do segundo milênio cristão se fará acompanhar de uma indescritível catástrofe mundial, descrita com as cores mais sombrias no Apocalipse de São João. Mas, nesse momento, sem mediação e em meio à destruição mais absoluta, aparecerá no céu a *mulher vestida de sol*, "que tem a lua aos pés e traz na cabeça uma coroa de doze estrelas"[25]. Trata-se da imagem feminina do *Anthropos*, que completa a imagem patriarcal, exclusivamente masculina, de Deus; "ela contém em seu seio tenebroso o sol da consciência 'masculina' [...]. Ela une a luz às trevas, simboliza o hierogamos dos opostos e reconcilia a natureza com o espírito"[26]. Essa mulher dá à luz um menino-homem que, no entanto, é devolvido de imediato a Deus. Do ponto de vista psicológico, isso significa que estamos lidando com uma imagem que já estava latente no início da Era Cristã, imagem que só vai ser ativada numa época posterior. Esse menino-homem personifica o mitologema da "criança divina", isto é, *é um símbolo do advento à consciência do* Self *total como uma complexio oppositorum*[27], que só se afigura sombrio para nós quando a consciência toma a si toda a luz e reivindica para si uma autoridade moral excessiva.

Em suas visões apocalípticas, São João antecipou as percepções dos alquimistas e de Jakob Böhme. Ele sentiu que a divindade possui um aterrorizante significado dual: "um mar de graças, que se choca com o lago de fogo ardente, e a luz do amor, que brilha com um tenebroso calor sombrio de que se diz '*ardet non lucet*' – queima, mas não ilumina. Trata-se do evangelho eterno, distinto do temporal: *podemos amar a Deus, mas devemos temê-lo*"[28].

A natureza paradoxal dessa imagem de Deus se divide no ser humano individual e em toda a humanidade ocidental em opostos semelhantes, constelando assim conflitos aparentemente insolúveis. Mas, quando observamos a pessoa isolada, lacerada por conflitos interiores, vemos que seu inconsciente produz símbolos, tais como a figura do *Anthropos* ou uma mandala, *que unem os contrários*[29] *e representam a essência do processo de individuação.*

O processo pelo qual Deus se torna homem, encarado da perspectiva psicológica, é um símbolo do processo de crescimento que se instala quando tomamos consciência da tensão entre os opostos em nossa própria integridade interior e que "deseja" nos obrigar a harmonizar e unir as forças opositoras do inconsciente a que a nossa mente consciente se acha exposta com tanta constância[30]. "O inconsciente deseja as duas coisas: dividir e unir. Em sua luta pela unidade, portanto, o homem sempre pode contar com a ajuda de um advogado metafísico [...]. O inconsciente quer fluir para a consciência a fim de alcançar a luz, mas, ao mesmo tempo, boicota continuamente a si mesmo, pois preferiria manter-se inconsciente. Isso significa que Deus quer tornar-se homem, mas não por inteiro. É tão grande o conflito em sua natureza que a encarnação só pode ser realizada ao preço de um autossacrifício expiatório oferecido à ira do lado tenebroso de Deus"[31]. Esse autossacrifício, a profunda aceitação do sofrimento e do conflito interior, é simbolizado pela cruz[32]; porque a dolorosa vinda à consciência dos opostos interiores traz consigo um sentimento imediato de redenção, redenção de uma condição vazia e irremediável de não remissão.

Jung considerava a divisão no interior da própria Igreja cristã e a divisão em nosso mundo ocidental, epitomizadas pela Cortina de Ferro, consequências do fato de não termos consciência do conflito interior produzido em nós pela ambivalência da nossa imagem de Deus. A divisão que ocorre entre os jovens, discutida no capítulo anterior, não passa de outro reflexo da mesma coisa; um segmento da juventude identifica-se demasiadamente com o bem e com o princípio da luz; outro caiu no "fogo colérico" do lado anticristo sombrio de Deus. São poucos os criativos, dotados de coragem suficiente para aceitarem o próprio conflito interior e para torná-lo consciente, aqueles que podem nos ajudar a evitar a guerra total que ameaça a todos nós.

No indivíduo, o problema dos opostos se manifesta principalmente como um conflito de consciência, cuja forma mais severa não consiste numa escolha entre um bem reconhecido e uma tentação para o mal, mas em casos nos quais todas as alternativas se justificam e podem redundar tanto no bem como no mal; nessa circunstância, devemos nos curvar ao código convencional de moralidade fornecido pelo ambiente (o superego freudiano) ou esperar, com uma atitude de escuta, a decisão criativa do *Self*[33], reunindo coragem para agir a partir daí apesar do risco de errar, tal como o fez Jung, ainda menino, ao decidir finalmente, depois de muita indecisão, pensar até o fim as ideias a respeito do comportamento profano de Deus, que lhe vinham do inconsciente, permitindo que a imagem chocante emergisse na consciência. Porque, para além da ambivalência e da dualidade do inconsciente, que nos impele tanto para o bem como para o mal, há a figura do "advogado", a divina Sofia ou o Espírito Santo – ou seja, a *unidade* paradoxal do *Self* –, que pode nos levar a atingir um nível superior de consciência; a voz interior, delicada mas inflexível, que nos impulsiona na direção da individuação e não permite o autoengano.

Jung não ficou feliz quando Erich Neumann publicou seu livro, *Depth Psychology And A New Ethic* (*Psicologia Profunda e Nova Ética*)[34], por considerar a atitude de Neumann um tanto inflada. "Não precisamos de novas Tábuas da Lei", afirmou ele certa vez. "A ética que temos serve, se for vivida de fato. Precisamos muito mais de uma ampliação da nossa consciência reflexiva, para que possamos ter uma percepção mais clara das forças em oposição que há dentro de nós e para que deixemos de tentar afastar o mal do caminho, ou de negá-lo ou projetá-lo, o que temos feito até agora." Em palavras ainda mais simples, isso significa que devemos *de fato* ver a nossa sombra, em vez de vivê-la inconscientemente na prática. "Se o próprio Deus me pedisse para cometer um assassinato[35], disse Jung certa vez, "eu não o cometeria; em vez disso, eu colocaria a minha frágil liberdade e consciência humanas na balança e me ofereceria antecipadamente em sacrifício."

Antes de escrever *Resposta a Jó*, Jung teve um sonho, contado em suas memórias[36], no curso do qual ele era levado pelo pai ao centro de uma edificação em forma de mandala e à "presença mais elevada". "Então ele se ajoelhou e tocou o solo com a testa. Eu o imitei, ajoelhando-me da mesma maneira, com grande emoção. Por alguma razão, não consegui levar a testa até o solo – havia talvez um milímetro a menos"[37]. Depois desse sonho, Jung esperava que o destino lhe enviasse provas difíceis (a morte da esposa, por exemplo) a que ele teria de se submeter, mas não conseguia fazê-lo integralmente. "Alguma coisa em mim dizia: 'Tudo muito bem, mas não inteiramente'. Alguma coisa em mim estava desafiante e determinada a não ser um joguete: e se não houvesse algo dessa espécie em homens livres, nenhum Livro de Jó teria sido escrito várias centenas de anos antes do nascimento de Cristo. O homem sempre tem alguma reserva mental, mesmo diante de decretos divinos. Se assim não fosse, onde estaria a sua liberdade?"[38]. Hoje, o homem mortal está de fato em condições de destruir a criação de Deus. "O sonho revela um pensamento e uma premonição há muito presentes na humanidade: a ideia da criatura que supera o criador por um fator pequeno, mas decisivo"[39]. *Esse "fator pequeno, mas decisivo" é a consciência.*

A ideia de uma possível "inconsciência de Deus" naturalmente ofendeu alguns contemporâneos de Jung. Nem Erich Neumann pôde aceitá-la, tendo escrito a Jung uma longa carta de protesto[40]. Jung replicou com detalhes meticulosos, defendendo seu ponto de vista[41], principalmente por meio de referências à teoria da evolução tal como a entendiam os cientistas naturais contemporâneos. "Sabemos", escreve ele, "que, passadas centenas de milhões de anos de transformações acidentais e de amplo espectro das espécies, o homem entrou finalmente no plano da criação"[42]. "Quanto a isso, o milagre da consciência reflexiva é tamanho que não se pode deixar de suspeitar que o elemento de *significado* esteja oculto em algum lugar no interior da monstruosa e aparentemente sem sentido desordem biológica, e que o caminho que leva à sua manifestação foi encontrado, em última análise, no nível dos vertebrados de sangue quente dotados de um cérebro diferenciado – encontrado como que por acaso, de modo não intencional e imprevisto e, no entanto, de alguma forma captado, sentido e procurado às apalpadelas a partir de alguma premência obscura"[43].

> Simplesmente não sabemos de que se compõe o fator construtivo do desenvolvimento biológico. Sabemos amplamente que o sangue quente e a diferenciação cerebral foram necessários para o surgimento da consciência e, por isso mesmo, à gradual revelação do sentido [...]. Como a criação não tem nenhum sentido reconhecível sem a consciência reflexiva do homem, pretende-se conferir ao homem uma significação cosmogônica, uma verdadeira *raison d'être*, por meio da hipótese do sentido latente. *Se, no entanto, atribuímos ao Criador o sentido latente como plano consciente de criação, surge a pergunta: Por que deveria o Criador organizar todo esse fenômeno do mundo se já sabe onde poderá se ver refletido? E por que deveria ele, tendo já consciência de si, ser refletido*? Por que deveria criar uma segunda consciência, inferior, ao lado da sua onisciência – alguns bilhões de espelhinhos foscos que refletem uma imagem que ele já conhece de antemão? Depois de todas essas reflexões, cheguei à conclusão de que a semelhança do homem com Deus é um aspecto que se refere não apenas ao homem como também ao seu Criador. A situação de Deus é semelhante ou igual à do homem, o que significa, entre outras coisas, que ele é tão inconsciente quanto o homem ou até mais do que este, visto que, segundo o mito da encarnação, ele chegou a sentir-se induzido a tornar-se homem e a oferecer-se em sacrifício a este último[44].

A criação, ou a natureza que nos cerca e de que somos parte, provavelmente não é, no ponto de vista de Jung, totalmente desprovida de sentido; mas o sentido é *latente*, já que o inconsciente, natureza pura, abriga um sentido latente que só se concretiza ao tornar-se consciente em nós. Para dar apenas um pequeno exemplo: todo sonho contém um sentido latente que só vem a ser parte da nossa realidade objetiva quando compreendemos conscientemente o sonho, que de outra maneira seria apenas considerado "sem sentido".

A plena percepção do significado cosmogônico da consciência ocorreu a Jung durante uma viagem à África (1925), quando viajou de Nairobi às planícies de Ati, uma grande reserva de caça no Quênia. Ele descreve essa visita em linguagem poética:

> Até o limiar do horizonte, víamos rebanhos gigantes de animais: gazelas, antílopes, gnus, zebras, javalis etc. Pastando, movendo a cabeça, os rebanhos se deslocavam como rios vagarosos. Mal havia outro som além do melancólico grito de uma ave de rapina. Era a calma do eterno começo, o mundo como sempre foi, no estado de não existência; porque, até então, ninguém estivera presente para saber que aquilo era este mundo [...].
>
> Ali, tornou-se abarcadoramente claro para mim o sentido cósmico da consciência [...]. O homem, eu, num ato invisível de criação, apôs a marca da perfeição no mundo ao dar-lhe existência objetiva. Costumamos atribuir essa ação apenas ao Criador, sem considerarmos que, ao fazê-lo, vemos a vida como uma máquina calculada nos mínimos detalhes, que, ao lado da psique humana, segue insensivelmente, obedecendo a regras predeterminadas e conhecidas de antemão. Nessa mecânica fantasia sem graça, não há drama do homem, do mundo e de Deus; não há um "novo dia" que leve a "novos horizontes", mas tão somente a monotonia dos processos calculados [...] o homem é indispensável para completar a criação [...] com efeito, ele é o segundo criador do mundo, o único a dar ao mundo existência objetiva – sem a qual, surdo, cego, comendo silenciosamente, dando à luz, morrendo, com a cabeça tumultuada por centenas de milhões de anos, teria mergulhado na mais profunda noite da não existência, até seu desconhecido fim[45].

Quando Jung experimentou a inexprimível beleza de um nascer do sol africano, ficou claro para ele que "desde o seu princípio primordial, tem havido na alma um desejo de luz e uma premência irreprimível de elevar-se acima das trevas primais [...]. Eis por que o nascer do sol pela manhã tem para os nativos uma significação de tamanho impacto. O *momento* em que a luz chega é Deus. Esse momento traz redenção, libertação [...]. Na realidade, uma escuridão totalmente distinta da noite natural paira sobre a terra. É a noite primal psíquica, que é hoje idêntica à que tem sido há incontáveis milhões de anos. O anseio de luz é o anseio de consciência"[46].

Muitas pessoas ficaram ainda mais ofendidas com a discussão junguiana a respeito do lado tenebroso de Deus e da origem do mal[47] do que tinham ficado com a sua concepção de Deus como um ser inconsciente (na verdade, um pouco mais inconsciente do que os homens). É evidente que o nosso lado infantil reluta em abandonar a ideia de um "Deus de amor" que olha graciosamente por nós, mesmo que a realidade destoe por inteiro dessa imagem. Na tentativa de salvar essa preciosa ideia, muitas pessoas até preferem acreditar que o homem é responsável por todos os males, embora também não estejam dispostas a explorar com muito cuidado essa ideia.

> O horror que os Estados ditatoriais despejaram ultimamente sobre a humanidade não passa da culminação de todas as atrocidades de que nossos ancestrais são culpados, num passado não muito distante. Sem mencionar as barbaridades e banhos de sangue perpetrados mutuamente pelas nações cristãs ao longo da história da Europa, o europeu também tem de responder por todos os crimes que cometeu contra as raças não brancas no decorrer do processo de colonização. Nesse aspecto, o homem branco carrega, na verdade, um pesadíssimo ônus. Isso nos dá uma visão da sombra humana que dificilmente poderia ser pintada em cores mais sombrias. O mal que vem a lume no homem [...] tem proporções gigantescas [...].
>
> Como se crê universalmente que o homem é apenas aquilo que a sua consciência sabe de si mesma, ele se considera inofensivo e, desse modo,

soma estupidez a iniquidade. Ele não nega que coisas terríveis aconteceram e continuam a acontecer, mas são sempre "os outros" que as produzem [...]. Na realidade, faltou-nos apenas uma oportunidade para que fôssemos atraídos para a infernal escaramuça. Nenhum de nós está livre da tenebrosa sombra coletiva da humanidade[48].

Se projetamos o mal nos "outros", perdemos a possibilidade de perceber e, com ela, a capacidade de lidar com o mal[49].

Somos parte da natureza e nossas trevas são as da natureza, que Deus criou. Nem todas as trevas podem ser atribuídas à humanidade. Há muito aprendemos a perdoar os malfeitos de alguns dos nossos semelhantes, baseados no fato de terem eles sido expostos por circunstâncias objetivas, em sua juventude, a horrores sem precedentes. Assim, permanece a pergunta acerca da origem do mal em Deus – a não ser que nos tornemos dualistas, algo que corresponde a uma dissociação psíquica. No primeiro milênio da Era Cristã, prevalecia a ideia de Deus como o *summum bonum*, mas pouco depois do ano 1000, começaram a aumentar os sinais de insatisfação e do temor de uma catástrofe mundial vindoura[50]. Hoje, o mundo cristão enfrenta de maneira óbvia o princípio do mal: a injustiça pública e aberta, a tirania, as mentiras, a escravidão e o retraimento da consciência. Homens honestos já não podem desviar o olhar dessas coisas nem buscar desculpas para si mesmos. "O mal tornou-se uma realidade determinante. Já não podemos afastá-lo do mundo por meio de uma circunlocução. Temos de aprender a lidar com ele, pois ele veio para ficar"[51].

É importante abandonarmos a ilusão de que sabemos com certeza o que são o bem e o mal e de que podemos transmitir a outros esse conhecimento, porque, com essa convicção, sucumbimos. "Toda espécie de vício é má, seja o narcótico, o álcool, a morfina ou o idealismo. Temos de nos acautelar para não pensarmos o bem e o mal como opostos absolutos"[52].

Quando os opostos são conscientemente reconhecidos, o bem e o mal são, por isso mesmo, relativizados. Isso, contudo, de modo algum implica que essas categorias tenham perdido sua validade. O malfeito, pretendido ou pensado, se vingará na nossa alma: o ladrão rouba de si mesmo, o assassino mata a si próprio. A relativização dos opostos torna a decisão ética mais difícil que nunca. "Nada pode nos poupar o tormento da decisão ética. Não obstante, por mais duro que isso possa soar, devemos ter, em algumas circunstâncias, a liberdade de evitar o bem moral conhecido e de fazer o que é considerado mal se nossa decisão ética assim o exigir"[53]. Para isso, é necessário um autoconhecimento completo, conhecimento esse que vai revelar ao indivíduo quanto há nele de luz, bem como quanto há de treva. Em geral, contudo, isso é precisamente o que as pessoas desejam evitar; elas preferem projetar o mal em outra pessoa, em outra nação ou em outra classe.

Eis a opinião de Jung acerca da atual situação psicológica:

> Alguns [...] se denominam cristãos e imaginam poder manter o chamado mal sob os pés apenas por estarem dispostos a fazê-lo; outros sucumbiram a ele e já não veem o bem. Hoje, o mal tornou-se um Grande Poder visível. Metade da humanidade cresce e se fortalece a partir de uma doutrina pelo raciocínio humano; a outra metade adoece por falta de um mito adequado à situação. As nações cristãs passam por um lamentável transe; o Cristianismo dormita e não se incomodou em desenvolver o seu mito no curso dos séculos. Aqueles que expressaram os sombrios impulsos de crescimento em termos míticos não foram ouvidos[54].

A questão da origem do mal, levantada pelos gnósticos há muitos séculos, jamais foi respondida. Contudo, quando Deus se faz homem e quando a imagem de Deus é uma *complexio oppositorum*, isso se manifesta, em primeiro lugar e principalmente, na forma de um conflito no interior do ser humano[55], porque a imagem de Deus, em termos psicológicos, é uma manifestação do terreno da psique. Entretanto, ao lado dessa divisão, que hoje se torna inevitavelmente clara, há *tendências curativas* emanando desse mesmo terreno da psique, manifestando-se na forma de mandalas ou de outros símbolos do *Self*, e esses símbolos representam uma *síntese* dos contrários. Jung, portanto, compreende o mito da encarnação de Deus no homem como "o confronto criativo do homem com os opostos e com a sua síntese no *Self*, a totalidade da sua personalidade[56] [...]. Na experiência do *Self* já não são os opostos 'Deus' e 'homem' que se reconciliam, como ocorria antes, mas sim os opostos contidos no interior da própria imagem de Deus. Eis o significado do serviço divino, do serviço que o homem pode prestar a Deus: a luz pode emergir das trevas, o Criador pode tornar-se consciente da Sua criação e o homem, consciente de si mesmo"[57]. Essa é a essência do "mito explicativo" que Jung reconheceu perto do final da sua vida[58]. Quando se referiu a essas coisas, Jung o fez com profunda seriedade, e pôde-se perceber que, sob os seus modos joviais, vivia outro Jung, o verdadeiro, que jamais deixou de lutar apaixonadamente e com grande sofrimento, com o problema de Deus. Tudo o que lhe aconteceu, e tudo o que aconteceu no mundo, ele remetia a Deus, a quem questionava: Por que e com que propósito? Como Jacó no vau, ele se apegou com força a esse sombrio e misterioso Outro, até que sua graça fosse revelada. Se tivesse de escolher entre "o mundo" e "Deus", ele jamais hesitaria na decisão de qual seguir; o mistério do *Self* sempre foi o fator decisivo da sua vida. "Mas todo aquele que tenta fazer as duas coisas, ajustar-se a seu grupo e, ao mesmo tempo, perseguir seu objetivo individual, fica neurótico. O nosso moderno Jacó estaria ocultando a si mesmo o fato de o anjo ser, afinal, o mais forte dos dois – como certamente o era, pois jamais se afirmou que também o anjo saiu com a anca deslocada"[59]. Jung sabia que o mensageiro de Deus é o mais forte, razão pela qual jamais fugiu à luta. Quando lhe perguntaram como pudera viver com o conhecimento registrado em *Resposta a Jó*, ele replicou: "Vivo no meu mais profundo inferno, e dali não é possível descer mais". Isso explica a epígrafe, retirada de I Coríntios 2:10, que ele usou em *Symbolik des Geistes*: "*Spiritus enim omnia scrutatur, etiam profunda Dei*" – "Porque o Espírito a tudo perscruta, mesmo as profundezas de Deus" (versão *standard* revista).

A ideia profundamente séria que Jung exprimiu em *Resposta a Jó* chocou muitas pessoas bem-intencionadas, mas superficiais e, o que é bastante estranho, os teólogos, que estavam envolvidos diretamente, foram os que menos entenderam. Entretanto, o que é interessante, *Resposta a Jó* apareceu em algumas listas americanas de livros mais vendidos. O efeito do livro se assemelhou, sob certos aspectos, ao de uma explosão nuclear subaquática. Muitas pessoas foram afetadas e verbalizaram ideias que vinham germinando em algumas outras mentes, mas que não tinham chegado à superfície. Porém, por que, apesar de tudo, tantas pessoas não podem aceitar essa ideia? A razão, a meu ver, está numa particularidade de nossa época, objeto do próximo capítulo.

NOTAS

1. *Memories*, pp. 36-37/47-48. [*Memórias, Sonhos, Reflexões*. São Paulo: Edição do Círculo do Livro, 1993, pp. 49-50.]
2. *Ibidem*, pp. 38-40/49-51. [*Memórias, Sonhos, Reflexões*. São Paulo: Edição do Círculo do Livro, 1993, pp. 51-2.]
3. Cf. Marie-Louise von Franz, *Die Visionen des Niklaus von Flüe*.
4. *Memories*, pp. 337/310. [*Memórias, Sonhos, Reflexões*. São Paulo: Edição do Círculo do Livro, 1993, pp. 303-04.]
5. *Ibidem*, pp. 337/310-11. [*Memórias, Sonhos, Reflexões*. São Paulo: Edição do Círculo do Livro, 1993, pp. 303-04.]
6. *Ibidem*, pp. 337/311. [*Memórias, Sonhos, Reflexões*. São Paulo: Edição do Círculo do Livro, 1993, p. 304.]
7. *Resposta a Jó, Obras Completas*, vol. 11/4, pars. 553ss. Cf. Aniela Jaffé, *The Myth of Meaning in the Work of C. G. Jung*, pp. 101ss. [*O Mito do Significado na Obra de Carl G. Jung*. São Paulo: Cultrix, 2ª ed., 2021.]
8. Cf. a resposta de Jung a Josef Rudin, *Psychotherapie und Religion*, de Rudin, 2ª ed., p. 13; e a sua resposta a Martin Buber em "Reply to Buber", *Spring*, 1973 (também em *A Vida Simbólica, Obras Completas*, vol. 18/1).
9. *Resposta a Jó, Obras Completas*, vol. 11/4, par. 561.
10. *Ibidem*, par. 620.
11. *Ibidem*, pars. 625-27.

12. *Ibidem*, par. 625.

13. *Ibidem*, par. 640.

14. *Ibidem*, par. 626.

15. A transformação no seu oposto.

16. *Resposta a Jó, Obras Completas*, vol. 11/4, par. 627.

17. *Ibidem*, par. 654.

18. *Ibidem*, par. 655.

19. *Ibidem*, par. 657.

20. *Ibidem*, par. 658. Cf. também par. 661.

21. *Ibidem*, par. 662.

22. *Ibidem*, par. 665.

23. *Ibidem*, par. 664; cf. também par. 685.

24. *Ibidem*, par. 686.

25. Apocalipse 12:1. Cf. aqui e, a seguir, *Resposta a Jó, Obras Completas*, vol. 11/4, pars. 711ss.

26. *Ibidem*, par. 711.

27. *Ibidem*, par. 716.

28. *Ibidem*, par. 733.

29. *Ibidem*, par. 738.

30. *Ibidem*, par. 740.

31. *Ibidem*.

32. *Ibidem*, par. 659.

33. Discutido em detalhes em *Um Mito Moderno sobre Coisas Vistas no Céu, Obras Completas*, vol. 10/4, pars. 825-57.

34. Publicado originalmente em alemão, *Tiefenpsychologie und neue Ethik*, 1949.

35. Vem-nos à memória o quase sacrifício de Isaac por Abraão.

36. *Memories*, pp. 217ss./207ss. [*Memórias, Sonhos, Reflexões*. São Paulo: Edição do Círculo do Livro, 1993, pp. 199ss.]

37. *Ibidem*, pp. 219/208. [*Memórias, Sonhos, Reflexões*. São Paulo: Edição do Círculo do Livro, 1993, pp. 200-01.]

38. *Ibidem*, pp. 220/209. [*Memórias, Sonhos, Reflexões*. São Paulo: Edição do Círculo do Livro, 1993, p. 201.]

39. *Ibidem*, pp. 220/210. [*Memórias, Sonhos, Reflexões*. São Paulo: Edição do Círculo do Livro, 1993, p. 202.]

40. Reproduzida na íntegra num apêndice ao livro de Aniela Jaffé, *Der Mythus vom Sinn*, pp. 179-82. Esse apêndice não consta da versão em inglês do livro de Jaffé, *The Myth of Meaning of Work of C. G. Jung*. [*O Mito do Significado na Obra de Carl G. Jung*. São Paulo: Cultrix, 2ª ed., 2021.]
41. *Ibidem*, pp. 182-84.
42. Cf., por exemplo, a bela apresentação de Loren Eiseley, *The Immense Journey*. Devo a René Malamud o fato de conhecer esse livro.
43. *Memories*, pp. 339/312. [*Memórias, Sonhos, Reflexões*. São Paulo: Edição do Círculo do Livro, 1993, p. 306.]
44. Carta a Erich Neumann, Jaffé, *op. cit.*, pp. 183-84.
45. *Memories*, pp. 255-56/240. [*Memórias, Sonhos, Reflexões*. São Paulo: Edição do Círculo do Livro, 1993, pp. 235-36.]
46. *Ibidem*, pp. 269/252. [*Memórias, Sonhos, Reflexões*. São Paulo: Edição do Círculo do Livro, 1993, p. 247.]
47. Cf. H. L. Philp, *Jung and the Problem of Evil* e, em especial, a resposta de Jung ali reproduzida, p. 234 (e *A Vida Simbólica*, *Obras Completas*, vol. 18/2, pars. 1.639ss.).
48. *Civilização em Mudanças – Presente e Futuro*, *Obras Completas*, vol. 10/1, pars. 571-72.
49. *Ibidem*, par. 572.
50. Quanto a isso e ao que se segue, ver *Memories*, pp. 328ss./303ss. [*Memórias, Sonhos, Reflexões*. São Paulo: Edição do Círculo do Livro, 1993, pp. 296ss.]
51. *Ibidem*, pp. 329/303. [*Memórias, Sonhos, Reflexões*. São Paulo: Edição do Círculo do Livro, 1993, p. 297.]
52. *Ibidem*.
53. *Ibidem*, pp. 330/304. [*Memórias, Sonhos, Reflexões*. São Paulo: Edição do Círculo do Livro, 1993, p. 297.]
54. *Ibidem*, pp. 331-32/306. [*Memórias, Sonhos, Reflexões*. São Paulo: Edição do Círculo do Livro, 1993, pp. 298-99.]
55. Cf. *Memories*, pp. 334/308. [*Memórias, Sonhos, Reflexões*. São Paulo: Edição do Círculo do Livro, 1993, p. 301.]
56. Quanto à maneira pela qual Jung viveu esse confronto, cf. Barbara Hannah, "Some glimpses of the individuation process in Jung himself", *Quadrant*, 16, pp. 26ss.
57. *Memories*, pp. 338/311-12. [*Memórias, Sonhos, Reflexões*. São Paulo: Edição do Círculo do Livro, 1993, p. 304.]

58. *Ibidem*. Naturalmente, a compreensão e a vontade humanas jamais podem pretender ter devassado as profundezas do espírito divino; toda afirmação a esse respeito é na verdade meramente humana, um "contínuo aproximar-se" do oculto. Cf. as cartas de Jung, datadas de março e junho de 1955, citadas em Jaffé, *Myth of Meaning of the Work of* C. G. *Jung*, p. 120. [*O Mito do Significado na Obras de Carl* G. *Jung*. São Paulo: Cultrix, 2ª ed., 2021.]
59. *Memories*, pp. 344/317. [*Memórias, Sonhos, Reflexões*. São Paulo: Editção do Círculo do Livro, 1993, p. 310.]

CAPÍTULO IX

O CONHECIMENTO MATUTINO E O CONHECIMENTO VESPERTINO DO HOMEM

Santo Agostinho, padre da Igreja, fez uma distinção entre dois tipos de apreensão: a apreensão matutina (*cognitio matutina*) e a apreensão vespertina (*cognitio vespertina*)[1]. A primeira é um autoconhecimento (*cognitio sui ipsius*), um modo de conhecer em que o ser humano reconhece a si mesmo na imagem do Criador; a segunda, o conhecimento das coisas criadas. O autoconhecimento, ou autoconsciência, não é um autoespelhamento narcisista do ego, mas sim a iluminação deste por meio do *Self*[2]. Agostinho compara a gradual transformação do conhecimento matutino em conhecimento vespertino à sucessão dos dias simbólicos da história da criação, no Gênesis. No primeiro dia, há conhecimento do *Self* em Deus, seguindo-se o conhecimento do firmamento, da terra, do mar, das "coisas que brotam da terra" e de "todos os animais que nadam na água e que voam no ar"[3]; e, finalmente, no sexto dia, o homem descobre o conhecimento de si mesmo. Assim, o seu conhecimento matutino vai se obscurecendo pouco a pouco e se transforma em conhecimento vespertino (*vesperascit*). Esse conhecimento se perde nas inumeráveis coisas exteriores, ficando por isso cada vez mais distanciado do conhecimento interior de Deus. A luz matutina do *cognitio creatoris* ou do *Self* é então extinta. Jung dá a seguinte interpretação psicológica da formulação de Agostinho:

> Mas o conhecimento oriundo dessa primeira luz termina inevitavelmente por transformar-se em *scientia hominis*, o conhecimento do homem, que pergunta a si mesmo: "Quem sabe e compreende tudo? Ora, sou eu". Isso marca o advento das trevas, das quais surge o sétimo dia, o dia do descanso: "Mas o descanso de Deus significa o descanso daqueles que descansam em Deus"[4]. O Shabat é, pois, o dia em que o homem retorna a Deus e recebe de novo a luz da *cognitio matutina*. E esse dia não tem noite[5].

Meister Eckhart retomou mais tarde esse pensamento de Agostinho. Também ele distinguiu entre um "conhecimento vespertino", em que a criatura é conhecida em si mesma (*in ihrem An-sich-Sein*), e um "conhecimento matutino", em que a criatura e o eu humanos são conhecidos "no Uno, que é o Próprio Deus". Mas esse conhecimento matutino só é descoberto pelo homem que se "desapegou", que esqueceu o ego e todas as criaturas, vivendo numa condição psíquica "na qual Deus está mais próximo da alma do que esta de si mesma"[6].

Nos Vedas indianos, encontramos a ideia equivalente de um gradual obscurecimento da luz da consciência humana, cujo aprofundamento obriga o homem a retornar à luz do seu próprio eu mais íntimo. No Brihadaranyaka Upanishad, o rei Janaka pergunta ao sábio Yajñavalkya:

> – Yajñavalkya, que luz tem uma pessoa aqui?
>
> – Tem a luz do sol, ó rei – disse ele –, porque em verdade, tendo o sol como luz, a pessoa se senta, se movimenta, faz seu trabalho e retorna.
>
> – Mas quando o sol se põe, que luz tem uma pessoa aqui?
>
> – A lua é então sua luz – disse ele –, porque, em verdade, tendo a lua como luz, a pessoa se senta, se movimenta, faz seu trabalho e retorna.
>
> – Mas, quando o sol se põe e a lua se põe, que luz tem uma pessoa aqui?

– O fogo é então sua luz – disse ele –, porque, em verdade, tendo o fogo como luz, a pessoa se senta, se movimenta, faz seu trabalho e retorna.

– Mas quando o sol se põe, Yajñavalkya, e a lua se põe e o fogo se apaga, que luz tem uma pessoa aqui?

– A fala é então sua luz [...].

– Mas quando o sol se põe, Yajñavalkya, e a lua se põe e o fogo se apaga, e a fala é silenciada, que luz tem a pessoa aqui?

– A alma (*atman*) é então sua luz [...] porque, em verdade, tendo a alma como luz, a pessoa se senta, se movimenta, faz seu trabalho e retorna.

– O que (*katama*) é a alma?

– A pessoa aqui presente que, circundada pelos sentidos, é feita de conhecimento, que é a luz do coração [...].

– Quando vai dormir, a pessoa [...] sonha com o próprio brilho, com a própria luz[7].

A imagem de um obscurecimento gradual da luz da consciência exprime, na interpretação de Jung, o fato de que "toda verdade espiritual se torna gradualmente uma coisa material, não passando de um instrumento na mão do homem [...]; mas o homem moderno já se encontra de tal modo obscurecido que nada além da luz do seu próprio intelecto ilumina seu mundo. '*Occasus Christi, passio Christi*.' Essa é, por certo, a razão por que ocorrem coisas tão estranhas em nossa tão festejada civilização, que se aproxima mais de um *Götterdämmerung* (*Crepúsculo dos Deuses*) do que de um crepúsculo normal"[8].

Esse processo de obscurecimento da consciência tem se repetido incontáveis vezes na história humana e deve, portanto, corresponder a uma profunda estrutura arquetípica da nossa psique inconsciente. Esse padrão básico é simbolizado mais simplesmente no tema amplamente conhecido dos mitos e dos contos de fadas, de um rei velho, doente e moribundo, que é vencido por um novo sucessor, ao mesmo tempo infantil e criativo. Por vezes, esse herói-sucessor é o terceiro príncipe, o mais novo[9] que foi tomado por tolo, podendo também ser um jovem do povo, o "filho de uma pobre viúva", um enjeitado ou um desprezado renitente. Em geral, o velho rei abdica voluntariamente depois de o herói ter realizado suas façanhas e passado sucessivamente pelas provações necessárias; mas há casos em que o rei resiste e tem de ser obrigado a renunciar ao seu governo[10].

Enquanto os mitos e contos de fadas falam de um herói que *substitui* o velho rei, o mitologema da *transformação* do velho rei no seu jovem sucessor era mais característico da teologia egípcia, a partir da qual, iniciadas as primeiras especulações alquímicas, essa imagem se tornou o tema mais essencial[11]. Em contraste com os contos de fadas mencionados, a consubstancialidade de pai e filho – do velho rei agonizante e de seu sucessor, a "nova criança-sol" –, é reconhecida e expressa nas parábolas alquímicas da morte ou do sacrifício místico do velho rei e de sua transformação. A ideia nelas simbolizada, bem como em muitos contos de fadas, é a de que o rei idoso tornou-se *egocêntrico*, de que a sua atitude se enrijeceu. Ele está desinibidamente ávido e agressivo, sendo essa a razão por que está enfermo; por conseguinte, seu "coração" deve ser dissolvido em água[12]. Como símbolo da equivalência terrena de Deus, o rei também representa *uma imagem de Deus gasta, carente de renovação*[13]. Essa imagem de Deus representa a concepção simbólica dominante ou prevalecente da consciência coletiva de uma cultura e de suas instituições, cujas raízes estão fincadas nessa perspectiva. Essas concepções, ou pontos de vista tradicionais, e esses sistemas tradicionais se "desgastam" inevitavelmente. Já não correspondem à vida da psique inconsciente e às suas necessidades, devendo por isso, tanto no indivíduo como no coletivo, ser renovadas. O dogma religioso perdeu a vida interior, razão pela qual o inconsciente produz novos símbolos psíquicos para ajudar a totalidade psíquica, o *Self*, a voltar à vida sob forma alterada[14].

Arnold Toynbee, que tinha em alto apreço Jung e sua obra, esclareceu e descreveu as faces típicas desse processo psíquico, que se repete eternamente sob uma perspectiva político-histórica. A maioria das culturas de que hoje temos conhecimento encontra-se na posição de uma criança em relação à cultura anterior, no sentido de que a nova cultura realiza de modo bem-sucedido – ou enfrenta com sucesso – uma tarefa ou problema que causou sofrimento à anterior. Pode-se, portanto, dizer que a maioria das culturas "crescem", não no sentido de uma expansão geográfica, mas em termos de desenvolvimento, em direção a um nível superior de espiritualidade, cuja característica mais típica é a autonomia. A solução de novos problemas sempre é conseguida, em primeiro lugar, por indivíduos, sendo então imitada por outras pessoas. Nesse fato está o germe da queda ulterior, porque a imitação sempre traz consigo a padronização e a mecanização. Uma supervalorização das próprias realizações e instituições começa a ocorrer, sendo acompanhada de uma atitude presunçosa ou arrogante. Esta última costuma levar ao militarismo e este com frequência – embora nem sempre – leva a uma rápida decadência. No estágio do declínio, vem a divisão – uma cisão por assim dizer, no seio da sociedade e na alma do indivíduo. Os que estão no poder já não são criativos e passam a confiar apenas no próprio poder; as massas se tornam um "proletariado interior", isto é, um grupo de homens e mulheres que sentem que lhes foi negado o lugar a que tinham direito na sociedade. Junta-se a esse grupo um "proletariado exterior" de primitivos, que antes haviam estado sob influência da cultura ora em declínio. Uma cultura viva é uma unidade; seus componentes técnicos, políticos, espirituais e culturais encontram-se unidos entre si. No estágio de declínio, contudo, essa unidade se dissolve. A derrocada de uma cultura é seguida de maneira geral por um período de descontentamento, que dura até que um grande poder traga a paz mediante o estabelecimento de um estado universal; este costuma trazer um segundo florescimento, um veranico, à cultura em declínio. É em geral por meio de um Estado ou de uma Igreja mundiais que a cultura em decadência se vincula a novas culturas, que seriam seus filhos. E a criatividade vence outra vez, precisamente na queda. "A criatividade não seria criativa se não recebesse em si todas as coisas do céu e da terra, incluindo o seu próprio oposto." Vivemos hoje uma época crítica; são claramente observáveis os sinais de declínio de nossa cultura[15]. Toynbee só vê uma solução por meio do Cristianismo – se ainda for possível uma solução.

Jung concordava plenamente com as ideias de Toynbee sobre esses ciclos de vida das culturas, que são determinados, em sua opinião, por formas arquetípicas. "Toynbee percebeu aquilo que entendo por função histórica dos desenvolvimentos arquetípicos. Trata-se de um poderoso determinante do comportamento humano, podendo estender-se por centenas ou milhares de anos. Essa função se exprime em símbolos", disse Jung, numa entrevista filmada[16].

O símbolo que representa o determinante arquetípico de nossa cultura é a imagem de Cristo, cujo surgimento histórico, transformação, crescimento, envelhecimento e possível renovação foram tratados detalhadamente por Jung em *Aion – Estudos sobre o Simbolismo do Si-mesmo*. Ele assinala que a imagem histórica de Cristo, segundo a interpretação dos fiéis e dos padres da Igreja, reuniu em si todos os símbolos conhecidos do *Anthropos* – em especial a cruz, a mandala, a quaternidade e o "cerne da alma" – e, por essa razão, tornou-se gradualmente uma representação do arquétipo do *Self*[17]. É quase impossível considerar casual o fato de ter sido precisamente Jesus, filho de um carpinteiro, quem se tornou o redentor do mundo. "Ele deve ter sido uma pessoa dotada de talentos singulares para ter sido capaz de exprimir e de representar de maneira tão completa as expectativas gerais, embora inconscientes, de sua época [...]. Naqueles dias, o poder onipotente e esmagador de Roma [...] tinha criado um mundo em que incontáveis indivíduos, na verdade povos inteiros, tinham sido privados de sua independência cultural e de sua autonomia espiritual"[18]. Cristo, na qualidade de símbolo do *Self* e conquistador do mundo, enfrentou esse poder. Todavia, ele só personificava o lado perfeito e luminoso da totalidade humana, e não o lado escuro, que foi objeto de uma divisão, sendo representado pela figura do Anticristo; no final da Era Cristã, este último tomará o controle. Essas duas figuras, o Cristo e o Anticristo, eram identificadas, pouco depois do começo da Era Cristã, a partir da imagem de dois peixes que simboliza a era astrológica de Peixes (aproximadamente de 1-2000 d.C.). Logo, o símbolo do *Self* era entendido como um símbolo do processo de transformação ao longo da história[19].

Esperou-se e previu-se repetidas vezes o fim do mundo e o advento do Anticristo, desde mais ou menos o ano 1000 – portanto, o começo da era do segundo peixe – e, aproximadamente por essa época, surgiram inúmeros movimentos religiosos novos, livres-pensadores e revolucionários[20], que no início chegaram ao ápice da ruptura a que se deu nome de "Reforma" e que, mais tarde, abriram o caminho para um racionalismo que foi, ao menos em parte, anticristão[21].

Como se explicou, o simbolismo alquímico também tem uma função compensadora nesse processo histórico geral, na medida em que, na alquimia, aparecem mitologemas do peixe que unem as representações dos peixes considerados "hostis" na era cristã numa *única* figura[22]. Na alquimia, o peixe é a misteriosa *prima materia* ou matéria-prima inicial da obra, o *piscis rotundus*, o peixe redondo do mar, que deve ser cozido até começar a brilhar[23]. (Reportamo-nos ao sonho de Jung com o radiolário.)[24] Ou é uma "estrela-do-mar", que representa o amor divino[25]. Segundo certos textos, ele traz em seu corpo a "pedra-do-dragão", que muitos procuram sem saber[26]. O peixe exerce sobre os seres humanos uma atração magnética[27]; é uma pedra viva com a qual se pode produzir o elixir da imortalidade. Nas especulações gnósticas acerca do homem primordial, há antecipações dessas interpretações e tanto no gnosticismo como na alquimia, há uma constante repetição de símbolos quaternários do *Self*, bem como uma *rotação quadridirecional de um símbolo quaternário*, que dá uma dimensão visível ao aspecto temporal do símbolo do *Self*[28]. Nessa rotação, o *Self* é renovado periodicamente e, em processos psíquicos de transformação que se estendem por séculos de história, passa por um desenvolvimento gradual que parece consistir num caminho espiral para uma consciência humana maior.

Tal como Toynbee, Jung estava convencido de que hoje nos encontramos num período de declínio cultural e de que a sobrevivência ou o desaparecimento de nossa cultura depende da renovação de nosso mito arquetípico. O primeiro sonho de Jung, com o falo real no túmulo, e o seu medo de que ele pudesse rastejar em sua direção como um verme, deve ser compreendido à luz desse mito da renovação do rei. O "velho rei", a perspectiva cristã ou a imagem cristã de Deus, está morto e enterrado; isto é, caiu nas profundezas do inconsciente coletivo, na matéria, e em tudo o que se possa atribuir ao seu adversário[29]. Ali, foi transformado num falo semelhante a um verme que se eleva na direção da luz. O verme ou serpente são, no simbolismo alquímico, a primeira forma da fênix e do velho rei. Depois da morte, eles são o começo do renascimento[30]; trata-se de uma forma de vida arcaica, primitiva e inicial, da qual se origina a nova imagem do rei. A orientação do falo em direção à luz, no sonho de Jung, mostra que esse novo conteúdo está lutando por alcançar a região da consciência. Podemos na verdade compreender toda a vida de Jung como uma luta de libertação do "novo rei" das profundezas do inconsciente coletivo.

Foi o velho rei – que ainda não abdicou – quem se interpôs em toda parte no caminho da aceitação da obra de Jung. No mundo científico, a que Jung dirigiu de modo particular os seus escritos, o velho rei era representado predominantemente pelo racionalismo e pelo materialismo do século XIX, que ainda prevaleciam entre as "autoridades competentes" de segunda classe, as quais não podem conceber uma realidade não material da psique. Em oposição à espiritualidade medieval, que via toda a realidade como parte do reino paternal do espírito, os materialistas de hoje encontram a realidade na matéria (*mater*!), enquanto Jung considerava ambos os domínios, o espírito e a matéria, como ideias arquetípicas que, em última análise, transcendem a consciência. Segundo a concepção de Jung, como se explicou acima, só é possível descrevê-los por meio dos traços que deixam na psique. Para nós, a única realidade dada de modo imediato é a experiência psíquica. Certamente nada há contra a hipótese de que a matéria tem alguma espécie de vida psíquica. Jung chegou a descrever a psique, certa feita, como um aspecto qualitativo da matéria[31]. "A psique em nada se diferencia do ser vivo. É o aspecto psíquico deste. É até mesmo o aspecto psíquico da matéria"[32]. "Descobrimos que essa matéria tem outro aspecto, a saber, um aspecto psíquico. E, por isso, trata-se simplesmente do mundo [...] visto a partir de dentro. É apenas como se se visse outro aspecto da matéria"[33]. Hoje, contudo, a maioria dos materialistas ainda acredita na matéria "morta", cujo comportamento mecanicista exclusivo é determinado de modo exato. Como resultado dessa projeção, as descobertas empíricas, puramente científicas, de Jung, que são de fácil verificação, foram rejeitadas como "místicas" ou obscuras[34]. Esse tipo de racionalismo "científico" está muito próximo de uma "crença religiosa" no determinismo absoluto de todos os processos interiores e exteriores observáveis – essa "estúpida fantasia mecanicista", como a denomina Jung –, segundo a qual não se considera possível que nada de novo seja criado pelo homem ou pela natureza.

Na física teórica, há ainda muita discussão quanto ao problema do "determinismo" (relatividade) em oposição à "indeterminação" (física quântica), mas a balança se inclina cada vez mais para a indeterminação. Isso cria um novo problema, isto é, a pergunta: A quebra de causalidade fornecida pela teoria da indeterminação contém somente acidentes desprovidos de sentido ou também inclui atos criativos dotados de significado? (Esse problema será *discutido adiante*.) Segundo a lei do obscurecimento da consciência matutina, a ciência contemporânea perdeu-se no conhecimento das dez mil coisas, na superespecialização, acerca da qual ouvem-se tantas queixas, e no estonteante acúmulo de um conhecimento específico em contínuo crescimento, mas que não traz nenhuma interpretação abrangente adequada. A introdução dos computadores significa, a um só tempo, ápice e fim, porque o computador nos força a assumir outra vez o papel criativo reservado aos seres humanos e que o computador não pode substituir.

Parece-me que essa percepção pode dar uma explicação para o atual descontentamento entre os estudantes universitários. O *establishment* e o poder de alguns professores, que foram atacados pelos estudantes, são na verdade o espírito do "velho rei"; o interesse dos estudantes pela sociologia é, em minha opinião, nada mais do que uma primeira tentativa de colocar o ser humano, a pessoa, no centro das atenções. Entretanto, a perspectiva de Jung é, ao menos em certa medida, oposta a essas atuais tendências, pois ele concede maior interesse ao indivíduo; voltaremos ao assunto com maiores detalhes.

Mesmo nas áreas em que o determinismo materialista não se põe no caminho, vários filósofos e psicólogos rejeitam Jung por serem incapazes de perceber o fato de o inconsciente ser realmente inconsciente ou, em outros termos, porque, cada qual à sua maneira, eles consideram o inconsciente uma espécie de fantasmagoria pertinente ao ego, em vez de tomá-lo como uma realidade autônoma em si mesma; em suma, eles não o têm por algo *psiquicamente objetivo*. Em consequência, colocam-se a necessidade de nos apegarmos a um domínio "metafísico" para além da psique[35]. Esse tipo de resistência, segundo minha experiência, é algo com que não podemos lidar apenas com debate e argumentação; na maioria dos casos, somente uma análise prática tem se mostrado proveitosa, uma análise em que o sujeito é forçado a experimentar a realidade objetiva do próprio mundo interior; mesmo isso só funciona se o sujeito não tentar fugir da experiência pela via da racionalização, nem simplesmente desertar, como por vezes ocorre.

Constelações semelhantes também acontecem no estreito campo da psiquiatria e da psicoterapia: a tendência materialista da quimioterapia, que Jung tanto rejeitava – mas não por inteiro[36] –, e, no polo oposto, todas as tentativas terapêuticas que visam influenciar o paciente apenas no nível consciente. De modo geral, Jung simplesmente não é mencionado pelo "velho rei", se bem que, às vezes, seja descartado como *passé* (uma projeção!) ou difamado em sua vida pessoal, numa atitude de desprezo.

Outra área cultural em que o "velho rei" não renuncia às suas reivindicações de poder (sabemos por Toynbee que seu reino, no período do declínio, perde uma província de cada vez) pode ser observada sob a atitude de certos teólogos das Igrejas Católica e Protestante. A objeção praticamente estereotipada quanto às descobertas junguianas consiste em reprová-lo porque ele considera todos os conteúdos e assertivas religiosos como "apenas psicológicos", que são por isso privados de sua realidade "metafísica". A expressão "apenas psicológicos" implica que a psicologia seja "apenas" aquilo que o homem sabe de si mesmo[37] (portanto, conhecimento vespertino, "em que o homem conhece a si mesmo"), enquanto para Jung a psicologia significa, primeiro e principalmente, uma investigação empírica da parte *desconhecida* da psique, que se manifesta nos sonhos, nos lapsos de linguagem, nas fantasias involuntárias, nas súbitas convicções vindas do nada. Essas ocorrências vêm de uma psique objetiva para a qual não podemos fixar limites e à qual jamais podemos nos referir legitimamente como "meu" inconsciente. "Não se pode chegar aos limites da alma caminhando; mesmo que se percorram às pressas todas as ruas, seu sentido é por demais profundo"[38].

"A *psique é um fator autônomo*" – enfatiza Jung repetidas vezes –, "e as afirmações religiosas são confissões psíquicas que se baseiam, em última análise, em processos inconscientes, isto é, transcendentais. Essas [...] afirmações são filtradas por meio da consciência humana; isso significa que elas tomam formas visíveis que estão sujeitas a muitíssimas influências interiores e exteriores. Eis por que, sempre que falamos de conteúdos religiosos, movemo-nos num mundo de imagens que apontam para alguma coisa inefável [...]. Se, por exemplo, dizemos 'Deus', exprimimos uma imagem ou conceito verbal que passou por inúmeras modificações no curso do tempo. Todavia, não temos condições de dizer, com algum grau de certeza – a não ser recorrendo à fé –, se essas modificações afetam somente as imagens e conceitos ou se o próprio Indizível"[39]. Jung também considerava as afirmações das Sagradas Escrituras como "enunciados da alma"[40], e muitos religiosos objetaram a isso alegando não ser verdade que as Sagradas Escrituras são uma revelação direta do transcendental[41]. No tocante a essa objeção, o psicólogo deve acentuar que as experiências psíquicas de caráter religioso são sempre tão impressionantes que as sentimos como uma revelação.

> É na verdade impossível demonstrar a realidade de Deus a si mesmo sem recorrer a imagens que surgiram espontaneamente ou são santificadas pela tradição, e cuja natureza e efeitos psíquicos a pessoa de mente ingênua

jamais distinguiu do seu inapreensível fundamento metafísico [...]. Se essa afirmação suscitar críticas, devemos nos lembrar de que a imagem e o enunciado são processos psíquicos distintos do seu objeto transcendental; *eles não o produzem, limitando-se a indicá-los*[42].

A partir dessas e de muitas outras afirmações, fica bem claro que Jung jamais duvidou da existência transpsíquica de Deus, mas que, para ele, Isso ou Ele é Indizível. Quando se enuncia algo sobre Deus, isso faz parte da experiência psíquica e, por essa razão, está sujeito à investigação e à crítica psicológica. Quem se apega a verdades dogmáticas transpsíquicas por meio da *fé* não vai encontrar críticas à sua convicção em Jung. "Somente tolos descuidados desejarão destruí-lo [o dogma cristão]: o amante da alma, jamais"[43]. "A psicologia como ciência da alma deve restringir-se a seu objeto e cuidar para que não ultrapasse suas próprias fronteiras com asserções metafísicas ou com outras profissões de fé"[44]. Por conseguinte, o conceito de *Self* não substitui Deus de modo algum, mas é "na verdade, talvez um receptáculo para a graça divina". Muitos teólogos não compreenderam essa atitude de Jung, que é inteiramente nova no campo da psicologia da religião (pessoalmente enraizada, a seu ver, na profunda mudança descrita no Capítulo 2). Contudo, alguns deles, de profissões de fé católica e protestante, reconheceram a importância e o significado da obra de Jung. Da parte dos católicos, deve-se mencionar em especial o padre Gebhard Frei, cujo Eros religioso permitiu a compreensão da perspectiva de Jung e a harmonia que esta apresenta em relação à fé[45]. Outros, como o dominicano Wittcut[46], o padre Victor White, O. P.[47], de Oxford, o carmelita Bruno e Josef Rudin, S. J.[48], tentaram conciliar o pensamento de Jung, ao menos em certa medida, com os ensinamentos católicos, aplicando-se o mesmo a Josef Goldbrunner, S. J.[49] Na obra deste último, no entanto, o "velho rei" faz sentir a sua presença, em minha opinião, como um jogo de poder. Sempre que as observações empíricas de Jung não concordam com a tradição, há uma distorção que as faz "apenas psicológicas", algo que o "velho rei" pode julgar[50]. Em suas cartas Jung protestou com frequência contra essa espécie de coisa, em geral argumentando que, se a psicologia não pretende invadir o campo da metafísica, a teologia não tem o direito de invadir o campo da psicologia empírica; as duas disciplinas só podem conviver de modo saudável entre si com base no respeito mútuo.

Embora não se possa negar certa oposição no nível intelectual da teoria, essa oposição raramente interfere na prática da terapia. Pelo contrário, a análise junguiana ajudou muitas pessoas "que tinham abjurado ou perdido o fervor religioso" a encontrar "uma nova abordagem para as suas velhas verdades"[51], no sentido de adquirirem uma nova compreensão do simbolismo tradicional, bem como de serem forçadas pelos seus sonhos a refletir seriamente acerca de questões religiosas. Tive a experiência de ver um devoto tradicional do budismo japonês encontrar assim uma nova dimensão de uma fé que se tornara demasiado intelectual.

Também entre os protestantes houve teólogos que usaram o pensamento de Jung com resultados positivos e com uma real compreensão; é o caso de, por exemplo, Ivar Alm, o teólogo sueco[52]. Na Alemanha, Walter Uhsadel[53], Otto Händler[54], Adolf Köberle[55], Gert Hummel, Gerhard Zacharias[56] e, em especial, Ulrich Mann trabalharam em prol de um entendimento positivo da psicologia junguiana. Ulrich Mann, em sua abrangente obra *Theogonische Tage*, mostrou como a imagem de Deus na consciência humana se transformou nos últimos milênios, em que adquirimos um conhecimento confiável das culturas, e como ela pode estar outra vez prestes a passar por transformações tais como Jung descreve[57]. Dentre os protestantes suíços, foi especialmente o teólogo Hans Schär quem incorporou e compreendeu as ideias de Jung[58]. Paul Tillich conhecia a obra de Jung e desenvolveu, independentemente, ideias semelhantes[59].

Para um protestante (Jung dizia que pertencia "à esquerda mais extrema do protestantismo"), que não depende tanto de ideias tradicionais quanto o católico, é mais fácil aceitar a abordagem de Jung, porque os protestantes não têm um dogma formulado em termos precisos para defender. Por outro lado, a pobreza dos símbolos de sua religião dificulta-lhes essa aceitação. A "desmitologização" de Rudolf Bultmann iniciou essa obra de destruição espiritual[60], que vai sendo aprofundada cada vez mais a cada dia, de modo que, dentro em pouco, já não haverá teologia protestante, mas apenas um conjunto de opiniões subjetivas racionalistas. Logo, Ulrich Mann tem razão ao afirmar que o programa de desmitologização de Bultmann é um resquício do positivismo novecentista, sem uma genuína compreensão do que é um mito, tendo sido, portanto, filosoficamente empobrecido[61]. Mann prossegue: "Se de fato se fez carne, Deus é visível, tendo-se tornado até 'palpável', podendo-se e devendo-se, em consequência, falar de Deus de maneira 'terrena' e 'humana', tal como faz o mito". Jung acentua o fato de que nenhuma ciência "vai um dia tomar o lugar do mito, do mesmo modo que o mito não pode ser produzido pela ciência. Então, não é que 'Deus' seja um mito; mas que mito seja a revelação de uma vida divina no homem. Não fomos nós que inventamos o mito, mas este que nos fala como a Palavra de Deus. A Palavra de Deus vem a nós e não temos como distinguir se e até que ponto essa palavra é distinta de Deus"[62].

Num certo sentido, as descobertas de Jung têm mais a oferecer a teólogos católicos, cujas convicções ainda se enraízam profundamente nas imagens simbólicas do dogma e do ritual[63], e sei de alguns católicos que, já não sendo capazes de participar da Missa com total convicção, obtiveram um sentido renovado do seu significado impenetrável e mais profundo[64] por meio da leitura do ensaio de Jung "O Símbolo da Transformação na Missa"[65]. O catolicismo também está um passo à frente do protestantismo no reconhecimento do princípio feminino, visto que o protestantismo tem sido, até o momento, uma religião unilateralmente masculina, com apenas uns poucos e pequenos rudimentos do misticismo de Sofia.

Jung não pertencia a nenhum desses credos; compreendia de modo demasiado profundo a legitimidade de *ambos* os pontos de vista. A própria doutrina cristã é dividida, escreve ele, e todo cristão está exposto a essa divisão, fato de que não devemos nos atrever a fugir[66]. Essa decisão de não pertencer a uma Igreja não denota uma atitude anticristã da parte de Jung; tratava-se, antes, de uma "reconsideração do reino de Deus no coração humano"[67] e, portanto, de uma aceitação do conflito na própria alma. Intencionalmente, Jung colocava-se ao lado das pessoas que não pertencem à Igreja[68], aquelas que "sabem", isto é, que possivelmente tiveram uma experiência que as levou a "crer". Ele não podia aceitar convicções metafísicas transmitidas apenas pela tradição[69].

Esse conflito com certos cientistas e teólogos de inclinação "dogmática" – representantes do "velho rei" – existe também numa terceira área: no tocante à interpretação psicológica junguiana do simbolismo alquímico. Há círculos filosóficos maçônicos, rosa-cruzes e herméticos nos quais o ensinamento alquímico – isto é, o mundo das imagens e ideias da alquimia – ainda está muito vivo, mas como uma doutrina secreta que, seguindo modelos históricos, reivindica uma validade "metafísica" absoluta. Também esses círculos rejeitam a abordagem de Jung, ao menos em parte, como "apenas psicológica", embora, por outro lado, recebam bem a reabilitação de seus símbolos[70]. O próprio Mircea Eliade, surpreendentemente, converteu-se a um ponto de vista semelhante, a princípio de maneira hesitante[71] e depois abertamente[72] – o "velho rei" recusa-se a dissolver-se para renascer, para não perder a onipotência![73]

Há ainda expoentes da sabedoria oriental que fazem essa mesma crítica a Jung. Embora preguem a verdade metafísica absoluta, implícita na sabedoria oriental que representam, a abordagem de Jung lhes parece apenas um primeiro passo natural no caminho da iluminação, passo ainda prejudicado pela sombra ctônica do apenas natural, acima do qual devemos nos elevar através de uma espécie de salto espiritual voluntário[74]. Hans Jacob em particular, em *Indische Weisheit und wetliche Psychotherapie*, ataca Jung com vigor, a partir dessa perspectiva[75]. Afirma que as experiências religiosas de Jung não poderiam deixar de ser, em última análise, simplesmente profanas, porque não foram anunciadas metafisicamente. É interessante o fato de alguns indianos terem defendido Jung no tocante a isso, em vez de atacá-lo[76], demonstrando uma notável compreensão de suas ideias por mais que seguissem outro caminho[77]. Em especial os ocidentais infectados por ideias orientais atacaram Jung com grande fanatismo, um ataque que assinala a existência de dúvidas inconscientes.

De certo ponto de vista, é marcante o fato de as críticas discutidas acima, embora vindo de direções tão diferentes entre si, voltarem sempre ao mesmo ponto, a saber, à relutância de Jung em esposar verdades metafísicas absolutas. Contra essa exigência, ele sempre manteve uma atitude bem clara: "[...] parece-me aconselhável [...] diante das limitações do conhecimento humano, supor desde o início que os nossos conceitos metafísicos são apenas imagens e opiniões antropomórficas que ou não exprimem fatos transcendentais ou o fazem somente de modo deveras hipotético"[78]. Já tivemos vezes bastantes a experiência da descoberta de que as nossas asserções acerca do mundo físico vêm a ser inadequadas. Além disso, há a questão: quem tem razão no tocante ao número quase infinito de "verdades metafísicas" distintas? Nada demonstra melhor a extrema incerteza dessas asserções que sua ilimitada diversidade. Ainda assim, as pessoas hoje precisam, como sempre, fazer afirmações dessa natureza[79], por terem experimentado a numinosidade de um arquétipo. Mas esse testemunho "inspirado" pode afetar a multidão tanto como se tivesse vindo do coração quanto como pura insensatez. É bem sabido que os lunáticos também proclamam uma verdade absoluta. "Em assuntos metafísicos, é 'verdadeiro' o que vem da 'autoridade', razão pela qual as afirmações metafísicas são invariavelmente acompanhadas por uma reivindicação anormalmente forte de reconhecimento e autoridade"[80]. Mas essas reivindicações não constituem provas da verdade. Portanto, parece mais sensato, numa avaliação conservadora, abordar a questão de maneira mais modesta e considerar com seriedade o fator psíquico[81] inconsciente ou psicoide[82].

> Nossas hipóteses são incertas e cambaleantes e nada nos dá a garantia de que possam vir a mostrar-se corretas. Que o mundo interior e exterior repousa num fundamento transcendente é tão certo quanto a nossa existência, mas também é certo que a percepção direta do mundo arquetípico interior é tão duvidosamente correta quanto a do mundo físico exterior. Se

estamos convencidos de conhecer a verdade última no tocante a assuntos metafísicos, isso significa apenas que as imagens arquetípicas tomaram conta de nossas faculdades de pensar e de sentir[83].

Jung estava pronto a assegurar uma *liberdade* humana última, uma libertação da coerção exterior *e* interior. Ao adotar essa atitude, a experiência interior nada perde de sua realidade nem de sua qualidade viva para aquele que a tem, mas a pessoa em questão se manterá *tolerante*, não tentando impor sua experiência ou sua convicção aos outros.

Conclui-se, na realidade, que não há nenhum sentido em promover uma situação de conflito entre os representantes de ideias ou sistemas que reivindicam autoridade metafísica para si e a concepção psicológica desenvolvida por Jung. A reação dele, quando essas pessoas entendiam erroneamente ou distorciam o seu pensamento, era de puro aborrecimento. O pai e o filho são, em última análise, consubstanciais no processo alquímico de transformação[84], cabendo ao indivíduo crer em outro princípio, desde que sua alma se satisfaça. Só há um problema no caso daqueles que já não podem "acreditar" em sua própria "verdade" e que por isso – porque estão enfraquecidos pela dúvida – ficam agressivos, da mesma maneira que, em alguns contos de fadas, o velho rei torna-se ruim e tenta matar o novo herói quando este ainda é criança, pois suspeita que o jovem vai superá-lo; nos mitos, contudo, ele nunca o consegue[85]. O herói-criança, por outro lado, não costuma reagir com violência (ou o faz raramente, em legítima defesa), porque *ele* – ao contrário do pai-rei – traz a própria antítese, a própria sombra, em si mesmo; somente assim ele pode exprimir uma genuína integralidade interior.

A nova imagem de integralidade que vem à vida no limiar do inconsciente coletivo no atual período é o infante que a mulher vestida de sol dá à luz[86], mas que é "arrebatado para Deus". "Esse homem superior e 'completo' (τέλειος) é gerado pelo pai 'desconhecido' e nasce da Sabedoria, sendo ele que, na figura do *puer aeternus* – '*vultu mutabilis albus et ater*' ('de aparência mutável, branco e preto a um só tempo') –, representa nossa totalidade que transcende a consciência. Esse era o menino no qual Fausto tinha de se transformar, abandonando sua unilateralidade inflada, que *via o diabo apenas do lado de fora*"[87].

Tentei mostrar em uma parte anterior que o atual conflito de gerações vem desse fundo arquetípico[88]. Os jovens identificam-se em larga medida com o "jovem divino"; a geração mais velha, com o "velho rei", resultando disso uma amarga e desnecessária luta. A transformação do rei em seu filho, o jovem, *sempre é impossível quando falta o princípio feminino*, ou quando este é demasiado fraco, isto é, quando falta *o princípio de Eros*. Em termos práticos, isso ocorre quando a *anima* do homem é indiferenciada e inconsciente bem como quando a mulher está possuída pelo *animus*, algo que enfraquece sua feminilidade natural. *Só então* o velho rei e o jovem rei, no homem e na mulher, assim como em seu ambiente, entram em conflito.

Para mim, isso nunca foi mais claro do que em uma ocasião, em 1968, quando eu estava por acaso em Paris na época da mais ampla revolta estudantil. Meu coração estava basicamente com os estudantes, mas então vi os "*flics*" [polícia] ao lado de seus carros blindados, pessoas simples que acompanhavam a ação descontroladas e que, evidentemente, estariam muito felizes em casa com sua Ivette ou sua Madeleine. Não – nada se realiza apenas pela força e no nível do Logos masculino! Eis por que Jung deu as costas a todas as pressões e impulsos faustianos "que só veem o diabo do lado de fora", tendo-se retirado para sua Torre, o santuário de Filêmon, permanecendo como inflexível defensor dos eternos e inalienáveis direitos humanos. Nada havia de martírio nem de sentimentalismo acovardado em sua atitude; ele teria considerado desonrosas essas características como certa vez observou. Defendia-se ao ser atacado, mas jamais usou a força ou a intriga para promover o que pensava. Gostava de citar um velho provérbio chinês: "Em uma reunião, o sábio fala uma só vez e, se não foi ouvido, retorna a casa, no campo". Jung não tinha uma casa no campo, mas retornou à vida simples e frugal da torre de pedra no lago de Zurique.

NOTAS

1. *The City of God*, livro XI, capítulo 7. Cf. também o comentário de Agostinho à 1ª Tessalonicenses 5:5, bem como o de Jung, em *Estudos Alquímicos*, *Obras Completas*, vol. 13, pars. 299ss.
2. Ou, segundo Jung, "aquele [...] de quem o ego é o sujeito". Cf. *ibidem*, par. 301.
3. *City of God*, livro XI, cap. 7.
4. *Ibidem*, livro XI, cap. 8.
5. *Estudos Alquímicos*, *Obras Completas*, vol. 13, par. 301.
6. Cf. A. M. Haas, *Nin din selbes war*.
7. Brihad-Aranyaka Upanishad, IV, 3, 2-9, tradução de R. E. Hume, *The Thirteen Principal Upanishads*, pp. 133-34.
8. *Estudos Alquímicos*, *Obras Completas*, vol. 13, par. 302.
9. O *quarto* do grupo – O rei e três filhos.
10. Por exemplo, no conto de fadas de Grimm, "Os Três Cabelos Dourados do Diabo", ou em "Ferdinando, o Verdadeiro, e Ferdinando, o Falso".
11. No antigo Egito, esse motivo tinha uma ampla pré-história baseada em velhas ideias e imagens africanas e na teologia do parentesco do Oriente antigo; ver quanto a isso, Frazer, *The Golden Bough*, parte 4, pp. 331ss., e Jung, *Mysterium Coniunctionis*, *Obras Completas*, vol. 14, pars. 349ss. e a literatura ali citada.
12. *Ibidem*, pars. 364ss.
13. *Ibidem*, par. 516.
14. *Ibidem*, par. 375.
15. Cf. na introdução de *A Study of History*, vol. I, "Rise and Fall of Cultures", de Arnold Toynbee, as cinquenta páginas iniciais.
16. Cf. Richard I. Evans, *Conversations with Carl Jung*, p. 115: "[...] por vezes, símbolos que jamais se imaginariam. Por exemplo, como você sabe, a Rússia, a República Soviética, tinha o símbolo da estrela vermelha. Hoje, uma estrela vermelha de cinco pontas. A América tem a estrela branca de cinco pontas. Elas são inimigas; não conseguem dar-se bem uma com a outra. Durante ao menos dois mil anos, até a Idade Média, o vermelho e o branco eram o casal; estavam destinados, em última análise, a se casarem. Hoje a América é uma espécie de matriarcado, na medida em que a maior parte do dinheiro está na mão das mulheres; e a Rússia é a terra do paizinho. Assim elas são a mãe e o pai. Para usar a terminologia da Idade Média, são a mulher branca, a '*femina alba*', e o escravo vermelho, o '*servus rubeus*'. Os dois amantes estão brigados".

(Cf. versão em C. G. *Jung Speaking* [C. G. *Jung: Entrevistas e Encontros*. São Paulo: Cultrix, 1982 (fora de catálogo).]

17. *Aion – Estudos sobre o Simbolismo do Si-memo, Obras Completas*, vol. 9/2, pars. 115ss.
18. *Memories*, pp. 212/202. [*Memórias, Sonhos, Reflexões*. São Paulo: Edição do Círculo do Livro, 1993, p. 195.]
19. *Aion – Estudos sobre o Simbolismo do Si-mesmo, Obras Completas*, vol. 9/2, par. 170.
20. *Ibidem*, par. 235.
21. *Ibidem*, par. 170.
22. *Ibidem*, pars. 195ss.
23. *Ibidem*, pars. 196ss.
24. Relatado por Jung em *Aion – Estudos sobre o Simbolismo do Si-mesmo, Obras Completas*, vol. 9/2, par. 208, sem que este identificasse o sonhador.
25. *Ibidem*, par. 197.
26. *Ibidem*, pars. 213-14.
27. *Ibidem*, par. 243.
28. *Ibidem*, pars. 408ss.
29. Cf. Jung, *Mysterium Coniunctionis, Obras Completas*, vol. 14, par. 471: "Também por essas razões, o rei precisa constantemente da renovação que se inicia por uma descida e em suas próprias trevas, por uma imersão nas próprias sombras e pela lembrança de que ele tem laços de sangue com seu adversário".
30. *Ibidem*, pars. 472ss., 483.
31. Evans, *Conversations*, p. 68.
32. *Ibidem*, p. 83.
33. *Ibidem*, p. 68.
34. Um exemplo recente, insolitamente canhestro, é o livro de Shulamith Kreitler, *Symbolschöpfung und Symbolerfassung*, pp. 32ss.
35. Cf., por exemplo, Sigmund Biran, *Die ausserpsychologischen Voraussetzungen der Tiefenpsychologie*. Biran sequer menciona Jung. Cf. também o livro – interessante por si mesmo – de Fritz Jürgen Kaune, *Selbstverwirklichung*.
36. Cf. Evans, pp. 108-09.
37. Cf., a esse respeito, Jung, *Psicologia e Religião, Obras Completas*, vol. 11/1, par. 5.
38. Heráclito.
39. *Resposta a Jó*, Obras Completas, vol. 11/4, par. 555 (grifo meu).

40. *Ibidem*, par. 557.

41. Cf., por exemplo, Max Frischknecht, *Die Religion in der Psychologie von C. G. Jung*, em que Jung é apontado como ateu; e J. Röösli, "Der Gottes- und Religionsbegriff bei C. G. Jung", *Schweizerische Kirchenzeitung*, 112 (1944), pp. 302-04. Cf. a réplica de Hans Schär *in Religion and the Cure of Souls in Jung's Psychology*.

42. *Resposta a Jó, Obras Completas*, vol. 11/4, par. 558 (grifo meu).

43. Frase final de *Psicologia e Religião, Obras Completas*, vol. 11/1, par. 168.

44. *Psicologia e Alquimia, Obras Completas*, vol. 12, par. 15.

45. Cf. seu ensaio "Zur Psychologie des Unterbewussten", *Gloria Dei*, 2, parte 3 (1947/48); cf. também Frei, *Imago mundi*, pp. 40ss., 148ss.; e Frei "C. G. Jung zum 70. Geburtstag", *Schweizer Rundschau*, nº 45, julho de 1945, p. 312.

46. *Catholic Thought and Modern Psychology*.

47. *God and the Unconscious e Soul and psyche*.

48. *Psychotherapie und Religion*; *Neurose und Religion*; e "C. G. Jung und die Religion", *Psychotherapie und Religiöse Erfahrung*.

49. *"Individuation": A Study of the Depth Psychology of Carl Gustav Jung*; *"Realization": The Anthropology of Pastoral Care*; "Dialog zwischen Tiefenpsychologie und katholischer Theologie", *Festschrift für W. Bitter: Personale Seelsorge, Tiefenpsychologie und Seelsorge*.

50. Assim, por exemplo, Raymond Hostie, S. J., *Religion and the Psychology of Jung*. Cf., do mesmo modo, Walter Bernet, *Inhalt und Grenze der religiösen Erfahrung*. Cf. também Rudolf Affemann, "Die Frage der Tiefenpsychologie nach der Echtheit des Glaubens", *Evangelische Theologie*, pp. 311ss.; David Cox, *Jung and St. Paul*; H. L. Philp, *Jung and the Problem of Evil*.

51. *Psicologia e Alquimia, Obras Completas*, vol. 12, par. 17. Cf. Felicia Froböse, *Traüme – eine Quelle religiöser Erfahrung?*; J. A. Sanford, *Dreams: God's Forgotten Language*.

52. "C. G. Jungs Erfahrungen in theologischer Sicht", *Theologische Zeitschrift der theologischen Fakultät der Universität Basel*, 19:15, setembro/outubro de 1963.

53. *Der Mensch und die Mächte des Unbewussten*; e "Tiefenpsychologie als Hilfswissenschaft der praktischen Theologie", *Wege des Menschen*, 21:4, abril de 1969.

54. *Tiefenpsychologie, Theologie und Seelsorge*; e *Das Leib-Seele Problem in theologischer Sicht*.

55. "Das Evangelium und das Geheimnis der Seele", *Zeitschrift für systematische Theologie* 21, 1950, pp. 419ss.
56. *Psyche und Mysterium*. Zacarias é da igreja oriental.
57. Cf. Ulrich Mann, "Symbole und Tiefenpsychologische Gestaltungsfaktoren der Religion", *Grenzfragen des Glaubens*, pp. 153ss; "Tiefenpsychologie und Theologie", *Lutherische Monatshefte*, 4, 1965, pp. 188ss.; "Quaternität bei C. G. Jung", *Theologisch-Literaturzeitung*, nº 92, 1967, pp. 331ss. Sobre a transformação da imagem de Deus, cf. Georg von Gynz-Rekowski, *Symbole der Weiblichen im Gottesbild und Kult des Alten Testaments*.
58. *Religion and the Cure of Souls in Jung's Psychology; Seelsorge und Psychotherapie*.
59. Cf. seu discurso sobre Jung na Reunião Comemorativa de dezembro de 1961, incluído no volume comemorativo do Clube de Psicologia Analítica de Nova York, pp. 28ss. Cf. também Aniela Jaffé, *The Myth of Meaning in the Work of C. G. Jung*, pp. 104-105. [*O Mito do Significado na Obra de Carl G. Jung*. São Paulo: Cultrix, 2ª ed., 2021.]
60. Cf., quanto a isso, Ulrich Mann, "Hermeneutische Entsagung", *in* "Seelsorge als Lebenshilfe", *Uhsadel-Festschrift*.
61. Mann, *Theogonische Tage*, pp. 64ss., 646. Há uma excelente e exaustiva discussão a respeito da relação entre Jung e a teologia protestante em Gert Hummel, *Theologische Anthropologie und die Wirklichkeit der Psyche*. Hummel só não entende Jung em um ponto: ele objeta que Jung usa os termos "compensação" e "complementaridade" como conceitos paralelos. Mas, na psicologia (e não na física!), eles *são* paralelos. "Compensação" significa equilibrar tendo-se em vista uma totalidade; "complementaridade significa o mesmo, com a nuance adicional de que a parte complementada é logicamente incompatível com as outras". *Não* existe uma "identitäre *Wirklichkeitsüberhang*" no pensamento de Jung. Todavia, o fato de as hermenêuticas psicológica e teológica serem complementares entre si (p. 311) pode muito bem ser admitido. Cf. também a extensa bibliografia em James W. Heisig, "Jung and Theology", *Spring*, 1973, pp. 204ss.
62. *Memories*, pp. 340/313. [*Memórias, Sonhos, Reflexões*. São Paulo: Edição do Círculo do Livro, p. 308.]
63. Cf. a bela interpretação do simbolismo cristão em Hugo Rahner, *Greek Myths and Christian Mystery*.
64. Parece-me mais lamentável o fato de se tornarem notáveis, no catolicismo contemporâneo, correntes racionalistas que solapam o valor mais elevado, a saber, o simbolismo do ritual. A desolação espiritual produzida pelas tendências desmitologizantes do protestantismo deveria ter-lhes dado uma lição melhor!

65. *O Símbolo da Transformação na Missa, Obras Completas*, vol. 11/3, pars. 296-448.
66. Cf. *Ab-reação, Análise dos Sonhos e Transferência, Obras Completas*, vol. 16/2, par. 392.
67. *Ibidem*, par. 397.
68. Carta de 29 de abril de 1944 a Gebhard Frei, citada em *Gloria Dei*, p. 249.
69. Cf. *Escritos Diversos, Obras Completas*, vol. 11/6, pars. 516ss. Numa entrevista na BBC com John Freeman (*Face to Face*), Jung disse: "Eu não tenho de acreditar; eu sei" (em C. G. *Jung Speaking* [C. G. *Jung: Entrevistas e Encontros*. São Paulo: Cultrix, 1982 (fora de catálogo).] Cf. também sua carta a Gerhard Zacharias, de 24 de agosto de 1963, citada em *Psyche*, julho de 1964, p. 763. Cf. também James W. Heisig, "Jung and Theology", *Spring*, 1973, pp. 204ss.
70. Cf. J. Evola, *La tradizione ermetica*.
71. "Note sur Jung et l'alchimie", *Le disque vert*, p. 107.
72. *The Forge and the Crucible*, pp. 199ss.
73. Mircea Eliade chega ao ponto de exprimir a opinião absurda de que a evidência psicológica consiste em imitações inconscientes da realidade metafísica da obra alquímica. Ele não diz como seria possível demonstrá-lo.
74. Cf., por exemplo, Eleanore Lauterborn, *Swami Omkarananda und C. G. Jung*.
75. Em especial pp. 139ss.
76. Cf. A. V. Vasavada, "The Place of Psychology in Philosophy", trigésima oitava sessão do Congresso Filosófico Indiano, 1964.
77. Cf. Samiran Bannerjee, "Prof. Dr. C. G. Jung", *Psychotherapy*, I:4, 1956, e, em especial, Padma Agrawal, *Symbolism: a Psychological Study*. Cf. também Gerhard Wehr, "Östlicher Geist und westliches Denken bei C. G. Jung und Rudolf Steiner", *Zeitwende*, nº 6, novembro de 1972, pp. 372ss.
78. *Mysterium Coniunctionis, Obras Completas*, vol. 14, par. 781.
79. Cf. *Ibidem*, par. 782.
80. *Ibidem*, par. 784.
81. Que se assemelha ao psíquico.
82. Cf. *Mysterium Coniunctionis, Obras Completas*, vol. 14, par. 786.
83. *Ibidem*, par. 787.
84. O ensaio de James Hillman, "Psychology: Monotheistic or Polytheistic", *Spring*, 1971, pp. 193ss., que trata disso, parece-me malsucedido. As conclusões de Hillman fundamentam-se na suposição errônea de que monoteísmo é o mesmo que *Self*; velho, o mesmo que rei; de que politeísmo é o mesmo que *animus*; *anima*, o mesmo que filho, o que não se justifica historicamente. Os primeiros

estágios do monoteísmo israelita, por exemplo, são tudo menos psicologia do *Senex*, aplicando-se o mesmo à reforma monoteísta de Akenaton no Egito ou ao monoteísmo estoico. Por outro lado, o politeísmo romano tardio como religião do Estado é uma questão do *Senex* apenas. Toda religião pode ver-se a qualquer momento em ambos os estágios: o da rigidez envelhecida ou o do impulso juvenil ascendente. Por conseguinte, tudo o que Hillman desenvolve com base nessa tese está, em minha opinião, prejudicado.

85. Cf., por exemplo, o conto de fadas de Grimm, "Os três cabelos de ouro do demônio".
86. *Resposta a Jó, Obras Completas*, vol. 11/4, par. 743.
87. *Ibidem*, par. 742 (itálicos acrescentados).
88. Sobre o fundamento religioso do problema do *puer aeternus*, cf. Von Franz, "The Archetype", *Der Archetyp/The Archetype*, pp. 141ss.; *The Problem of the puer aeternus*; ver também o comentário de *Das Reich ohne Raum*, de Bruno Goetz.

CAPÍTULO X

MERCURIUS

"O Cristianismo dormita e negligencia o desenvolvimento de seu mito no curso dos séculos. Aqueles que exprimiam os sombrios impulsos de crescimento em termos de ideias míticas não foram ouvidos"[1]. "Aqueles" eram espíritos como Gioacchino da Fiori, Meister Eckhart, Jakob Böhme, o papa Pio XII – porém, particularmente, os *alquimistas* que, algumas vezes com considerável percepção, mas com mais frequência de modo ingênuo e confiado, deram forma, em suas projeções inconscientes, aos "impulsos de crescimento" do mito cristão[2].

Os primeiros alquimistas do Egito e da Grécia antiga, cujos escritos se conservaram, são conhecidos como "gnósticos", e alguns deles são filósofos naturais gnósticos cristãos (Zósimo, Komarios, Stefanos e outros), mas ainda não há em seus escritos vestígios de uma distinção entre religião e ciência natural, ou entre filosofia e ciência experimental. Eles tinham uma concepção filosófico-religiosa do mundo e buscaram reforçar suas premissas por meio de experimentos "químicos". É muito provável que esse novo impulso rumo a uma verdadeira ciência natural no período alexandrino e nos primeiros séculos do Cristianismo tenha sido o resultado da feliz combinação do espírito filosófico especulativo dos gregos com a bem desenvolvida ciência metalúrgica dos babilônicos e com a tecnoquímica egípcia, especialmente o processo egípcio de embalsamamento (inteiramente imbuído de significado mágico-religioso)[3]. Uma imagem do *Anthropos* constitui o ponto central do trabalho de quase todos os alquimistas importantes, um homem divino ou superior que deve ser libertado de seu cativeiro de trevas; por meio desse trabalho, o libertador humano atingia, ao mesmo tempo, a imortalidade. Por um lado, as ideias contidas na liturgia egípcia do embalsamamento tiveram um papel decisivo nesse trabalho, porque, nesse ritual, o cadáver é transformado, por meio de operações materiais concretas, no deus Osíris, identificando-se, graças a isso, com ele[4]; por outro lado, certos mitos gnósticos também foram importantes, mitos que ensinavam que o "grande homem divino" ou "homem-luz", seja por ter sido seduzido por algum poder maligno ou por ter sido levado para baixo pelo seu próprio reflexo nas profundezas, caíra nas trevas do mundo material, de onde pedia ajuda, cabendo ao adepto libertá-lo de lá[5]. Do ponto de vista psicológico, esse mito exprime a *projeção de um conteúdo inconsciente*. Habitando no início o *pleroma* – isto é, num reino espiritual que transcende a consciência –, o *Anthropos* cai na matéria, ou seja, tem a sua imagem aí constelada; e o homem sente agora que o *Anthropos* aí está, e aí o busca. Algo semelhante a esse processo, que ocorreu na Antiguidade, voltou a acontecer em séculos recentes em nossa cultura. Para muitos, a imagem metafísica cristã de Deus perdeu cada vez mais sentido e, quando isso aconteceu, o fascínio pela natureza material pareceu aumentar. Quando Einstein, em oposição a Niels Bohr, declarou que "Deus não joga dados" (em objeção ao indeterminismo da física quântica), ou quando Wolfgang Pauli exclamou, ao ouvir sobre a ruptura do princípio da paridade: "Então Deus é, afinal, canhoto!", fica claro que esses enunciados emocionais indicam que não poucos físicos importantes, confessada ou inconfessadamente, ainda hoje buscam o "segredo de Deus" em suas investigações da matéria. É ali que, tanto para eles como para os alquimistas, a numinosidade deve ser sentida.

Visto que os químicos antigos não sabiam quase nada sobre a matéria tal como hoje a entendemos, e que tateavam para se orientarem no escuro, é compreensível que preenchessem essa escuridão com fantasias e modelos hipotéticos que – como ocorreu na história de todo ramo científico – mais tarde se mostraram impróprios ou errôneos. Como – até a época de Jung – se considerava a alquimia um mero precursor da química, essas fantasias eram descartadas como "confusas superstições" ou "fantasias não científicas"[6]. Uma das maiores realizações de Jung, cujo significado ainda não foi reconhecido adequadamente, foi a sua redescoberta do mito religioso projetado pela alquimia e a demonstração inequívoca de *onde* ele veio e onde ele ainda age em nossos dias: não na matéria, mas na *psique inconsciente objetiva* do homem ocidental.

Um desenvolvimento paralelo parece ter ocorrido no Extremo Oriente. Enquanto alguns movimentos e ensinamentos religiosos apontavam um caminho direto para uma experiência transcendental do espírito, desenvolveu-se nessa região, em certas modalidades do yoga indiano e do taoismo chinês – que é moldado por um espírito feminino ("tao" é equivalente à "matéria") –, uma espécie de alquimia que, tal como no Ocidente, busca libertar o "homem superior e mais nobre" da matéria, se bem que, no Oriente, isso seja feito quase exclusivamente a partir da matéria física do corpo[7].

Bem antes de saber alguma coisa acerca do simbolismo alquímico, quando era apenas um colegial, Jung encurtava o caminho de casa para a escola, deixando-se levar por uma fantasia permanente. Ele imaginava um castelo onde era o detentor de um bem guardado segredo. Havia no castelo uma coluna de cobre que se ramificava, no topo, formando uma espécie de ramo de radículas. Essas pequenas raízes captavam no ar um Algo indefinível que era transformado em ouro por um aparelho colocado na adega. Ele sentia isso como "um segredo venerável e de vital importância", que ele tinha de conservar consigo[8]. Muitos anos depois, em 1926, teve um curioso sonho que, segundo ele, chamou a sua atenção para a alquimia[9]. Nesse sonho, ele estava perdido num castelo e seu cocheiro exclamou: "Agora estamos presos no século XVII". Mais tarde, ele compreendeu que o século XVII fora o período em que a alquimia desapareceu e que, por isso, teria de desenterrá-la outra vez desse período. Dois anos depois desse sonho, ele entrou em contato com a alquimia taoista através de Richard Wilhelm. Isso o estimulou a pesquisar também a alquimia ocidental. Encomendou a um livreiro a compilação *Artis auriferae, quam Chemiam vocant, volumina duo* (1593) e, na noite anterior à chegada do livro, teve um sonho. Ele conta que, numa série de sonhos precedente, havia sempre uma ala ou anexo atrás de sua casa que lhe era estranho; e eis que, por fim, sonhou que chegava a essa outra ala:

> Descobri ali uma prodigiosa biblioteca, cujos livros, em sua maioria, datavam dos séculos XVI e XVII. Grandes e alentados volumes *in folio*, encadernados com couro de porco, ocupavam as paredes. Havia entre eles alguns livros decorados com estranhos entalhes em cobre, bem como ilustrações que continham curiosos símbolos que eu jamais vira[10].

No dia seguinte, a mencionada compilação de escritos alquímicos foi enviada, e Jung viu nela uma indicação de que a alquimia devia relacionar-se a substratos históricos de sua personalidade, os quais ele teria de investigar. Em sua juventude, ao contrário de Goethe, ele não se familiarizara com os resquícios ainda existentes da filosofia alquímica – ele nada sabia a seu respeito, exceto quanto a um par de obscuras alusões que constam de *Fausto*. Todavia, ficou atento a eles, pois percebeu que ele e seus pacientes tinham sonhos que pareciam conter motivos paralelos à alquimia[11]. Seus sonhos, relatados em suas memórias[12], forçavam-no então a se ocupar cada vez mais profundamente com esses escritos[13]. Desde então, ele passou anos e anos a montar detalhadas coletâneas sinóticas de excertos de numerosos textos e, dessa maneira, selecionou, a partir de uma gama imensa de materiais, os principais símbolos e ideias recorrentes e que, por isso mesmo, parecem ser os mais importantes. Podemos resumi-los da seguinte maneira:

Os alquimistas ocidentais vivenciaram seu próprio inconsciente projetado na matéria. Como suas experiências eram perigosas[14] e encaradas como suspeitas de magia negra, eles em geral tinham de trabalhar em isolamento e em segredo e, como frequentemente não tinham ideia do que fazer para extrair o segredo da matéria, seguiam seus próprios sonhos e visões[15], numa tentativa de penetrar no inexplorado. Assim, viram-se numa situação semelhante ao dilema contemporâneo de tentar investigar as trevas da psique inconsciente. Em sua época, os alquimistas eram os "empiristas da experiência de Deus", em oposição aos representantes denominacionais dos diferentes credos, cujo alvo não era a experiência, mas a consolidação e exegese da verdade historicamente revelada.

A alquimia grega, assim como a matemática e as ciências naturais da Antiguidade, teve nos árabes seus continuadores. No mundo islâmico, os alquimistas se aproximavam mais, em espírito, dos xiitas, que também eram "empiristas da experiência de Deus", do que dos círculos mais ortodoxos. Muhammed ibn Umail (século X), por exemplo, que ficou famoso no Ocidente como "Senior" ("o Xeique"), foi um xiita, e sua obra *Book of the Silvery Water and Starry Earth* (conhecida em latim como "*De chemia*"), traz claramente as marcas de sua experiência mística[16]. (De igual modo, num período posterior, foram os cabalistas judaicos, e não os círculos ortodoxos, que incorporaram a alquimia.)[17] Os alquimistas sempre estiveram associados às subcorrentes religiosas de um ambiente cultural particular de cunho introvertido, que buscavam uma experiência direta.

Isso continuou a ocorrer quando a alquimia voltou ao Cristianismo como resultado das Cruzadas e, em especial, pela mediação dos espanhóis e árabes sicilianos. Foi adotada por clérigos isolados, entre os quais se destacaram Alberto Magno, Vincent de Beauvais, Roger Bacon, Alain de Lille, Raymund Lully e, provavelmente, Tomás de Aquino[18]. Eles buscavam, tal como o fizeram Albert Einstein e Wolfgang Pauli, vestígios da mão do Criador em sua criação; buscavam até o próprio Deus, que parecia estar ativo na matéria como um deus oculto.

Na primeira parte de *Psicologia e Alquimia*, Jung ilustra, por meio de uma série de sonhos de um cientista natural dos nossos dias, quão ativo ainda é o mito da alquimia no inconsciente. Para os alquimistas, a matéria inorgânica não era "morta", mas desconhecida e viva, algo que não deveria ser apenas manipulado tecnicamente, e sim com o qual deve-se estabelecer um *relacionamento* a fim de investigá-la. Os alquimistas se esforçavam por alcançar esse relacionamento por meio dos seus sonhos, dos seus exercícios de meditação e de uma atividade disciplinada de fantasia, a que davam o nome de "*phantasia vera et non phantastica*"[19] e que tem muita semelhança com a "imaginação ativa" redescoberta por Jung[20].

O "espírito da matéria" que era o seu alvo costumava ser designado antes por *Mercurius* do que por outro título. Segundo uma identificação disseminada no final da Antiguidade, Mercurius era, também para os alquimistas, idêntico a Hermes, o deus da revelação, e ao Hermes-Thoth gnóstico[21]. Trata-se do mesmo deus gnóstico a que nos referimos na amplificação do primeiro sonho de Jung: o Adão pneumático ou homem espiritual, mergulhado na matéria, representado por um *phallus* – um espírito criador divino-humano oculto nas profundezas da matéria (no sonho de Jung, no túmulo campestre). Concebia-se Mercurius como uma espécie de Deus na terra. É o *numinosum* que, para o homem moderno, parece ter se movido em direção às profundezas da terra, mas que, na verdade, vive nas profundezas de sua própria psique; isso se aplica não apenas a certos indivíduos como também a muitas pessoas.

O motivo do deus oculto na terra pode ser ilustrado pelo sonho de uma estudante de nossos dias. Ela perdera a fé cristã e estivera inclinada a seguir a visão materialista do mundo fornecida pela moderna ciência natural. Todavia, essa visão, em sua forma categórica e racionalista, não lhe pudera dar nenhuma satisfação psicológica. Na véspera de Natal, antes do seu décimo nono aniversário, ela teve o seguinte sonho:

> Estou acendendo uma espécie de fogueira de Natal diante da universidade. Pulo por cima dela e me encontro, de repente, à beira-mar, onde um peixe

tenta me engolir. Consigo escapar dele e caminho na direção da terra, afastando-me do mar. Encontro um pintor que está parado, perplexo, diante de seu cavalete. Ele diz que não pode mais pintar e não sabe por quê[22]. Ofereço-me para descobrir isso para ele e pulo na paisagem que ele pintou, que se tornara subitamente real. No início, chego a uma passagem subterrânea semiobscurecida, sobre a qual ainda cai alguma luz vinda de uma arcada. Há ali uma enorme mesa redonda de pedra, na qual há uma criança de uns quatro metros de comprimento, vestida de vermelho, um garoto acorrentado. Revoltada, pergunto a uma mulher que está perto dali por que ele está acorrentado. Ela diz: "Silêncio – é perigoso –, é um deus nascente!"

De repente, estou numa parte da terra ainda mais profunda, numa total escuridão, num labiríntico emaranhado de passagens. Ouço em toda parte os gemidos e imprecações dos que estão aprisionados ali[23]. Sei que devo ir para a esquerda[24] e para o centro, evitando me perder. Chego a uma sala mal-iluminada; está nela a "família primal", um casal vestido com peles e uma criança. Mas eu tenho de seguir, aprofundando-me mais. Surge em mim um temor inexplicável porque sei que algo terrivelmente perigoso está à frente. "Ele" está numa câmara no centro da terra. Sei, de alguma maneira, que no outro extremo da sala há uma estaca colocada na terra, ao nível da cabeça, e que as pessoas que entram para vê-"lo" são tomadas de tal pânico que começam a correr para longe dali, precipitam-se sobre a estaca e perecem. Repito para mim mesma, insistentemente: "Quatro passos – olhar – inclinar-se". Vou e olho. Contemplo o rosto de Deus, que exprime tamanha tristeza que ninguém pode suportá-lo. Dominada pelo pavor, fujo dali; mas me lembro de me inclinar e escapo.

Então, estou numa saleta. Na parede, há um quadro do pintor que encontrei e, abaixo dele, a inscrição: "Anátema e morte ao Artista P., porque ele não honrou a criança ígnea que sai da água, razão pela qual vai quebrar seu cavalete". Então, sei o que prometi procurar. Tento sair outra vez do outro lado da terra. Chego a uma sala enorme onde moram guerreiros mortos e marujos de todas as idades. Eles estão jantando alegremente em longas mesas. Sei que não posso estabelecer nenhum contato com eles, sob pena de ficar para sempre na Terra dos Mortos. Percorro a sala andando silenciosamente bem junto à parede. Mas, quando estou quase do lado de fora, um guerreiro levanta sua taça de vinho e diz: "Ah, há uma garota que só pode voltar ao mundo dos vivos se encontrar a água feita pela Virgem". Num único movimento, saio. Vejo-me de súbito na superfície da terra, do outro lado da esfera da Terra. Estou mortalmente cansada, envelhecida e alquebrada por causa do choque. Vejo uma espécie de botica e entro. Mas estou tão exausta que desmaio. Quando recupero os sentidos, pouco depois, vejo bem à minha frente uma prateleira com um pequeno frasco de água cristalina. E sei: "Aqui está! A água procurada!" Pego-o, dou todo o dinheiro que tenho ao boticário, que diz desdenhosamente que ela não passa de água comum, e saio da loja. A luz está radiosa, o sol está no zênite do meio-dia e há um homem perto de mim. Sei que sempre fui casada com ele. Caminhamos de braços dados até a beira do mar e olhamos para a água. Das profundezas da água, saem dois pares de cavalos negros puxando uma carruagem em que jaz alguma coisa irreconhecível, numinosa, coberta de espuma. Ocorre-me, quando desperto: "É o nascimento de Afrodite".

Esse sonho contém quase todos os motivos aqui comentados: o simbolismo da transformação da velha imagem de Deus que decaiu na matéria em nova "criança divina" e o famoso motivo alquímico da água mercurial da vida, de que um antigo texto diz, literalmente, ser "virginal" e, outro, que deve "ser encontrada em boticas e tem um preço baixo, porque as gentes deste mundo a desprezam".

No final do sonho, surge "o sol no zênite do meio-dia", que significa, nos ensinamentos dos alquimistas, a complementação da obra. O aparecimento do *Self* no final é o nascimento de uma divindade feminina, por ser o sonho de uma mulher. Na época do sonho, a sonhadora não conhecia nada da alquimia; no entanto, o sonho apresenta a manifestação espontânea das mesmas imagens arquetípicas da tradição alquímica, imagens que foram consteladas pelas questões da nossa época.

Mercurius, o deus na matéria, era para os alquimistas não apenas o mercúrio líquido, como também uma substância "filosofal", uma água "que não molha a mão", uma "água seca" ou "água divina". Como tal, era considerado a substância básica do universo. Mercurius era, ao mesmo tempo, fogo e luz, na verdade, "a luz da natureza, que traz em si o espírito celeste". É um "fogo infernal" oculto no centro da terra e, a um só tempo, "o fogo em que o próprio Deus arde de amor divino"[25]. Assim, ele é sempre *um paradoxo que contém em si os opostos mais incompatíveis possíveis*. Os alquimistas ao menos suspeitavam da origem psíquica desse símbolo, razão pela qual definiam Mercurius como "espírito" e "alma"[26]. Ele é descrito como "pneuma", "a pedra levantada pelo vento" ou "o espírito do mundo tornado corpo na terra"[27].

Como pedra pneumática, ele une espírito e matéria, e é também aquele misterioso e secreto elemento indefinido que anima e dá vida a todas as coisas do mundo, uma espécie de *alma do mundo*, sobre a qual Avicena escreveu: "Ele é o espírito do Senhor, que preenche o mundo inteiro e que, no princípio, pairava sobre as águas. Chamam-no de 'Espírito da Verdade', que está oculto do mundo"[28]. Certos textos mais antigos o equiparam a Deus, sem circunlóquios[29]. Mas essa divindade não é apenas boa, como o Deus cristão; é dúplice (*duplex*), podendo ser enganoso e mutável, e "se compraz igualmente com a companhia dos bons e com a dos iníquos"[30]. E, sobretudo, consiste em todos os opostos possíveis, e quem não compreende isso "destrói a si mesmo", o que se aplica também aos que "apegam sua alma ao ouro perecível", em vez de incubar, "na piedade e na modéstia", esse "ovo da natureza", dele tirando o microcosmo (o homem e a mulher)[31].

Mercurius é também hermafrodita; os textos o chamam de "o verdadeiro Adão hermafrodita", e ele contém em si os quatro elementos[32]. Na qualidade de "homem elevado" (*homo altus*), como também é chamado, é evidentemente um *Anthropos* masculino-feminino divino-humano ou, em outras palavras, uma representação do *Self*[33]. Em seu primeiro aparecimento, ele é com frequência *Senex* e *Puer* ao mesmo tempo[34], isto é, o "velho rei" e o "novo rei", tal como descrevemos esse par de opostos no capítulo anterior. No curso do processo alquímico, todavia, o aspecto de "velho rei" desaparece e é substituído pelo "jovem real".

Em razão de certas semelhanças com o Deus trino do Cristianismo, Mercurius é muitas vezes descrito como trino e uno[35], e ora representa a contraparte de Cristo, ora toda a Trindade – na verdade, ele é até "o Logos feito mundo"[36]. Às vezes, contudo, é identificado com Lúcifer e com o demônio. Sua relação com o princípio feminino é especialmente digna de nota. Ele é o filho da grande mãe, a Natureza: "A mãe me gerou e é ela mesma gerada de mim"[37]. Ele tem um vínculo particular com a deusa Vênus e com a lua, e é por vezes descrito como "a virgem mais casta"[38]. O alquimista Michael Maier o equipara ao Hermes Quilênio arcadiano, cultuado como *phallus*, como *deus do amor e da fertilidade*[39]. E, em *As Núpcias Alquímicas de Christian Rosenkreutz*, ele aparece como Cupido, com uma flecha, o "dardo da paixão" (*telum passionis*)[40]. Cultiva vínculos com o mundo inferior e com o reino dos mortos, sendo ao mesmo tempo a sombria condição inicial e a mais elevada realização, um "Deus terreno" que tudo unifica em si[41]. O aspecto de unidade todo-abrangente costumava ser simbolizado pelo dragão ou cobra que toma a forma de anel e morde a própria cauda (*uroboros*) ou pelos seres fabulosos que combinam em si os atributos da terra, da água e do ar.

Em todas essas projeções simbólicas dos alquimistas, encontramos, como explica Jung, "a fenomenologia de um espírito 'objetivo', uma verdadeira matriz de experiência psíquica, cujo símbolo mais apropriado é a matéria. Em nenhuma parte e em tempo algum, o homem controlou a matéria sem observar muito de perto seu comportamento e sem atentar para suas leis [...]. O mesmo se aplica ao espírito objetivo que hoje denominamos 'inconsciente': trata-se de uma matéria refratária, misteriosa e fugidia, e obedece a leis que são a tal ponto inumanas ou super-humanas que nos parecem um *crimen laesae majestatis humanae*"[42].

Em contraste com o símbolo de Cristo, iluminado e espiritual, Mercurius é um deus sombrio e oculto que personifica o *complexo oppositorum* e compensa a unilateralidade da imagem de Deus na consciência coletiva. "Hesitante, como num sonho, a reflexão introspectiva dos séculos formou gradualmente a figura de Mercurius", que não visa tomar o lugar de Cristo, mas ficar "numa relação compensatória com ele"[43].

Jung percebeu esse fato com especial agudeza numa de suas visões[44]. Como conta em suas memórias:

> Certa noite, acordei e vi, banhada pela luz brilhante ao pé da cama, a imagem de Cristo na cruz. Não parecia muito viva, mas era extremamente nítida; e vi que seu corpo era feito de ouro esverdeado. A visão era de uma grande beleza, mas me chocou profundamente [...].
>
> [...] A visão veio a mim como se para dar indícios de que, nas minhas reflexões, eu não considerara algo adequadamente: a analogia de Cristo com o *aurum non vulgi* [um ouro que não é o ouro comum] e com a *viriditas* dos alquimistas. Ao perceber que a visão apontava para esse símbolo alquímico básico [...], senti-me confortado.
>
> O ouro verde é a qualidade viva que os alquimistas viam tanto no homem como na natureza inorgânica. É uma expressão do espírito vital, a *anima mundi* ou *filius macrocosmi, o Anthropos que anima todo o cosmos.* Esse espírito se derramou em tudo, mesmo na matéria inorgânica; está presente no metal e na pedra[45].

Mercurius é o filho do macrocosmo; também é exaltado pelos mestres da arte como "*benedicta viriditas*" – a "bendita verdura"[46]. (No simbolismo eclesiástico, a cor verde é um atributo do Espírito Santo.) A verdura, na opinião do alquimista Mylius, é "uma espécie de germinação" que "Deus soprou nas coisas criadas"[47] e da qual estas receberam vida. Assim, a visão de Jung combinava a imagem de Cristo com a figura de Mercurius numa *unidade*. "Visto a partir de uma perspectiva histórica", escreveu ele, "o momento mais significativo foi a proposta do humanista Patrizi ao papa Gregório XIV, no sentido de substituir Aristóteles na doutrina eclesiástica pela filosofia hermética [que se supunha ser o ensinamento de

Hermes, ou seja, de Mercurius-Thoth][48]. Naquele momento, entraram em contato dois mundos que – Deus sabe depois de que acontecimentos! – ainda virão a se unir no futuro"[49].

O sonho de uma mulher de nossos dias ilustra o fato de que estava sendo expressa, na visão de Jung, antes uma disseminada tendência contemporânea do inconsciente coletivo do que algum problema pessoal[50]. Ela sonhou:

> Entro em casa ao anoitecer. A entrada está na penumbra e vazia, mas há um monte de palha no chão de pedra e, nele, a figura de um homem de meia-idade, vestido como um vagabundo. Com profunda emoção, percebo que ele é 'Cristo'. Porém, seu corpo não é composto de carne e sangue, e sim de um metal extremamente brilhante e radiante de calor. Ele diz: "Faça-me um favor. Pegue uma bacia de água e jogue sobre mim, *para reduzir o meu brilho*". Eu faço isso. A água evapora com um chiado e o corpo se torna metal negro, sem perder a mobilidade nem a vida. O estranho sorri e diz, com suavidade: "Obrigado".

Os alquimistas dizem de Mercurius que ele "brilha radiosamente e arde de calor, é mais pesado que o metal e mais leve que o ar"[51]. Ele quer reduzir ou ensombrecer a sua radiância, no sonho acima, para manter-se oculto como o segredo na vida do indivíduo e para não ser visto de fora. Hoje, parece haver no inconsciente coletivo a tendência de se anexar o aspecto de Mercurius à imagem de Cristo, como que para unir o espírito do inconsciente com a consciência, mas não para eliminar a imagem de Cristo; para as realizações do cristão, não devemos de maneira alguma perder outra vez a ética, fato acentuado convincentemente por certas regressões ao paganismo pré-cristão nos últimos anos.

Jung viu na figura de Mefistófeles, de *Fausto*, um paralelo mais próximo do Mercurius da alquimia do que do diabo cristão. Fausto o encontra como um visitante desconhecido (no início, como um *poodle*) e depois Mefistófeles se dá a conhecer como tentador, oferecendo o amor e a alegria de viver. Se Fausto não o tivesse encontrado, teria cometido suicídio ou desaparecido como uma traça. Mas Fausto não podia faltar ao encontro com Mefistófeles – ele é vitimado por uma inflação e, no fim da tragédia, pelo desejo de poder. *Eis por que* Mefistófeles tornou-se seu destruidor. Jung ficou desgostoso quando Mefistófeles, no final, é descartado e relegado ao Inferno, graças ao truque sujo do anjo[52]. O destino de Fausto mostra o que acontece quando a imagem arquetípica constelada de Mercurius encontra uma consciência fraca e moralmente infantil que não consegue defender a própria integridade ética; Mercurius a leva a trair e a assassinar. Porque Fausto – a fim de tirar mais terra do mar – descartou o velho casal, Filêmon e Báucis, que, segundo a lenda, eram os únicos que ainda adoravam os deuses Júpiter e Mercúrio numa época de decadência e de imoralidade generalizadas. O modo arrogante e cheio de *hybris* com que hoje destruímos o ambiente natural, e cujas maléficas consequências estamos começando a reconhecer, corresponde à inflação faustiana.

Assim, Jung acentua: "Mercurius, o deus de duas faces, vem como a *lumen naturae* [...] apenas para aqueles cuja razão se esforça para alcançar a mais elevada luz recebida pelo homem e que não se apoiam exclusivamente na *cognitio vespertina* ['consciência vespertina']. Para aqueles que não prestam atenção a essa luz, a *lumen naturae* se transforma num perigoso *ignis fatuus* e o psicopompo num sedutor diabólico. Lúcifer, que poderia trazer a luz, torna-se o pai das mentiras, cuja voz, apoiando-se na imprensa e no rádio, se entrega, na nossa época, a orgias de propaganda, levando incalculáveis milhões de pessoas à ruína"[53].

Mercurius é, fundamentalmente, a continuação de determinadas personificações compensatórias do deus-homem, que também se manifestavam, tradicionalmente, no folclore e em outras formas. No judaísmo e nas lendas islâmicas, uma figura relacionada a isso toma a forma de Elias e de El-Khidr e, na saga medieval a respeito do Graal, a de Merlin[54]. No chamado *Pirkê de Rabbi Eliezer 31*, por exemplo, o profeta Elias é descrito como a "encarnação da substância anímica eterna", que participa da mesma natureza do anjo[55] e, segundo certo número de lendas, será *ele* a despertar os mortos por ocasião da ressurreição. Depois de sua subida ao céu numa carruagem de fogo, Elias habita com os anjos ou voa celeremente acima da terra como águia, espionando os segredos dos seres humanos. Tal como Moisés, ele um dia matou um homem e, em várias lendas, aparece como desonesto e embusteiro. Por vezes, ele até se transforma num cortesão para livrar o pio rabino Meir da perseguição. Já ao nascer, ele possuía duas almas (*Mercurius duplex*!). Tinha pelos por todo o corpo, foi envolvido em fraldas de fogo e alimentado com chamas. Segundo outra lenda, seu corpo veio da Árvore da Vida[56].

Na lenda islâmica, Elias costuma ser substituído por El-Khidr, o "primeiro anjo de Deus". Este último também aparece como um viandante desconhecido que vaga pela terra disfarçado de embusteiro e testador dos homens (especialmente no sutra 18, 64ss., do *Alcorão*). Elias identifica-se também com Enoque e Ídris (equivalente a Hermes-Thoth) e, mais tarde, com São Jorge. A fantasia popular sempre se ocupou de sua subida ao céu; ele era, afinal, um dos quatro seres humanos que atingiram a imortalidade *com* o corpo[57]. Não causa surpresa, pois, que ele também apareça na literatura alquímica, finalmente, como "Helyas Artista", o Helyas "em cuja época tudo o que está oculto será revelado"[58]. Elias é, tal como Mercurius, símbolo do *Self*. "Ele é uma personificação do tipo deus-homem, mas é mais humano do que Cristo, pois foi gerado e nasceu em pecado original, sendo mais universal na medida em que também incorpora as divindades pagãs pré-javeístas como Baal, El-Elyon, Mitra e Mercurius e a personificação de Alá e de El-Khidr"[59]. Ele era identificado até mesmo com o deus-sol Hélio (de que, ao que se supõe, teria derivado a palavra "Elias").

Elias e El-Khidr vagam livremente pelo mundo dos homens como estrangeiros incógnitos, relevando-se por meio de um milagre pouco antes de partirem, tendo submetido a humanidade ou um homem a uma ou outra prova. Muitos contos de fadas populares da Europa também começam com a fórmula: "Nos dias em que Nosso Senhor ainda andava na terra [...]". Em termos psicológicos, isso demonstra que a imagem de

Deus oficial era considerada demasiado "metafísica" ou próxima demais do reino celestial. Já não se podia encontrar o próprio Deus aqui e agora. O Deus Mercurius, Elias ou Khidr, o mensageiro de Deus, por outro lado, vaga por aí sob o disfarce de um estranho que confronta diretamente o indivíduo. Também encontramos com frequência motivos semelhantes nos sonhos de homens e mulheres contemporâneos. Um(a) artista gráfico(a) de 43 anos, por exemplo, teve o seguinte sonho:

> Sonho que entro numa igreja católica [o sonhador é protestante, mas costuma visitar igrejas em razão de seu interesse pela arte]. Está sendo realizado um ofício, e por isso dirijo-me sem ser notado para um banco dos fundos. Então, um estranho de vestes simples, semelhante a um vagabundo, cercado por um ar de mistério, vem e senta-se em silêncio perto de mim. Apesar de sua aparência familiar, ele é, de alguma forma, numinoso. De repente, percebo, com profunda emoção, que ele é Cristo. Levanto-me e me volto para ele. O estranho põe o dedo na boca e sorri. Surge em mim a ideia de quão chocada e incrédula seria a reação da congregação e do sacerdote se eu lhes dissesse que Cristo está ali. Conservo-me em paz, volto a me sentar e troco com o estranho um sorriso de secreto entendimento[60].

Esse sonho ilustra a enorme diferença entre a imagem de Cristo, objeto do culto coletivo, como imagem do *Self*, e uma experiência numinosa pessoal dessa mesma imagem. Foram os alquimistas que, em determinada época, buscaram esta última; por isso, eles são os precursores dos buscadores contemporâneos, que também procuram a experiência religiosa imediata.

Os mais diversos representantes da perspectiva que reivindica validade metafísica absoluta para sua religião ou doutrina particulares se depararam com um obstáculo e, por vezes, se ofenderam com a objetividade com que Jung considerava as representações arquetípicas originárias de religiões. Essa objetividade parece-lhes uma relativização de sua verdade "absoluta". A "atitude ocidental", orientada para o objeto (extrovertida), "tende a fixar o ideal – Cristo – em seu aspecto exterior, furtando-lhe assim a sua misteriosa relação com o homem interior"[61]. A resposta de Jung a essa atitude era: "quem quer que a possa esquadrinhar com a própria consciência é livre para decidir sobre essa questão como lhe aprouver, embora possa estar se arvorando inconscientemente em *arbiter mundi*. De minha parte, prefiro o precioso dom da dúvida, porque este não viola a virgindade de coisas que estão além do nosso alcance"[62].

Em sua introdução à obra *Psicologia e Alquimia*, Jung fez uma descrição insuperável do relacionamento entre os dois mundos, o do Cristianismo oficial e o do pensamento alquímico:

> A alquimia assemelha-se mais a uma subcorrente do Cristianismo que reina na superfície. Ela está para a superfície como o sonho para a consciência e, da mesma maneira como o sonho compensa os conflitos da mente consciente, assim também a alquimia busca preencher as lacunas abertas pela tensão cristã de opostos. Talvez a expressão mais rica disso seja o axioma de Maria Prophetissa ["O um se faz dois, o dois se torna três e, do terceiro, vem o um como quarto."] [...] que é como um *leitmotiv* por quase toda a existência da alquimia, que se estendeu por mais de dezessete séculos. Nesse aforismo, os números pares, que representam o princípio feminino, a terra, as regiões sob a terra e o próprio mal, são intercalados entre os números ímpares do dogma cristão. São personificados pela *serpens mercurii*, o dragão que cria e destrói a si mesmo e representa a *prima materia*. Essa ideia fundamental da alquimia remonta ao תְּהוֹם (Tehom)[63], a Tiamat, com seu atributo de dragão; e, portanto, ao mundo matriarcal primordial [...]. A passagem histórica da consciência do mundo para o masculino é compensada no início pelo feminino ctônico do inconsciente [...]. Fosse o inconsciente meramente complementar, essa mudança da consciência teria sido acompanhada pela produção de uma mãe e de uma filha [ao contrário da tríade Pai-Filho-Espírito Santo do Cristianismo][64], tarefa para a qual o material estava à mão no mito de Deméter e Perséfone. Mas, como mostra a alquimia, o inconsciente escolheu antes o tipo Cibele-Átis na forma da *prima materia* e do *filius*

> *macrocosmi* [isto é, Mercurius][65]. [...] Isso serve para mostrar que o inconsciente não age simplesmente *contra* a mente consciente, mas a *modifica* mais, à feição de um oponente ou parceiro. O tipo filho não evoca uma filha como imagem complementar das profundezas do inconsciente 'ctônico' – evoca outro filho. Esse fato notável parece estar vinculado à encarnação, na natureza humana terrena, de um Deus puramente espiritual, produzido pela impregnação do ventre da Virgem Santíssima pelo Espírito Santo. *Assim, o superior, o espiritual, o masculino, inclina-se diante do inferior, do terreno, do feminino; e por isso a mãe, que antecedeu o mundo do pai, acomoda-se ao princípio masculino e, com a ajuda do espírito humano (a alquimia ou "a filosofia"), produz um filho – não a antítese de Cristo, mas sua contraparte ctônica; não um homem divino, mas um ser fabuloso que se conforma à natureza da mãe primordial.* E da mesma maneira que a redenção do homem no microcosmos é tarefa do filho "superior", assim também o filho "inferior" tem a função de *salvator macrocosmi*[66].

Essa formulação soa como a apresentação de um mito, mas o mito "é a linguagem primordial natural desses processos psíquicos, e nenhuma formulação intelectual se aproxima em nenhum ponto da riqueza e da expressividade das imagens míticas"[67]. Isso ocorre porque o mito é a linguagem da psique. Nossa consciência racional não abarca a psique e, portanto, é "ridículo referir-se a coisas da alma de modo arrogante e depreciativo"[68]. "Fui acusado de 'deificar a alma'. Não fui eu, mas o próprio Deus quem a deificou"[69].

Sempre houve grandes indivíduos conhecedores desse aspecto divino da alma: Santo Agostinho, Meister Eckhart, Ruysbroeck, Tauler e inúmeros outros – até Giordano Bruno denominava a alma "luz de Deus"[70]. No Oriente, por outro lado, essa perspectiva sempre foi propriedade coletiva. Para o indiano, tudo o que existe de mais elevado e de mais baixo está contido no sujeito transcendental. "Em consequência, a significação do *Atman*, do *Self*, é elevada para além de todos os limites"[71], enquanto em nosso meio, uma subvalorização igualmente sem limites da alma impede seu crescimento e seu desenvolvimento. Para nós, todos os valores se encontram no mundo exterior; o mundo interior se mantém bárbaro, subdesenvolvido e passível de tomar conta de nós a qualquer momento sob forma de estados de possessão, a não ser que tenhamos sucesso em compreender seus conteúdos e conectá-los à nossa vida consciente.

Mas a experiência do inconsciente tem um efeito de *isolamento*[72], e há muitas pessoas que não podem suportá-lo. No entanto, estar a sós com o *Self* é a experiência humana mais elevada e decisiva, visto que "deve-se estar sozinho, se se pretende descobrir o que sustenta a pessoa quando ela já não pode sustentar-se. Somente essa experiência pode dar-lhe um fundamento indestrutível"[73].

NOTAS

1. *Memories*, pp. 331-32/306. [*Memórias, Sonhos, Reflexões*. São Paulo: Edição do Círculo do Livro, 1993, p. 299.]
2. Cf. *Psicologia e Alquimia*, *Obras Completas*, vol. 12, Introdução.
3. Cf. Jack Lindsay, *The Origins of Alchemy in Graeco-Roman Egypt*.
4. Em minha opinião, Lindsay praticamente não entendeu o sentido desse aspecto em particular. O cadáver era banhado em sódio. "*Natron*": ntr; significa "Deus".
5. Cf. *Psicologia e Alquimia*, *Obras Completas*, vol. 12, cap. V.
6. Por Julius Ruska, por exemplo, que, influenciado por esses preconceitos, até forneceu datas errôneas e interpretações textuais distorcidas. Por outro lado, muitas dessas fantasias alquímicas, apartadas das investigações da matéria, permanecem hoje entre certos maçons, rosa-cruzes etc., como ensinamentos secretos moralizadores, mas sem a base empírica e reduzidos às especulações metafísicas.
7. Cf., por exemplo, Jung e Wilhelm, *O Segredo da Flor de Ouro*; *Alchemy, Medicine and Religion in the China of a. D. 320, do Nei P'ien* de Ko Hung (Pao-p'u-tzu), traduzido por J. R. Ware, Luch'iang Wu e Tenney L. Davis, "Ancient Chinese Treatise Entitled Ts'an T'ung Ch'i by Wei Po-yang", *in Isis*, 18, 1932, pp. 237ss.; Mircea Eliade, *The Forge and the Crucible*, pp. 109ss.; e a literatura ali citada. Havia alquimistas que também trabalhavam com a matéria exterior, como, por exemplo, Wei Po-yang. Cf. A. Waley, "Notes on Chinese Alchemy", *Bulletin of the Oriental School of London*, 6, 1930, pp. 1-24, esp. p. 11.

8. Cf. *Memories*, pp. 81-82/87. [*Memórias, Sonhos, Reflexões*. São Paulo: Edição do Círculo do Livro, 1993, pp. 85-86.]
9. *Ibidem*, pp. 202ss./193ss. [*Memórias, Sonhos, Reflexões*. São Paulo: Edição do Círculo do Livro, 1993, pp. 187ss.]
10. *Ibidem*, pp. 202/194. [*Memórias, Sonhos, Reflexões*. São Paulo: Edição do Círculo do Livro, 1993, p. 187.]
11. Ele conhecia *Problems of Mysticism and its Symbolism*, de Herbert Silberer.
12. *Memories*, pp. 205/196, 213ss./203ss. [*Memórias, Sonhos, Reflexões*. São Paulo: Edição do Círculo do Livro, 1993, p. 188.]
13. A respeito da maneira como ele se dedicou a essa tarefa, ver Marie-Louise von Franz, "C. G. Jung's Library", *Spring*, 1970; e Aniela Jaffé, *From the Life and Work of C. G. Jung*, pp. 46ss. [*Os Últimos Anos de Carl G. Jung*. São Paulo: Cultrix, 2ª ed., 2022.]
14. Os envenenamentos com chumbo e as explosões não eram incomuns.
15. Cf. as visões de Zósimo, que Jung interpretou detalhadamente, *Estudos Alquímicos, Obras Completas*, vol. 13, pars. 85ss.
16. Cf. Von Franz, org., *Aurora Consurgens*, pp. 16ss.
17. Cf., em especial, a ampla coleção de obras cabalístico-alquímicas em Knorr von Rosenroth, *Kabbala Denudata*.
18. Cf. *Aurora Consurgens*, *passim*.
19. Cf. Jung, *Psicologia e Alquimia, Obras Completas*, vol. 12, pars. 394ss.; e *Artis auriferae*, vol. I (1593), p. 214: "*Et hoc imaginare per veram imaginationem et non phantasticam.*"
20. Cf., acima, cap. 5. Cf. também o "Dialogus Mercurii alchemistae et naturae", *Theatrum chemicum*, IV, pp. 509ss.
21. Sobre isso e sobre o que se segue, cf. Jung, *Estudos Alquímicos, Obras Completas*, vol. 13, pars. 239ss. "Tanto no Oriente quanto no Ocidente, a alquimia contém em seu cerne a doutrina gnóstica do *Anthropos* e, pela sua própria natureza, tem o caráter de uma peculiar doutrina da redenção" (par. 252).
22. A sonhadora também pintava às vezes, mas tinha perdido o prazer que sentia com isso.
23. Na alquimia, o "espírito na matéria" é descrito com frequência como "aquele que dorme no Hades", ou como um ser aprisionado.
24. A direção do inconsciente.
25. Cf. Jung, *Estudos Alquímicos, Obras Completas*, vol. 13, pars. 256ss.

26. Cf. *ibidem*, par. 260.

27. *Ibidem*, par. 261.

28. *Ibidem*, par. 263; "Aquarium sapientum", *Museum hermeticum*, p. 85, citado por Jung.

29. Cf. *Estudos Alquímicos*, *Obras Completas*, vol. 13, par. 264.

30. *Ibidem*, par. 267.

31. Cf. *ibidem*, par. 267.

32. *Ibidem*, par. 268.

33. Cf. *ibidem*.

34. *Ibidem*, par. 269.

35. Para exemplos, *ibidem*, cap. 6, pars. 270ss.

36. *Ibidem*, par. 271.

37. *Ibidem*, par. 272.

38. *Ibidem*, par. 273.

39. *Ibidem*, par. 278.

40. *Ibidem*.

41. *Ibidem*, par. 284.

42. *Ibidem*.

43. *Ibidem*, par. 295.

44. Em 1939, quando dirigia um seminário sobre os *Exercícios Espirituais* de Inácio de Loyola, no Instituto Federal de Tecnologia (ETH), em Zurique.

45. *Memories*, pp. 210-11/201 (grifo meu.) [*Memórias, Sonhos, Reflexões*. São Paulo: Edição do Círculo do Livro, 1993, pp. 193-94.]

46. Cf. *Psicologia e Religião*, *Obras Completas*, vol 11/1, par. 151.

47. *Ibidem*.

48. Interpolação da autora.

49. *Estudos Alquímicos*, *Obras Completas*, vol. 13, par. 281.

50. Cf. meu artigo "Der kosmische Mensch", *Evolution*, p. 108. Eu poderia acrescentar toda uma série de sonhos dessa espécie, sonhados pelos mais diferentes tipos de pessoas.

51. Jung, *Um Mito Moderno sobre Coisas Vistas no Céu*, *Obras Completas*, vol.10/4, par. 727.

52. *Memories*, pp. 60-1/68-9. [*Memórias, Sonhos, Reflexões*. São Paulo: Edição do Círculo do Livro, 1993, p. 68.]

53. *Estudos Alquímicos*, *Obras Completas*, vol. 13, par. 303.

54. Merlim também era associado a Elias.

55. Cf. a carta de Jung, de 1953, reproduzida em *Élie, le prophète*, p. 14 (e *A Vida Simbólica, Obras Completas*, vol. 18/2, par. 1.522).

56. Cf. Bruno, *Élie, le prophète*, p. 15 (*A Vida Simbólica, Obras Completas*, vol. 18/2, par. 1.525).

57. Elias, Enoc, Cristo, Maria.

58. Gerhard Dorn ("*De transmutatione metallorum*", *Theatrum chemicum*, I, p. 610; citado por Jung, in *Élie, le prophète*, p. 15 (*A Vida Simbólica, Obras Completas*, vol. 18/2, par. 1.528).

59. Carta de Jung, in *Élie, le prophète*, p. 16 (*A Vida Simbólica, Obras Completas*, vol. 18/2, par. 1.529).

60. M.-L. von Franz, "Der kosmische Mensch", p. 107.

61. *Psicologia e Alquimia, Obras Completas*, vol. 12, par. 8.

62. *Ibidem*.

63. Cf. Gênesis, 1:2.

64. Interpolação da autora.

65. Interpolação da autora.

66. *Psicologia e Alquimia, Obras Completas*, vol. 12, par. 26 (grifo meu).

67. *Ibidem*, par. 28.

68. *Ibidem*, par. 11.

69. *Ibidem*, par. 14 (grifo meu).

70. Cf. Frances Yates, *Giordano Bruno and the Hermetic Tradition*, pp. 271s. e 282. [*Giordano Bruno e as Tradições Herméticas*. São Paulo: Cultrix, 1987 (fora de catálogo).]

71. *Psicologia e Alquimia, Obras Completas*, vol. 12, par. 9.

72. *Ibidem*, par. 57.

73. *Ibidem*, par. 32.

CAPÍTULO XI

A PEDRA FILOSOFAL

Quando era um estudante, Jung gostava de brincar ao ar livre. Ao lado dos muros do jardim da casa de seus pais, havia um declive em que estava incrustada uma pedra, "a minha pedra", como ele a chamava.

> Era frequente, quando estava sozinho, que eu me sentasse nessa pedra e começasse uma brincadeira imaginária mais ou menos assim: "Estou em cima dessa pedra e ela está debaixo de mim". Mas a pedra também podia dizer "eu" e pensar: "Estou aqui, neste declive, e ele está sentado em cima de mim". Vinha então a questão: "Eu é que estou sentado em cima da pedra ou eu sou a pedra sobre a qual *ele* está sentado?" Essa pergunta sempre me deixou perplexo e eu me levantava, a imaginar quem era o que naquele momento[1].

Ao entalhar num pedaço de madeira o pequeno homem de preto já mencionado e o esconder, quando era aluno da escola primária, Jung deu ao boneco um pedregulho do Reno, colorido e dividido numa metade superior e numa inferior. Essa era a "sua" pedra, a sua fonte de vitalidade[2]. Jung sentiu-se seguro depois de fazer isso e o sentimento de incompatibilidade interior consigo mesmo, que na época costumava atormentá-lo, atenuou-se. Só muito depois veio ele a descobrir que os homens da Idade da Pedra também possuíam pedras desse tipo, que mantinham consigo em esconderijos especiais que eram, por assim dizer, os repositórios de sua força. Isso ainda ocorre com os aborígines australianos[3]. Portanto, a pedra parece ser um símbolo antiquíssimo do eterno, do duradouro que há no homem, do qual ele tira a força de que necessita para viver. As pedras que diversos povos empilham nos túmulos têm o mesmo significado: simbolizam aquilo que sobrevive à morte nos seres humanos. Os alemães antigos, por exemplo, arrumavam essas pedras, as chamadas "pedras Bautar", em seus túmulos, onde ofereciam sacrifícios. Acreditavam que a alma dos seus ancestrais mortos vivia nas pedras e migrava delas para as crianças recém-nascidas[4]. O santo suíço, irmão Klaus de Flüe, testemunhou que, no ventre da mãe, antes de nascer, teve a visão de uma estrela, de uma grande pedra e do crisma. A pedra significava sua constância, que deveria manter, sem jamais renunciar à sua meta[5]. Aquele que possui essa pedra não pode ser "dissolvido" pelas influências coletivas nem por problemas interiores, decorrendo daí o sentimento de que a pedra é uma parte da pessoa que pode sobreviver a todas as coisas. Desde a época dos primeiros textos alquímicos, encontramos repetidas vezes o tema da pedra (*lapis philosophorum*) como equivalente do ouro buscado. A "pedra enviada por Deus" era o ponto de partida e o alvo do *opus* alquímico, a pedra que pode transformar todo metal em ouro e que, segundo alguns autores, está oculta no corpo humano, devendo ser extraída dele. É o mistério de Deus na matéria, chegando a ser descrita como a "pedra que tem um espírito [*pneuma*]" que deve ser extraído dela[6]. Na alquimia do Extremo Oriente, o corpo de diamante corresponde a essa pedra; o alquimista cria esse corpo por meio de exercícios de meditação, atingindo assim a imortalidade em vida[7].

Também na alquimia ocidental vários mestres suspeitaram de que a pedra oferecia uma questão de desenvolvimento meditativo da própria personalidade, que, esperava-se, se completaria no mundo exterior. Para eles, assim como para os alquimistas orientais, a "pedra" era uma espécie de corpo imortal. Num antiquíssimo rito fúnebre egípcio, representava-se o momento da ressurreição, no túmulo, pela ereção da chamada coluna *djed*, uma pilastra de pedra; e um dos mais antigos textos alquímicos gregos, *Komarios a Kleopatra*, celebra a produção da pedra, numa linguagem sublime, como um mistério de ressurreição em que uma "estátua" sai renascida do fogo[8].

Mais tarde, quando a tradição alquímica passou para a esfera da cultura arábica, a *lapis* (pedra) foi equiparada ao Caaba em Meca e, ao voltar para o Ocidente, os autores encontram um paralelo para a "sua" pedra na "pedra que os construtores rejeitaram [e que] se tornou pedra angular"[9], identificando-a, assim, com Cristo – que é sempre tido por pedra angular rejeitada[10]. A pedra alquímica, segundo certos autores, também se identifica com Mercurius e com a água mercurial, discutidos no capítulo anterior. Ele aparece com frequência como o companheiro do buscador solitário e como uma figura quadrúplice do *Anthropos* divino[11]. Petrus Bonus, autor do século XIV, diz do *opus* alquímico:

> Mas, no que se refere à fixação e à permanência da alma e do espírito ao fim da sublimação, isso ocorre quando se acrescenta a pedra secreta, que não pode ser apreendida pelos sentidos, mas somente pelo intelecto[12], através da inspiração ou da revelação divina ou da instrução de um iniciado [...]. Essa pedra secreta é um dom de Deus. Não pode haver alquimia sem essa pedra. Ela é o coração e a tintura do ouro, e refere-se ao que diz Hermes: "Faz-se necessário que, no fim do mundo, o céu e a terra sejam unidos: isso é o Verbo filosofal"[13].

Petrus Bonus prossegue, descrevendo a pedra como o *corpo ressurrecto* que é tanto espiritual como corpóreo e é dotado de tal sutileza que pode penetrar e ocupar tudo. "Os antigos filósofos discerniam o Juízo Final nessa arte, a saber, na germinação e no nascimento dessa pedra, porque nela a alma a ser beatificada [*beatificandae*] se une com o corpo original para a glória eterna"[14]. Essa associação da pedra com a ideia da imortalidade corporal é um tema que se repete de modo constante em inúmeros lugares. Assim é que, num antigo ciclo mexicano de sagas, Quetzalcoatl, o deus e portador da salvação, é gerado por uma joia verde que penetrou sua mãe; também se punha uma pedra preciosa na boca dos mortos para revivê-los depois da morte[15]. Estátuas de pedra dos deuses eram cuidadas e cultuadas no Egito porque esperava-se que preservassem a imperecibilidade do princípio vital (*Ka*) do faraó e, no Apocalipse de Elias, diz-se dos santos que escapam à perseguição do Anticristo que sua carne se tornará pedra para permanecer incólume até o final dos tempos[16].

Embora os textos alquímicos exibam muitas variações, um escrutínio sinótico pode revelar certos temas fundamentais de acordo com os quais a pedra filosofal é produzida em três estágios típicos: o *nigredo* (negrume), o *albedo* (brancura ou embranquecimento) e o *rubedo* ou *citrinitas* (avermelhamento ou cor de ouro).

Na primeira fase, *nigredo*, o material inicial (*prima materia*) é dissolvido, calcinado, pulverizado e lavado ou purificado. Trata-se de um estágio perigoso, em que costumam desenvolver-se vapores venenosos, bem como ocorrer envenenamentos por chumbo ou mercúrio ou explosões. Segundo antigos textos, vive no chumbo "um demônio impudico que pode causar uma enfermidade do espírito, ou alienação mental". O operador sente-se confuso, desorientado, sucumbindo a uma profunda melancolia ou sentindo-se transportado à camada mais profunda do inferno. O *nigredo* tem seus paralelos no processo de individuação, no confronto com a sombra. Tudo aquilo que se criticou nos outros com indignação moral é "apresentado" nos sonhos como parte do próprio ser da pessoa. Inveja, ciúmes, mentiras, impulsos sexuais, desejo de poder, ambição, avidez por dinheiro, irritabilidade e toda espécie de infantilidade observam-nos de súbito em nossos sonhos. Ilusões acerca de si mesmo e do mundo se fazem em pedaços, ideais são revelados como desejos de poder disfarçados, convicções "sagradas" são expostas como vazias. Se houver uma psicose latente, o demônio do chumbo, o "Espírito da Gravidade", de Nietzsche, pode causar uma verdadeira doença mental. O ego sente-se privado de sua onipotência ilusória e confrontado pelo sombrio e assombroso poder do inconsciente. Essa condição pode durar por muito tempo, por anos até, à espera de que se tornem conscientes todas as partes sombrias e de que todas as personalidades parciais autônomas (complexos autônomos) sejam reconhecidas e subjugadas ou domesticadas moralmente.

No trabalho alquímico, o *nigredo* é seguido pelo *albedo*. Esse estágio corresponde, no processo de individuação, à integração dos componentes contrassexuais interiores, a *anima* no caso do homem, e o *animus* no da mulher. (Como quase todos os textos alquímicos foram escritos por homens, o *albedo* costuma ser descrito como o estágio "em que a mulher reina e a luz da lua aparece"). É verdade que a lavagem, a calcinação etc. do *nigredo* continua nessa fase, porque, tal como a Hidra de Lerna que Hércules combateu, a sombra continua a produzir novas cabeças de tempos em tempos. Mas a operação do *albedo* não é tão violenta ou penosa como a do *nigredo*. Ela consiste essencialmente no controle do fogo com sabedoria: fogo demais destrói; fogo de menos permite que o processo se "esfrie". Em termos psicológicos, é uma questão do problema da transferência, a constelação de uma relação de amor entre médico e paciente, ou então o problema de um amor intenso e passional que costuma ser constelado fora da situação terapêutica[17]. No simbolismo alquímico, o problema projetado é representado pelo "casamento místico" em todas as suas variantes. Em seus primeiros estágios, uma relação amorosa intensa e passional é quase sempre reconhecível (de qualquer maneira, costuma ser visível apenas para o observador) como projeção do *animus* ou da *anima* em outra pessoa, razão pela qual é frequente surgir um relacionamento baseado na inconsciência mútua[18], no qual todos os opostos possíveis – confiança e ansiedade, esperança e dúvida, atração e repulsa – se contrabalançam[19].

Os antigos alquimistas em geral trabalhavam com uma amiga (*soror mystica*) ou com suas esposas, e seus componentes de *animus* e de *anima* eram projetados na matéria com a qual e sobre a qual trabalhavam; isso significa que eles buscavam produzir o "casamento real" desses componentes na retorta. Numa situação amorosa na terapia ou na vida, também são consteladas quatro figuras: o homem e sua *anima*, e a mulher com o seu *animus*. Entre esses quatro fatores, são possíveis todos os fenômenos concebíveis de atração e repulsa psíquicas[20]. Para nós, trata-se de uma situação nova, na medida em que o *animus* e a *anima* antes se achavam contidos no dogma como símbolos religiosos: *animus* na figura de Cristo (o noivo celestial de muitas mulheres) e a *anima* na figura de Maria ou da Igreja. Todavia, essas projeções hoje, inconscientemente, deixaram em larga medida as imagens religiosas e adentraram a esfera humana, fato que leva a relação entre homem e mulher parecer enormemente mais importante, mas também muito mais difícil, o que, na opinião de Jung, arruína muitos casamentos[21]. A vantagem dessa dificuldade reside no fato de nos forçar, por fim, a dar atenção à psique inconsciente. É costumeiro descrever os parceiros do casamento alquímico como irmão e irmã, como mãe e filho ou como pai e filha. Sua união é incestuosa. O propósito do aspecto incestuoso dessa configuração amorosa é nos tornar conscientes da projeção; ou seja, isso nos obriga a perceber que se trata, afinal de contas, de uma questão da união dos componentes da personalidade em nós mesmos, de um "casamento espiritual" como experiência interior não projetada[22]. Visava-se, por assim dizer, uma unificação dos opostos interiores no *Self*[23]. Os antigos alquimistas tinham menos dificuldades do que nós, já que, para eles, o problema estava na matéria, na retorta, onde tentavam produzir a pedra por meio do "casamento alquímico". Nós, no entanto, temos de levar o processo a termo em nós mesmos; essa tarefa nos atinge bem no centro do nosso ser e vai mais fundo.

Graças à atual explosão populacional e ao contato muito mais estreito entre as pessoas, e entre os povos, promovido pela tecnologia, a ordem primordial do chamado casamento segundo classes foi solapada, visto ser originalmente uma ordem social própria de comunidades menores. A energia instintiva que sempre busca coesão social mudou de direção nas culturas superiores, voltando-se principalmente para as áreas políticas e religiosas[24]; mas hoje essas áreas da existência também estão contaminadas pela dissolução geral, razão pela qual ora nos encontramos em perigo de cair numa caótica psique de massa. Por conseguinte, é constelada uma tendência contrária, redentora, no homem da nossa época, que se manifesta como um impulso em direção à consolidação interior do indivíduo e à diferenciação da sua capacidade de se relacionar com seu semelhante.

Se não tomarmos consciência desse fato, essa tendência vai se exprimir de qualquer maneira na realidade, mas de modo negativo, levando a um endurecimento interior do coração entre as pessoas, como aprendemos a nossa própria custa, com o pano de fundo de muitos crimes atuais. O homem coletivo "torna-se um animal de rebanho, sem alma, governado apenas pelo medo e pela luxúria: sua alma, que só pode viver nas relações humanas, e das relações humanas, está irrecuperavelmente perdida"[25].

Como o *animus* e a *anima* costumam estar em conflito entre si (causa de tantas crises conjugais modernas), sua ativação cria entre homem e mulher uma relação caracterizada a um só tempo pela mais forte atração e pela amarga hostilidade. A intensidade do vínculo é significativa, porque, sem ela, os parceiros podem muito bem separar-se ao primeiro desentendimento; o vínculo os obriga a trabalhar com o problema *animus-anima*. A manutenção de um "fogo moderado" que "não queime o rei e a rainha", como o recomendam os alquimistas, é imensamente difícil, pois significa manter-se a meio caminho entre os componentes físicos e espirituais[26]. A retirada da projeção raras vezes resulta no final do relacionamento, "porque, sem o reconhecimento e a aceitação conscientes da nossa semelhança com aqueles que nos cercam, não pode haver síntese da personalidade [...]. A consolidação interior do indivíduo não se limita à dureza do homem coletivo num plano mais elevado, sob forma de distanciamento e inacessibilidade espirituais; ela inclui empaticamente o nosso semelhante"[27]. Isso explica por que Jung, ao contrário dos terapeutas de muitas escolas, cultivou o contato pessoal particular com muitos de seus pacientes; muitos deles vieram a ser seus alunos.

O choque entre o *animus* e a *anima* significa, sobretudo, um grave sofrimento, visto que o homem meramente natural tem de morrer enquanto ainda estamos vivos. Quem se encontrar nessa situação vai sem dúvida defrontar-se com o "outro" a quem se oporá e com quem seu ego--vontade interior vai se confrontar, ou seja, com a sua sombra, bem como com a realidade individual do "tu", que não corresponde às suas expectativas e, por fim, com o "não eu" psíquico, os arquétipos do inconsciente coletivo, dotados do poder de determinação do destino[28]. Em consequência, diz Jung, alguém crucificado constitui uma verdade "eterna" já que quem se acha no caminho da individuação não pode fugir à suspensão entre os opostos simbolizada pela crucificação[29]. Mas, precisamente no ponto mais profundo do sofrimento, surge o conteúdo do próximo estágio, o "nascimento do [...] homem interior"[30], isto é, do *Self*[31], ou da pedra do sábio.

No procedimento alquímico, *rubedo* ou *citrinitas* (avermelhamento ou cor de ouro) segue o *albedo*. Nessa fase, o trabalho chega ao fim, a retorta é aberta e a pedra filosofal começa a irradiar o cósmico efeito curativo. Ele une todos os opostos em si e junta os quatro elementos do mundo[32]. Também o *Self*, que se faz realidade no processo de individuação, é o homem mais amplo, o homem interior, que direcionado para a eternidade, o *Anthropos* descrito como esférico e bissexual e que "representa a mútua integração do consciente e do inconsciente"[33].

O encontro dos opostos em nosso interior significa, como se observou, sofrimento intenso. Isso também é mostrado sem ambiguidade no simbolismo alquímico. O tema do tormento é sobremodo evidenciado nos sonhos-visões do famoso alquimista prístino, Zósimo de Panópolis, que viveu no século III d.C[34]. Nessas visões, Zósimo contempla um sacerdote que aparece num altar em forma de tigela e lhe anuncia que vai lhe mostrar um processo de espiritualização do corpo. Ele diz a Zósimo que recebeu o poder daquele que veio "às pressas, nas primeiras horas da manhã", e que o fez em pedaços com uma espada, desmembrando-o, e que o escalpou e queimou até que seu corpo se transformasse, tornando-se espírito. Depois disso, o sacerdote cuspiu fora a própria carne, "transmutando-se no oposto de si mesmo", um pequeno boneco. O sacerdote parte "a própria carne com os dentes" e afunda "outra vez em si mesmo"[35]. Numa segunda visão, o homúnculo parece observar homens que são fervidos, em tormento, em água fervente num altar em forma de tigela. Também eles passam por um processo de espiritualização. O sacerdote, contudo, é aquele que "sacrifica e é sacrificado". Mais tarde, o *opus* consiste em erigir um templo a partir de *uma única* pedra branca, em cujo interior flui uma nascente da água mais pura, de onde brilha uma luz "resplandecente como o sol". Ali está sentado o sacerdote, que agora se transformou de homem de bronze em ouro. O tema do tormento repete-se várias vezes e, no final, a bela figura de um homem de nome "Meridiano do Sol" é sacrificada, fervida e colocada no "local de punição"[36].

O templo, um monolito, representa a *lapis*, a pedra filosofal, na qual e por causa da qual toda a operação de sacrifício é realizada[37]. Essa representação dramática do *opus* alquímico "mostra como o divino processo da mudança se manifesta à nossa humana compreensão e como o homem a vivencia – como punição, tormento, morte e transfiguração"[38]. Zósimo descreve "como o homem agiria e o que teria de padecer se fosse atraído para o ciclo da morte e do renascimento dos deuses, assim como o efeito que o deus *absconditus*[39] teria se um mortal" permitisse que o espírito do inconsciente fosse ativado e atraísse a sua atenção[40].

As visões de Zósimo trazem em si os simbolismos de uma transformação arquetípica e de um mistério de sacrifício que também formam o fundamento da liturgia da Missa, em que aparecem transmutados em sua mais elevada forma espiritual[41]. Jung fez um completo estudo psicológico da Missa, que não cabe aqui, mas que inclui um sumário do significado psicológico do sacrifício, que também constitui o cerne do mistério da transformação alquímica[42].

O ato do sacrifício significa que eu estou entregando algo que *me* pertence; quanto mais valiosa for a oferenda e quanto mais a atitude de não esperar nada em troca estiver presente no sacrifício, tanto mais ele significa a entrega de mim mesmo, visto nos identificarmos inconscientemente com posses que são importantes para nós[43]. O fato de você poder dar a si mesmo a "prova de que você possui a si mesmo [...]. Logo, todo aquele que pode sacrificar a si mesmo e desistir do seu direito deve tê-lo tido; em outras palavras, deve ter tido consciência desse direito. Isso pressupõe um ato de considerável autoconhecimento [...]"[44]. Portanto, no ato do sacrifício, o ego, com suas exigências egoicas naturais, decide contra si mesmo, na medida em que se subordina a uma autoridade *superior* a si mesmo. Essa autoridade é o princípio da individuação, ou o *Self*, que surge no ato do sacrifício porque força o ego, a partir de dentro, a ocupar uma posição subordinada. O significado central do sacrifício para o ego torna-se claro: é a possibilidade que ele tem de vivenciar a presença superior e a realidade do *Self*. Terá isso um sentido para o *Self*? Para o *Self*, esse é o momento em que pode penetrar em nós e, assim, passar de um estado de inconsciência para o de consciência, de potencialidade para o de realidade. É, por assim dizer, o momento em que o "deus desconhecido" em nós se torna consciente, tornando-se por isso, simultaneamente, humano[45]. A partir do estado de inconsciência, o *Self* integra a si próprio ao se reconhecer nas partes da pessoa e surge como unidade. Na medida em que preexistiu ao ego, o *Self* é seu pai; mas, como só pôde tornar-se manifesto por meio do trabalho realizado pelo ego, ele é seu filho – daí a identidade entre *puer* e *senex* no simbolismo de Mercurius. O autorreconhecimento do ser humano ou o impulso de individuação, que são a mesma coisa, reúne em uma unidade o ser interior difuso, permitindo-lhe ingressar em uma vida real na figura do Uno, do *Anthropos*. Desse modo, amplia-se o círculo da consciência e cessam as fontes de conflito, porque os paradoxos existentes no *Self* tornaram-se conscientes[46]. Como há algo "eterno" e indestrutível inerente ao *Self*, também o ego experimenta uma aproximação desse estado. Isso significa que o *Self* tem uma inclinação tão forte para se tornar consciente em nós como nós temos para encontrar nele a nossa redenção. Nos Atos de João, texto apócrifo (provavelmente do século II d.C.), Cristo diz aos seus discípulos: "Enquanto dançais[47], avaliai o que faço, *pois é vosso esse sofrimento humano que desejo sofrer*. Porque não seríeis capazes de compreender vosso sofrimento se eu não vos tivesse sido enviado como Logos pelo Pai [...]. Se tivésseis compreendido o sofrimento, teríeis o não sofrimento [...]. Compreendei a Palavra da Sabedoria em mim"[48].

Por meio do sofrimento, o ego toma consciência do *Self*. "Já não nos vemos como um ponto isolado na periferia, mas como o Uno no centro. Somente a consciência subjetiva está isolada; quando se relaciona com o seu centro, ela é integrada na totalidade" e encontra, em meio aos sofrimentos, um lugar calmo, para além de todos os envolvimentos[49].

Nas interpretações gnósticas do símbolo de Cristo, bem como nas das imagens da pedra filosofal, de Mercurius e do *Anthropos*, o *Self* surge como um símbolo *natural* da totalidade. Ele se opõe à imagem dogmática de Cristo, visto que esta nada – ou quase nada – contém do elemento sombrio, do feminino, do material[50]. É portanto compreensível que os teólogos medievais se tenham ocupado do *corpo* de Cristo, e que as lendas medievais do Graal girassem em torno da ideia do sangue de Cristo no cálice do Graal, porque a imagem do corpo da Ressurreição não os satisfazia. Eis por que toda a discussão foi retomada na época do anúncio do dogma da Assunção de Maria. Pela Assunção e coroação de Maria, a tríade masculina que está no céu é completada por um quarto ser, feminino. Assim, constitui-se uma quaternidade, que representa um genuíno símbolo da totalidade e não um símbolo meramente postulado. "A totalidade da Trindade é um mero postulado, porque há, fora dela, o adversário autônomo e eterno, com suas legiões de anjos decaídos e com os habitantes do inferno. Os símbolos naturais da totalidade, tais como os que ocorrem em nossos sonhos e visões e que tomam, no Oriente, a forma de mandalas, são quaternidades ou múltiplos de quatro, ou então círculos quadrados"[51].

Não é casual o fato de os alquimistas terem escolhido como imagem de Deus o símbolo da *pedra*, porque esse símbolo acentua o princípio da matéria, porque ele pode ser encontrado em toda parte, é "barato" e porque sua fabricação está ao alcance de todo homem[52]. Todas essas qualidades compensam certos defeitos da imagem eclesiástica oficial de Cristo: "Um ar muito rarefeito para as necessidades humanas, um caráter demasiado remoto, um lugar que ficou vazio no coração do homem. Os homens sentiram a ausência do Cristo 'interior', que pertencia a cada um dos homens. A espiritualidade de Cristo era por demais elevada e a naturalidade do homem, baixa em demasia"[53]. Na imagem da pedra, contudo, a "carne" é glorificada, mas não por ser transformada em espírito; o espírito parece, em vez disso, ser condensado ou "fixado" na matéria. A pedra é, pois, um símbolo do deus interior que há no homem, e não, como Cristo, o "filho do homem", mas sim um "filho do universo" (*filius macrocosmi*), porque não veio da mente consciente do homem, mas "daquelas regiões fronteiriças da psique que se abrem para o mistério da matéria cósmica"[54]. A figura de Cristo é apenas luz e perfeição; essa unilateralidade era necessária para possibilitar uma ampliação e intensificação da consciência, mas, no decorrer do tempo, levou a um conflito moral quase insustentável no homem[55]. Além disso, a *anima rationalis* foi exaltada a tal ponto que se partiu, tornando-se um racionalismo científico irreligioso que tenta reprimir tudo o que é sombrio e irracional[56]. O símbolo da pedra, contudo, significa uma compensação: contém os opostos num estado indiviso da natureza[57]. Assim, há na verdade dois símbolos do *Self* que antecipam a dualidade entre consciente e inconsciente no homem[58], cabendo-nos hoje reconciliar em nós esses dois poderes, algo que os sonhos modernos citados no capítulo anterior pareciam estar tentando fazer.

A pedra filosofal não é somente, como Cristo, redentora do homem, mas também, e ao mesmo tempo, um deus a ser redimido pelo homem[59]. O alquimista imita Cristo a tal ponto que, como ele, adquire o poder de redimir, exercendo-o no interesse do deus oculto na matéria. Trata-se, com efeito, de uma continuidade inconsciente, em uma visão mais profunda, do misticismo de Cristo, continuação de que o adepto, na realidade, jamais tem uma consciência clara. "Se tivesse sido bem-sucedido na formação de alguma ideia concreta dos conteúdos inconscientes, o alquimista teria sido obrigado a reconhecer que tinha tomado o lugar de Cristo – ou, para ser mais exato, que, considerado antes como *Self* do que como ego, tinha assumido a tarefa de redimir, não o homem, mas Deus. Então, teria sido obrigado a reconhecer não apenas a si como equivalente de Cristo, como também a Cristo como símbolo do *Self*. Essa tremenda conclusão não chegou a ser gerada pela mente medieval"[60]. Para a mentalidade indiana, por outro lado, essa percepção é tão autoevidente que por vezes nos parece ilusória. Não obstante, a enorme atração que o espírito indiano exerce sobre tantos ocidentais hoje em dia pode ser explicada sob o ponto de vista dessa constelação. Esse espírito pode formar para nós uma ponte – cuja abordagem já foi preparada pela alquimia – que conduza à consciência nossos conteúdos inconscientes.

A seu modo, os gnósticos chegaram a uma compreensão igualmente profunda de Cristo como símbolo do *Self*, mas permaneceram presos a uma inflação[61]. Eles se sentiam superiores à "multidão cega", possuidores de um mistério que os colocava numa categoria à parte. "Essa atitude presunçosa decorreu de uma inflação causada pelo fato de o iluminado ter se identificado com a própria luz e de ter confundido seu ego com o *Self* [...]. Ele se esquece de que a luz só tem sentido quando ilumina alguma coisa escura e de que a iluminação não é boa para ele se não o ajudar a reconhecer a própria escuridão"[62]. A Igreja se deu conta do perigo representado pelo irrealismo gnóstico e por isso insistiu nos aspectos concretos práticos do símbolo. Estaremos nós, hoje, passados dois mil anos, maduros o suficiente para compreender e perceber a divindade do homem, sem nos esquecermos da nossa pequenez e das trevas que existem em nós? O fenômeno do *Self*, em que se unem todos os opostos, é, como o acentuou de modo constante Jung, simplesmente inconcebível, um mistério com o qual é melhor não nos identificarmos enquanto estivermos de posse de nossas faculdades normais. O próprio homem é incapaz de dominar a misteriosa polaridade que há em sua própria natureza; ele deve, em vez disso, aprender a compreendê-la como um conteúdo psíquico objetivo inerente[63], uma experiência numinosa reservada, no passado, a uns poucos, mas que acontece a um número cada vez maior de pessoas no mundo contemporâneo[64]. A pedra *é* uma experiência interior, mas não é o ego. Daí a pergunta que se fez Jung, quando era garoto, ao sentar-se na pedra: "Sou aquele que se senta na pedra ou eu sou a pedra na qual *ele* se senta?" É preciso muita sabedoria para sustentar esse paradoxo.

Quando Jung, que era um pedreiro habilidoso, trabalhava num anexo de sua casa de pedra no lago superior, um operário levou-lhe uma pedra angular cúbica que fora medida incorretamente e não podia ser usada na construção – "a pedra rejeitada pelos construtores". Ele percebeu de imediato que *aquela* era a pedra que ele deveria transformar numa lembrança da *lapis*[65]. Na parte anterior, ele gravou um círculo e, nele, um *kabir*, o Telésforo ou Asclépio, com uma lanterna na mão; em torno dele, gravou em grego a inscrição:

> O tempo é uma criança – brincando como uma criança – sobre um jogo de tabuleiro, o reino da criança. Eis Telésforo, que vaga pelas regiões sombrias desse cosmos e que brilha qual estrela erguendo-se das profundezas. Indica o caminho dos portões do sol e da terra dos sonhos[66].

E, nos outros dois lados visíveis da pedra, Jung gravou dizeres alquímicos a respeito da pedra filosofal. Um deles diz o seguinte:

> Sou uma órfã, sozinha; mesmo assim, estou em toda parte. Sou uma, mas oposta a mim mesma. Sou ao mesmo tempo jovem e velha. Não conheci pai nem mãe, porque devem ter me arrancado das profundezas como um peixe, ou caí do céu, como uma pedra branca. Vagueio pelas florestas e montanhas, mas estou escondida no mais recôndito do homem. Para cada um sou mortal e, no entanto, a sucessão dos tempos não me atinge[67].

Nessa pedra, Jung erigiu um memorial para sua torre no lago superior e para seu real ocupante, o *Self* – bem como para aquela vida misteriosa a que ele deu o nome de inconsciente, de que de fato tão pouco se compreendeu até agora.

NOTAS

1. *Memories*, pp. 20/33. [*Memórias, Sonhos, Reflexões*. São Paulo: Edição do Círculo do Livro, 1993, p. 36.]

2. *Ibidem*, pp. 21/34. [*Memórias, Sonhos, Reflexões*. São Paulo: Edição do Círculo do Livro, 1993, p. 37.]
3. As suas *churingas* são pedras ou pedaços de madeira; sua força de vida mágica está nelas. Cf. Jung, *A Energia Psíquica, Obras Completas*, vol. 8/1, pars. 92 e 119.
4. Cf. P. Hermann, *Das altgermanische Priesterwesen*, pp. 52-54.
5. Cf. Von Franz, *Die Visionem des Niklaus von Flüe*, pp. 16ss.
6. Cf. *Psicologia e Religião, Obras Completas*, vol. 11/1, par. 151.
7. Cf. Richard Wilhelm, *O Segredo da Flor de Ouro, passim*; Mircea Eliade, *The Forge and the Crucible*; Lu K'uan Yü, *Taoist Yoga: Alchemy and Immortality*.
8. Cf. M. Berthelot, "*Collection des Anciens Alchimistes Grecs*," IV, xx, 8, citado por Jung, *Psicologia e Alquimia, Obras Completas*, vol. 12, par. 483.
9. Mateus 21:42 (versão standard revista); ver também Efésios 2:20-21.
10. Cf. *Psicologia e Alquimia, Obras Completas*, vol. 12, pars. 447ss.
11. *Ibidem*, pars. 456ss.
12. No sentido de "espírito".
13. *Psicologia e Alquimia, Obras Completas*, vol. 12, par. 462.
14. *Ibidem*.
15. Cf. Jung, *Estudos Alquímicos, Obras Completas*, vol. 13, par. 132.
16. *Ibidem*, par. 133.
17. Cf. principalmente Jung, *Ab-reação, Análise dos Sonhos e Transferência, Obras Completas*, vol. 16/2, pars. 353ss.
18. *Ibidem*, par. 364. Como Freud percebeu acertadamente, isso costuma ter um caráter incestuoso (par. 368), o que constitui um indício indireto de que muita coisa vista no parceiro amado deve pertencer, na realidade, ao sujeito.
19. *Ibidem*, par. 375.
20. Para detalhes, *ibidem*, pars. 309ss. e, em especial, pars. 407ss. Essa constelação tem como protótipo histórico o chamado "casamento consanguíneo" de vários povos primitivos. Cf. pars. 433ss.
21. *Ibidem*, par. 442.
22. *Ibidem*, par. 443.
23. *Ibidem*, par. 444.
24. *Ibidem*, pars. 444-46.
25. *Ibidem*, par. 444.
26. Cf. *Ab-reação, Análise dos Sonhos e Transferência, Obras Completas*, vol. 16/2, par. 448. Há dois perigos típicos: "O primeiro é o perigo de o paciente usar as

oportunidades para desenvolvimento espiritual, que vêm da análise do inconsciente, como pretexto para fugir às responsabilidades humanas mais profundas e para afetar certa "espiritualidade" que não resiste à crítica moral; o segundo é o perigo de tendências atávicas ganharem ascendência e levarem o relacionamento para um nível primitivo. Entre Esquila e esse Caribdis, há uma estreita passagem, e tanto o misticismo cristão como a alquimia medievais muito contribuíram para essa descoberta. Cf., no tocante a isso, a carta de Jung a John Trinick, no livro deste último, *The Fire-tried Stone*.

27. Cf. *Ab-reação, Análise dos Sonhos e Transferência, Obras Completas*, vol. 16/2, par. 470.
28. *Ibidem*, par. 470.
29. *Ibidem*.
30. *Ibidem*, par. 282.
31. Eis por que, já em Agostinho, compreendia-se a crucifixão como um "casamento sagrado".
32. Cf. *Ab-reação, Análise dos Sonhos e Transferência, Obras Completas*, vol. 16/2, par. 529.
33. *Ibidem*, par. 531.
34. Reproduzidas na íntegra e interpretadas em Jung, *Estudos Alquímicos, Obras Completas*, vol. 13, pars. 85ss.
35. *Ibidem*, par. 86.
36. *Ibidem*.
37. *Ibidem*, par. 112.
38. *Ibidem*, par. 139.
39. "Deus oculto".
40. Cf. *Estudos Alquímicos, Obras Completas*, vol. 13, par. 139.
41. Cf. *O Símbolo da Transformação na Missa, Obras Completas*, vol. 11/3, pars. 296ss.
42. *Ibidem*, pars. 381ss.
43. *Ibidem*, par. 398.
44. *Ibidem*, par. 390.
45. *Ibidem*, par. 398.
46. *Ibidem*, par. 401.
47. Cristo está numa ciranda com os discípulos.

48. Citado por Jung em *O Símbolo da Transformação na Missa, Obras Completas*, vol. 11/3, par. 415 (grifo meu).
49. *Ibidem*, pars. 427-28.
50. *Ibidem*, par. 435.
51. *Estudos Alquímicos, Obras Completas*, vol. 13, par. 127. Jung dedicou um estudo especial ao problema da Trindade e do quarto em *Psicologia e Religião, Obras Completas*, vol. 11/1, pars. 169ss. Cf. também o prefácio de Jung para Zwi Werblowski, *Lucifer and Prometheus* (em *Estudos Diversos, Obras Completas*, vol. 11, pars. 468ss). Cf. também A. Moreno, *Jung, God and Modern Man*.
52. Cf. *Estudos Alquímicos, Obras Completas*, vol. 13, par. 127.
53. *Ibidem*, par. 127.
54. *Ibidem*.
55. Cf. *Psicologia e Alquimia, Obras Completas*, vol. 12, par. 293.
56. *Ibidem*, par. 294.
57. *Ibidem*, par. 295.
58. *Ibidem*, par. 299.
59. Ver quanto a isso *Psicologia e Alquimia, Obras Completas*, vol. 12, pars. 557ss.
60. *Ibidem*, par. 452.
61. Cf. *O Símbolo da Transformação na Missa, Obras Completas*, vol. 11/3, par. 438.
62. *Ibidem*.
63. *Ibidem*, par. 446.
64. *Ibidem*, par. 448.
65. Cf. *Memories*, pp. 226-27/215 (gravura VI na ed. de Nova York, não incluída na de Londres). [*Memórias, Sonhos, Reflexões*. São Paulo: Edição do Círculo do Livro, 1993, p. 207.] Jung tinha na época 75 anos. Ele sabia muito bem como lidar com pedras e ferramentas. Há alguns anos, o filho de um pedreiro da vizinhança me disse: "Hoje em dia, os pedreiros já não sabem trabalhar com a pedra natural. Mas o velho Jung, lá no lago, ele sabia muito bem. Sabia o jeito certo de pegar uma pedra". Cf. também Fowler McCormick, in *Carl Gustav Jung: a Memorial Meeting*, pp. 10ss.
66. *Memories*, pp. 227/215. [*Memórias, Sonhos, Reflexões*. São Paulo: Edição do Círculo do Livro, 1993,, p. 207.]
67. *Ibidem*, p. 227/216. [*Memórias, Sonhos, Reflexões*. São Paulo: Edição do Círculo do Livro, 1993, p. 208.]

CAPÍTULO XII

A DESCOBERTA DO *UNUS MUNDUS*

Nos estágios iniciais da obra alquímica, aparece com frequência o símbolo do hermafrodita, um ser monstruoso que representa uma união de opostos que aconteceu *cedo demais*. Ele deve ser cortado com uma espada e fervido, para que seus opostos interiores possam unir-se mais tarde no "casamento alquímico", como homem e mulher completos. Em certos aspectos, o hermafrodita simboliza o destino da própria alquimia. Na alquimia, também houve um casamento demasiado precoce entre o conhecimento da natureza da matéria e da psique inconsciente – se não um casamento, ao menos uma mistura. A separação dos dois aspectos começou no século XVII, com o desenvolvimento de uma perspectiva mais racionalista; a partir dessa época, a química – em seu tempestuoso desenvolvimento adicional – e a física se livraram de quase todos os mitologemas e símbolos psicológicos a fim de compreenderem a real natureza da matéria de modo cada vez menos tendencioso e cada vez mais objetivo e livre de vieses. Jung, por sua vez, tomou a metade masculino-espiritual rejeitada do hermafrodita e pôs-se a trabalhar para demonstrar que o simbolismo alquímico é uma expressão do inconsciente coletivo. Ele também tentou, de maneira deveras intencional, deixar de fora todo vínculo possível entre processos psíquicos e biológicos, fisiológicos e, por fim, microfísicos, embora estivesse de fato convencido de sua existência[1]. A desvantagem desse procedimento, como indicou Jung, reside no fato de, nesse caso, explicar-se o psíquico nos termos do psíquico – ao que falta a possibilidade de reconstruí-lo em outro meio, como o faz, por exemplo, o físico, ao reconstruir um processo atômico em sua "teoria" psíquica[2], embora seu trabalho também seja prejudicado por um fator de incerteza, visto que a observação altera o objeto observado. "Como tem de relacionar suas medidas a objetos, a física é obrigada a distinguir o meio de observação da coisa observada, resultando daí a relativização das categorias de espaço, de tempo e de causalidade"[3].

Mas o mundo microfísico do átomo exibe certas características cujas afinidades com o comportamento da psique são notáveis. Talvez um dia venha a ser possível, afinal, reconstruir processos psíquicos em outro meio exterior à psique, a saber, o mundo das partículas básicas. Isso provavelmente ocorre a todo o momento sem que percebamos, no momento em que a psique percebe o mundo físico[4]. Sem ter conhecimento, a princípio, do paralelismo, Jung desenvolveu conceitos e modelos de assombrosa semelhança com os da física moderna. Destaca-se entre eles o conceito de complementaridade na física quântica entre partículas ou *quantas* e ondas e, na psicologia profunda, entre os conteúdos da consciência e os do inconsciente. O ponto de vista de que se trata de processos energéticos, como processos de energia, é outro modelo dessa espécie, tal como o é a descoberta de certa relatividade do tempo e do espaço, tanto no reino das partículas elementares como no das camadas mais profundas do inconsciente. Por fim, há o fato de em ambas as disciplinas, como já mencionamos, dever-se considerar o efeito do "observador" sobre a coisa observada.

No entanto, esse paralelismo de modelos de pensamento não é tudo. Há indicações de que a energia psíquica e a energia física podem não ser senão dois aspectos de uma mesma realidade de base. Se isso for verdade, o mundo da matéria vai se afigurar, por assim dizer, como uma imagem especular do mundo do espírito ou da psique, e vice-versa[5]. A partir de 1929, Jung observou uma classe de eventos que parecem apontar para uma relação direta entre psique e matéria. Se verificarmos uma série de sonhos e de processos inconscientes de determinado indivíduo ao longo de um período de tempo considerável, veremos que, com alguma frequência, mas de maneira esporádica e irregular, um tema sonhado ou uma fantasia inesperada também aparecem no ambiente material, como evento exterior, seja numa forma muito semelhante (reconhecida pela parapsicologia e explicada como telepatia) ou de modo simbólico; por exemplo, quando se vê uma pessoa vestida de preto num sonho e, no dia seguinte, se recebe a notícia de uma morte.

Jung descreveu essa combinação de eventos como um *fenômeno de sincronicidade*. A conexão entre o evento interior (sonho, fantasia, pressentimento) e o evento exterior parece não ser causal, de causa e efeito, mas antes de uma relativa simultaneidade, revestindo-se ambos os eventos de um mesmo *significado* para o indivíduo que passa pela experiência[6]. Esses fenômenos de sincronicidade aparecem com especial frequência em certas situações de ativação de um arquétipo no inconsciente do indivíduo envolvido (ou seja, quando ele se encontra em "estado de excitação", como diria o físico)[7]. Nesse momento, pode parecer que o arquétipo constelado aparece também fora da psique. Jung deu a isso o nome de aspecto "transgressivo" do arquétipo, o aspecto que se estende ao mundo da matéria, assim como aspecto psicoide do arquétipo, na medida em que este último se manifesta psiquicamente, mas não de maneira exclusiva.

A dificuldade de formular esses fenômenos de sincronicidade em termos científicos é o fato de eles serem acontecimentos irregulares e, portanto, imprevisíveis. Eles fogem aos cálculos estatísticos de probabilidade e frequência, que são os métodos usados até agora[8]. Jung encontrou essa dificuldade quando, por fim, decidiu formular uma interpretação científica desses fenômenos que vinha observando há muito tempo. Para tornar crível a sua formulação, ele precisava encontrar uma maneira de exprimir estatisticamente um fenômeno já conhecido de constelações arquetípicas acompanhadas de eventos determinados de modo concreto, dotados do mesmo sentido. Ele escolheu as correspondências astrológicas, atribuídas tradicionalmente ao casamento, ou seja, às conjunções Sol-Lua ou Marte-Vênus, porque essa correspondência é um exemplo, de forma projetada, da crença de que o casamento está vinculado a uma constelação arquetípica no terreno psíquico (que é projetado no céu). O fato de duas pessoas terem se casado é um fato indiscutível. A primeira análise estatística mostrou um resultado significativo, quase inacreditável[9].

Porém, Jung não ficou à vontade com a obtenção desse resultado positivo. Sentado diante de sua torre em Bollingen numa certa tarde, ele de súbito viu, graças ao jogo entre luz e sombra, uma face maliciosa que, cravada na parede, ria dele. (Mais tarde, com martelo e cinzel, ele esculpiu esse rosto na pedra, perpetuando-o como o embusteiro Mercurius.) Veio-lhe de impacto o pensamento: Teria Mercurius, o espírito da natureza, lhe pregado uma peça? Apresentando uma disposição mental mais sóbria e cética, ele repetiu o experimento com um segundo lote de horóscopos e, dessa vez, o resultado foi substancialmente menos improvável. Portanto, com toda a probabilidade, o primeiro resultado fora por si só uma coincidência significativa, ou seja, um fenômeno de sincronicidade! O arquétipo da *coniunctio* ou casamento (nesse caso, entre psique e matéria) fora ativado na psique de Jung – ela estivera num "estado de excitação"; Jung estivera emocionalmente envolvido, a um ponto inusitado, e o embusteiro fizera cair em suas mãos um resultado estatístico positivo sobrenatural correspondente! Por conseguinte, a realidade do fenômeno de sincronicidade se manifestara mais uma vez, mas a "prova" estatística era, naturalmente, questionável em sua totalidade[10].

Jung decidiu então apresentar toda a história ao leitor nos termos exatos em que ocorrera. Ao rever os fatos, voltou a criticar a validade absoluta da causalidade – que, de qualquer maneira, encontra-se num terreno bastante movediço na física atômica – e sugeriu como modelo o uso, ao lado da causalidade, de um princípio por ele denominado "ordenação acausal". Há de fato arranjos ordenados à feição de um "fato consumado" na natureza, arranjos para os quais não podemos encontrar explicações *causais*. Um dos mais conhecidos, na microfísica, é o período radioativo, que obviamente manifesta certa "ordem", embora não se possa determinar o tempo de desintegração da partícula simples. Também há fenômenos semelhantes na psique; por exemplo, a nossa ideia dos números naturais. Todos os seres humanos são simplesmente forçados, pela própria natureza da sua capacidade inata de pensar, a reconhecer que o número 6 é chamado de número "perfeito", isto é, consiste da soma de seus divisores – 1, 2 e 3 – mas ninguém apresentaria uma explicação psicológica causal para isso. Para nós, é simplesmente evidente; ao que parece, nossa psique é estruturada de tal modo que temos de encarar isso dessa maneira, e não de outra qualquer. Na opinião de Jung, todos os números naturais são especialmente "primitivos", quer dizer, são estruturas arquetípicas que atingem mais as profundezas do inconsciente do que a maioria. Elas demonstram a existência de uma "ordenação acausal" na psique. Os fenômenos de sincronicidade acima descritos são correspondências indiscutíveis de alguma coisa interior e de alguma coisa exterior, não podendo ser explicados em termos causais, mas ocorrem com regularidade. Por essa razão, Jung os denominou "*fenômenos fronteiriços*" de ordenação acausal. Diz ele:

> Surge agora a questão da capacidade de expansão, ou melhor, da possível necessidade de expansão, de nossa definição de "sincronicidade", com referência à equivalência entre processos físicos e psíquicos. Essa necessidade parece impor-se a nós quando consideramos a concepção mais ampla de sincronicidade, acima apresentada, como "ordenação acausal". Incluem-se nessa categoria todos os "atos de criação", fatores apriorísticos, como as propriedades dos números naturais, as descontinuidades da física moderna etc. [...] Inclino-me de fato à concepção de que a sincronicidade no sentido mais estrito é apenas um exemplo particular da ordenação acausal geral – aquela de equivalência entre processos físicos e psíquicos, em que o observador está na posição afortunada de poder reconhecer o *tertium comparationis*[11].

Nos fenômenos de sincronicidade, ou exemplos de ordenação significativa[12], surgem no campo de visão interior imagens que se relacionam analogicamente, isto é, do ponto de vista do significado, com eventos exteriores objetivos, mesmo quando não é possível demonstrar uma relação causal entre as duas classes de eventos[13]. Isso postula um significado *a priori* na própria natureza, que existe antes da consciência humana[14], um *fator formal* da natureza a que não se pode dar uma explicação causal, mas que, pelo contrário, é anterior a toda tentativa de explicação por parte da consciência humana. Esse fator formal de sentido recebeu de Jung o nome de "conhecimento absoluto". Absoluto porque independe de nosso conhecimento consciente. É como se algo, em algum lugar, fosse "conhecido" sob a forma de imagens – mas não por nós.

O comportamento "inteligente" dos organismos inferiores desprovidos de cérebro provavelmente tem vínculos com esse "conhecimento absoluto"[15]; ele também parece ser independente de todo conhecimento mediado pelos órgãos dos sentidos e aponta para a existência de um significado autossubsistente na natureza[16]. "Essa forma de existência só pode ser *transcendental*, porque, como mostra o conhecimento do futuro ou de eventos espacialmente distantes, está contida num espaço e num tempo psiquicamente relativos, quer dizer, num contínuo espaço-tempo irrepresentável"[17]. Em contraste com a ordenação acausal (por exemplo, as propriedades dos números naturais ou as descontinuidades da física), que ocorre regularmente, os fenômenos de sincronicidade são *atos de criação no tempo*[18]. Isso significa mais ou menos que a criação prossegue hoje, no sentido de uma "criação contínua" ou *creatio continua*[19]. Esses atos de criação ocorrem, por um lado, dentro do padrão de uma ordenação existente desde a eternidade, e por outro, segundo o padrão de uma ordenação que se repete esporadicamente. O reconhecimento dessa ordenação nos afeta como *significado*[20], razão pela qual os fenômenos de sincronicidade sempre foram considerados, em épocas anteriores, como manifestações da divindade[21] ou, na China, como um sinal do Tao, do princípio universal.

Afora o eminente físico Wolfgang Pauli, autor do ensaio "The Influence of Archetypal Ideas on the Scientific Theories of Kepler" (publicado originalmente no mesmo volume do artigo de Jung sobre a sincronicidade)[22], não conheço nenhum físico que tenha feito um uso sério do modelo sugerido por Jung do princípio da sincronicidade, tentando explicar certos eventos contingentes da natureza[23]. Mas o assunto despertou o interesse de alguns poucos autores de orientação filosófica[24]. Assim, Ernst Anrich, em *Moderne Physik und Tiefenpsychologie*, lidou positivamente com a ideia de uma unidade final de toda existência, em função de cujo delineamento a psicologia e a física se integram. Mas – o que é estranho – Anrich não elabora o tema da sincronicidade, que só menciona de passagem, terminando o livro com uma confissão filosoficamente orientada a que falta o "quarto", a manifestação empírica ímpar do *unus mundus*, tão enfatizado por Jung. Peter Urban, por outro lado, evidencia uma maior compreensão da preocupação de Jung em seu ensaio "Philosophische und empirische Aspekte der Synchronizitätstheorie". Segundo ele, "o modelo da sincronicidade possibilita uma perspectiva adequada para tratar de vários fenômenos parapsicológicos comprovados empiricamente", o que não significa, contudo, que todos os problemas da parapsicologia sejam resolvidos pelo modelo. Porém, segundo Urban, este possibilita uma "caracterização específica do relacionamento tempo-emoção"[25]. Os fenômenos de sincronicidade são, na realidade, como acentua Jung, de natureza parapsicológica, razão pela qual não surpreende o fato de ter sido um parapsicólogo profissional, Hans Bender, quem – ao lado de John Mischo – seguiu a tentativa de explicação de Jung de modo objetivo e com toda a seriedade[26]. Ele investigou a série de sonhos de uma mulher que tivera uma quantidade anormalmente grande de experiências de sincronicidade, partindo especificamente do ponto de vista de que suas experiências poderiam ser uma questão de telepatia ou de fenômenos de sincronicidade, tendo chegado à seguinte conclusão: "As coincidências entre os sonhos e as situações da realidade parecem, como categoria de ocorrências, corresponder ao 'poder de atração de coisas relacionadas'. Alguns parecem ser apreendidos de maneira mais imediata, usando-se o modelo da sincronicidade (o extraordinário reside no próprio evento), do que se fosse usado o modelo da capacidade *Psi*, em que o evento futuro é considerado apenas como o objeto da percepção extrassensorial"[27]. As duas perspectivas não se excluem mutuamente, sendo antes complementares.

O pensamento sincronístico sempre esteve mais próximo do espírito oriental do que do pensamento causal ocidental. Era natural, pois, que Manfred Porkert usasse cedo as ideias de Jung para explicar a ciência chinesa[28] e que outros sinólogos demonstrassem simpatia por elas[29]. Não obstante, ainda não se pode dizer que a concepção de sincronicidade de Jung tenha sido de fato reconhecida pelos sinólogos em geral. Por estranho que pareça, contudo, está acontecendo algo muito diferente. Os *hippies* americanos e, em tempos recentes, alguns círculos europeus de *hippies*, redescobriam o *I Ching*, o *Livro das Mutações* chinês, usando com frequência sua técnica oracular. Assim, vai crescendo uma nova geração que está familiarizada com o princípio da sincronicidade no nível *prático*. Talvez uns poucos indivíduos dessa geração se interessem mais tarde por um trabalho científico que introduza esse princípio em nossa visão de mundo. De qualquer maneira, tem sido fácil, na minha experiência, discutir o problema da sincronicidade nos círculos desses jovens, sem despertar resistência emocional, o que ainda acontece quando se toca no assunto com a maioria dos cientistas da geração mais velha. Os chineses sempre visaram, com a sua cultura, antes a uma percepção intuitiva do mundo como um todo que um claro entendimento racional dos detalhes[30] e, quanto a esse objetivo, descobriram no *I Ching* uma espécie de apoio técnico cuja profundeza de sentido mal começamos a vislumbrar[31]. Os grandes comentadores do *I Ching* buscavam explicar a simultaneidade entre a condição psíquica do consulente e o processo físico sincronístico[32], por meio da *equivalência de significado*[33], assim como tentavam ordená-la em imagens que correspondem a 64 situações típicas. No Ocidente, há um método paralelo, o da chamada geomancia – que, no entanto, permaneceu num nível de magia primitiva e, pelo que sei, só recebeu uma interpretação filosófica mais séria na África, na Nigéria ocidental[34]. O filósofo chinês Wang Fu Ch'i (1619-1692) tentou dar uma "explicação" ao *I Ching*[35] que merece atenção. Segundo Wang, toda a existência se radica num *continuum* todo-abrangente que contém *em si* suas próprias leis. Mas esse contínuo dispensa a manifestação concreta e não é diretamente acessível à percepção dos sentidos. Ele forma, pode-se dizer, algo semelhante a um fundamento psicofísico latente do mundo. Diferenciam-se desse contínuo, graças à própria dinâmica inerente, determinadas imagens que, em termos de estrutura e posição, participam da legitimidade ordenada do contínuo. Como resultado de sua legitimidade, ou ordenação, essas imagens também são parte do mundo do número, podendo por isso ser captadas por meio de um procedimento numérico. As "imagens" de Wang Fu Ch'i são aquilo que Jung denominaria imagens arquetípicas. "O *I Ching*", afirmou Jung, "é um formidável sistema psicológico que procura organizar a interação dos arquétipos [...] num certo padrão, a fim de possibilitar a leitura"[36]. O papel de mediador entre o acontecimento do mundo exterior e a situação interior é atribuído, portanto, ao *número*. O método mais apropriado à natureza da mutação é o de contar.

> Desde os tempos mais remotos, os homens têm usado os números para estabelecer coincidências significativas, isto é, coincidências que possam ser interpretadas. Há algo peculiar, pode-se mesmo dizer "misterioso", nos números. Eles jamais foram privados por inteiro de sua aura numinosa. [...] A sequência de números naturais revela ser inesperadamente mais que uma união de unidades idênticas: ela contém toda a matemática e tudo o que venha a ser descoberto nesse campo. O número [...] e a sincronicidade [...] colocados em conexão um com o outro [...] possuem ambos, como características comuns, numinosidade e mistério [...]. O número, mais do que qualquer outra coisa, ajuda a trazer ordem ao caos dos eventos. É o instrumento predestinado a criar a ordem ou a apreender um arranjo regular ou "ordenação"; já existente, mas ainda desconhecido. Pode muito bem ser o mais primitivo fator de ordenação da mente humana [...]. Por conseguinte, não é tão audaciosa, afinal, a conclusão de que definimos o número, em termos psicológicos, como um *arquétipo da ordem* tornado consciente. É bastante notável que as imagens psíquicas da totalidade produzidas

espontaneamente pelo inconsciente, os símbolos do *Self* em forma de mandala, também tenham uma estrutura matemática [...]. Essas estruturas não se limitam a exprimir ordem; elas criam ordem [...]. Daí a conclusão irrefutável de que o inconsciente usa o número como fator ordenador[37].

Na medida em que os fenômenos de sincronicidade são *atos de criação no tempo*[38], o momento temporal tem papel significativo, como indica a escolha de Jung pelo termo "sincronicidade"[39]. Deveria portanto ser possível formular uma relação entre o número, o instrumento que podemos usar para compreender a sincronicidade, e o tempo. Essa relação atraiu de fato alguma atenção na especulação ocidental dos números por um longo período, mas esse interesse se reduziu em épocas mais recentes[40]. Na cultura chinesa, por outro lado, essa relação era compreendida de modo distinto desde o começo, tendo-se desenvolvido de modo notável. Para o chinês, o tempo não é, de forma alguma, um contexto vazio em que os eventos ocorrem; é, antes, um fluxo contínuo dotado de uma forma cujos conteúdos podem ser determinados em termos qualitativos. Todos os eventos que ocorrem num dado momento do tempo compartilham da mesma qualidade, visto serem eles expoentes de uma mesma situação momentânea, fato a partir do qual se supõe haver uma representação passível de ser "lida" ou compreendida[41]. O tempo torna-se um "contínuo concreto que possui qualidades ou condições básicas capazes de se manifestar simultaneamente em lugares diferentes por meio de um paralelismo acausal, tal como acontece, por exemplo, na ocorrência simultânea de pensamentos, de símbolos ou de estados psíquicos idênticos"[42] e de outros fenômenos de sincronicidade. Segundo a concepção chinesa, os diferentes aspectos da *unidade de toda a existência* se manifestam em certas "fases" típicas do processo de mutação, sendo essas fases indicadas por números; em outras palavras, o número, na China, caracteriza padrões ou "conjuntos" variáveis no tempo de fatores interiores e exteriores no âmbito do "todo o mundo". Representa métodos de agrupamento que refletem uma planta baixa do cosmos inteiro, o qual constitui, no final, matemática[43]. Partindo dessa atitude fundamental com relação ao número, o chinês o usa para um entendimento intuitivo do princípio da sincronicidade.

Perto do final da vida, Jung planejava concentrar suas pesquisas na natureza dos números naturais, nos quais via estruturas arquetípicas e uma expressão primordial, muito primitiva, do espírito, quer dizer, da dinâmica psíquica. Ele tomou notas sobre as características matemáticas individuais dos primeiros números, mas não pôde levar o seu plano a efeito. Em *Number and Time*, tentei ir um pouco mais longe nessa direção, a fim de mostrar que os números podem ser entendidos como configurações arquetípicas do movimento comuns à energia psíquica e à energia física, exprimindo-se por meio deles um isomorfismo de fatores físicos e psíquicos. Mas isso não passa de um começo, e o desenvolvimento da ideia deve ser realizado por pesquisadores mais qualificados.

Jung supunha que, no nível mais profundo do inconsciente coletivo, nos deparamos com algo da Natureza desconhecida. "A Natureza que contém *tudo*, incluindo, portanto, o que se desconhece, *inclusive* a matéria." O aspecto previsto das coisas está aí, nessa "camada instintiva [ou 'animal'] da psique"; quando *esse* nível é ativado nas pessoas, os eventos de sincronicidade são observados com maior frequência[44]. Nesse nível, a psique aparece como qualidade da matéria, ou a matéria como aspecto concreto da psique; mas, em razão da inevitabilidade do fenômeno psíquico, "não pode haver apenas *uma* abordagem do mistério da existência, devendo haver ao menos duas: de um lado, a ocorrência material e, do outro, o reflexo psíquico",[45] sendo demasiado difícil uma decisão sobre o que reflete o quê.

A coisa essencial e, por certo, mais impressionante quanto às ocorrências de sincronicidade, aquilo que realmente constitui a sua numinosidade, é o fato de, nelas, a dualidade entre alma e matéria parecer estar eliminada. Elas são, portanto, uma indicação *empírica* de uma unidade última de toda a existência, que Jung, usando a terminologia da filosofia natural medieval, denominou "*unus mundus*"[46]. Na filosofia medieval, esse conceito designa *o modelo potencial preexistente da criação na mente de Deus*, de acordo com o qual Deus mais tarde produziu a criação. Trata-se, segundo John Scotus Erigena, do "poder vital ou seminal de Deus, que transforma um Nada, que está além de toda existência e de toda não existência, em incontáveis formas". Deus realiza essa transição para a criação por intermédio do seu Filho e da Sabedoria, a *Sapientia Dei*, "por meio da qual Ele conhece a Si Mesmo". Deus cria o Todo nela, isto é, nas causas primárias que não apenas estão *em* Deus como *são* o próprio Deus. A *Sapientia Dei* é uma imagem homogênea ou uniforme que prolifera numa multiplicidade de formas primordiais, mas que sempre permanece una. As formas primordiais são "ideias" ou "protótipos" de todas as coisas que existem[47]. Hugh de St. Victor também denomina a *Sapientia Dei* o "original" do universo, ou o *archetypus mundus* na mente de Deus, o modelo de sua criação do universo[48]. Esse *archetypus mundus* não é só unidade absoluta; é também *atemporal*; nele, as "coisas que não existem simultaneamente no tempo existem simultaneamente fora do tempo". "Na eterna sabedoria de Deus, a sucessão temporal é desprovida de tempo"[49]. Gerhard Dorn, discípulo de Paracelso, via a conclusão da obra alquímica numa união entre o indivíduo e esse *unus mundus* na mente de Deus[50] porque o Mercurius do alquimista *é* na verdade o próprio *unus mundus*, "a unidade original indiferenciada do mundo ou do Ser"[51]. Jung viu nessas especulações medievais uma antecipação do conceito de *inconsciente coletivo*. Também no inconsciente coletivo, mostra a experiência, tudo parece mais ou menos vinculado com tudo mais numa unidade, se bem que certos arquétipos emergem com uma forma relativamente distinta, acumulando-se em torno deles conjuntos de imagens individuais. O modo como se organiza a multiplicidade do inconsciente coletivo numa unidade revela-se com especial clareza no simbolismo da mandala[52]. "A mandala simboliza, por meio do seu ponto central, a unidade última de todos os arquétipos, bem como a multiplicidade do mundo fenomenológico, sendo portanto o equivalente empírico do conceito metafísico do *unus mundus*. O equivalente alquímico é a *lapis* e seus sinônimos, o microcosmo em particular"[53].

No mundo psíquico chinês do *I Ching*, há na base do oráculo dois níveis de existência: a mandala da "Ordem do Céu Anterior", que é atemporal, e a roda-mandala da "Ordem do Céu Posterior, pertinente ao mundo interior", que produz o tempo (cíclico). Encontramos também em outros lugares essas duplas mandalas, que ilustram a atemporalidade do *unus mundus* e suas intrusões no tempo em ocorrências de sincronicidade[54]. Mas as rodas não invadem os domínios uma da outra, o que exprime a incomensurabilidade entre o atemporal e o mundo da temporalidade. Essas mandalas duplas parecem ter sido concebidas especialmente para demonstrar o princípio da sincronicidade. Elas indicam que se trata de uma travessia ou fenômeno fronteiriço entre a consciência e os níveis mais profundos do inconsciente.

Enquanto a mandala representa uma analogia psicológica com o *unus mundus*, os fenômenos de sincronicidade representam uma analogia *parapsicológica* que aponta *empiricamente* para uma *unidade* última do *mundo*. No fim, tudo o que acontece se dá num mesmo mundo e é parte dele.

> A ideia do *unus mundus* fundamenta-se sem dúvida na suposição de que a multiplicidade do mundo empírico se apoia numa unidade subjacente e de que não existem dois ou mais mundos distintos lado a lado ou entrelaçados entre si. Na verdade, tudo o que é dividido e diferente pertence a um mesmo mundo, que não é o mundo dos sentidos, mas um postulado cuja probabilidade é anunciada pelo fato de que até o momento ninguém foi capaz de descobrir um mundo no qual sejam inválidas as leis conhecidas da natureza [...].
>
> Nem tudo o que *existe* está ao alcance do nosso conhecimento, razão pela qual não temos condições de fazer afirmações acerca da sua natureza total. A microfísica está descobrindo instintivamente seu caminho em direção ao lado desconhecido da matéria, da mesma maneira como a psicologia dos complexos está se dirigindo para o lado desconhecido da psique [...]. Mas uma coisa sabemos com certeza: a realidade empírica tem fundamento transcendental. O terreno comum da microfísica e da psicologia profunda

> é tanto físico como psíquico e, portanto, nenhum, mas antes uma terceira coisa, uma natureza neutra que podemos, no máximo, perceber por meio de indícios, visto ser a sua essência de cunho transcendental.
>
> [...] O fundamento psicofísico transcendental corresponde a um "mundo potencial", na medida em que todas as condições que determinam a forma dos fenômenos empíricos lhe são inerentes[55].

Dorn descreve a experiência do *unus mundus* como a abertura de uma "janela para a eternidade" ou de um "buraco de ar" no mundo eterno. E, de fato, uma experiência do *Self* ajuda a pessoa a libertar-se da prisão asfixiante de uma imagem consciente que seja muito estreita, de modo a poder abrir-se ao transcendental e que, ao mesmo tempo, o transcendental possa tocá-la e deixar nela uma impressão. Podemos compará-la à experiência do *sartori* do zen-budismo ou do *samadi* de certos ensinamentos orientais, bem como com o despertar para o Tao na China. Nossa vida humana finita só tem sentido quando vinculada com o pensamento infinito da "janela para a eternidade". Jung escreve a esse respeito em suas memórias:

> Somente quando sabemos que a coisa que de fato importa é o infinito podemos evitar a fixação do nosso interesse em futilidades e em todo tipo de alvo que não tenha real importância [...]. Se compreendermos e sentirmos que já nesta vida temos um vínculo com o infinito, os desejos e atitudes se transformarão. *Em última análise, só contamos alguma coisa por causa do essencial que personificamos; e se não o personificamos, a vida é desperdiçada.* Também no relacionamento com outas pessoas a questão essencial é se está sendo expresso um elemento de infinitude nessa relação.
>
> Contudo, só se pode alcançar o sentimento do infinito se se estiver limitado ao extremo. A maior limitação do homem é o "eu"; ela se manifesta na experiência "Sou *apenas* isto!" Só a consciência do nosso estreito confinamento ao eu forma a ligação com a ausência de limites do inconsciente. Nessa percepção, vivenciamos a nós mesmos, simultaneamente, tanto como limitados quanto como eternos, tanto um como o outro[56].

Eis por que a experiência do *Self* significa, para Dorn, um vislumbre pela "janela para a eternidade", mas, ao mesmo tempo, uma concentração do próprio ser na "pedra"; a um só tempo uma ampliação sem limites e a mais estreita das limitações.

Enquanto na imagem do *Anthropos*, como símbolo do *Self*, acentua-se a unidade subjacente de todos os seres humanos, no simbolismo das mandalas e da pedra filosofal acentua-se a unidade de toda a existência cósmica – como um fundamento irrepresentável do mundo. Uma experiência genuína do *unus mundus* era quase sempre esperada no passado como um acontecimento que só ocorreria na hora da morte ou depois da morte. Por exemplo, certas antigas liturgias egípcias para os mortos descrevem, numa linguagem comovente, a maneira pela qual o falecido se torna uno com todos os deuses e com toda a matéria do Todo do Mundo, unindo-se, por fim, ao pai primordial Nun, o próprio oceano primal, do qual o mundo foi criado. O morto pode então passar sem esforço por todos os objetos materiais naturais e "entrar e sair de todas as formas". No taoismo chinês, isso acontece com aquele que formou unidade com o *unus mundus*: "Ele anda no ar e nas nuvens; é transportado pelo Sol e pela Lua e viaja para além do mundo. A vida e a morte não podem transformar o seu eu". Ele sabe "tornar sua a essência mais recôndita da natureza e deixar-se levar pelos mutantes poderes primordiais, vagando lá onde não há limites"[57].

O próprio Jung teve certa vez uma experiência semelhante, quando ficou por uma semana entre a vida e a morte como resultado de um acidente que lhe provocou um enfarto cardíaco e pulmonar. Ele teve visões extáticas, descritas em suas memórias[58]. Enquanto percorria o espaço acima do globo terrestre, ele viu uma pedra flutuando no espaço (a "pedra pneumática" dos alquimistas!), um templo feito de um monolito. Ao se aproximar do templo, ele "teve o sentimento de que tudo se afastava [...] tudo para que me dirigisse, tudo o que eu desejasse ou pensasse, toda a fantasmagoria da existência terrena, desaparecia ou era afastado de mim [...]. Já não havia nada que eu quisesse ou desejasse. Eu existia numa forma objetiva; eu era o que tinha sido e vivido"[59]. No templo, esperavam por ele todas as pessoas a quem ele pertencia de fato. Em outras visões, vivenciou o "casamento sagrado" dos deuses. "Não sei qual o meu papel específico nele. No fundo, ele era eu mesmo: eu era o casamento. E minha beatitude era a de um casamento abençoado"[60]. Somente com a maior relutância e o maior sofrimento Jung conseguiu voltar ao confinamento da existência terrena[61]. Aquilo que ele descreve nessas visões é uma experiência sensível do *unus mundus*, em que todas as coisas que acontecem no tempo são vivenciadas como se estivessem aglomeradas numa unidade objetiva atemporal.

NOTAS

1. Cf. as observações de Jung sobre esse tema em *O Desenvolvimento da Personalidade*, *Obras Completas*, vol. 17, par. 157.
2. *Ibidem*, pars. 160ss.
3. *Ibidem*, par. 163.
4. *Ibidem*, par. 164.
5. Cf. *Mysterium Coniunctionis*, *Obras Completas*, vol. 14, pars. 768ss.
6. Cf. *Sincronicidade*, *Obras Completas*, vol. 8/3, pars. 816ss., que tem caráter fundamental no tocante a esses pontos e ao resto do capítulo.
7. *Ibidem*, pars. 911ss. Cf. também Von Franz, *Number and Time*, p. 7.
8. Para uma explicação mais detalhada da razão pela qual o cálculo de probabilidades é inadequado, cf. *ibidem*, pp. 218ss.
9. Cf. *Sincronicidade*, *Obras Completas*, vol. 8/3, pars. 882ss. Cf. também Jung, *A Vida Simbólica*, *Obras Completas*, vol. 18/2, pars. 1174ss.
10. Cf. *Sincronicidade*, *Obras Completas*, vol. 8/3, pars. 905ss.
11. *Ibidem*, par. 965.
12. *Ibidem*, par. 948.
13. *Ibidem*, par. 856.
14. *Ibidem*, par. 942.
15. *Ibidem*, par. 947.
16. *Ibidem*, par. 948.
17. *Ibidem* (grifo meu).
18. *Ibidem*, par. 965.

19. *Ibidem*, par. 976.

20. Deve-se corrigir aqui um pequeno erro de *The Myth of Meaning in the Work of C. G. Jung* [*O Mito do Significado na Obra de Carl G. Jung*. São Paulo: Cultrix, 2ª ed., 2021], de Aniela Jaffé (p. 150) []. Jaffé diz que o significado não existe sem os seres humanos, mas que, em vez disso, é por eles "criado", em lugar de dizer que o significado não é *reconhecível* sem as pessoas. Ela se refere à impossibilidade de se estabelecer um significado "objetivo", mas isso ocorre com todo o conhecimento da natureza.

21. Ou do demônio ou dos bons ou maus "espíritos".

22. *The interpretation of nature and the psyche.*

23. Isso foi de fato aceito por muitos dos alunos de Jung. Cf. Jaffé, *The Myth of Meaning in the Work of C. G. Jung*, pp. 150ss [*O Mito do Significado na Obra de Carl G. Jung*. São Paulo: Cultrix, 2ª ed., 2021]; Jaffé, *From the Life and Work of C. G. Jung*, pp. 17ss. [*Os Últimos Anos de Carl G. Jung*. São Paulo: Cultrix, 2ª ed., 2022]; C. A. Meier, *Moderne Physik – Moderne Psychologie*; Meier, "Psychosomatic Medicine from the Jungian Point of View", *Journal of Analytical Psychology*, 8:2, 1962; cf. também M. Rhally, "Varieties of Paranormal Cognition", *Spectrum Psichologiae*, Festschrift for C. A. Meier. Cf. ainda L. C. Kling, "Archetypische Symbolik und Synchronizitäten im aktuellen Weltgeschehen", *Verborgene Welt*, 1965/1966; Von Franz, *Number and Time*, *passim*.

24. In *The Roots of Coincidence*, contudo, Arthur Koestler ofereceu uma interpretação completamente errônea da concepção de sincronicidade de Jung. Ele a modificou um pouco no artigo "Physik und Synchronizität", *Zeitschrift für Parapsychologie und Grenzgebiete der Psychologie*, 15:1, 1973, p. 159, mas ainda assim não entendeu de fato a ideia.

25. *Grenzgebiete der Wissenschaft*, 17:4, pp. 356-57. A ideia da "origem invisível" ou da "origem primordial perdida", de Jean Gebser, tem muitos pontos em comum com o conceito junguiano de *unus mundus*. Cf. Gebser, *Der unsichtbare Ursprung*.

26. "Präkognition in Traumserie", *Zeitschrift für Parapsychologie und Grenzgebiete der Psychologie*, 4:2/3, 1960/61; 5:1, 1961; cf. também 4:1, 1960.

27. *Zeitschrift für Parapsychologie*, 5:1, pp. 45ss.

28. "Wissenschaftliches Denken im alten China", *Antaios*, II, 1961.

29. Hermann Köster, Erwin Rousselle, Carl Hentze. Cf. também A. Rump, *Die Verwundung des Hellen als Aspekt des Bösen im I-Ging*.

30. Cf. *Sincronicidade*, *Obras Completas*, vol. 8/3, par. 863.

31. Apesar de novas e, supostamente, melhores edições, a versão de Diederichs de 1923 (reeditada desde então com frequência), na tradução de Richard Wilhelm, parece-me a melhor, porque leva o leitor a uma melhor *compreensão*. Trata-se da versão traduzida para o inglês por C. F. Baynes.

32. A queda das moedas ou a distribuição das varetas de milefólio.

33. Cf. *Sincronicidade, Obras Completas*, vol. 8/3, par. 865.

34. Cf. B. Maupoil, *La géomancie a l'ancienne côte des esclaves*; M.-L. von Franz, *Number and Time*, pp. 265ss.

35. Descoberta por Hellmut Wilhelm, "The Concept of Time in the Book of Changes", *Man and Time*, pp. 219s.; Von Franz, *Number and Time*, pp. 10s.

36. *Mysterium Coniunctionis, Obras Completas*, vol. 14, par. 401.

37. *Sincronicidade, Obras Completas*, vol. 8/3, par. 870.

38. *Ibidem*, par. 965.

39. De "*chronos*" = "tempo".

40. Para detalhes, cf. Von Franz, *Number and Time*, pp. 248ss. Cf. também G. J. Whitrow, *The Natural Philosophy of Time*, pp. 29ss.

41. Cf. o prefácio de Jung para a edição em inglês da tradução do *I Ching*, de Wilhelm, p. iv (e em *Estudos Diversos, Obras Completas*, vol. 11/6). [*I Ching – O Livro das Mutações*. São Paulo: Pensamento, 1984.]

42. Jung, "Em memória de Richard Wilhelm", em *O Espírito na Arte e na Ciência, Obras Completas*, vol. 15, par. 81.

43. Cf. Von Franz, *Number and Time*, pp. 42ss. Cf. Marcel Granet, *Das Chinesische Denken*, p. 215.

44. Cf. Jung, "Ein Brief zur Frage der Synchronizität", *Zeitschrift für Parapsychologie*, 5:1, 1961, p. 4. (Ver a carta a Cornell, 9 de fevereiro de 1960, em *Jung: Letters*, org. por Adler, vol. 2.)

45. *Ibidem*, p. 5. Cf. também Von Franz, *Number and Time*, p. 17; Jaffé, *From the Life and Work of C. G. Jung*, pp. 17ss. [*Os Últimos Anos de Carl G. Jung*. São Paulo: Cultrix, 2ª ed., 2022] e *The Myth of Meaning in the Work of C. G. Jung* [*O Mito do Significado na Obra de Carl G. Jung*. São Paulo: Cultrix, 2ª ed., 2021].

46. *Mysterium Coniunctionis, Obras Completas*, vol. 14, pars. 659ss. O termo "*unus mundus*" não deve ser confundido com o conceito de "*Einheitswirklichkeit*" de Erich Neumann; Neumann se refere à fusão do indivíduo com seu ambiente – "Die Psyche und die Wandlung der Wirklichkeitsebenen", *Eranos-Jahrbuch*, 21, pp.169s –, enquanto Jung fala de um fundamento "potencial" irrepresentável do mundo.

47. *De divis naturae*, I, 5; III, 8, 18, 19; II, 20, 31; Migne, *Patrologia latina*, CXXII. Cf. Von Franz, *Number and Time*, pp. 172ss.

48. Cf. Von Franz, *Number and Time*, p. 172.

49. Prosper de Aquitaine, *Sententiae ex Augustino delibatae*, XLI e LVII, citado por Jung, *Sincronicidade*, *Obras Completas*, vol. 8/3, par. 967, n. 17.

50. Cf. *Mysterium Coniunctionis*, *Obras Completas*, vol. 14, pars. 659ss., especialmente 663, e pars. 767ss.

51. *Ibidem*, par. 660.

52. *Ibidem*, pars. 660ss.

53. *Ibidem*, par. 661. Cf. também Von Franz, "The Idea of the Macro and Microcosmos in the light of Jungian Psychology", Ambix, XIII, nº 1, fevereiro de 1965.

54. Cf. um relato mais detalhado em Von Franz, *Number and Time*, pp. 235ss.

55. *Mysterium Coniunctionis*, *Obras Completas*, vol. 14, pars. 767-69.

56. *Memories*, pp. 325/300 (grifo meu). [*Memórias, Sonhos, Reflexões*. São Paulo: Edição do Círculo do Livro, 1993.]

57. Chuang Dsi, *Das Wahre Buch von südlichen Blütenland*, pp. 19, 4.

58. *Memories*, pp. 289ss./270ss. [*Memórias, Sonhos, Reflexões*. São Paulo: Edição do Círculo do Livro, 1993, pp. 264ss.]

59. *Ibidem*, pp. 290-91/271. [*Memórias, Sonhos, Reflexões*. São Paulo: Edição do Círculo do Livro, pp. 264-66.]

60. *Ibidem*, pp. 294/274. [*Memórias, Sonhos, Reflexões*. São Paulo: Edição do Círculo do Livro, p. 268.]

61. *Ibidem*, pp. 292-93/272-73. [*Memórias, Sonhos, Reflexões*. São Paulo: Edição do Círculo do Livro, pp. 266-67.

CAPÍTULO XIII

INDIVÍDUO E SOCIEDADE

Por meio de suas investigações sobre o princípio da sincronicidade, Jung preparou o caminho para uma eventual aliança entre a psicologia profunda e a microfísica e, com isso, para o uso de suas ideias pela ciência natural contemporânea.

O conceito de arquétipos psicoides e, em especial, do arquétipo do número, criará presumivelmente uma ponte para o encontro com a biologia, a fisiologia e a microfísica. Já não há, em princípio, obstáculos à aceitação do pensamento de Jung. Em outros campos, como a antropologia, a pesquisa história, a mitologia, a sinologia, a teologia e a parapsicologia, já se iniciou uma discussão exploratória e, a cada ano, um número cada vez maior de eruditos e cientistas sérios estão tomando conhecimento das suas concepções. Mas ainda assim não é possível prever com certeza se as descobertas de Jung virão a receber um reconhecimento amplo nos anos que estão por vir. Há, a meu ver, *um* obstáculo a esse reconhecimento: uma tendência política e sociológica de ver e procurar os valores últimos nos fatores e metas coletivos. Embora a nova geração demonstre um elevado interesse pelo ser humano e pela condição humana, e embora os jovens estejam estudando, em números cada vez maiores, a psicologia e a sociologia, essas duas disciplinas, no momento, dão muito mais atenção ao comportamento humano coletivo, estatisticamente calculável, do que à compreensão do indivíduo. Jung é praticamente ignorado pelos que mantêm essa visão de mundo, ou depreciado como representante do ultrapassado "individualismo burguês"[1]. Essa equiparação superficial entre "individualismo" e "individuação" dispensa comentários, visto que revela uma completa ignorância do sentido dado por Jung ao termo "individuação". Mesmo assim, há uma oposição genuína que me parece merecer mais consideração. A questão fundamental diz respeito à validade psicológica dos métodos estatísticos que costumam ser usados no momento. Jung considerava as afirmações estatísticas no campo da psicologia e da sociologia da mesma maneira como a física moderna veio a compreendê-los, ou seja, como *abstração mental*. Se digo, por exemplo, que as pedras de um monte têm um tamanho médio de trinta centímetros quadrados, posso ter razão na teoria, mas, na prática, teria de procurar muito antes de encontrar *uma única* pedra dessa dimensão. As pedras reais são, todas elas, de tamanhos diferentes, *e elas são a realidade*. O mesmo se aplica a todas as afirmações gerais acerca da natureza e do comportamento humanos, porque, com efeito, é o indivíduo o único portador de vida. Não se pode falar da "vida" de milhões de pessoas, porque milhões de pessoas diferentes são as portadoras de vida; *elas* são a realidade última[2].

As teorias que se baseiam na estatística formulam uma média ideal em que todas as exceções, em ambos os lados da escala, são abolidas e substituídas por uma média de amostragem abstrata. Assim, desenvolvem-se uma psicologia ou uma antropologia dotadas de "validade geral", cumpre reconhecer; mas elas nos dão uma visão abstrata do homem comum, do qual foram apagadas todas as características individuais. Esse método leva ao *conhecimento* científico, porém não a uma *compreensão* do ser humano real[3]. Disso resulta um quadro racional cada vez mais irreal do mundo, no qual a pessoa figura apenas como uma espécie de fenômeno marginal[4]. Jung escreve:

Não devemos subestimar o efeito psicológico da imagem estatística do mundo; ela dispensa o indivíduo em favor de unidades anônimas que se empilham em formações de massa. Têm-se, em vez do indivíduo concreto, os nomes de organizações e, no ponto mais alto, a ideia abstrata do Estado como princípio da realidade política. A responsabilidade moral do indivíduo é então substituída inevitavelmente pelas razões do Estado (*raison d'État*). Em vez de uma diferenciação mental e moral do indivíduo, têm-se o bem-estar público e o aumento do padrão de vida. O alvo e o sentido da vida individual (que é a *única* vida real) já não residem no desenvolvimento individual, mas na política do Estado, que é imposta ao indivíduo vinda de fora e consiste na execução de uma ideia abstrata que tende, em última análise, a atrair para si toda vida. O indivíduo é cada vez mais privado da decisão moral quanto ao modo como deve levar a sua própria vida, sendo em vez disso dirigido, alimentado, vestido e educado como uma unidade social, e deve se divertir segundo os padrões que dão prazer e satisfação às massas [...][5].

Mas se, sobrecarregado pela sensação da sua própria insignificância e impotência, o indivíduo sentir que a vida perdeu o sentido – o que, afinal, não é o mesmo que o bem-estar público e os padrões mais elevados de vida –, ele já está a caminho do cativeiro do Estado e, sem saber ou querer, tornou-se seu defensor[6].

A ideia do Estado, ou da sociedade, torna-se uma realidade quase-animada, da qual se espera tudo. "Na realidade, trata-se de uma camuflagem para os indivíduos que sabem manipulá-la. Assim, o Estado constitucional cai numa situação equivalente à da tribo primitiva, em que todos estão sujeitos ao regime autocrático de um chefe ou de uma oligarquia"[7]. Em função de todos os propósitos práticos, a pessoa é eliminada e deixa de ter condições de perceber o sentido de sua própria vida.

Deve-se admitir que os desvios individuais das normas sociais *podem* produzir uma pessoa completamente anormal e antissocial; mas há, com a mesma frequência, desvios que podem ser produtivos. Adolf Portmann demonstrou que, mesmo entre os animais, há indivíduos incomuns que promovem alterações positivas no comportamento do grupo. Por vezes, acontece de uma ave, por exemplo, em vez de migrar para o sul, tentar permanecer no local em que passou o verão. Se a experiência fracassar, a ave desaparece sem deixar traços; mas, se for bem-sucedida, no ano seguinte algumas outras aves seguirão o seu exemplo; se isso prosseguir, pode haver uma alteração no comportamento de todo o grupo. Porém, é sempre o indivíduo quem experimenta uma nova forma de adaptação. Portanto, já no nível animal se evidencia uma genuína polaridade entre indivíduo e grupo[8].

A literatura sociológica atual acentua constantemente o fato de o "interesse do nós" dever vir antes do "interesse do eu"; mas, ao fazê-lo, não diferencia entre consciente e inconsciente. O "interesse do nós" não passa de um conteúdo da *consciência* coletiva, e não do inconsciente do grupo, sendo o "interesse do eu", tão só, uma pequena parte daquilo que contribui para formar um indivíduo; esses rótulos não conseguem levar em conta o inconsciente do indivíduo. O fato de a consciência coletiva provavelmente ser, do ponto de vista histórico, mais velha e mais importante do que a consciência do ego tem relevância aqui; a consciência do ego do indivíduo parece ser uma aquisição tardia e, mesmo hoje, se afigura como um fator bastante instável em muitíssimas pessoas. A pessoa de ego fraco em geral compensa a sua consciência do ego defeituosa com um obstinado egoísmo infantil que só pode ser abolido quando o ego tiver sido fortalecido e tiver, em consequência, amadurecido ao ponto de ter certo grau de percepção social.

Mas o que, na verdade, mantém o grupo coeso antes do surgimento da consciência do ego? Como é evidente, as mesmas forças que também unem os grupos animais, ou seja, certos instintos sociais e, no caso dos seres humanos, padrões comportamentais arquetípicos concretizados em costumes, práticas e rituais simbólicos, símbolos totêmicos, símbolos religiosos, isto é, nas *formas* espirituais ou psicológicas dos instintos.

No nível primitivo, os sistemas de casamento fechados em classe, em especial, têm o seu papel. Jung faz uma distinção, nesse nível, entre uma energia exógama, que aparentemente tem como alvo a ruptura de grupos e clãs familiares demasiado estritos, e uma tendência (incestuosa) endógama que trabalha contra a desintegração do grupo. A ordem social baseada nos sistemas de casamento em classe, contudo, dissolveu-se há muito tempo, exceto no caso de uns poucos povos primitivos. A ordem exógama foi se disseminando até que, com a passagem do tempo, derrubou todas as barreiras. Como reação, a tendência endógama (que poderia ser chamada de tendência à coesão social) passou para o campo da religião e da política[9], campos nos quais se desenvolveram, no início, sociedades e seitas religiosas – lembremo-nos das irmandades e do ideal cristão de "amor fraterno" –, e, mais tarde, o Estado nacionalista. Mas o aumento da interação internacional entre homens e mulheres de todos os níveis e o enfraquecimento das religiões confessionais contribuem muito para apagar ou até para cruzar essas fronteiras, razão por que a humanidade corre o risco de afundar numa massa amorfa sem nenhum sinal visível de ordem social. Há apenas uma maneira possível de evitar uma regressão em massa a grupos "totêmicos" (pensemos nos muitos grupos de jovens ou círculos ideológicos revolucionários); trata-se da retirada da tendência endógama para o interior do indivíduo, o que lhe possibilitaria *consolidar as partes fragmentadas da sua própria personalidade, e, por conseguinte, tornar-se uma pessoa segura de si mesma*[10]. É *por isso* que hoje o tema arquetípico do *Anthropos* e da mandala é constelado no inconsciente coletivo com tanta intensidade: para controlar a dissolução, de outro modo inevitável, na psique de massa. E é *por isso* que o problema do amor, ou da transferência, acima discutido, reveste-se de tanta importância, pois ele é a base da capacidade de relacionamento humano. Tem importância vital não somente para o indivíduo como também para a sociedade e, na verdade, para o progresso moral e espiritual da humanidade[11].

Em última análise, só o símbolo do *Self* tem o poder de unir os seres humanos entre si no sentido de uma comunidade de amor, por ser ele "o ponto de referência não apenas do ego individual mas também de todos os que têm a mesma concepção ou que estão unidos pelo destino"[12]. Por ter, em suas camadas mais profundas, um caráter coletivo, o *Self* representa e possibilita a *participation mystique* de todos os seres humanos, "a unidade de muitos, o homem único em todos os homens". Eis por que o *Self* se faz visível na imagem do homem cósmico, do *homo maximus*, do *vir unus* ou do purusha indiano, que é, ao mesmo tempo, o ser mais recôndito do indivíduo e de toda a humanidade[13]. Somente por meio do *Self* podem os seres humanos se relacionar entre si sem estarem contaminados por motivos egoístas, enquanto os sentimentos do ego são quase sempre ensombrecidos por toda sorte de motivação egocêntrica consciente ou inconsciente. A liberdade e a dignidade do indivíduo estão enraizadas, pois, apenas no *Anthropos* transcendental[14].

Por menor e menos importante que esse esforço possa parecer, ainda assim quando um de nós se preocupa com a integração da própria sombra, da *anima* ou do *animus*, esse trabalho é realizado num campo em que "todo o peso dos problemas da humanidade foi colocado" em nossa época[15]. Se não dermos plena atenção a esses poderes internos, eles tomarão conta de nós a partir de dentro e enrijecerão nossa consciência, não deixando coisa alguma na qual se possam integrar os conteúdos do inconsciente. "A degeneração de massa não vem apenas de fora; também vem de dentro, do inconsciente coletivo. Contra o exterior, alguma proteção foi oferecida pelos *direitos do homem e do cidadão* que, no momento, perderam-se na maior parte da Europa e, mesmo onde isso não aconteceu de fato, vemos partidos políticos, tão ingênuos quanto poderosos, fazendo o possível para aboli-los em favor do Estado escravocrata, a pretexto da segurança social"[16]. Nossa liberdade é ameaçada em igual medida, de dentro para fora, por tendências político-sociais cujas "verdades eternas" – isto é, cujas imagens arquetípicas – esmagam o ego consciente com um estado de possessão que se expressa politicamente. Nesse caso, somos contaminados pelo arquétipo do *Anthropos*, ou identificados com ele, numa *participation mystique* primitiva, e não podemos distingui-lo do contorno do nosso ego empírico. Isso significa inflação, com todas as suas consequências em termos de perda de contato humano, perda da alma e endurecimento interior. Jung escreve em uma de suas cartas:

> Mesmo um pequeno grupo é regido por um sugestivo espírito de grupo que, se for bom, pode ter efeitos sociais muito favoráveis, se bem que ao custo da independência moral e espiritual do indivíduo. O grupo fortalece o ego, quer dizer, a pessoa fica mais firme, mais adaptada, mais segura, mais ousada e menos prudente, enquanto o *Self* é diminuído e jogado para o fundo em favor do senso comum [...]. A terapia de grupo, em minha opinião, educa ou treina apenas o homem *social*. Em nossa época, que atribui tanta importância à socialização do indivíduo, visto ser exigida uma capacidade especial de adaptação, a educação de grupo psicologicamente orientada aumentou certamente de importância.
>
> Tenho plena consciência de que o indivíduo deve adaptar-se à sociedade, mas devo defender os direitos inalienáveis do indivíduo, porque somente ele é o portador da vida e porque, hoje, ele se encontra perigosamente ameaçado pelo processo de nivelamento. Mesmo no grupo menor, só é aceitável aquilo que a maioria aceita. Deve-se aceitá-lo com resignação. Mas a resignação não basta. Pelo contrário, ela encoraja a dúvida a respeito de si mesmo, algo pelo qual o indivíduo isolado, que tem de defender alguma coisa, sofrerá duramente em certas circunstâncias[17].

As relações sociais só têm sentido se a pessoa for, em alguma medida, ela mesma. Em uma visão histórica, as religiões sempre ofereceram à humanidade uma perspectiva *exterior* às meras condições materiais de existência e a seus problemas, um ponto de vista a partir do qual se podia lidar psicológica ou espiritualmente com essas necessidades[18]. Somente a partir de uma posição religiosa, o indivíduo pode julgar e decidir com liberdade. A religião "acumula uma reserva, por assim dizer, contra a evidente e inevitável força das circunstâncias a que está exposto todo aquele que vive apenas no mundo exterior e não tem outro terreno sob os pés além da calçada"[19]. Mas a maioria das religiões comprometeu-se com o mundo e com o Estado em tal grau que se tornaram credos, ou seja, instituições coletivas com convicções gerais, e não com uma relação subjetiva com os poderes irracionais internos. Só estes últimos podem garantir um comportamento verdadeiramente ético, enquanto a ética sem responsabilidade individual perante Deus não passa de moralidade convencional.

Os credos chegam a combater a relação individual com Deus, descrevendo-a como pietismo, sectarismo, espiritualismo confuso etc. Eles se tornaram Igrejas estabelecidas e instituições públicas a que a maioria das pessoas só adere formalmente. Mas o indivíduo necessita de uma experiência interior do transcendental, caso deseje manter-se íntegro diante do poder físico e moral do mundo; caso contrário, ele sucumbe a esse poder. Hoje, os Estados totalitários se atribuem autoridade até mesmo em questões religiosas. "O Estado toma o lugar de Deus; eis por que, vistas desse ângulo, as ditaduras socialistas são religiões e a escravidão ao Estado é uma forma de culto [...]. A livre opinião é restringida e a decisão moral, suprimida implacavelmente, apelando-se para a afirmação de que os fins justificam os meios, por mais vis que sejam [...]. Somente o chefe do partido que tem nas mãos o poder político pode interpretar de modo autêntico a doutrina do Estado, fazendo-o de maneira a que melhor sirva a si mesmo"[20]. "A decisão ética do ser humano individual já não conta – só importa o cego movimento das massas; assim, a *mentira* se converte em princípio operacional da ação política"[21].

> Tanto o Estado ditatorial como a religião denominacional enfatizam de modo muito especial a noção de *comunidade*. Trata-se do ideal básico do "comunismo", que tanto é imposto ao povo que acaba tendo como efeito exatamente o oposto do que se deseja: inspira uma desconfiança que redunda em divisão [...]. Como se pode ver facilmente, a "comunidade" é indispensável na organização das massas, sendo, por conseguinte, uma faca de dois gumes [...]. Por essa razão, não se pode esperar da comunidade nenhum efeito que supere a influência sugestiva do ambiente [...] *uma real e*

> *fundamental mudança nos indivíduos* [...] *só pode vir do encontro pessoal entre o homem e o homem*[22].

O homem ocidental, contudo, cedeu ao fascínio do ideal de comunidade, e já há algum tempo as Igrejas têm feito todos os esforços para encorajar a "experiência de grupo" e para atrair o público para toda espécie de "reunião" social, de casamentos e grupos de trabalho a concertos de música *pop*, em vez de fazer o seu trabalho, que é falar ao "homem espiritual interior"[23]. As autoridades eclesiásticas responsáveis fogem dessa tarefa; preferem se entregar ao próprio complexo de poder, em que fazem aquilo que Jung costumava chamar de "jogo de pastor e ovelha"[24].

Essa mesma tendência também aparece no campo mais estreito da psicoterapia, nos chamados grupos de autoexperiência e em outros tipos semelhantes de terapia de grupo. Mas Jung nunca se cansou de acentuar que toda transformação curativa só pode ocorrer no indivíduo isolado: "[...] a cirurgia é realizada no *indivíduo*. Menciono esse fato em razão da tendência moderna de tratar a psique por meio da análise de grupo, como se ela fosse um fenômeno coletivo. Assim agindo, elimina-se a psique como fator individual"[25].

> Mesmo um pequeno grupo é regido por um sugestivo espírito de grupo que, se for bom, pode ter efeitos sociais muito favoráveis, se bem que ao custo da independência moral e espiritual do indivíduo. O grupo fortalece o ego [...] enquanto o *Self* é diminuído e jogado para o fundo em favor do senso comum. Contudo, diante da notória inclinação humana para apegar-se a outras pessoas e a 'ismos' em vez de encontrar segurança e independência em si mesmo – o que constitui sua real necessidade –, há o perigo de o indivíduo transformar o grupo num pai e numa mãe, permanecendo, assim, dependente, inseguro e infantil como antes[26].

Além disso, a terapia de grupo precisa evidentemente de um líder, cuja função deve ser considerada mais de perto. Da perspectiva histórica, o papel do padre, bem como o do médico e do psicoterapeuta, remonta ao do xamã e do curandeiro dos povos primitivos, entre os quais este era mais especificamente o guardião do ritual tradicional, e aquele, o protetor da vida da alma, especialmente no tocante ao modo correto de morrer e à jornada adicional da alma depois da morte[27]. Curar a alma do indivíduo e os estados coletivos de possessão é, na verdade, a principal tarefa do xamã. Se encontrar um demônio ou um espírito – ou seja, em termos psicológicos, um conteúdo arquetípico do inconsciente –, um homem comum será possuído por ele e, em consequência, ficará doente. O mesmo costuma acontecer com o xamã durante o período de iniciação, mas ele sabe como livrar-se e como curar a si mesmo por meio do tipo certo de comportamento diante do mundo do espírito. Isso o capacita a, mais tarde, ajudar os sofredores comuns que não podem ajudar a si mesmos[28]. As experiências simbólicas interiores vividas pelo xamã no decorrer do seu período de iniciação *são idênticas às experiências simbólicas que o homem moderno vivencia no processo de individuação*. Pode-se, portanto, dizer que o xamã ou curandeiro era a pessoa mais individuada, isto é, mais consciente, do grupo a que pertencia. Isso lhe conferia, ao lado de outros membros do grupo, uma autoridade natural, emanada de seu interior. Mas, desde o começo, mesmo nesse estágio inicial, aparecia a *sombra* do xamã, ou seja, o *mago negro psicopata*, que abusava de sua experiência interior (a experiência do mundo do espírito) para fins pessoais de poder. O verdadeiro xamã tem um poder que ele não procurou: os espíritos, particularmente o arquétipo do *Self*, ficam ao seu lado; mas o mago negro reivindica, com o seu ego, o poder coletivo, estando, por essa razão, psiquicamente enfermo. Os exemplos modernos disso são Rasputin, Hitler e figuras semelhantes. *Todavia, o processo de individuação é incompatível com toda espécie de reivindicação de poder social*. O mesmo acontece quando uma pessoa finge ser um líder liberal bem-intencionado e moderado ou um "paternal pastor de almas".

Quando, como resultado do desenvolvimento e estabelecimento das Igrejas denominacionais, teve início a supressão da formação individual de símbolos no inconsciente, a autoridade dos representantes oficiais das Igrejas tornou-se mais abrangente e empática, caso não estivesse radicada na autoridade "natural" que as pessoas mais conscientes detinham. A expressão "pastor de almas" e a comparação do crente com o "rebanho" diz muito. Ninguém considerou o fato de que a dependência e a vontade de seguir, demonstradas pela congregação, também representavam um grande perigo, porque essas mesmas "ovelhas" que se tinham acostumado a seguir, também seguiriam, mais tarde, e com a mesma disposição, uma possível autoridade destruidora. Jung reprovou o protestantismo por não ter ido longe o bastante em seu caminho próprio, por não ter chegado ao ponto em que o indivíduo assumiria *todo* o ônus da responsabilidade por sua vida interior, de modo que o velho jogo de "pastor e ovelha" pudesse ser descartado de uma vez por todas[29]. Não há outra maneira de encontrar esse "homem interior", o *Anthropos*, que é semelhante, mas não idêntico, à figura de Cristo. Esse *Anthropos* interno nunca vai fazer o jogo de "pastor e ovelha", "porque ele tem muito a fazer para ser pastor de si mesmo"[30]. Ele se mostra autônomo no que se refere ao dogma e, desse modo, ao coletivo.

As organizações coletivas dos Estados totalitários, bem como as das Igrejas denominacionais, interpretam todos os impulsos e movimentos individuais da psique como obstinação egoísta. A ciência os deprecia como "subjetivismo" e as denomina "heresia" e "orgulho espiritual"[31], o que parece irônico quando nos recordamos de que "o Cristianismo sustenta diante de nós um símbolo, cujo conteúdo é o modo de vida individual de um homem, o Filho do Homem, e que até considera esse processo de individuação como a encarnação e revelação do próprio Deus"[32]. "Não seriam Jesus e Paulo protótipos daqueles que, confiando em sua experiência interior, seguiram seus caminhos individuais, desafiando o mundo?"[33]

Naturalmente, existe um individualismo egoísta e antissocial, e a sociedade tem o direito de proteger-se dos "subjetivismos notórios"[34], mas, quanto mais a sociedade for composta de seres humanos desindividualizados, tanto mais essa mesma sociedade se torna indefesa diante de uma tomada de poder por parte de individualistas implacáveis. É precisamente a influência sugestiva de um ambiente favorável que fortalece a tendência humana "de esperar tudo do exterior", e de assumir uma postura que simula a coisa que não aconteceu, ou seja, uma genuína "mudança de longo alcance do homem interior"[35] – algo de que hoje se tem a maior urgência. "A *resistência à massa organizada só pode ser levada a efeito pelo homem que é tão bem organizado em sua individualidade quanto a própria massa*"[36], isto é, por aquele que teve a experiência de uma síntese interior no símbolo do *Self*.

A divisão contemporânea da sociedade numa orientação de "direita" e "esquerda" não passa de uma dissociação neurótica, que reflete na arena do mundo o que acontece no moderno homem individual: uma divisão do próprio interior, que faz com que a sombra – ou seja, aquilo que é inaceitável para a consciência – seja projetada num oponente, enquanto a pessoa se identifica com uma autoimagem fictícia e com o quadro abstrato do mundo oferecido pelo racionalismo científico[37], algo que provoca uma perda constantemente maior do instinto[38] e, em especial, uma perda da *caritas*, o amor ao próximo, tão necessário ao mundo contemporâneo[39].

> No Ocidente, foi especialmente o fator de massa e, no Oriente, a técnica, o que solapou as velhas hierarquias. A causa desse evento residiu de modo particular no desenraizamento econômico e psicológico das massas industriais, algo que resultou do rápido avanço da técnica. Mas a técnica, como é evidente, baseia-se numa diferenciação especificamente racionalista da consciência, que tende a reprimir todos os fatores psíquicos irracionais. Eis por que surge, tanto no indivíduo como na nação, uma contraposição inconsciente que, com o passar do tempo, torna-se forte o bastante para manifestar-se num conflito aberto[40].

Jung escreveu essas palavras em 1954; a irrupção da contrarreação irracional veio à superfície na revolta da juventude contemporânea contra a indústria, a tecnologia e o racionalismo acadêmico: "Destrua o que está destruindo você!" Mas essa revolta está se exaurindo, no momento, numa espécie de paixão pela destruição e em explosões de elementos da sombra, dos quais não pode vir nenhuma solução.

Hoje, após a morte de Jung, as marcas da sombra são ainda mais evidentes do que em sua época. A violência, a chantagem, as mentiras e a coerção cometidas contra o indivíduo se evidenciam em toda parte, e não se limitam mais à Cortina de Ferro, mas também se propagam entre os que estão "do outro lado". A irresponsabilidade e a avidez infantis estão se disseminando, e há a expectativa de que o Estado ou a "sociedade" tornem boas todas as coisas que o indivíduo negligenciou – por meio da estupidez ou da brutalidade. Mas, embora esteja se tornando mais tenebrosa e mais ameaçadora, a situação traz em si uma semente de esperança, a saber, a possibilidade de ter o efeito de um tratamento de choque e de que, como resultado disso, o homem contemporâneo, com a sua infantilidade e fraqueza lamentáveis, seja substituído por um homem do futuro que conheça a si mesmo e saiba que é responsável por seu próprio destino e que o Estado é seu servo, e não seu senhor[41]. Jung acalentou uma pequenina esperança de uma possível mudança na União Soviética porque nela a submissão ao Estado chegou a tais extremos que uma reação parecia quase inevitável. Os levantes de Praga de 1968, o manifesto de Sakharov e a revolta de outros homens corajosos mostraram que a chama da liberdade não se apagou no Leste Europeu e que indivíduos decentes e honestos, que odeiam a tirania e as mentiras, irão se manifestar periodicamente, lá e em outros lugares. Porém, teremos nós, do Ocidente, bom senso suficiente para proteger as liberdades que ainda nos restam? Apesar do terrível perigo do individualismo caótico, o respeito pelos direitos humanos e o reconhecimento do irracional e, portanto, da raiz criadora do ser, só se acham garantidos, em nossos dias, naqueles Estados em que as liberdades democráticas ainda estão mais ou menos vivas.

Numa genuína democracia não há uma ilusória e medíocre paz interior. Em vez disso, a luta entre os opostos é internalizada e se exprime sob a forma de confrontos entre indivíduos e grupos. Travam-se batalhas dentro de limites constitucionais e legais. Isso constitui um passo no caminho para o próximo alvo: a descoberta do oponente *dentro de nós mesmos*, no insaciável impulso de poder de nossa própria sombra. Os instintos agressivos do homem não podem simplesmente ser desligados – deve-se, por assim dizer, considerar a natureza humana tal como ela é. Por conseguinte, a democracia é uma instituição significativa: permite a existência dos conflitos necessários no interior de certas fronteiras nacionais. Seria ainda melhor se pudéssemos reconhecer que nosso pior inimigo vive em nosso próprio coração[42].

Jung levou muito a sério as suas obrigações de cidadão suíço. Embora tivesse acontecido de ele preferir, muitas vezes, ir para sua amada Bollingen num domingo, ficava em casa sempre que se fosse votar algum assunto importante – e discutia antes com seu jardineiro, Hermann Müller, que guardava os artigos de jornal disponíveis acerca de assuntos controversos e os dava a Jung para ler[43]. Ele até gostava das tão reprovadas características suíças de obstinação e de desconfiança, porque, dizia ele, essas qualidades serviram com frequência para afastar infecções venenosas vindas do exterior, bem como ideias fantásticas em voga.

> Vejo muito mais saúde para nossa pátria num sóbrio ceticismo no tocante a toda onda passageira de propaganda, no seguro contato instintivo com a natureza e na autolimitação fundada no autorreconhecimento, do que nas agitadas conversas acerca da renovação e nas tentativas histéricas de buscar novas direções. Depois de algum tempo, descobre-se que nunca ocorreu alguma coisa realmente 'nova' na história do mundo. Só seria possível falar de algo *novo* de fato caso a razão, o humanismo e o amor obtivessem uma vitória duradoura[44].

Aquilo que, ao ver de Jung, constitui o maior perigo hoje é a presença, em todo o Ocidente, de minorias subversivas que trazem "tochas incendiárias" prontas a se inflamar em prol do conceito de justiça[45]. Ele costumava acentuar que não se deve subestimar o perigo inerente a esse estrato, visto não ser aconselhável uma atitude de muito otimismo acerca do "bom senso" do cidadão comum; há, entre os nossos respeitáveis cidadãos, muitos criminosos e personalidades latentemente patológicas que, sob uma aparência de normalidade, veem-se solapados por enfermidades inconscientes e tendências perversas. Na hipótese de um levante, esses indivíduos se manifestam de repente e fortalecem a posição dos agentes públicos da violência. São governados por desejos-fantasias infantis e por afetos e ressentimentos pessoais, infectando com isso os cidadãos normais, a não ser que esses últimos tenham consciência dessas coisas em suas próprias sombras[46]. Nosso habitual desprezo pela questão do mal nos deixa em má situação no que se refere a isso; e, em minha opinião, é possível que só venhamos a amadurecer, chegando a uma apreciação mais consciente dessa situação, quando tivermos passado por um bom número de calamidades. De qualquer maneira, Jung sabia que estava sozinho, numa contraposição compensatória, diante das tendências da época e que sua obra e suas ideias poderiam ser completamente esquecidas (como ocorreu, para dar um exemplo, com Meister Eckhart) e levar séculos para serem redescobertas. A consciência disso o entristecia, mas não fez com que modificasse sua convicção. Ele estava certo de que, apesar de sua solidão, tinha consigo *um* aliado secreto, mas poderoso: o espírito ainda inconsciente do futuro.

NOTAS

1. Mesmo Peter Hofstaetter só cita uma frase de Jung em "Gruppendynamik", *Rowohlts deutsche Enzyklopädie* e, ainda assim, fora de contexto. Ele só menciona Jung incidentalmente em seu *Einführung in die Sozialpsychologie* e, na p. 369 do livro, confunde os arquétipos com imagens coletivas conscientemente dominantes.
2. Cf. Jung, *Civilização em Mudança – Presente e Futuro, Obras Completas*, vol. 10/1, pars. 493s.
3. *Ibidem*, pars. 495-97.
4. *Ibidem*, par. 498.

5. *Ibidem*, par. 499.
6. *Ibidem*, par. 503.
7. *Ibidem*, par. 504.
8. Para uma discussão detalhada, ver Von Franz, "Zur Psychologie der Gruppe", *Zeitwende*, julho de 1971; e Von Franz, "On Group Psychology", *Quadrant*, 13, pp. 3-11.
9. Cf. Jung, *Ab-reação, Análise dos Sonhos e Transferência*, *Obras Completas*, vol. 16/2, pars. 442-43.
10. *Ibidem*, par. 443.
11. *Ibidem*, par. 449.
12. Jung, *O Símbolo da Transformação na Missa*, *Obras Completas*, vol. 11/3, par. 419.
13. *Ibidem*.
14. *Ibidem*, par. 444.
15. *Ab-reação, Análise dos Sonhos e Transferência*, *Obras Completas*, vol. 16/2, par. 449.
16. *Ibidem*.
17. Reproduzido de G. R. Bach e H. A. Illing, "Historische Perspektive zur Gruppenpsychotherapie", *Zeitschrift für psychosomatische Medizin*, 2, 1955/1956, pp. 141ss. (Cf. uma versão distinta da de Illing, 26 de janeiro de 1955, em *Jung: Letters*, org. por Adler, vol. 2.) Cf. também, Von Franz, "Zur Psychologie der Gruppe", p. 245; e Von Franz, "On Group Psychology", p. 9.
18. Cf. *Civilização em Mudança – Presente e Futuro*, *Obras Completas*, vol. 10/1, par. 506.
19. *Ibidem*, par. 506.
20. *Ibidem*, par. 511.
21. *Ibidem*, par. 515.
22. *Ibidem*, par. 516.
23. Cf. Von Franz, "Zur Psychologie der Gruppe", pp. 243ss. "On Group Psychology", p. 11.
24. Cf. Von Franz, "Zur Psychologie der Gruppe", p. 243; "On Group Psychology", p. 11.
25. *Mysterium Coniunctionis*, *Obras Completas*, vol. 14, par. 125, nº 59.
26. Carta de Jung, citada em Bach e Illing, pp. 131ss. Cf. também Jung, "Psicologia Analítica e Educação", *O Desenvolvimento da Personalidade*, *Obras Completas*, vol. 17, par. 159; Von Franz, "Zur Psychologie der Gruppe", p. 243; "On Group Psychology", p. 9.

27. Cf. Mircea Eliade, *O Xamanismo e as Técnicas Arcaicas do Êxtase, passim.*
28. Cf. Von Franz, "Zur Psychologie der Gruppe", p. 242; "On Group Psychology", pp. 10s.
29. Repito aqui o que escrevi em meus ensaios sobre a terapia de grupo: "Zur Psychologie der Gruppe", pp. 243-44 e "On Group Psychology", p. 11.
30. *Mysterium Coniunctionis, Obras Completas*, vol. 14, pars. 491ss.
31. Cf. *Civilização em Mudança – Presente e Futuro, Obras Completas*, vol. 10/1, par. 529.
32. *Ibidem*, par. 529.
33. *Ibidem*, par. 536.
34. *Ibidem*, par. 535.
35. *Ibidem*, par. 537.
36. *Ibidem*, par. 540.
37. *Ibidem*, pars. 552-53.
38. *Ibidem*, par. 558.
39. *Ibidem*, par. 580.
40. *O Símbolo da Transformação na Missa, Obras Completas*, vol. 11/3, par. 443.
41. Cf. Jung, *Civilização em Mudança – Aspectos do Drama Contemporâneo, Obras Completas*, vol. 10/2, par. 452.
42. *Ibidem*, par. 456.
43. Cf. Jaffé, *From the Life and Work of C. G. Jung*, p. 108. [*Os Últimos Anos de Carl G. Jung*. São Paulo: Cultrix, 2ª ed., 2022.]
44. "Rückkehr zum ein einfachen Leben", *Du: Schweizerische Monatsschrift*, I, 3, maio de 1941, p. 56. e *A Vida Simbólica, Obras Completas*, vol. 18/2, par. 1.356.
45. Cf. *Civilização em Mudança – Presente e Futuro, Obras Completas*, 10/1, par. 489.
46. *Ibidem*, par. 490.

CAPÍTULO XIV

O GRITO DE MERLIN

Em todas as épocas, os poetas e artistas têm sido, com frequência, profetas, porque sua obra, ou o material com que eles a realizam, vem a eles a partir das mesmas profundezas do inconsciente coletivo em que as principais transformações de uma determinada era se encontram em processo de criação. Assim é que, na Idade Média, e até o século XVII, não foi somente o simbolismo da alquimia a antecipar os problemas da nova época; houve também um considerável número de obras poéticas cujo florescimento coincidiu em larga medida com os cavaleiros e com o cavalheirismo, ou seja, com as lendas e obras poéticas que giraram em torno do cálice do Santo Graal e da pedra do Graal[1]. O maior poeta a lidar com o tema foi provavelmente Wolfram von Eschenbach, cujo *Parsifal* exibe um vínculo direto com o simbolismo alquímico. Nesse épico, o cálice do Graal é substituído por uma pedra que caiu do céu. Wolfram lhe dá o nome de *lapis exilis*, termo usado pelos alquimistas para designar a "sua" pedra. Em outras versões, o Graal era originalmente um vaso de chumbo em que Nicodemos colheu o sangue que fluía do coração do Crucificado. Há também uma versão na qual Cristo teria aparecido a José de Arimateia na prisão e lhe teria confiado o cálice contendo seu sangue. Essa é a razão por que José foi escolhido para primeiro guardião do Graal; seguiu-se a ele uma série de reis do Graal.

Na Antiguidade e na Idade Média, considerava-se o sangue como a sede ou morada da alma e como o verdadeiro princípio vital de toda criatura. Dessa perspectiva, o cálice do Graal, que também é comparado, em alguns textos, com o túmulo de Cristo, contém a *alma viva de Cristo*, a misteriosa essência de seu ser. Embora seu corpo transfigurado tenha desaparecido do mundo, a essência viva continua a trabalhar deste lado da eternidade, manifestando o poder de cura de sua presença.

Certas versões históricas das origens da lenda e do significado simbólico do tema do Graal apontam para vínculos com o mito egípcio de Osíris. O faraó egípcio foi, durante sua vida, uma encarnação do deus-sol, Rá; ao morrer, ele se tornou o deus Osíris, representante do lado passivo, escuro, feminino, da divindade e da natureza[2]. Segundo a lenda, quando Osíris foi morto pelo deus demoníaco Seth, este o colocou num túmulo de chumbo e o atirou ao mar. O túmulo foi jogado na praia e ficou suspenso num arbusto. O cálice de chumbo do Graal, que continha o sangue de Cristo, perdeu-se de maneira semelhante, de acordo com certas versões da lenda. Caiu no mar e foi parar em terra na França, onde ficou preso a uma figueira. Passou a operar milagres e, por isso, foi descoberto.

O túmulo de chumbo de Osíris era identificado com a retorta alquímica, já no século III da nossa era, e descrito como o verdadeiro "segredo da alquimia"[3]. Ele também desempenhou um papel nos mistérios de Ísis, da Antiguidade recente. No culto ritual, Osíris era representado por um vaso redondo, cheio da água do rio Nilo. O romano Apuleio descreve-o como "um símbolo dos sublimes e inefáveis mistérios da Deusa, que nunca devem ser divulgados"[4]. Era comum gravar-se ou entalhar-se uma cobra encurvada ou enrodilhada na asa do vaso. Essa cobra é o númen que guarda o túmulo e protege a transformação do deus. Em termos psicológicos, simboliza os níveis mais profundos do inconsciente coletivo, em que ocorre a transformação da imagem divina. Esse tema mitológico do deus que sobrevive à própria morte, num vaso cheio de uma substância viva (sangue, água do Nilo), adiciona um novo aspecto ao motivo já discutido da morte do deus e da transformação do velho rei. Quando a imagem aceita do deus envelhece e morre no inconsciente coletivo, a substância psíquica ou os elementos que nela se tornaram visíveis voltam à região onde se originaram todas as imagens divinas que inspiraram a crença: ao fundamento psíquico e à vida oculta da psique inconsciente. Durante o primeiro milênio desta era, a imagem de Cristo representou "o sol da retidão" em nossa cultura. Manteve-se viva na e por meio da participação na vida psíquica interior de homens e mulheres – por meio dos sonhos e visões dos fiéis e dos mártires[5] (remetamo-nos a Paulo, na estrada de Damasco), que eram considerados testemunhas vivas da realidade do Redentor. Com a institucionalização da crença, contudo, a repressão da formação individual de símbolos, analisada acima, começou a se estabelecer. Os sonhos e visões foram censurados e o rei começou a envelhecer e a ficar rígido. Mas a continuidade vívida da vida psíquica preservou aquilo que a consciência coletiva perdeu. Tanto poetas como homens comuns passaram a tecer fantasias em torno da ideia do túmulo de Cristo[6] (pensamos de imediato nas Cruzadas) e do cálice que continha o mistério psíquico vivo de Cristo.

A imagem do vaso é um símbolo *feminino*, um útero maternal no qual a figura do homem-deus é transformada e renasce sob nova forma. Esse tema tem vínculos históricos com as religiões gnósticas, bem como com o mito de Osíris. Segundo a tradição gnóstica, um dos deuses mais elevados, que estava sentado acima do ambíguo criador do mundo, enviou à humanidade um vaso (*krater*) no qual aqueles que buscavam uma transformação espiritual e uma consciência superior deveriam ser imersos[7]. Esse ensinamento gnóstico foi incorporado por um dos mais importantes alquimistas precursores, Zósimo de Panópolis, e os alquimistas, a partir de Zósimo, continuaram a trabalhar com o tema do misterioso vaso da transformação. "O procedimento, o vaso e a pedra são uma só e mesma coisa", enfatizam sem cessar os textos. Paradoxalmente, o vaso e seus conteúdos são idênticos; trata-se do fogo, da água, de Mercurius e até da própria *lapis*[8]. No misticismo medieval, o vaso tornou-se imagem da alma, que recebe a graça divina[9], e Cesário de Heisterbach diz que a alma é uma substância espiritual e redonda como a esfera da lua, "*como uma taça de vidro dotada de olhos na frente e atrás*", capaz de ver todo o universo[10]. O cálice do Graal também possui uma qualidade "visual", já que, segundo a saga, uma voz emanada de uma presença invisível sai dele, revela o que está oculto e prevê o futuro.

Quando estava na Índia, já em 1938[11], Jung viu-se tomado pela "grandeza da Índia e pela sua necessidade impronunciável, pela sua beleza e pelas suas trevas", tendo-se preocupado mais uma vez com o problema do mal[12]. Enquanto ali estava, teve um sonho inesperadamente expressivo:

> Vi-me, acompanhado de um grande número de amigos e conhecidos de Zurique, numa ilha desconhecida, ao que parece situada não muito longe da costa sul da Inglaterra. Pequena e quase desabitada, era uma ilha estreita, uma faixa de terra de uns trinta quilômetros [...]. Na costa rochosa na extremidade sul da ilha, havia um castelo medieval. [...] Elevava-se diante de nós um imponente *belfroi*, por cujo portão vislumbrava-se uma ampla escadaria de pedra. Pudemos ver apenas que a escadaria terminava, na parte superior, num salão cheio de colunas, um salão iluminado por uma tênue luz de velas. Compreendi que se tratava do castelo do Graal e que naquela noite haveria ali uma "celebração do Graal". Essa informação me parecia ter um caráter secreto, pois um professor alemão que estava entre nós, surpreendentemente parecido com o velho Mommsen, nada sabia sobre ela. [Segue-se uma discussão com esse professor, a quem Jung tenta convencer de que as histórias do Graal, que o professor pensa constituírem apenas um passado morto, ainda estão, psiquicamente, vivas no momento presente. Jung continua:]
>
> Olhei em torno um tanto estupefato e descobri que estava ao lado dos muros de um alto castelo; a porção inferior do muro estava coberta por uma espécie de treliça, que não era feita da madeira habitual, mas de ferro negro artisticamente moldado para formar uma vinha completa, com folhas, gavinhas entrelaçadas e uvas. A intervalos de nove metros, nos

ramos horizontais, havia pequenas casas, também de ferro, semelhantes a casas de passarinho. De repente, vi um movimento na folhagem; a princípio, pareceu-me que era um camundongo, mas então vi distintamente um pequeno gnomo de boné, um *cucullatus*, passando de uma casa para outra. "Bem", exclamei, surpreso, diante do professor, "agora veja isso, por favor [...]."

Nesse momento, ocorreu um hiato e o sonho mudou. Estávamos [...] fora do castelo, numa paisagem rochosa e desolada. Eu sabia que alguma coisa tinha de acontecer, porque o Graal ainda não estava no castelo, mas ainda assim tinha de ser celebrado naquela noite. Disseram-me que ele estava na parte norte da ilha, escondido numa casinha desabitada, a única casa que havia ali. Eu sabia que nossa tarefa era levar o Graal ao castelo. [Com seis companheiros, Jung se pôs a caminho, mas chegou a um braço de mar que dividia a ilha em duas metades. Seus companheiros desistiram e adormeceram.]

Comecei a pensar no que poderia fazer e cheguei à conclusão de que devia cruzar o canal a nado, sozinho, e pegar o Graal. Tirei a roupa. Nesse ponto, acordei[13].

Jung explica então que há muito tempo estava impressionado com o fato de o sonho do Graal parecer continuar vivo na Inglaterra.

Esse fato me impressionara ainda mais quando percebi a concordância entre esse mito poético e aquilo que a alquimia tinha a dizer acerca do *unum vas*, da *una medicine* e da *unus lapis*. Os mitos esquecidos pelo dia continuam a ser contados à noite, e poderosas figuras que a consciência reduziu a banalidades [...] são reconhecidas outra vez pelos poetas e revivificadas profeticamente; por conseguinte, esses mitos e figuras também podem ser reconhecidos "em forma modificada" pela pessoa refletida. As grandes personalidades do passado não morreram, ao contrário do que se pensa; elas apenas mudaram de nome. "Pequeno e frágil, mas de grande poder, o *kabir* velado entra numa nova casa"[14].

A história do Graal, como é bem sabido, não gira apenas em torno do cálice, mas inclui também o tema do "velho rei enfermo". Amfortas padece de uma ferida que não pode ser curada; como não pode recuperar-se, passa o poder para Parsifal até que este pergunte pelo Graal. O rei moribundo é um símbolo da atitude cristã envelhecida ou senescente. Sua ferida é na coxa, ou na região genital, sem dúvida uma alusão ao problema da sexualidade, não resolvida no Cristianismo. Espera-se que o herói cristão Parsifal o substitua, mas este, em vez disso, permanece confrontando-se com sombrias imagens do *Anthropos* com as quais tem que aprender a lidar. Porém, não ocorre nenhuma união com esse irmão sombrio, o que retarda a realização de sua tarefa.

Jung sentia que o sofrimento espiritual do seu próprio pai, que desejava "acreditar" e já não o podia, era uma imagem do destino de Amfortas. Ele escreve: "A lembrança que tenho do meu pai é a de um sofredor, portador do ferimento de Amfortas, um rei 'pescador', cuja ferida não tem cura – aquele sofrimento cristão para o qual os alquimistas buscavam a panaceia. Eu, como um Parsifal 'mudo', fui testemunha da sua doença nos meus anos de meninice e, como Parsifal, não tinha palavras. Tinha apenas pouca noção"[15].

É bastante curioso o fato de outro tema da saga da maior importância ter sido juntado à lenda do cálice do Graal já na Idade Média: *a figura de Merlin*. Em várias versões francesas da saga do Graal, Parsifal, em sua busca, dá repetidas vezes com indícios da presença de um ser misterioso que termina por ser revelado como o verdadeiro "segredo do Graal". Trata-se de *Merlin*, o grande mago, curandeiro e bardo da mitologia celta. Parsifal cedo o encontra sob o disfarce de um homem com perna de pau, de um velho com duas cobras em torno da garganta, de um eremita grisalho vestido de branco, de um espírito, ou o encontra de repente transfigurado em *ombre* ("sombra") que cruza seu caminho. O homem dá conselho ou alguma ordem a Parsifal, ou sua bela filha surge, montada numa mula, e diz ao herói o que fazer.

Merlim, segundo a saga, tem um notável destino. Gerado pelo diabo e nascido de uma virgem inocente[16], ele renuncia – sob a influência de sua mãe piedosa e de seu mestre, o sacerdote Blaise – às inclinações malignas herdadas do diabo e se torna vidente, portador da cura e da totalidade. Não obstante, os opostos primais que o ensinamento cristão separou num conflito insolúvel existem lado a lado na sua natureza.

Quando Merlin ainda era garoto, o rei Vertigier decidiu matá-lo, para poder misturar seu sangue à argamassa a fim de construir uma torre inexpugnável que estava sendo erigida, mas não se mantinha em pé. Se se misturasse o sangue de um garoto sem pai à argamassa, a construção seria bem-sucedida. Merlin prometeu revelar a causa dos problemas da torre caso lhe concedessem a vida; disse então que havia dois dragões na água sob a torre, um vermelho e um branco, e que a torre não se mantinha em pé porque os dragões a perturbavam com sua luta. Foram feitas escavações. Tão logo os dragões foram descobertos, o branco matou o vermelho. Merlin revelou então que o dragão vermelho representava o rei Vertigier, o usurpador do trono, enquanto o branco simbolizava os herdeiros legais, Uter e Pendragon. Pouco depois, os legítimos herdeiros venceram o maligno usurpador e Merlin foi nomeado conselheiro permanente de Uter (Pendragon morrera pouco depois da vitória). Permaneceu ao lado do rei em palavras e atos, e tinha o dom de ver dentro de todas as pessoas e de prever o futuro. Por conselho seu, foi erigido o monumento de Stonehenge. Merlin já instruíra seu padrasto, Blaise, a escrever aquilo que ele lhe contaria: a história do cálice do Santo Graal e de José de Arimateia, bem como do seu próprio nascimento. Afirmou a Blaise: "Os apóstolos não escreveram acerca de Nosso Senhor nada que não tenham visto ou ouvido pessoalmente; também tu não deves escrever sobre mim nada que não tenhas ouvido de mim. *E porque sou sombrio e sempre serei, que o livro também seja sombrio e misterioso nos lugares em que não me revelarei*". Merlin contou ao rei Uter a história do Santo Graal e lhe disse: "Deveis acreditar que Nosso Senhor veio à terra para salvar a humanidade". Então, conta a história do cálice e de José de Arimateia e exorta o rei a fazer uma terceira mesa, a chamada terceira mesa do Graal. A primeira fora aquela em que Cristo celebrou a Última Ceia com os discípulos; a segunda, quadrada, era a mesa feita por José de Arimateia, na qual ele manteve o Graal em memória da Última Ceia. A terceira, que o rei deveria providenciar, devia ser *redonda*. O rei escolheu Carduel, no País de Gales, como local da mesa, e convocou cinquenta cavaleiros especialmente selecionados para a Távola Redonda, a ser realizada no Pentecostes. Eis a origem da Fraternidade dos Cavaleiros do Santo Graal. Merlin, no entanto, declarou que, a partir de então, ficaria bem afastado: "Os que aqui estão reunidos devem acreditar no que veem acontecer, e não quero que pensem que tomei parte nos acontecimentos".

Mais tarde, Merlin participou do nascimento e da coroação do rei Artur, mas, uma vez mais, não permaneceu na corte. Retirou-se para a floresta, pois sofria muito com a guerra entre britânicos e escoceses e relutava em voltar ao convívio dos homens. Construiu-se uma casa na floresta para ele, a sua *esplumoir*, na qual pôde dedicar-se às observações astronômicas, "explorando as estrelas e os indícios de eventos futuros". Por fora, sua aparência era a de um selvagem homem cabeludo, ou a de um amigo e guardião dos animais da floresta[17]. Perto da sua torre, miraculosamente, surgiu do solo uma fonte – passando por ali e bebendo dela, um louco ficou curado. (Essa mesma fonte já havia curado o desespero de Merlin em relação às guerras entre os homens.) Ao louco que ficara curado, Merlin disse as significativas palavras: "Agora, deves te dirigir hesitantemente ao teu confronto com Deus, *que te devolveu a ti mesmo*, e deves permanecer comigo, mais uma vez *em obediência a Deus*, para compensar os dias de que a insanidade te privou".

Na saga, é famosa a risada de Merlin. Ele gargalhou, por exemplo, quando viu um velho andrajoso sentado ou quando encontrou um jovem que comprara um par de sapatos. Ele ria porque sabia que o pobre homem, sem se dar conta disso, sentava-se sobre um tesouro enterrado e que o jovem morreria no dia seguinte e não iria precisar dos sapatos. Esse tipo de conhecimento fazia de Merlin um solitário, porque ele o possuía num grau muito superior ao dos que o cercavam. Ao ficar bem velho, com uma reputação de grande santidade e cercado por muitos discípulos que aprenderam com ele as coisas do espírito, ele deu adeus a tudo isso e "se refugiou no silêncio eterno". Desapareceu no seu *esplumoir* ou num túmulo de pedra e, com a passagem do tempo, falava-se apenas da "pedra de Merlin", o *perron de Merlin*, onde de vez em quando se juntavam heróis para empreenderem alguma ousada aventura. Segundo outras versões, ele foi tomado de amores pela fada Viviane e desapareceu com ela no Além, ouvindo-se hoje, tão somente, a sua risada distante, o famoso "*grito de Merlin*"[18].

Merlin é uma imagem arquetípica. Representa uma das muitas figuras de anacoretas pagãos e de frades cristãos da floresta, portadores e mantenedores do padrão de destino dos xamãs e curandeiros arcaicos[19]. Como demonstrou Ch.-A. Williams, Merlin também possuía características que o vinculam a Elias[20]. A saga relata também que um clérigo chamado Helyas escreveu as profecias de Merlin; esse Helyas não é senão Elias, o mesmo que aparece na tradição alquímica como Helyas artista[21].

Mas Elias, recordemos, é a figura que primeiro apareceu na imaginação ativa de Jung como a personificação da sabedoria do inconsciente (mais tarde substituído pela figura do Filêmon). Como mencionamos, Elias aparece em lendas da Antiguidade e da Idade Média, com algumas características travessas e maliciosas; adora perambular pelo mundo, disfarçado e sem ser percebido, submetendo as pessoas a provas[22]. Também era identificado com Metatron, o primeiro anjo de Deus, também denominado, entre outras coisas, "o pequeno Javé". Sua imagem, portanto, é a de um aspecto de Deus, na medida em que o processo de individuação, considerado da perspectiva do inconsciente, equivale na verdade a um processo de encarnação da divindade. O Metatron era equiparado, na Antiguidade recente, com Elias, Enoque e João Batista, e na obra denominada *Pistis Sophia* diz-se dele: "O poder do pequeno Javé, o do homem, e a alma do profeta Elias estão inseparavelmente ligados ao corpo de João Batista"[23]. Tanto Elias como João são representados como eremitas incomumente cabeludos; também essa característica foi transferida para Merlin, que tinha um estreito vínculo com o símbolo do cervo – aproximando-se, por conseguinte, do deus celta Kerunnus e da imagem alquímica de Mercurius. Os alquimistas o reconheciam no seu Mercurius (*o cervus fugitivus*). Mas Mercurius é uma personificação *par excellence* da substância alquímica da transformação, e essas conexões tornam bem claro que Merlin significa, por conseguinte, *o próprio segredo do cálice do Graal*. Eis por que o sonho de Jung lhe dizia, em resumo: "Busca o *Self* em teu próprio íntimo e descobrirás tanto o segredo do Graal como a resposta do problema espiritual da nossa tradição cultural". Esse segredo, contudo, só está presente no simbolismo da alquimia. Ao voltar da Índia, Jung, em consequência, voltou a trabalhar com a alquimia, dessa vez com muito mais profundidade.

Quando quase vinte anos depois do sonho do Graal contado acima entrou em contato com os detalhes da saga de Merlim[24], Jung ficou abismado. Sem ter a mínima consciência disso, ele estivera fazendo e vivenciando muita coisa que lembrava Merlin. Fizera uma torre de pedra, a fim de fugir da agitação da vida cotidiana, um refúgio semelhante ao *esplumoir*[25] de Merlin (a palavra *esplumoir* nunca foi explicada, mas se refere, provavelmente, à gaiola da muda dos falcões, logo, a um lugar de "mudar" ou de se transformar). A torre de Jung era o local em que ele vivia o nº 2, a sua forma mais abrangente ou o *Self*. Ele escreve:

> Desde o começo, eu sentia que a torre era, de algum modo, um lugar de amadurecimento – um ventre ou figura maternal em que eu podia me tornar o que era, o que sou e o que serei. Dava-me a sensação de que eu renascia em pedra [...].
>
> E em Bollingen, estou no meio da minha verdadeira vida, sou mais profundamente eu mesmo. Aqui sou, por assim dizer, o "antiquíssimo filho da mãe". Eis como se exprime, com muita sabedoria, a alquimia, porque o "velho", o "antigo", que eu já experimentara quando criança, é a personalidade nº 2, que sempre existiu e sempre existirá [...]. Nas minhas fantasias, ela tinha a forma de Filêmon, e ele volta novamente à vida em Bollingen[26].
>
> Ali eu vivia a minha segunda personalidade e via a vida como um círculo, como algo que sempre vem a ser e sempre desaparece[27].

A torre de Jung, tal como a de Merlin, no início não tinha poço; Jung era obrigado a tirar água do lago. Mas, passados alguns anos, descobriu-se uma fonte bem perto dali; ele captou sua água e a usava. É verdade que ela não cura nenhum problema mental, mas a fonte que Jung descobriu em sua psique certamente o faz. Tal como Merlin, Jung era conhecido pela sua risada. Se houvesse humor numa situação, ele sempre o percebia e comprazia-se com isso. Certa vez, um homem parou o carro na rua próxima da "Casa Eranos" para perguntar quem ria de modo tão cordial e contagiante. Laurens van der Post lhe disse uma vez: "Você é com certeza o único bosquímano honorário, porque é o único europeu que conheço que ri como o primeiro homem da face da terra!"[28]

Quando terminou de cortar a pedra cúbica a que já nos referimos, ocorreu a Jung gravar "*le cri de Merlin*" em sua parte posterior[29].

> Pois o significado da pedra me fazia lembrar a vida de Merlin na floresta, depois de ele ter desaparecido do mundo. Os homens ainda ouvem suas risadas, diz a lenda, mas não podem compreendê-las nem interpretá-las.
>
> Merlin representa uma tentativa do inconsciente medieval no sentido de criar uma figura paralela a Parsifal. Parsifal é um herói cristão, e Merlin [...] é seu irmão sombrio. No século XII, quando surgiu a lenda, ainda não havia premissas por meio das quais se pudesse compreender o seu significado intrínseco. Assim, ele terminou no exílio, vindo daí "*o grito de Merlin*", que ainda soava na floresta depois de sua morte [...]. Essa história ainda não acabou e ele ainda sai do seu refúgio. Pode-se dizer que o segredo de Merlin foi levado adiante pela alquimia, em especial na figura de Mercurius. Depois disso, Merlin foi retomado pela minha psicologia do inconsciente – e até hoje permanece incompreendido![30]

Como disse Merlin, certa vez: "*Je voel mieusa m'ame sauver que la terre*"[31], renunciando em seguida a todo poder terreno, também Jung rejeitou a tentação de toda espécie de poder espiritual. Dizia aos seus alunos, quando estes lhe pediam que tomasse por eles certas decisões:

"Recuso-me a me tornar um velho demônio do poder como Freud. Tomem suas próprias decisões. Quando eu já não estiver aqui, vocês ainda terão de saber o que fazer". Ele sempre tentou ajudar as pessoas a serem livres e autoconfiantes.

O poeta e bardo Taliesin, diz a lenda, mais tarde, juntou-se a Merlin no observatório da floresta. Foi-lhe atribuída, no *Book of Ballymote*, por exemplo, a composição de belos poemas xamânicos:

> Sou o vento que sopra sobre o mar;
> Sou a onda do oceano;
> Sou o murmúrio das vagas;
> Sou sete batalhões;
> Sou um touro vigoroso;
> Sou uma águia na rocha;
> Sou um raio de sol;
> Sou a erva mais formosa;
> Sou um destemido javali selvagem;
> Sou um salmão na água;
> Sou um lago na planície;
> Sou um artista habilidoso;
> Sou um gigantesco campeão, armado de espada;
> Posso mudar de forma como um deus [...][32].

Cada uma dessas afirmações acerca de si mesmo, ditas por Taliesin, também se aplica ao Mercurius alquímico, exaltado igualmente nos textos como vento, água-marinha, herói, águia, raio de sol e como um deus que muda de forma – espírito que permeia toda a natureza.

A fala de Jung acerca de sua vida na torre de Bollingen não parece um poema de Taliesin? "Sinto por vezes que estou como que espalhado por sobre a paisagem e no interior das coisas, vivendo em cada árvore, no arrebentar das ondas, nas nuvens e nos animais que vão e vêm, na sucessão das estações [...]. Eis [...] há espaço para o reino sem espaço do [...] interior da psique"[33].

A arte poética representava muito para Jung, que até foi – podemos dizê-lo sem distorção – um poeta "oculto". Ele tinha especial fascínio pelas obras de arte que considerava "visionárias" – porque, nelas, o poeta dá voz a coisas vindas do inconsciente coletivo, como um vidente ou profeta[34]. Ele percebia o curioso estranhamento típico da arte moderna que parte dessa ótica. Períodos dessa espécie significam uma época de incubação, em que ocorre uma transformação inconsciente. Assim, o infantilismo bárbaro da arte cristã primitiva simplesmente representa a passagem do Império Romano para a Cidade de Deus. A arte moderna é "um acúmulo dos fragmentos da nossa cultura". Mas sua demolidora raiva abala todo o nosso falso sentimentalismo, bem como a brutalidade que este encobre. Logo, sente-se, em toda a lama e em toda falta de sentido, o doloroso nascimento de uma nova consciência mundial[35].

Quando Jung contemplava quadros, seus olhos passavam involuntariamente por todos os sinais de desintegração, em busca de quaisquer conteúdos existentes que revelassem o novo e o psicologicamente criativo. Em "Um Mito Moderno sobre as Coisas Vistas no Céu", ele discute quadros de dois artistas, Erhard Jacoby e Peter Birkhäuser, sob essa luz[36], porque em ambos os quadros os artistas estão percebendo o caminho que os levou a novos símbolos da totalidade, ao tema do círculo ou da mandala, que "convida cada um de nós a se lembrar da própria alma e da própria integridade, por ser essa a resposta que o Ocidente deve dar ao perigo da tendência à massificação mental"[37], Peter Birkhäuser mostrou-lhe certa vez um novo quadro que representava um jovem negro de quatro braços que montava um cavalo branco acinzentado semelhante a um javali[38]. O cavaleiro estende a mão e, do vazio, surge uma bela flor. Ele é, por assim dizer, um novo deus da criação, que promete um ressurgir do espírito, montado no cavalo branco, a constelação de Paranatellon da Era de Aquário[39]. Pouco depois, Jung escreveu a Birkhäuser o seguinte:

> Desejo dizer-lhe que seu cavalo-javali-monstro surtiu em mim efeitos posteriores. Como prelúdio da minha última doença, tive o seguinte sonho:

Num lugar e numa época desconhecidos, como se estivesse de pé no ar, estou com um chefe primitivo que pode muito bem ter vivido há cinquenta mil anos. Os dois sabemos que agora, finalmente, o grande acontecimento teve lugar: o javali primal, uma gigantesca besta mitológica, fora finalmente caçado e morto. Tivera a pele arrancada, a cabeça cortada, o corpo dividido no sentido do comprimento como um porco esquartejado, ficando com as duas metades unidas apenas pelo pescoço.

Estamos ocupados com a tarefa de levar essa grande massa de carne para a nossa tribo. É uma tarefa difícil. Uma vez, a carne caiu numa vertiginosa corrente que a levou para o mar. Tivemos de recuperá-la. Finalmente, chegamos à nossa tribo.

O acampamento, ou povoado, forma um retângulo, encontrando-se no meio de uma floresta primeva ou de uma ilha. Uma grande festa ritual está prestes a ser celebrada.

O fundamento desse sonho é o seguinte: no início da nossa *Kalpa* (idade cósmica), Vishnu criou o novo mundo na forma de uma bela donzela que jaz na água. Mas a grande serpente conseguiu fazer a nova criação afundar no mar, de onde Vishnu a recuperou, mergulhando sob a forma de um javali [...].

No final dessa era cósmica, Vishnu vai se transformar num cavalo branco e criar um novo mundo. Isso se refere a Pégaso, que introduz a Era de Aquário[40].

Jung também retratou esse Pégaso em sua torre, no último baixo-relevo que gravou, ao lado de uma figura de *anima*-mãe, que está prestes a beber de seu leite, de sua essência espiritual. Ele escreve: "O mar em que os peixes inconscientes estão nadando pertence agora ao passado; agora, a água está no cântaro de Aquário, isto é, no recipiente do inconsciente. Estamos apartados do instinto, do inconsciente. Portanto, temos de alimentar o instinto para que não fiquemos secos. Eis por que Aquário está dando ao peixe água para beber".

A música, assim como a poesia e as artes pictóricas e plásticas, significava muito para Jung. Entre os compositores, situava Johann Sebastian Bach acima da maioria. Jung disse um dia que Bach, tal como Shakespeare, era um dos poucos gênios que viveu nas profundezas criadoras de modo inteiramente irrefletido. A arte de Bach e de Shakespeare era para ele expressão do inconsciente, não turvada por elementos do ego. Jung era, de maneira geral, muito sensível à beleza. Reagia às mais sofisticadas nuances, mas tinha o cuidado de não se perder nos descaminhos do esteticismo, em que a beleza se torna um fim em si mesma e é moralmente indiferente ou neutra, deixando de ser parte integrante do ser humano *total*. Pouco antes de sua morte, acalentou a ideia de fazer uma "harpa eólia" em Bollingen: um instrumento de cordas pendurado numa árvore que produz curiosos sons quando o vento se choca com ele. Uma ideia verdadeiramente típica de um Merlin! Ele tinha em mente, na verdade, uma imagem primordial ou fenômeno musical primordial da espécie tão belamente descrita por Chuang Tzu, que a denomina "as harmonias do órgão da terra":

> A Grande Natureza exala; é o que chamamos de vento. Agora mesmo ela não está soprando; mas, quando sopra, todos os recantos da terra ficam plenos de som. Vocês nunca ouviram o soprar desse vento? As protuberâncias pendentes das árvores da montanha, os ocos e orifícios de árvores centenárias, eles são como narizes, bocas, ouvidos; como as primeiras filas do teatro; como anéis, pilões, poços; como a água risonha. Ele ora sibila, ora murmura, ora ralha, ora resfolega; ora chama, ora se lamenta, geme, estala. De início, tem som estridente, mas depois é seguido por sons arquejantes. Quando o vento sopra com suavidade, há gentis harmonias; quando irrompe um furacão, há harmonias violentas. Quando a tormenta cruel se acalma, todas as amarras estão soltas.
>
> Você já percebeu como tudo se agita e treme então? E as harmonias do órgão da terra: elas ressoam em mil formas diferentes. Mas, por trás delas, há uma força motriz que leva esses sons a cessarem, e os traz de volta à vida. Essa força motriz – quem é ela?[41]

Em certas versões da saga, Merlin desaparece, encantado por uma fada – Viviane, Niniane, a Dama do Lago ou Morgana (provavelmente, a deusa celta da água Muirgen). Ela o emaranha numa moita de espinheiro ou o faz descer a um túmulo em que jaz um par de amantes (os parceiros alquímicos da *coniunctio* na retorta!). Heinrich Zimmer descreveu de maneira incomparável a retirada de Merlin:

> O inconsciente, tendo dado um indício acerca do mistério do mundo, mergulha outra vez na quietude. À medida que se curva conscientemente ao encanto de Niniane [...] Merlin se eleva à altura imperturbável de um deus indiano, afastando-se despreocupadamente do mundo para a quietude do seu próprio eu [...]. O mundo é para os cavaleiros da Távola Redonda, para expedições e aventuras. Mas a moita de espinheiro floresce eternamente, e Merlin nela está em casa. Ele, o "mago", está em casa na atemporalidade, olhando o futuro, como as imagens mutantes no interior de um cristal, enquanto paira acima do fluir do tempo [...][42].

À medida que Jung se aproximava do fim de sua vida na terra[43], as imagens de um "casamento sagrado", que ele um dia, próximo da morte, vira, voltaram. Quando Miguel Serrano o visitou, em 5 de maio de 1959, eles tocaram na questão da *coniunctio*. Jung, relata Serrano, parecia estar perdido num sonho, e disse:

> Era uma vez, em algum lugar, uma Flor, uma Pedra, um Cristal, uma Rainha, um Rei, um Palácio, um Amante e sua Amada; e isso foi há muito tempo, numa ilha em algum lugar do oceano, há cinco mil anos [...]. Eis o Amor, a Flor Mística da Alma. Eis o Centro, o *Self* [...]. Ninguém compreende o que quero dizer [...] só um poeta poderia começar a entender [...][44].

A morte é a última grande união dos opostos do mundo interior, o sagrado casamento da ressurreição, que os chineses antigos denominavam "a união negra nas fontes amarelas". Segundo eles, o homem, na morte, divide-se em suas duas partes psíquicas: uma, negra, pertencente ao princípio do *yin*, a parte feminina, "*p'o*" que mergulha na terra; e outra, brilhante, "*hun*" pertencente ao princípio do *yang*, que sobe aos céus. As duas continuam a sua jornada, a parte feminina para a divindade feminina do oeste; a outra, para o leste, dirigindo-se à "cidade negra" ou à "fonte amarela". Como "Senhora do Oeste" e "Senhor do Leste", elas celebram a "união negra" e, dessa união, o morto sai como um novo ser, "imponderável e invisível", capaz de "elevar-se como o sol e navegar com as nuvens"[45].

O desaparecimento de Merlin na união de amor com Niniane sugere o mesmo tema de morte-casamento. Ao mesmo tempo, ele se torna outra vez o que foi desde o começo, um "espírito na pedra". Ele é *entombé* ou *enserré* num túmulo de pedra, podendo-se ouvir a sua voz a partir dali[46]. Periodicamente, certos heróis se reúnem nessa pedra antes de empreenderem grandes aventuras[47]. Esse túmulo de pedra também é, ao mesmo tempo, uma câmara nupcial e o recipiente da *unio mystica* com a divindade[48].

Poucos dias antes de sua morte, Jung contou um sonho que teve, o último que pôde comunicar. Ele viu uma grande pedra redonda num lugar alto, uma praça vazia, estando gravadas nela as palavras: "E isso será para ti um sinal de Totalidade e de Unidade"[49]. Então, ele viu vários cálices à direita, numa praça aberta e num quadrângulo de árvores cujas raízes davam volta na terra e o envolviam, e havia entre as raízes brilhantes fios de ouro.

Quando se alcança o *tao*, o espírito do mundo e da vida eterna, os chineses dizem: "A vida longa floresce com a essência da pedra e com o brilho do ouro"[50].

Quantos heróis se encontrarão agora nessa pedra para empreenderem a grande aventura da individuação, a jornada para o interior? O destino de nossa cultura ocidental depende, se eu tiver razão, da resposta a essa pergunta.

NOTAS

1. Para o que se segue, cf. especialmente Emma Jung e Marie-Louise von Franz, *The Grail Legend*. [*A Lenda do Graal*. São Paulo: Cultrix, 1990 (fora de catálogo).]

2. Cf. H. Jacobsohn, "Der altägyptische, der christliche und der moderne Mythos", *Eranos-Jahrbuch*, 38, pp. 411ss., esp. pp. 431ss., e "Das Gegensatzproblem im altägyptischen Mythos", *Festschrift zum 80. Geburtsag von C. G. Jung*, II, pp. 171ss.
3. Cf. Jung, *Estudos Alquímicos*, *Obras Completas*, vol. 13, par. 97.
4. O Asno de Ouro, trad. por Robert Graves, p. 233.
5. Cf. também Von Franz, "Die passio Perpetuae", incluído na edição alemã do *Aion – Estudos sobre o Simbolismo do Si-mesmo*, *Obras Completas*, vol. 9/2, de Jung, mas omitido da versão inglesa.
6. Cf. Helen Adolf, *Visio Pacis, Holy City and Grail*.
7. Cf. *Memories*, pp. 201/193. [*Memórias, Sonhos, Reflexões*. São Paulo: Edição do Círculo do Livro, 1993, pp. 186-87.] Jung escreve: "O tema de Javé, Deus Criador e gnóstico, reapareceu no mito freudiano do pai original e do superego proveniente do pai. No mito de Freud, ele se torna um demônio que criou um mundo de frustrações, ilusões e sofrimento. Mas a tendência materialista [...] teve o efeito de obscurecer para Freud o outro aspecto essencial do gnosticismo: a imagem primordial do espírito como outro deus, superior, que deu à humanidade o *cratera* (recipiente para a mistura), o recipiente da transformação espiritual. O *cratera* é um princípio feminino que não encontrou lugar no mundo patriarcal de Freud".
8. Cf. *Estudos Alquímicos*, *Obras Completas*, vol. 13, pars. 104ss.; ver também *Psicologia e Alquimia*, *Obras Completas*, vol. 12, pars. 408ss.
9. Cf. Grete Lüers, *Die Sprache der deutschen Mystik des Mittelalters*.
10. *Dialogus miraculorum* IV, 34. Cf. Emma Jung e Von Franz, *The Grail Legend*, p. 138. [*A Lenda do Graal*. São Paulo: Cultrix, 1990 (fora de catálogo).]
11. Atendendo a convite do governo britânico na Índia para participar das celebrações ligadas ao vigésimo quinto aniversário do Congresso Científico Indiano; nessa viagem, ele recebeu três doutorados honorários, das universidades de Calcutá, Allahabad e Benares.
12. Cf. *Memories*, pp. 280ss./262ss. [*Memórias, Sonhos, Reflexões*. São Paulo: Edição do Círculo do Livro, 1993, pp. 251ss.]
13. *Ibidem*, pp. 280ss./262ss. [*Memórias, Sonhos, Reflexões*. São Paulo: Edição do Círculo do Livro, 1993, pp. 250ss.]
14. *Ibidem*, pp. 282/263-64. [*Memórias, Sonhos, Reflexões*. São Paulo: Edição do Círculo do Livro, 1993, p. 252.]
15. *Ibidem*, pp. 215/205. [*Memórias, Sonhos, Reflexões*. São Paulo: Edição do Círculo do Livro, 1993, p. 197.]

16. Cf. *The Grail Legend*, pp. 350-51. [*A Lenda do Graal*. São Paulo: Cultrix, 1990 (fora de catálogo).]
17. Para o vínculo com o Buile Suibne celta, cf. Brigitte Benes, "Spuren von Shamanismus in der Sage des Buile Suibne", *Zeitschrift für keltische Philologie*, 1961.
18. Cf. Heinrich Zimmer, "Merlin", *Corona*, 9, Parte 2.
19. Cf. Benes, *passim*. Todas essas formas se inter-relacionam, na medida em que buscam a experiência interior primordial por meio da introversão.
20. "Oriental Affinities of the Legends of the Hairy Anchorite", *University of Illinois Studies*, 2, maio de 1935.
21. Cf. P. Zumthor, *Merlin, le prophète*, p. 198.
22. CL Père Bruno de Jésus-Marie, org., *Élie, le prophète*, pp. 15ss. (e *A Vida Simbólica, Obras Completas*, vol. 18/2, pars. 1.525ss.)
23. Cf. H. Bietenhard, *Die himmlische Welt im Urchristentum und Spätjudentum*, p. 157.
24. Ele só conhecia a obra de Heinrich Zimmer, "Merlin", in *Corona*, 9, Parte 2.
25. Cf. Jessie Weston, "The Esplumoir Merlin", *Speculum*, 1946, p. 173.
26. *Memories*, p 225/213-14. [*Memórias, Sonhos, Reflexões*. São Paulo: Edição do Círculo do Livro, 1993, p. 205.]
27. *Ibidem*, p. 237/224. [*Memórias, Sonhos, Reflexões*. São Paulo: Edição do Círculo do Livro, 1993, p. 219.]
28. *Supplement to the Bulletin of the Analytical Psychology Club of New York*, 24:1, janeiro de 1962.
29. Cf. *Memories*, pp. 228/216. Ele desistiu dessa ideia. [*Memórias, Sonhos, Reflexões*. São Paulo: Edição do Círculo do Livro, 1993, p. 208.]
30. *Ibidem*.
31. "Prefiro salvar minha alma a (ter) a terra". Retirado de *Huth-Merlin*. Cf. também *The Grail legend*, p. 393.
32. Cf. C. Squire, *Celtic myths and legends*; cf. também *The Grail legend*, p. 309. Há um belo poema semelhante no *Book of Cecan*; cf. *The Grail legend*, p. 370.
33. *Memories*, pp. 225-26/214. [*Memórias, Sonhos, Reflexões*. São Paulo: Edição do Círculo do Livro, 1993, p. 206.]
34. Cf. *O Espírito na Arte e na Ciência*, *Obras Completas*, vol. 15, pars. 133ss. Cf. também a análise do *Ulysses* de Joyce feita por Jung (pars. 163ss.) e seu ensaio sobre Picasso (pars. 204ss.), no mesmo volume.

35. Cf. Aniela Jaffé, "Symbolism in the Visual Arts", *Man and His Symbols* (*O Homem e seus Símbolos*), pp. 230ss.

36. *Um Mito Moderno sobre Coisas Vistas no Céu*, *Obras Completas*, vol. 10, pars. 724ss.

37. *Ibidem*, par. 723.

38. Reproduzido em *Man and His Symbols* (*O Homem e seus Símbolos*), p. 199.

39. O obscurecimento da figura indica sua origem noturna.

40. Carta de 2 de novembro de 1960, citada com a gentil permissão de P. Birkhäuser. (*Jung: Letters*, org. por Adler, vol. 2.)

41. Chuang Tzu, *Das Wahre Buch vom südlichen Blütenland*, trad. de R. Wilhelm, p. 11. Sobre a relação de Jung com a música, cf. Aniela Jaffé, *From the Life and Work of C. G. Jung*. p. 116. [*Os Últimos Anos de Carl G. Jung*. São Paulo: Cultrix, 2ª ed., 2022.]

42. Heinrich Zimmer, "Merlin", *Corona*, 9, Parte 2, pp. 15s., 154.

43. Jung faleceu no dia 6 de junho de 1961.

44. Miguel Serrano, *C. G. Jung and Hermann Hesse*, p. 60.

45. Para maiores detalhes, cf. Von Franz, *Number and Time*, p. 290, e a literatura ali citada.

46. Assim, Gawain e seus homens "*si viennent à une Pierre, qui a nom li Perons Merlin*". Cf. P. Zumthor, *Merlin, le Prophète*, pp. 218-19. Em Boiardo, esse túmulo se chama *Petron di Merlino* e, em Girard d'Amiens, *Perron Merlin*.

47. Cf. Emma Jung e M.-L. Von Franz, *The Grail Legend*, p. 390. [*A Lenda do Graal*. São Paulo: Cultrix, 1990 (fora de catálogo).]

48. *Ibidem*.

49. Cf. Serrano, p. 104 (de uma carta de Ruth Baileva Serrano).

50. Cf. K. M. Schipper, *L'empereur Wou des Han dans la légende taoiste*, p. 16: "*Par la volonté suprême le tao est atteint* [...] *mais, en maintenant en paix l'essence, ta longévité fleurira, avec l'essence de la pierre et l'éclat d'or* [...] *Tu pourras traverser le vide et dissimuler la forme: Longe Vie et Jeunesse Eternelle. Ton éclat sera semblable à celui du Ciel*".

BIBLIOGRAFIA

ADLER, Gerhard. "C. G. Jung". *Middlesex Hospital Journal*. London, LXIII, 4, 1963.

________ . *The Living Symbol: A Case Study in the Process of Individuation*. Nova York, Bollingen Series LXIII, e Londres, 1961.

________ . *Studies in Analytical Psychology*. Londres e Nova York, 1948; ed. rev., 1967.

ADOLF, Helen. *Visio Pacis, Holy City and Grail*. Filadélfia, 1960.

AFFEMANN, Rudolf. "Die Frage der Tiefenpsychologie nach der Echtheit des Glaubens", *Evangelische Theologie*, 1964.

AGOSTINHO, Santo. *The City of God*. Trad. por Marcus Dods. The Modern Library, Nova York, 1950.

AGRAWAL, Padma. *Symbolism: A Psychological Study*. Benares, 1955.

AGRIPPA VON NETTESHEIM, Heinrich Cornelius. *De occulta philosophia* libri tres. Colônia, 1533.

Alchemy, Medicine and Religion in the China of a. D. 320. "The Nei P'ien of Ko Hung" (Pao-p'u-tzu). Trad. por J. R. Ware. Londres e Cambridge, Massachusetts, 1967.

ALLENBY, A. I. "A Tribute to C. G. Jung", em *Contact with Jung: Essays on the Influence of His Work and Personality*. Org. por Michael Fordham. Londres, 1963.

ALM, Ivar. "C. G. Jungs Erfahrungen in theologischer Sicht", *Theologische Zeitschrift der Theologischen Fakultät der Universität Basel*, XIV, 15. Setembro-outubro, 1963.

ALPHANDÉRY, Paul. *Ver* DUPRONT.

ALTIZER, Thomas J. J. *The Gospel of Christian Atheism*. Filadélfia e Londres, 1967.

AMMANN, Adolf. *Tannhäuser im Venusberg*. Zurique, 1964.

ANDREWS, Frank M. *Ver* PELZ.

ANRICH, Ernst. *Moderne Physik und Tiefenpsychologie*. Stuttgart, 1963.

Apocrypha and Pseudepigrapha of the Old Testament in English, org. por Robert Henry Charles. Oxford, 1913. 2 vols.

APULEIO, Lucius. *The Golden Ass*. Trad. por Robert Graves. Penguin Classics, Harmondsworth, 1950.

Artis Auriferae, quam chemiam vocant, vol. 2. Basileia, 1593.

Assumption of Our Blessed Lady, The. *Ver* PIO XII.

Aurea catena Homeri. Frankfurt e Leipzig, 1723.

AVICENNA (Husain ibn 'abd Allah). "De Anima", em *Avicennae perhypatetici philosophi*. Veneza, 1508.

________ . *Ver também* SIEBMACHER.

Babylonian Talmud, The. *Ver Talmud*.

BACH, G. R. e ILLING, H. A. "Historische Perspektiven zur Gruppenpsychotherapie", *Zeitschrift für psychosomatische Medizin*, 11. Göttingen, 1955/56, pp. 141ss.

BALMER, H. H. *Der Archetypentheorie von C. G. Jung: Eine Kritik*. Berlim, Heidelberg e Nova York, 1972.

BANNERJEE, Samiran. "Prof. Dr. C. G. Jung", Psychotherapy. Calcutá, I, 14, 1956.

BARTHÉLEMY, M. A. (trad.) *Artâ Vîrâf Nâmak* ou *Livre d'Ardâ Vîrâf*. Paris, Bibliothèque Orientale Elzévirenne, LIV, 1887.

BAUDOUIN, Charles. "Jung, Homme Concret", em *Le disque vert*. Paris, 1955.

BEIT, Hedwig von. *Gegensatz und Erneuerung im Märchen*. Berna, 1965. 3 vols.

________ . *Das Märchen*. Berna, 1965.

________ . *Symbolik des Märchens*. 2ª ed., Berna, 1960.

BENDER, Hans, e MISCHO, John. "Präkognition in Traumserien", *Zeitschrift für Parapsychologie und Grenzgebiete der Psychologie*. Berna e Munique, IV, 1, 1960; IV, 2/3, 1960-1961; V, 1, 1961.

BENES, Brigitte. "Spuren von Shamanismus in der Sage des Buile Suibne", *Zeitschrift für keltische Philologie*. 1961.

BENNET, E. A. *C. G. Jung*. Londres, 1961; Nova York, 1962.

________ . *What Jung Really Said*. Londres, 1966.

BENZ, Ernst. *Adam: Der Mythus vom Urmenschen*. Munique, 1955.

BERNET, Walter. *Inhalt und Grenze der religiösen Erfahrung*. Berna, 1955.

BERTHELOT, Marcellin. "*Collection des Anciens Alchimistes Grecs*". Paris, 1887-1888. 3 vols.

BERTINE, Eleanor. *Human Relationships: In the Family, in Friendship, in Love*. Nova York e Londres, 1958.

________ . *Jung's Contribution to Our Time*. Nova York, 1967.

BEYER, Wilhelm Raimund. "Das Sinnbild des Kreises im Denken Hegels und Lenins", *Zeitschrift für philosophische Forschung*. Meisenheim am Glau, XXVI, 1971.

Bíblia. São citadas as seguintes versões:

Versão Autorizada, "Rei James", citada quando não há indicação em contrário.

Versão Douay-Rheims.

Versão standard revista. Nova York e Oxford, 1962.

BIETENHARD, H. *Die himmlische Welt im Urchristentum und Spätjudentum*. Tübingen, 1951.

BIRAN, Sigmund. *Die ausserpsychologischen Voraussetzungen der Tiefenpsychologie*. Munique e Basileia, 1966.

BLACK ELK. *Ver* NEIHARDT.

BÖHLER, Eugen. "Ideologies and Ideals", *Spring: A Magazine of Jungian Thought*. Nova York, 1960, pp. 87-105.

________ . *Der Mythus in Wirtschaft und Wissenschaft*. Freiburg im Breisgau, 1955.

________ . *Zukunft als Problem des modernen Menschen*. Freiburg im Breisgau, 1966.

BÖHM, Walter. *Die metaphysischen Grundlagen der Naturwissenschaft und Mathematik*. Viena, Freiburg im Breisgau e Basileia, 1966.

BÖHME, Jakob. *XL Questions Concerning the Soule*. Propostas pelo dr. Balthasar Walter e respondidas por Jacob Behmen. Londres, 1647.

BONUS, Petrus. *Pretiosa margarita novella*. Org. por Janus Lacinius. Veneza, 1546.

Book of Artay Virãf. HAUG e WEST. Ver também BARTHÉLEMY.

Book of Ballymote. *Ver* SQUIRE.

Book of Cecan. *Ver* SQUIRE.

BOUSSET, Wilhelm. *Die Himmelsreise der Seele*. Darmstadt, 1960.

BOYE, Hedwig. *Menschen mit grossem Schatten*. Zurique, 1945.

BRADEN, William. *The Age of Aquarius: Technology and the Cultural Revolution*. Chicago, 1970.

BRÜGGE, Peter. "Über die apolitische Jugendbewegung in der Bundesrepublik", *Der Spiegel*. Berlim, XXV, 33, 9 de agosto de 1971.

BRUNETON, J-L. "Jung, l'homme, sa vie, son caractère", *Revue d'Allemagne*. Paris, VII, 70, 1933.

BRUNNER, Cornelia. *Die Anima als Schicksalsproblem des Mannes*. Zurique, Studien aus dem C. G. Jung Institut, XIV, 1963.

BRUNO DE JÉSUS-MARIE, Père (org.). *Élie, le prophète*. Les études carmélitaines, Paris, 1956. 2 vols.

BUDDRUSS, Georg, e FRIEDRICH, Adolph (trad.). *Schamanengeschichten aus Sibirien*. Munique e Planegg, 1955.

CESÁRIO DE HEISTERBACH. *Dialogue on Miracles* (*Dialogus Miraculorum*). Trad. por H. von E. Scott e C. C. Swinton Bland. Londres, 1929. 2 vols.

CAMPBELL, Joseph. *The Hero with a Thousand Faces*. Nova York, Bollingen Series XVII e Londres, 1949. [*O Herói de Mil Faces*. São Paulo: Cultrix, 1988.]

CAROL, Hans. "Aus einem Gespräch mit C. G. Jung", *Neue Zürcher Zeitung*. Zurique, LVIII, 2261, 2 de junho de 1963.

[CHUANG TZU.] DSCHUANG DSI. *Das wahre Buch von südlichen Blütenland*. Trad. para o alemão por Richard Wilhelm. Jena, 1912.

Codex Jung. *Ver De resurrectione*; *Evangelium veritatis*; e *The Gospel of Truth*.

Constitutio Apostolica "Munificentissimus Deus". *Ver* PIO XII.

Contact with Jung: Essays on the Influence of his Work and Personality. Org. por Michael Fordham. Londres, 1963.

CORBIN, HENRY. *Creative Imagination in the Süfism of Ibn 'Arabï*. Trad. por Ralph Manheim. Princeton, Bollingen Series XCI, e Londres, 1969.

________. "La Sophia éternelle", *Revue de culture européenne*. Paris, III, 1 (1953).

Corpus hermeticum. Org. por A. D. Nock e A.-J. Festugière, 2ª ed. Paris, 1960. 4 vols.

CORTI, W. R. "Vingt ans d'Eranos", em *Le disque vert*. Paris, 1955.

COX, David. *Jung and St. Paul: A Study of the Doctrine of Justification of Faith and Its Relation to the Concept of Individuation*. Nova York, 1959.

DEMENT, W. "Die Wirkungen des Traumentzuges", em JUTTA VON GRAEVENITZ. *Bedeutung und Deutung des Traumes in der Psychotherapie*. Darmstadt, 1968.

De resurrectione (*Epistula ad rheginum*). Codex Jung, pp. 43-50. Org. por Michel Malinine, Henri-Charles Puech, Gilles Quispel e Walter Till. Zurique e Stuttgart, 1963. (Traduzido para o francês, o alemão e o inglês.)

"Dialogus Mercurii, alchymistae, et naturae", em *Theatrum chemicum*, vol. IV. Estrasburgo, 1613, pp. 509-17.

DIECKMANN, Hans. *Dreams, the Language of the Soul: An Introduction to Dream Interpretation in the Analytical Psychology of C. G. Jung*. Trad. por William H. Kennedy. Nova York.

________. *Individuation und Märchen aus 1001 Nacht*. Stuttgart, 1974.

________. "*Märchen und Traüme als Helfer des Menschen*." Stuttgart, *Psychologisch gesehen*, nº 4. 1966.

________. *Traüme als Sprache der Seele: Einführung in die Traumdeutung der Analytischen Psychologie C. G. Jungs*. Stuttgart, 1972.

DIELS, Hermann. *Ver* Kathleen FREEMAN, *Ancilla to the pre-socratic philosophers*. Há uma tradução completa dos fragmentos em Diels, *Fragmente der Vorsokratiker*. Oxford e Cambridge, Massachusetts, 1952.

DIETERICH, Albrecht. *Eine Mithrasliturgie*. Berlim e Leipzig, 1903; 2ª ed., 1910; nova ed., Darmstadt, 1966.

DORN, Gerhard. "De transmutatione metallorum", em *Theatrum chemicum*, vol. I, Estrasburgo, 1602.

DUPRONT, A. "Introduction à l'étude d'un archétype", *La Table Ronde*. Paris, 120, dezembro de 1957.

________ e ALPHANDÉRY, Paul. *La chrétienté et l'idée de la Croisade*. Paris, 1954. 2 vols.

DURAND, Gilbert. *Les Structures anthropologiques de l'imaginaire: Introduction à une archétypologie générale*. Grenoble, 1960.

Ecclesiasticus (ou *The Wisdom of Jesus the Son of Sirach*). *Ver Apocrypha*.

[ECKHART, Meister.] [Works of] *Meister Eckhart*. Trad. por C. de B. Evans. Londres, 1924-1952, 2 vols.

Edda, The. *Ver SNORRI STURLUSON*.

EIBL-EIBESFELDT, Irenäus. *Liebe und Hass*. Munique, 1970.

EISELEY, Loren C. *The Immense Journey*. Nova York, 1957.

ELIADE, Mircea. *The Forge and the Crucible*. Trad. por Stephen Corrin. Nova York e Londres, 1962.

________ . *The Myth of the Eternal Return*. Trad. por Willard R. Trask. Nova York, Bollingen Series XLVI, e Londres, 1954.

________ . "Note sur Jung et l'alchemie", em *Le disque vert*. Paris, 1955.

________ . *Shamanism: Archaic Techniques of Ecstasy*. Trad. por Willard R. Trask. Nova York, Bollingen Series LXXVI, e Londres, 1964.

[ELIEZER BEN HYRCANUS.] *Pirkê de Rabbi Eliezer*. Trad. e org. por Gerald Friedlander. Londres e Nova York,1916.

ELLENBERGER, H. F. *The Discovery of the Unconscious*. Nova York, 1970.

EMPÉDOCLES. *Ver* DIELS.

ERIGENA, Joannes Scotus. *De divisione naturae*. Em MIGNE, P.L., vol. 122, cols. 439-1022.

Evangelium veritatis. Codex Jung, pp. 16-23, 37-43. Org. por Michel Malinine, Henri--Charles Puech e Gilles Quispel. Zurique, Studien aus dem C. G. Jung-Institut, VI, 1956. *Ver também The Gospel of Truth*.

EVANS, Richard I. *Conversations with Carl Jung*. Princeton, 1964.

EVANS-WENTZ, W. Y. (org.) *The Tibetan Book of the Dead* (*Bardo Thödol*). Trad. por Lama Kazi Dawa-Samdup. Com um comentário psicológico de C. G. Jung, 3ª ed. Londres, 1957. [*O Livro Tibetano dos Mortos*. São Paulo: Pensamento, 3ª ed., 2024.]

________ . (org.). *The Tibetan Book of the Great Liberation*. Londres, 1954. [*O Livro Tibetano da Grande Liberação*. São Paulo: Pensamento, 1987 (fora de catálogo).]

EVOLA, J. *La tradizione ermetica*. Bari, 1931; 2ª ed., 1945.

[FIERZ-DAVID, Linda.] *The Dream of Poliphilo*. Relatado e interpretado por Linda Fierz-David. Trad. por Mary Hottinger. Nova York, Bollingen Series XXV, 1950.

FORDHAM, Frieda. *An Introduction to Jung's Psychology*. Londres, Penguin Books, 1953.

FORDHAM, Michael. *Children as Individuals*. Nova York e Londres, 1969.

________ . *The Objective Psyche*. Londres, 1958.

________ . (org.) *Contact with Jung: Essays on the Influence of his Work and Personality*. Londres, 1963.

FRANZ, Marie-Louise von. "Die aktive Imagination in der Psychologie C. G. Jungs", em *Meditation in Religion und Psychotherapie*. Org. por Wilhelm Bitter. Stuttgart, 1958.

________ . *Aurora consurgens: A Document Attributed to Thomas Aquinas on the Problem of Opposites in Alchemy*. Trad. por R. F. C. Hull e A. S. B. Glover. Nova York, Bollingen Series LXXVII, e Londres, 1966.

________ . Comentário a *Das Reich ohne Raum*. Ver GOETZ.

________ . "The Dream of Descartes", em *Timeless Documents of the Soul*. Evanston, III, Studies in Jungian thought, 1968.

________ . "The Idea of the Macro and Microcosmos in the Light of Jungian Psychology", *Ambix: Journal of the Society for the Study of Alchemy and Early Chemistry*. Londres, XIII, 1, fevereiro de 1965.

________ . "Der kosmische Mensch als Zielbild des Individuationsprozesses", em *Evolution*. Org. por Wilhelm Bitter. Stuttgart, 1970.

________ . "The Library of C. G. Jung", *Spring: An Annual of Archetypal Psychology and Jungian Thought*. Nova York, 1970, pp. 190-95.

____ . *Number and Time: Reflections Leading Toward a Unification of Depth Psychology and Physics*. Trad. por Andrea Dykes. Evanston, III, Studies in Jungian Thought, 1974.

________ . "On Group Psychology", *Quadrant: Notes on Analytical Psychology*. Nova York, 13, inverno de 1973.

________ . "Die Passio Perpetuae", em C. G. Jung. *Aion: Untersuchungen zur Symbolgeschichte*. Zurique, Psychologische Abhandlungen, VIII, 1951, pp. 389-496. Para a versão inglesa, ver "The *Passio Perpetuae*", *Spring*. Nova York, 1949.

________ . The Problem of the *puer aeternus*. Spring Publications, Nova York, 1970.

________ . "The Process of Individuation", em C. G. Jung (org.). *Man and His Symbols*. Londres e Nova York, 1964.

________ . "Religious Aspects in the Background of the Puer Aeternus Problem", em *Der Archetyp/The Archetype*. Org. por Adolf Guggenbühl-Craig. Basileia e Nova York, 1964.

________ . *Die Visionen des Niklaus von Flüe*. Zurique, Studien aus dem C. G. Jung-Institut, IX, 1959.

________ . "Zur Psychologie der Gruppe", *Die Zeitwende*. Gütersloh, julho de 1971.

________ . e JUNG, Emma. *The Grail Legend*. Trad. por Andrea Dykes. Nova York e Londres, 1970. [*A Lenda do Graal*. São Paulo: Cultrix, 1990 (fora de catálogo).]

FRAZER, Sir James George. *The Golden Bough*. 3ª ed., Londres, 1952. 13 vols.

FREI, Gebhard. "C. G. Jung zum 70 Geburtstag", *Schweizer Rundschau*, 45, julho de 1945.

________ . *Imago mundi*. Org. por A. Rensch. Paderborn, 1969.

________ ."Zur Psychologie des Unbewussten", *Gloria Dei: Zeitschrift für Theologie und Geistesleben*, II, 3. 1947/1948.

FREUD, Sigmund. *The Interpretation of Dreams*. Trad. por James Strachey. Edição standart 4 e 5. Londres e Nova York, 1953. 2 vols.

________ . e JUNG, C. G. *The Freud/Jung Letters: The Correspondence Between Sigmund Freud and C. G. Jung*. Org. por William McGuire. Trad. por Ralph Manheim e R. F. C. Hull. Princeton, Bollingen Series XCIV, e Londres, 1974.

FREY-ROHN, Liliane. *From Freud to Jung: A Comparative Study of the Psychology of the Unconscious*. Trad. por Fred E. Engreen e Evelyn K. Engreen. Nova York, 1974.

FRIEDRICH, Adolf, e BUDDRUSS, Georg (trad.). *Schamanengeschichten aus Sibirien*. Munique e Planegg, 1955.

FRISCHKNECHT, Max. *Die Religion in der Psychologie von C. G. Jung*. Berna, 1945.

FRITSCH, Wilma. *Links und Rechts in Wissenschaft und Leben*. Stuttgart, 1964.

FROBÖSE, Felicia. *Träume-eine Quelle religiöser Erfahrung?* Göttingen, 1957.

FURRER, Walter L. *Objektivierung des Unbewussten*. Berna, Stuttgart e Viena, 1969.

GEBSER, Jean. *Abendländische Wandlung*. Stuttgart, 1942.

________ . *Der unsichtbare Ursprung*. Oltênia e Freiburg im Breisgau, 1970.

GIEHRL, H. E. *Volksmärchen und Tiefenpsychologie*. Munique, 1970.

GOETHE, Johann Wolfgang von. *Faust, parte 1 e parte 2*. Trad. por Philip Wayne. Penguin Classics, Harmondsworth e Baltimore, 1956 e 1959.

GOETZ, Bruno. *Das Reich ohne Raum*. Com um comentário de Marie-Louise von Franz. Zurique, 1962.

GOLDBRUNNER, Josef. "Dialog zwischen Tiefenpsychologie und katholischer Theologie", em *Festschrift für W. Bitter*. Stuttgart, 1968.

________ . *Individuation: A Study of the Depth Psychology of Carl Gustav Jung*. Trad. por Stanley Godman. Londres e Nova York, 1955.

________ . *Personale Seelsorge, Tiefenpsychologie und Seelsorge*. Friburgo, 1955.

________ . *Realization: Anthropology of Pastoral Care*. Trad. por Paul C. Bailey e Elisabeth Reinecke. Notre Dame, 1966.

Gospel of Truth, The: A Valentinian Meditation on the Gospel. [Codex Jung: *Evangelium Veritatis*.] Org. e trad. com um comentário por Kendrick Grobel. Nova York e Londres, 1960.

GRAEVENITZ, Jutta von. *Bedeutung und Deutung des Traumes in der Psychotherapie*. Darmstadt, 1968.

GRANET, Marcel. *Das chinesische Denken*. Munique, 1963.

GRAY, Ronald D. *Goethe, the Alchemist*. Cambridge, 1932.

GRIMM, Jacob e Wilhelm. *Fairy Tales*. Trad. por Margaret Hunt e rev. por James Stern. Com comentário do ponto de vista do folclore por Joseph Campbell. Nova York e Londres, 1944.

GROOT, Jan J. M. de. *The Religious System of China*. Leiden, 1892-1910. 6 vols.

GYNZ-REKOWSKY, Georg von. *Symbole des Weiblichen im Gottesbild und Kult des Alten Testamentes*. Zurique, 1963.

HAAS, Alois M. *Nim din selbes war: Studien zur Lehre der Selbsterkenntnis bei Meister Eckhart, Johannes Tauler und Heinrich Seuse*. Freiburg im Breisgau, 1971.

HÄNDLER, Otto. *Das Leib-Seele-Problem in theologischer Sicht*. Berlim, 1954.

________ . *Tiefenpsychologie, Theologie und Seelsorge*. Göttingen, 1971.

________ . *Wege zum Menschen*. Göttingen, 1962.

HANNAH, Barbara. *"The Beyond", Quadrant: Notes on Analytical Psychology*. Nova York, nº 3, inverno de 1969, pp. 12-23.

________ . *C. G. Jung: A Biographical Memoir*. Nova York.

________ . "The Healing Influence of Active Imagination in a Specific Case of Neurosis". Zurique, 1967. (Impressão particular.)

________ . "The Problem of Contact with the Animus", *The Guild of Pastoral Psychology Lectures*. Londres, nº 70, 1951.

________ . "Some Glimpses of the Individuation Process in Jung Himself", *Quadrant: Journal of the C. G. Jung Foundation for Analytical Psychology*. Nova York, nº 16, primavera de 1974, 26-33.

________ . *Striving Towards Wholeness*. Nova York, 1971.

HARDING, M. Esther. *The "I" and the "Not-I": A Study in the Development of Consciousness*. Nova York, Bollingen Series LXXIX, 1965.

________ . *Journey Into Self*. Nova York, 1956; Londres, 1958.

________ . "Jung's Influence on Contemporary Thought", *Journal of Religion and Mental Health*. Nova York, I, 3, abril de 1962, pp. 249-61.

________ . *The Parental Image: Its Injury and Reconstruction*. Nova York, 1964.

________ . *Psychic Energy: Its Source and Its Transformation*. 2ª ed. Nova York, Bollingen Series X, e Londres, 1963.

________ . *The Way of all Women*. Ed. revista, Nova York, 1970.

________ . *Woman's Mysteries: Ancient and Modern*. Nova edição, Nova York, 1971.

HARMS, Ernest. "Carl Gustav Jung-defender of Freud and the Jews", *The Psychiatric Quarterly*. Utica, N. Y., XX, 2, abril de 1946, pp. 199-230.

HARTMANN, Sven. *Gayômart*. Uppsala, 1933.

HAUG, Martin (com E. W. WEST) (org. e trad.). *The Book of Ardâ-Vîrâf*. Bombaim e Londres, 1872.

HEILER, Friedrich. *Das neue Mariendogma im Licht der Geschichte und im Urteil der Ökumene*. Munique e Basileia, Ökumenische Einheit, 2, 1951.

HEISENBERG, Werner. *Der Teil und das Ganze*. Munique, 1969.

HEISIG, James W. "Jung and Theology: A Bibliographical Essay", *Spring: An Annual of Archetypal Psychology an Jungian Thought*. Nova York, 1973, pp. 204ss.

HEISTERBACH. *Ver* CESÁRIO DE HEISTERBACH.

HENDERSON, Joseph L. *Thresholds of Initiation*. Middletown (Conn.), 1967.

HERÁCLITO. *Ver* DIELS.

HERMANN, P. "*Das altgermanische Priesterwesen*", *Deutsche Volksheit*. Jena, 64, 1929.

[HERMES TRISMEGISTUS] *Poimandres*. Walter SCOTT (org. e trad.). *Hermetica*. Oxford, 1924-36, vol. I, pp. 114-133. 4 vols.

HILLMAN, James. "Psychology: Monotheistic or Polytheistic", *Spring: An Annual of Archetypal Psychology and Jungian Thought*. Nova York, 1971, 193ss.

________ . "Senex and Puer: An Aspect of the Historical and Psychological Present", em *Eranos-Jahrbuch* XXXVI. Zurique, 1968.

HIPPOLYTOS. *Elenchos* (*Refutatio Omnium Haeresium*), em *Werke*, vol. 3. Org. por Paul Wendland. Leipzig, 1916. Para a versão inglesa, ver: *The Refutation of All Heresies*. Trad. por J. H. Macmahon. Edimburgo, 1911.

HOCHHEIMER, Wolfgang. *The Psychotherapy of C. G. Jung*. Trad. por Hildegard Nagel. Nova York, 1969.

HOF, Hans. *Scintilla animae: Eine Studie zu einem Grundbegriff in Meister Eckharts Philosophie*. Bonn, 1952.

HOFSTÄTTER, Peter. *Einführung in die Sozialpsychologie*. Hamburgo, 1957.

________ . "Gruppendynamik", em *Rowohlts deutsche Enzyklopädie*. Hamburgo, 1957.

HOSTIE, Raymond. *Religion and the Psychology of Jung*. Londres, 1957.

HUME, Robert Ernest (trad.). *The Thirteen Principal Upanishads*. 2ª ed., revista. Londres e Nova York, 1934.

HUMMEL, Gert. *Theologische Anthropologie und die Wirklichkeit der Psyche*. Darmstadt, 1972.

HURWITZ, Siegmund. *Die Gestalt des sterbenden Messias*. Zurique, Studien aus dem C. G. Jung-Institut, VIII, 1958.

Huth-Merlin. *Ver* PARIS e ULRICH.

I Ching or the Book of Changes. Trad. alemã de Richard Wilhelm, trad. para o inglês por Cary F. Baynes. 3ª ed., Princeton, Bollingen Series XIX, e Londres, 1967. [*I Ching – O Livro das Mutações*. São Paulo: Pensamento, 1984.]

[IGNÁCIO DE LOYOLA, Santo.] *The Spiritual Exercises of St. Ignatius Loyola*. Org. e trad. por Joseph Rickaby, S. J. 2ª ed., Londres, 1923.

ILLING, Hans A. "C. G. Jung on the Present Trends in Group Therapy", *Human Relations: Studies Towards the Integration of the Social Sciences*. Londres, X, 1, 1957.

________ . *Ver também* BACH.

IMBODEN, M. *Die Staatsformen*. Basileia, 1959.

ISLER, Gotthild. *Die Sennenpuppe*. Basileia, 1971.

JACOB, Hans. *Indische Weisheit und westliche Psychotherapie*. Munique, 1965.

JACOBI, Jolande. *The Psychology of C. G. Jung*. Com prefácio de C. G. Jung. Trad. por Ralph Manheim. 8ª ed., New Haven e Londres, 1973.

________. *Vom Bilderreich der Seele*. Darmstadt, 1963.

________. *The Way of Individuation*. Trad. por R. F. C. Hull. Nova York, 1967.

JACOBSOHN, Helmuth. "Der altägyptische, der christliche und der moderne Mythos", em *Eranos-Jahrbuch* XXXVIII. Zurique, 1968.

________. "Das Gegensatzproblem im altägyptischen Mythos", em *Studien zur analytischen Psychologie C. G. Jungs* (Festschrift zum 80. Geburtstag von C. G. Jung), vol. II, Zurique, 1955.

JAFFÉ, Aniela. *Apparitions and Precognition: A Study from the Point of View of C. G. Jung's Analytical Psychology*. Prefácio de C. G. Jung. Trad. por Vera Klein Williams e Mary Eliot. New Hyde Park (N. Y.) e Londres, 1963.

________. *From the Life and Work of C. G. Jung*. Trad. por R. F. C. Hull. Nova York, 1971. [*Os Últimos Anos de Carl G. Jung*. São Paulo: Cultrix, 2ª ed., 2022]

________. *The Myth of Meaning in the Work of C. G. Jung*. Trad. por R. F. C. Hull. Londres e Nova York, 1970. [*O Mito do Significado na Obra de Carl G. Jung*. São Paulo: Cultrix, 2ª ed., 2021]

________. *Der Mythus vom Sinn in Werk von C. G. Jung*. Zurique e Stuttgart, 1967.

________. Resenha da obra de H. H. Balmer's *Der Archetypentheorie von C. G. Jung*, em *Zeitschrift für Parapsychologie und Grenzgebiete der Psychologie*. Berna e Munique, XV, 1, 1973.

________. "Symbolism in the Visual Arts", em C. G. Jung (org.), *Man and His Symbols*. Nova York e Londres, 1964.

JAMES, William. *The Principles of Psychology*. Nova York, 1890; Londres, 1907. 2 vols.

JOËL, Karl. *Der Ursprung der Naturphilosophie aus dem Geiste der Mystik*. Jena, 1906.

JONES, Ernest. *The Life and Work of Sigmund Freud*. Nova York e Londres (edições distintas), 1953-1957. 3 vols.

JORDAN, Pascual. Verdrängung und Komplementarität. Hamburgo, 1947.

JUNG, C. G. *The Collected Works of C. G. Jung*. Org. por Sir Herbert Read, Michael Fordham, Gerhard Adler e William McGuire. Trad. por R. F. C. Hull (exceto o vol. 2). Nova York/Princeton, Bollingen Series XX, e Londres, 1953-1976. Citado ao longo do livro como "Obras Completas". Volumes publicados até o momento:

1. *Estudos Psiquiátricos*, 1957.
2. *Estudos Experimentais*. Trad. por Leopold Stein em colaboração com Diana Riviere. 1973.
3. *Psicogênese das Doenças Mentais*, 1960.
4. *Freud e a Psicanálise*, 1961.
5. *Símbolos da Transformação*, 2ª ed., 1967.
6. *Tipos Psicológicos*, 1971.
7. *Psicologia do Inconsciente* (vol. 7/1) e *O Eu e o Inconsciente* (vol. 7/2), 2ª ed., 1966.
8. *A Energia Psíquica* (vol. 8/1), *A Natureza da Psique* (vol. 8/2) e *Sincronicidade* (vol. 8/3), 2ª ed., 1969.
9. Parte 1. *Os Arquétipos e o Inconsciente Coletivo* (vol 9/1) e *Aion – Estudos sobre o Simbolismo do Si-mesmo* (vol. 9/2), 2ª ed., 1968.
10. *Civilização em Mudança: Presente e Futuro* (vol. 10/1), *Aspectos do Drama Contemporâneo* (vol. 10/2), *Civilização em Transição* (vol. 10/3) e *Um Mito Moderno sobre as Coisas Vistas no Céu* (vol. 10/4), 1964.
11. *Psicologia e Religião* (vol. 11/1), *Interpretação Psicológica do Dogma da Trindade* (vol. 11/2), *O Símbolo da Transformação na Missa* (vol. 11/3), *Resposta a Jó* (vol. 11/4), *Psicologia e Religião Oriental* (vol. 11/5) e *Escritos Diversos* (vol. 11/6), 2ª ed., 1969.
12. *Psicologia e Alquimia*, 2ª ed., 1968.
13. *Estudos Alquímicos*, 1967.
14. *Mysterium Coniunctionis* (vols. 14/1, 14/2 e 14/3), 2ª ed., 1970.
15. *O Espírito na Arte e na Ciência*, 1966.
16. *A Prática da Psicoterapia* (vol. 16/1) e *Ab-reação, Análise de Sonhos e Transferência* (vol. 16/2), 2ª ed., 1966.
17. *O Desenvolvimento da Personalidade*, 1954.
18. *A Vida Simbólica* (vols. 18/1 e 18/2), 1975.

_______. *Escritos Isolados com o Volume Relevante das "Obras Completas"* (ver abaixo):

"Psicologia Analítica e Educação", em *O Desenvolvimento da Personalidade, Obras Completas*, vol. 17, pars. 127-229.

Resposta a Jó. Trad. por R. F. C. Hull. Londres, 1954, em *Obras Completas*, vol. 11/4, pars. 553-758.

"Chegando ao Inconsciente", em *O Homem e seus Símbolos*. Nova York e Londres, 1964, pp. 18-103.

"O Homem Arcaico", em *Civilização em Transição, Obras Completas*, vol. 10/3, pars. 104-47.

"Um Experimento Astrológico", em *A Vida Simbólica, Obras Completas*, vol. 18/2, pars. 1174ss.

"Ein Brief zur Frage der Synchronizität", *Zeitschrift für Parapsychologie und Grenzgebiete der Psychologie*. Munique e Berna, V, 1, 1961, 4. (Cf. original, a A. D. Cornell, 9 de fevereiro de 1960, em *Letters*, vol. 2.)

C. G. Jung Speaking. Org. por R. F. C. Hull e William McGuire. Princeton, Bollingen Series XCVII, e Londres, em preparação. [C. G. *Jung: Entrevistas e Encontros*. São Paulo: Cultrix, 1982 (fora de catálogo).]

"Comentário em *O Segredo da Flor de Ouro, Obras Completas*, vol. 13, pars. 1-84.

"Simbolismo do mandala" em *Os Arquétipos e o Inconsciente Coletivo, Obras Completas*, vol. 9/1, pars. 627-712.

Erinnerungen, Traüme, Gedanken. Org. por Aniela Jaffé. Zurique, 1962. Para a trad. inglesa, ver *Memories, Dreams, Reflections*. [*Memórias, Sonhos, Reflexões*. São Paulo: Edição do Círculo do Livro, 1993.]

"Exercitia spiritualia of st. Ignatius of Loyola". Ver "The Process of Individuation".

"A Luta com as Sombras" em *Aspectos do Drama Contemporâneo, Obras Completas*, vol. 10/2, pars. 444-57.

Um Mito Moderno sobre Coisas Vistas no Céu, Obras Completas, vol. 10/4, pars. 589-824.

"Prefácio à obra de Suzuki", em *Psicologia e Religião Oriental, Obras Completas*, vol. 11/5, pars. 877-907.

"Prefácio ao I Ging", em *Psicologia e Religião Oriental, Obras Completas*, vol. 11/5, pars. 964-1018.

"Prefácio para *Lucifer e Prometheus*", de Werblowsky, em *Escritos Diversos, Obras Completas*, vol. 11/6, pars. 468-73.

"Prefácio para *Deus e o Inconsciente*", de White, em *Escritos Diversos, Obras Completas*, vol. 11/6, pars. 449-67.

"A Teoria de Freud sobre a Histeria", em *Freud e a Psicanálise, Obras Completas*, vol. 4, pars. 1-26.

"Human Relationships in Relation to the Process of Individuation". Notas de M. Esther Harding a partir de um seminário realizado por C. G. Jung em Polzeath, Cornualha, Inglaterra, verão de 1923.

"Instinto e Inconsciente", em *A Natureza da Psique, Obras Completas*, vol. 8/2, pars. 263-82.

Carta em BRUNO, *Élie, le prophète*, q. v. (também em *A Vida Simbólica, Obras Completas*, vol. 18/2, pars. 1.518ss.)

Carta sobre a psicologia de grupo em ILLING, q. v.

Letters. Selecionadas e editadas por Gerhard Adler em colaboração com Aniela Jaffé. Princeton, Bollingen Series XCV, e Londres, vol. 1, 1973; vol. 2, 1975.

Carta a Gebhard Frei, em FREI, "Zur Psychologie des Unbewussten", q. v.

Carta a Gerhard Zacharias, em *Psyche*. Berlim, julho de 1964.

Carta a John Trinick, em TRINICK, q. v. (Cf. *Letters*, vol. 2, 15 e 27 de outubro de 1957.)

Carta a Peter Birkhäuser, 2 de novembro de 1960, *in Letters*, vol. 2.

O Homem e seus Símbolos. (Com M.-L. von Franz, Joseph L. Henderson, Jolande Jacobi, Aniela Jaffé.) Nova York e Londres, 1964.

Memórias, Sonhos e Reflexões. Gravado e organizado por Aniela Jaffé. Trad. por Richard e Clara Winston. Nova York e Londres (edições distintas), 1963. (Na edição alemã, ver *Erinnerungen, Traüme, Gedanken*.)

A Energia Psíquica, Obras Completas, vol. 8/1, pars. 1-130.

"Da Essência dos Sonhos", em *A Natureza da Psique, Obras Completas*, vol. 8/2, pars. 530-69.

A Natureza da Psique, Obras Completas, vol. 8/2, pars. 343-442.

"Sobre o Diagnóstico Psicológico de Fatos", em *Estudos Psiquiátricos, Obras Completas*, vol. 1, pars. 478-84.

"Sobre a Psicologia e Patologia dos Fenômenos Chamados Ocultos", em *Estudos Psiquiátricos, Obras Completas*, vol. 1, pars. 1-150.

"As Duas Fontes do Saber: A Luz da Natureza e a Luz da Revelação", em *Estudos Alquímicos, Obras Completas*, vol. 13, pars. 145-238.

"A Fenomenologia do Espírito no Conto de Fadas", em *Os Arquétipos e o Inconsciente Coletivo, Obras Completas*, vol. 9/1, pars. 384-455.

"Picasso", em *O Espírito na Arte e na Ciência, Obras Completas*, vol. 15, pars. 204-14.

"Os Problemas da Psicoterapia Moderna", em *A Prática da Psicoterapia, Obras Completas*, vol. 16/1, pars. 114-74.

"The Process of Individuation". Notas fornecidas pelo Instituto Federal de Tecnologia (ETH.), Zurique, 1938-1941. Prefácio de Barbara Hannah. Mimeografado para circulação privada,. 5 vols. (Inclui: "Exercitia spiritualia of St. Ignatius of Loyola".)

"Psychological Analysis of Nietzsche's *Zarathustra*". Notas de um Seminário realizado pelo Dr. C. G. Jung, 1934-1939. Org. por Mary Foote. Zurique 10 vols. e volume de índice. Mimeografado para circulação privada.

A Interpretação Psicológica do Dogma da Trindade, Obras Completas, vol. 11/2, pars. 169-295.

"Comentário Psicológico ao *Bardo Thödol*", em *Psicologia e Religião Oriental, Obras Completas*, vol. 11/5, pars. 831-58.

"Comentário Psicológico sobre o *Livro Tibetano da Grande Libertação*", em *Psicologia e Religião Oriental, Obras Completas*, vol. 11/5, pars. 759-830.

"O Fundamento Psicológico da Crença nos Espíritos", em *A Natureza da Psique, Obras Completas*, vol. 8/2, pars. 570-600.

"Psychological Interpretation of Children's Dreams". Notas e palestras proferidas no Instituto Federal de Tecnologia (ETH.), Zurique, outono-inverno de 1938-1939. Mimeografado para circulação privada.

Tipos Psicológicos, Obras Completas, vol. 6, pars. 915-59.

"A Consciência na Visão Psicológica", em *Civilização em Transição, Obras Completas*, vol. 10/3, pars. 825-57.

"Psicologia e Poesia", em *O Espírito na Arte e na Ciência, Obras Completas*, vol. 15, pars. 133-62.

Psicologia e Religião, Obras Completas, vol. 11/1, pars. 1-168.

Psicogênese das Doenças Mentais, Obras Completas, vol. 3, pars. 1-316.

"Psicologia da Meditação Oriental", em *Psicologia e Religião Oriental, Obras Completas*, vol. 11/5, pars. 908-49.

"A Psicologia da Transferência", em *Ab-reação, Análise dos Sonhos e Transferência, Obras Completas*, vol. 16, pars. 353-539.

Psychology of the Unconscious: A Study of the Transformations and Symbolisms of the Libido. Trad. por Beatrice M. Hinkle. Nova York, 1916; Londres, 1917.

Psicologia do Inconsciente, Obras Completas, vol. 7/1, pars. 1-201.

O Eu e o Inconsciente, Obras Completas, vol. 7/2, pars. 202-406.

"Religião e Psicologia: Uma Resposta a Buber", em *A Vida Simbólica, Obras Completas*, vol. 18/2, pars. 1499ss. Fonte alternativa: *Spring*. Nova York, 1973.

"Retorno à Vida Simples", em *A Vida Simbólica, Obras Completas*, vol. 18/2, pars. 1343-356.

"Richard Wilhelm: *in memoriam*", em *"O Espírito na Arte e na Ciência", Obras Completas*, vol. 15, pars. 74-96.

"Rückkehr zum ein einfachen Leben", *Du: Schweizerische Monatsschrift*. Zurique, I, 3, maio de 1941.

VII Sermones ad mortuos: the seven sermons to the dead written by Basilides in Alexandria, the city where the east toucheth the west. Trad. por H. G. Baynes, Londres, 1967.

"A Alma e a Morte", em *A Natureza da Psique, Obras Completas*, vol. 8/2, pars. 796-815.

Estudos Alquímicos, Obras Completas, vol. 13, pars. 239-303.

"The Spiritual Exercises of St. Ignatius of Loyola". *Ver* "The Process of Individuation" (O Processo de Individuação) em *Man and His Symbols* (*O Homem e seus Símbolos*).

"Psicologia e Espiritismo", em *"A Vida Simbólica", Obras Completas*, vol. 18/1, pars. 749-95.

"Estudo Empírico do Processo de Individuação", em *Os Arquétipos e o Inconsciente Coletivo, Obras Completas*, vol. 9/1, pars. 525-626.

Symbolik des Geistes [Simbolismo do Espírito]. Zurique, 1948.

"Sincronicidade: Um Princípio de Conexões Acausais", em *Sincronicidade, Obras Completas*, vol 8/3, pars. 816-968.

"A Função Transcendente", em *A Natureza da Psique, Obras Completas*, vol. 8/2, pars. 131-193.

O Símbolo da Transformação na Missa, *Obras Completas*, vol. 11/3, pars. 296-448.

Über die Psychologie der Dementia praecox: Ein Versuch. Halle a. S., 1907.

"*Ulysses*: Um Monólogo", em *O Espírito na Arte e na Ciência*, *Obras Completas*, vol. 15, pars. 163-203.

Civilização em Mudanças – Presente e Futuro, *Obras Completas*, vol. 10/1, pars. 488-588.

"As Visões de Zósimo", em *Estudos Alquímicos*, *Obras Completas*, vol. 13, pars. 85-144.

Wandlungen und Symbole der Libido. Leipzig e Viena, 1912.

Zur Psychologie und Pathologie sogenannter occulter Phänomene. Leipzig, 1902.

________ . (org.) *Diagnostische Assoziationsstudien*. Leipzig, 1906 e 1909. 2 vols.

________ e FRANZ, Marie-Louise von. *Aion*: *Untersuchungen zur Zymbolgeschichte*. Zurique, 1951.

________ e FREUD, Sigmund. *The Freud/Jung Letters: The Correspondence Between Sigmund Freud and C. G. Jung*. Org. por William McGuire. Trad. por Ralph Manheim e R. F. C. Hull. Princeton, Bollingen Series XCIV, e Londres, 1974.

________ and PAULI, Wolfgang. *The Interpretation of Nature and the Psyche*. Inclui: "Synchronicity: An Acausal Connecting Principle", de C. G. Jung, trad. por R. F. C. Hull; e "The Influence of Archetypal Ideas on the Scientific Theories of Kepler", de W. Pauli, trad. por Priscilla Silz. Princeton, Bollingen Series LI, e Londres, 1955.

Jung Codex. Ver *De resurrectione*; *Evangelium veritatis*; and *The Gospel of Truth*.

JUNG, Emma. *Animus and Anima*. Trad. por Cary F. Baynes. Spring Publications. Nova York, 1957. [*Animus e Anima*. São Paulo: Cultrix, 2ª ed., 2020.]

________ e FRANZ, Marie-Louise von. *The Grail Legend*. Trad. por Andrea Dykes. Nova York e Londres, 1970. [*A Lenda do Graal*. São Paulo: Cultrix, 1990 (fora de catálogo).]

Kabbala Denudata. Ver KNORR VON ROSENROTH.

KAUNE, Fritz Jürgen. *Selbstverwirklichung: eine Konfrontation der Psychologie C. G. Jungs mit der Ethik*. Munique e Basileia, 1967.

KERÉNYI, Carl. *The Gods of the Greeks*. Trad. por Norman Cameron. Londres e Nova York, 1951. [*Os Deuses Gregos*. São Paulo: Cultrix, 1984 (fora de catálogo).]

_______ . *The Religion of the Greeks and Romans*. Trad. por Christopher Holme. Nova York e Londres, 1962.

KLING, L. C. "Archetypische Symbolik und Synchronizitäten im aktuellen Weltgeschehen", *Verborgene Welt*, 4, 1965/66.

KLOPFER, Bruno. "Some Dimensions of Psychotherapy", em *Spectrum Psychologiae: Festschrift für C. A. Meier*. Zurique, 1965.

_______ *et al. Developments in the Rorschach Technique*. Nova York, 1954; Londres, 1956. 2 vols.

KNORR VON ROSENROTH, Christian. *Kabbala Denudata seu Doctrina Hebraeorum*. Sulzbach, 1677-78, vol. I; Frankfurt sobre o Meno, 1684, vol. II. 2 vols.

KÖBERLE, Adolf. "Das Evangelium und das Geheimnis der Seele", *Zeitschrift für systematische Theologie*, XXI, 1950.

KOESTLER, Arthur. "Physik und Synchronizität", *Zeitschrift für Parapsychologie und Grenzgebiete der Psychologie*. Berno e Munique, XV, 1, 1973.

_______ . *The Roots of Coincidence*. Nova York e Londres, 1972.

KO HUNG. *Ver Alchemy, Medicine and Religion in the China of a. D. 320*.

"Komarios to Kleopatra", *in* BERTHELOT, *"Collection des Anciens Alchimistes Grecs"*. vol. II.

Koran, The. Traduzido por N. J. Dawood. Penguin Classics. Harmondsworth e Baltimore, 1956.

KRAFFT-EBING, Richard von. *Lehrbuch der* Psychiatrie auf klinischer Grundlage. 4ª ed. Stuttgart, 1890.

KREITLER, Shulamith. *Symbolschöpfung und Symbolerfassung*. Munique e Basileia, 1965.

KRETSCHMER, E. *Physique and Character*. Londres, 1951.

KRETSCHMER, Wolfgang E., Jr. "Die meditativen Verfahren in der Psychotherapie", *Zeitschrift für Psychotherapie und medizinische Psychologie*. Stuttgart, I, 3, maio de 1951.

LAIBLIN, Wilhelm. Märchenforschung und Tiefenpsychologie. Darmstadt, 1970.

LAUTERBORN, Eleanore. *Swami Omkarananda und C. G. Jung*. Zurique, 1970.

LEISEGANG, Hans. *Die Gnosis*. Kröners Taschenausgabe, Leipzig, 1924.

LÉVY-BRUHL, Lucien. *How Natives Think*. Trad. por Lilian A. Clare. Londres, 1926.

________ . *Primitive Mentality*. Trad. por Lilian A. Clare. Londres e Nova York, 1923.

________ . *The Soul of the Primitive*. Trad. por Lilian A. Clare. Nova York, 1928.

LEYHAUSEN, P. and LORENZ, Konrad Z. *Antriebe tierischen und menschlichen Verhaltens*. Munique, 1968.

LINDSAY, Jack. *The Origins of Alchemy in Graeco-Roman Egypt*. Londres, 1970.

LORENZ, Konrad Z. *On Aggression*. Trad. por M. Latzke. Londres e Nova York, 1967.

________ . "The Role of Gestalt Perception in Animal and Human Behavior", *in* L. L. WHYTE. *Aspects of Form: A Symposium on Form in Nature and Art*. Bloomington (Ind.), 1961.

________ . *Ver* também LEYHAUSEN.

LOYOLA. *Ver* IGNÁCIO DE LOYOLA.

LÜERS, Grete. *Die Sprache der deutschen Mystik des Mittelalters*. Munique, 1926.

Lu K'UAN YÜ. *Practical Buddhism*. Londres, 1971.

________ . *Secrets of Chinese Meditation*. Nova York, 1969.

________ . "The Story of Ch'an Master Han Shan", *World Buddhism*. Colombo, Ceilão, XI, 7 de fevereiro de 1963.

________ . *Taoist Yoga: Alchemy and Immortality*. Londres, 1970.

MACROBIUS, Ambrosius Theodosius. *Commentary on the Dream of Scipio* ("*Commentarium in somnium Scipionis*"). Trad. por William Harris Stahl. Records of Civilization, Sources and Studies, 48, Nova York, 1952.

MAHNKE, Dietrich. *Unendliche Sphäre und Allmittelpunkt*. Stuttgart, 1966.

MALININE, Michel. *Ver De resurrectione*. *Ver* também *Evangelium veritatis*.

MANN, Ulrich. "Hermeneutische Entsagung", em *Seelsorge als Lebenshilfe: Festschrift für W. Uhsadel*. Heidelberg, 1965.

________ . "Quaternität bei C. G. Jung", *Theologische-Literaturzeitung*, 92, 1967, 331ss.

________ . "Symbole und tiefenpsychologische Gestaltungsfaktoren der Religion", em *Grenzfragen des Glaubens*. Einsiedeln, 1967.

________ . *Theogonische Tage*: die *Entwicklung des Gottesbewusstseins in der altorientalischen und biblischen Religion*. Stuttgart, 1970.

________ . "Tiefenpsychologie und Theologie", *Lutherische Monatschefte*, IV, 1965, 188ss.

MAO TSE-TUNG. *Quotations from Chairman Mao Tse-tung*. Org. S. R. Schram. Nova York, s.d.

MARTI, Hans. *Urbild und Verfassung*. Berna, 1958.

MAUPOIL, Bernhard. *Le géomancie à l'ancienne côte des esclaves*. Paris, 1943.

McCORMICK, Fowler. "Memorial Address on C. G. Jung", em *Carl Gustav Jung: A Memorial Meeting*. Nova York, Analytical Psychology Club of New York, 1961.

MEIER, Carl Alfred. *Ancient Incubation and Modern Psychotherapy*. Trad. por Monica Curtis *et al*. Evanston, III. Studies in Jungian Thought, 1967.

________ . *Die Bedeutung des Traumes*. Olten, 1972.

________ . *Die Empirie des Unbewussten*. Zurique Lehrbuch der Komplexen Psychologie C. G. Jung, 1, 1968.

________ . *Moderne Physik-moderne Psychologie*. Zurique, Studien aus dem C. G. Jung-Institut, I, 1949.

________ . "Psychosomatic Medicine from the Jungian Point of View", *Journal of Analytical Psychology*. Londres, VIII, 2, 1962.

MIGNE, Jacques Paul (org.). *Patrologiae cursus completus*.

P. L. Latin Series. Paris, 1844-1864. 221 vols.

P. G. Greek Series, Paris, 1857-1866. 166 vols.

MISCHO, John. *Ver* BENDER.

Mithrasliturgie. *Ver* DIETERICH.

MOLTMANN, Jürgen. *Theologie der Hoffnung*. Munique, 1964.

MORENO, A. *Jung, God and Modern Man*. South Bend, Indiana, e Londres, 1974.

MUHAMMED IBN UMAIL (Senior). "Three Arabic Treatises on Alchemy, by Muhammed ibn Umail", org. por H. E. Stapleton e M. Hidayat Husain, *Memoirs of the Asiatic Society of Bengal*. Calcutá, XII, 1933, pp. 1-213.

"Munificentissimus Deus". *Ver PIO XII*.

Musaeum hermeticum reformatum et amplificatum... continens tractatus chimicos XXI praestantissimos... Frankfurt sobre o Meno, 1678. Em língua inglesa, *ver* WAITE.

NEIHARDT, John G. *Black Elk Speaks: Being the Life Story of a Holy Man of the Ogalala* [*Oglala*] sioux. Nova York, 1932. Edição em brochura, Lincoln, Nebrasca, 1961.

NETTESHEIM. *Ver* AGRIPPA VON NETTESHEIM.

NEUMANN, Erich, *Amor and Psyche: The Psychic Development of the Feminine*. Comentário do conto de Apuleio. Trad. por Ralph Manheim. Nova York, Bollingen Series LIV, e Londres, 1956. [*Eros e Psiquê*. São Paulo: Cultrix, 2ª ed., 2017.]

________ . *Art and the Collective Unconscious: Four Essays*. Trad. por Ralph Manheim. Nova York, Bollingen Series LXI, e Londres, 1959.

________ . *The Child*. Trad. por Ralph Manheim. Nova York, 1973.

________ . *Depth Psychology and a New Ethic*. Trad. por Eugene Rolfe. Nova York e Londres, 1969.

________ . *The Great Mother: An Analysis of the Archetype*. Trad. por Ralph Manheim. Nova York, Bollingen Series XLVII, e Londres, 1955. [A *Grande Mãe*. São Paulo: Cultrix, 2ª ed., 2021.]

________ . *The Origins and History of Consciousness*. Trad. por R. F. C. Hull. Com prefácio de C. G. Jung. Nova York, Bollingen Series XLII, e Londres, 1954. [*História das Origens da Consciência*, São Paulo: Cultrix, 2ª ed. 2022.]

________ . "Die Psyche und die Wandlung der Wirklichkeitsebenen", em *Eranos-Jahrbuch* XXI. Zurique, 1952.

________ . *Tiefenpsychologie und neue Ethik*. Zurique, 1949. Em língua inglesa, ver *Depth Psychology and a New Ethic*.

NIETZSCHE, Friedrich. *Thus Spake Zarathustra*. Trad. por R. J. Hollingdale. Penguin Classics, Baltimore, 1961.

NIORADZE, Georg. *Der Schamanismus bei den sibirischen Völkern*. Stuttgart, 1925.

NOWACKI, Werner. "Die Idee einer Struktur der Wirklichkeit", *Mitteilungen der Schweizerischen Naturforschenden Gesellschaft in Bern*. Berna, nova série XIV, 1957.

OERI, Albert. "Some Youthful Memories of C. G. Jung", *Spring: An Annual of Archetypal Psychology and Jungian Thought*. Nova York, 1970, pp. 182-89.

ORIGEN, *De principiis*. *Ver* MIGNE, *P. G.*, vol. 11, cols. 115-414. Para tradução, *ver: On First Principles*. Trad. por G. W. Butterworth. Londres, 1936.

ÖTINGER, Friedrich Christoph. *Philosophia perennis*.

OTTO, Walter F. *The Homeric Gods*. Trad. por Moses Hadas. Nova York, 1954.

PAO-P'U-TZU. *Ver Alchemy, Medicine and Religion in the China of a. D. 320.*

PARIS, G., e ULRICH, J. (orgs.). "Merlin", roman em prose du XIIIe siècle (*Huth-Merlin*). Paris, 1886.

PAULI, Wolfgang. "The Influence of Archetypal Ideas on the Scientific Theories of Kepler". Trad. por Priscilla Silz, in C. G. Jung e Wolfgang PAULI. *The Interpretation of Nature and the Psyche*. Nova York, Bollingen Series LI, e Londres, 1955.

________. "Naturwissenschaftliche und erkenntnistheoretische Aspekte der Ideen vom Unbewussten", em *Aufsätze und Vorträge über Physik und Erkenntnistheorie*. Brunswick, 1961.

PELZ, Donald C. e ANDREWS, Frank M. "Autonomy, Coordination and Stimulation in Relation to Scientific Achievement", *Behavioral Science*. Ann Arbor, Michigan, XI, 2 de março de 1966.

PERRY, John Weir. *The Far Side of Madness*. Englewood Cliffs, Nova Jersey, 1974.

________. *The Self in Psychotic Process: Its Symbolism in Schizophrenia*. Berkeley e Los Angeles, 1953.

PHILP, H. L. *Jung and the Problem of Evil*. Londres, 1958. *Pirkê de Rabbi Eliezer: Ver* ELIEZER BEN HYRCANUS.

Pistis Sophia: A Gnostic Miscellany. Org. e trad. por George Robert Stow Mead. Revista, nova edição, Londres, 1963.

PIO XII. *The Assumption of Our Blessed Lady: Munificentissimus Deus* (*"Constitutio Apostolica 'Munificentissimus Deus'"*). Trad. anônima. Irish Messenger Office, Dublin, 1950.

PLATÃO. *The Republic*. Trad. por R. D. P. Lee. Penguin Books Harmondsworth e Baltimore, 1958.

PLOTINO. *The Enneads*. Trad. por Stephen Mackenna. 2ª ed. revista por B. S. Page. Londres e Nova York, 1956.

PLUTARCO. *"De genio Socratis"*, em *Moralia*. Org. por C. Hubert *et al.* Leipzig, 1892-1935. 7 vols. (Vol. III, pp. 460-511.)

Poimandres. Ver HERMES TRISMEGISTO.

PORKERT, Manfred. "Wissenschaftliches Denken im alten China", *Antaios*. Stuttgart, II, 6, 1961.

PRIESTLEY, J. B. *Man and Time*. Londres, 1964.

Prose Edda, The. Ver SNORRI STURLUSON.

PRÓSPERO DE AQUITÂNIA. *Sententiae ex Augustino delibatae*. Ver MIGNE, *P. L.*, vol. 51, cols. 427-496.

PUECH, Henri-Charles. Ver *De resurrectione* and *Evangelium veritatis*.

QUISPEL, Gilles. *Die Gnosis als Weltreligion*. Zurique, 1951.

________.*Ver também Evangelium veritatis*.

________.*Ver também De resurrectione*.

RAHNER, Hugo. *Greek Myths and Christian Mystery*. Trad. por B. Battershaw. Nova York e Londres, 1963.

READ, Sir Herbert. "C. G. Jung", em *The Tenth Muse*. Nova York, 1957. Pp. 197ss.

RHALLY, Miltiade. "Varieties of Paranormal Cognition", em *Spectrum Psychologiae: Festschrift für C. A. Meier*. Org. por C. T. Frey Wehrlin. Zurique, 1965.

RICHTER, Samuel ("Sincerus Renatus"). *Theo-philosophia theoretico-practica*.

________. *Wahrhafte und vollkommene Bereitung des philosophischen Steins*. 1709.

Rig-Veda. *Ver: The Hymns of the Rig-Veda*. Trad. com um comentário popular por Ralph T. H. Griffith. 2ª Benares, 1896-97. 2 vols.

RIKLIN, Franz N. "C. G. Jung-ein Porträt", em *Was weiss man von der Seele*? Stuttgart, 1969.

RÖÖSLI, J. "Der Gottes- und Religionsbegriff bei C. G. Jung", *Schweizerische Kirchenzeitung*, 112 (1944), 302-04.

ROSENKREUTZ, Christian (pseudônimo de Johann Valentin Andreae). *The Hermetick Romance*; ou *The Chymical Wedding*. Trad. por E. Foxcroft. Londres, 1690.

ROSENROTH. *Ver* KNORR VON ROSENROTH.

Rowohlts deutsche Enzyklopädie. Hamburgo, 1957.

RUDIN, Josef. "C. G. Jung und die Religion", em *Psychotherapie und religiöse Erfahrung*. Org. por Wilhelm Bitter. Stuttgart, 1965.

________. *Psychotherapie und Religion*: Seele, Person, Gott. 2ª ed. Oltênia, 1964.

________. (org.) *Neurose und Religion*: *Krankheitsbilder und ihre Problematik*. Oltênia e Freiburg im Breisgau, 1964.

RUMP, Ariane. *Die Verwundung des Hellen als Aspekt des Bösen im "I-Ging"*. Zurique, 1967. (Dissertação inédita.)

SANFORD, John A. *Dreams: God's forgotten language*. Filadélfia, 1968.

SCHÄR, Hans. *Religion and the Cure of Souls in Jung's Psychology*. Trad. por R. F. C. Hull. Nova York, Bollingen Series XXI, e Londres, 1951.

________. *Seelsorge und Psychotherapie*. Zurique e Stuttgart, 1961.

SCHÄRF-KLUGER, Rivkah. *Satan in the Old Testament*. Trad. por Hildegard Nagel. Evanston (III), Studies in Jungian Thought, 1967.

SCHIPPER, K. M. *L'empereur Wou des Han dans le légende taoïste*. Paris, 1965.

SCHMALTZ, Gustav. *Komplexe Psychologie und körperliches Symptom*. Stuttgart, 1955.

________. "Das Machen der Wahrheit in eigenen Herzen", em *Östliche Weisheit und westliche Psychotherapie*. Org. por Wilhelm Bitter. Stuttgart, 1951.

SCHMIDBAUER, Wolfgang. *Mythos und Psychologie*. Munique e Basileia, 1970.

SCHOLEM, Gershom G. *Major Trends in Jewish Mysticism*. 3ª ed. rev., Nova York, 1954; Londres, 1955.

________. *On the Kabbalah and its Symbolism*. Trad. por Ralph Manheim. Nova York, 1965.

SCHWARTZ, Nathan. "Entropy Negentropy and the Psyche". Zurique, 1969. (Tese inédita de doutorado do C. G. Jung Institute.)

SCOTUS ERIGENA, Joannes. *Ver* ERIGENA.

Secret of the Golden Flower, The. *Ver* WILHELM, Richard.

SEIDMANN, Peter. *Der Weg der Tiefenpsychologie in geistengeschichtlicher Perspektive*. Zurique, 1959.

SEIFERT, Friedrich. *Seele und Bewusstsein: Betrachtungen zum Problem der psychischen Realität*. Munique e Basileia, 1962.

SELTMANN, Charles. *The Twelve Olympians and Their Guests*, Londres, 1952.

SENIOR. *Ver* MUHAMMED IBN UMAIL.

SERRANO, Miguel. *C G. Jung and Hermann Hesse: A Record of Two Friendships*. Trad. por Frank MacShane. Londres e Nova York, 1966.

[SIEBMACHER.] "Aquarium sapientum", em *Musaeum hermeticum*. Frankfurt sobre o Meno, 1678. (Por vezes atribuído a Avicena.)

SILBERER, Herbert. *Problems of Mysticism and Its Symbolism*. Trad. por Smith Ely Jellife. Nova York, 1917.

SILVEIRA, Nise da. "Experience d'art spontané chez des schizophrènes dans un service thérapeutique occupationnel", Zurique, 1957. (Dissertação inédita, C. G. Jung-Institute.)

________ . *Jung, Vida e Obra*. Rio de Janeiro, 1968.

________ . "Sir Herbert Read, *in memoriam*", *Quaternio*: *Revista do Grupo de Estudos C. G. Jung* (Rio de Janeiro), 1970.

"Sincerus Renatus". *Ver* RICHTER.

SNORRI STURLUSON. *The Prose Edda*. Trad. por Arthur Gilchrist Brodeur. Nova York, Scandinavian Classics, V, e Londres, 1916; 2ª impressão, 1923.

Société Internationale des Techniques d'Imagerie Mentale (SI/TIM): Information (Paris), nº 1, dezembro de 1968.

SOLIÉ, Pierre. "Psychologie analytique et imagerie mentale", *Action et pensée*. Nyon, 44, 1-2, março-junho de 1968.

SPECK, Frank. *Naskapi: The Lonely Hunter of the Labrador Peninsula*. Norman (Oklahoma), 1935.

SPITTELER, Carl. *Prometheus and Epimetheus: A Prose Epic*. Trad. por James Fullarton Muirhead. Londres, 1931.

SQUIRE, C. *Celtic Myths and Legends*. Londres, s. d.

STEINER, Gustav. "Erinnerungen an C. G. Jung", em *Basler Stadtbuch*. Basileia, 1965.

[*Talmud*.] *The Babylonian Talmud*. Trad. para o inglês coordenada por Isidore Epstein. Londres, 1935-52. 35 vols.

TAULER, Johannes. *Predigten*. Jena, 1913. 2 vols.

THEILHARD DE CHARDIN, Pierre. *The Phenomenon of Man*. Trad. por Bernard Wall. Nova York, 1959. [*O Fenômeno Humano*. São Paulo: Pensamento, 1988 (fora de catálogo).]

Theatrum chemicum. Ursel e Estrasburgo, 1602-61. 6 vols.

Tibetan Book of the Dead. *Ver* EVANS-WENTZ. [*O Livro Tibetano dos Mortos*. São Paulo: Pensamento, 3ª ed., 2024.]

Tibetan Book of the Great Liberation. *Ver* EVANS-WENTZ. [*O Livro Tibetano da Grande Liberação*. São Paulo: Pensamento, 1987 (fora de catálogo).]

TILL, Walter. Ver *De resurrectione*.

TILLICH, Paul. "Memorial Address on C. G. Jung", em *Carl Gustav Jung: A Memorial Meeting*. Nova York, Analytical Psychology Club of Nova York, 1962.

Time Magazine (Nova York), 8 de abril de 1966.

TOYNBEE, Arnold. *A Study of History*. Londres, 1934-1954. 10 vols. Versão resumida por D. C. Somervell (2 vols.), 1956-57.

TRINICK, John. *The Fire-tried Stone*. Londres, 1967.

TRÜB, HANS. *Heilung aus der Begegnung: Eine Auseinandersetzung mit der Psychologie C. G. Jungs*. 2ª ed. Stuttgart, 1961.

TUCHER, Robert. *Philosophy and Myth in Karl Marx*. 2ª ed. Nova York e Cambridge, 1972.

UEBERWEG, Friedrich, e BAUMGARTNER, Matthias. *Grundriss der Geschichte der Philosophie*. 10ª ed. Berlim, 1923.

UHSADEL, Walter. *Der Mensch und die Mächte des Unbewussten*. Kassel, 1952.

________ . "Tiefenpsychologie als Hilfwissenschaft der praktischen Theologie", *Wege des Menschen*. Gotingen, XXI, 4 de abril de 1969.

ULRICH, J. *Ver* PARIS.

Upanishads. *Ver* HUME.

URBAN, Peter. "Philosophische und empirische Aspekte der Synchronizitätstheorie", *Grenzgebiete der Wissenschaft*. Abensberg, XVII, 4 (1968), pp. 347ss.

USLAR, Detlev von. *Der Traum als Welt*. Pfullingen, 1964.

VAN DER POST, Laurens. "The Feminine Principle", sumário, *Bulletin of the Analytical Psychology Club of New York*. Nova York, XXXIII, 3 de março de 1971, pp. 5ss.

________ . "Memorial Adress in Honor of Dr. Jung". *Supplement to the Bulletin of the Analytical Psychology Club of New York*. Nova York, XXIV, 1º de janeiro de 1962.

VASAVADA, A. V. "The Place of Psychology in Philosophy", Indian Philosophical Congress (Madras), 38ª sessão, 1964.

Vedic Hymns. Trad. por F. Max Müller e Hermann Oldenberg. Sacred Books of the East, 32, 46, Oxford, 1891 e 1897. 2 vols.

VISSER 'T HOOFT, Willem Adolph. *Kein anderer Name*. Basileia, 1965.

VLAIKOVIC, Stefan. *Biologie des Träumens in tiefenpsychologischer Sicht*. Zurique, 1971. (Dissertação do C. G. Jung Institute.)

VRIES, Jan de. *Forschungsgeschichte der Mythologie*. Orbis Academicus, I, 7. Freiburg im Breisgau e Munique, 1961.

WAITE, Arthur Edward (org. e trad.). *The Hermetic Museum Restored and Enlarged*. Londres, 1953. 2 vols. Trad. pelo Musaeum Hermeticum.

WALDER, Peter. *Mensch und Welt bei C. G. Jung*. Zurique, 1951.

WALEY, Arthur. "Notes on Chinese Alchemy", *Bulletin of the Oriental School of Londres*. Londres, VI, 1930.

WEHR, Gerhard. *C. G. Jung in Selbstzeugnissen und Bilddokumentation*. Hamburgo, 1969.

________ . "Östlicher Geist und westliches Denken bei C. G. Jung und R. Steiner", *Die Zeitwende*. Gütersloh, VI, novembro de 1972, pp. 372ss.

________ . *Portrait of Jung: An Illustrated Biography*. Trad. por W. A. Hargreaves. Nova York, 1971.

[WEI PO-YANG.] "An Ancient Chinese Treatise on Alchemy Entitled Ts'an T'ung Ch'i, Written by Wei Po-yang About 142 a.D." Trad. por Lu-ch'iang Wu, com introdução e notas de Tenney L. Davis. *Isis*, Bruges, XVIII, 53, outubro de 1932, pp. 210-89.

WEISS, Victor. *Die Gnosis Jakob Böhmes*. Zurique, 1955.

WELLING, Georg von. *Opus mago-cabbalisticum et theosophicum*. Hamburgo, 1735.

WEST, Edward William. *Ver* HAUG.

WESTON, Jessie Laidley. "The Esplumoir of Merlin", *Speculum*. Cambridge, Massachusetts, 1946, pp. 173ss.

WHITE, Victor. *God and the Unconscious*. Londres, 1952; Chicago, 1953.

________ . *Soul and Psyche*. Nova York e Londres, 1960.

WHITROW, G. J. *The Natural Philosophy of Time*. Londres e Edinburgo, 1961.

WHYTE, Lancelot Law. *The Unconscious Before Freud*. Londres, 1959; Nova York, 1960; nova ed., 1967.

________ . (org.). *Aspects of Form: A Symposium on Form in Nature and Art*. Bloomington (org.), 1961.

WICKES, Frances Gillespy. *The Inner World of Childhood*. Com introdução de C. G. Jung. Nova York e Londres, 1927. Ed. revista 1967.

________ . *The Inner World of Choice*. Com prefácio de Henry A. Murray. Nova York, 1963.

________ . *The Inner World of Man*. Nova York e Londres, 1950.

WILHELM, Hellmut. "The Concept of Time in the Book of Changes", em *Man and Time*. (Artigos dos Eranos Yearbooks, vol. 3). Nova York, Bollingen Series XXX, e Londres, 1957.

[WILHELM, Richard.] *The Secret of the Golden Flower: A Chinese Book of Life*. Trad. [para o alemão] e explicado por Richard Wilhelm, com prefácio e comentário de C. G. Jung. Trad. para o inglês por Cary F. Baynes. Ed. Revista. Londres e Nova York, 1962.

________ . *Ver* também *I Ching*.

WILLIAMS, Ch.-A. "Oriental Affinities of the Legends of the Hairy Anchorite", *University of Illinois Studies*. Urbana, 2 de maio de 1925.

Wisdom of Jesus the Son of Sirach (Ecclesiasticus). *In Apocrypha and Pseudepigrapha of the Old Testament in English*. Org. por Robert Henry Charles. Oxford, 1913.

WITTCUT, J. *Catholic Thought and Modern Psychology*. Londres, 1943.

WOLF, Karl Lothar. "Symmetrie und Polarität", *Studium Generale*. Berlim, Göttingen e Heidelburg, II, 4/5, julho de 1929.

WOLFF, Toni. *Studies in Jungian Psychology*. Trad. por Eugene M. E. Rolfe. Nova York.

WOLFRAM VON ESCHENBACH. *Parzival*. Org. e trad. por Helen M. Mustard e Charles E. Passage. Nova York, 1961.

WÜNSCHE, August. "Schöpfung und Sündenfall des ersten Menschenpaares im jüdischen und moslemischen Sagenkreise", *Ex Oriente Lux*. Leipzig, II, parte 4, 1906.

WYMAN, Leland C. "Origin Legend of Navaho Divinatory Rites", *Journal of American Folklore*. Lancaster, Penna, 49, 1936, pp. 134ss.

XENÓFALES. *Ver* DIELS.

YATES, Frances. *Giordano Bruno and the Hermetic Tradition*. Londres, 1964. [*Giordano Bruno e as Tradições Herméticas*. São Paulo: Cultrix, 1987 (fora de catálogo).]

ZACHARIAS, Gerhard. *Psyche und Mysterium*. Zurique, Studien aus dem C. G. Jung-Institut, V, 1954.

ZIMMER, Heinrich. "Merlin", *Corona*. Oldenburgo, Munique e Berlim, IX, 2, 1939.

ZIMMERMANN, Rolf Chr. *Das Weltbild des jungen Goethe*. Munique, 1969.

Zosimos de Panópolis. *Visions*, in BERTHELOT. "*Collection des Anciens Alchimistes Grecs*", q. v.

ZUMTHOR, Paul. *Merlin, le prophète*. Lausanne, 1943.

CRONOLOGIA BIOGRÁFICA

1875	26 de julho: Nasce em Kesswil (Cantão de Thurgau), Suíça, Carl Gustav Jung, filho do pastor Johann Paul Achilles Jung (1842--1896) e de Emilie, née Preiswerk (1848-1923).
1876	Seis meses depois do seu nascimento, a família se muda para Laufen, perto das cataratas do Reno.
1879	A família se muda para Klein-Hüningen, perto de Basileia.
1884	Nascimento da irmã, Gertrud (falecida em 1935). Jung entra no colégio, em Basileia.
1895-1900	Estuda ciências naturais e, depois, medicina, na Universidade de Basileia.
1898	Inicia os estudos preliminares para sua dissertação.
1900	Completa os exames estaduais em medicina. A 10 de dezembro: assume cargo de assistente de Eugen Bleuler no Hospital Mental Burghölzli (Clínica Psiquiátrica da Universidade de Zurique).

1903	Desposa Emma Rauschenbach (1882-1955), filha de um industrial de Schaffhausen. Tiveram cinco filhos: Agathe (Niehus), Gret (Baumann), Franz, Marianne (Niehus) e Helene (Hoerni).
1905	Qualifica-se como palestrante em psiquiatria da Faculdade de Medicina da Universidade de Zurique; torna-se médico sênior do Burghölzli; continua como palestrante até 1913.
1906	Defende Sigmund Freud num congresso em Baden-Baden, antes de tê-lo conhecido pessoalmente.
1907	Março: primeiro encontro com Freud, em Viena.
1909	É convidado pela Universidade Clark, de Worcester, Massachusetts, para dar palestras sobre seus estudos a respeito de associações de palavras; viaja com Freud, que ali dá palestras sobre sua obra.
1910	Fundação da Associação Psicanalítica Internacional; Jung é o primeiro presidente, entre 1910 e 1914.
1911-1914	Rompimento gradual com Freud.
1914	Viagem à Itália (Ravena).
1914	Julho: palestra na Associação Médica Britânica, em Aberdeen, Escócia.
1914-1918	Confronto com seu próprio inconsciente e com seu "mito".
1916	Palestra a respeito da "Estrutura do inconsciente". Fundação do Clube de Psicologia de Zurique.
1918-1919	Nomeado, com a patente de capitão, como comandante da Région des Internés de Guerre, em Château d'Oex (Cantão do Vaude). Estuda as mandalas.
1918-1926	Estudo do gnosticismo.

1920 Viagem à Argélia e à Tunísia.

1923 Começa a construir a sua "torre", em Bollingen (Cantão de São Galeno).

1924-1925 Visita aos índios Pueblos do Novo México e do Arizona (EUA).

1925-1926 Expedição ao Quênia, África Oriental Britânica, especialmente aos Elgonyi, no monte Elgon.

1932 Recebe o prêmio Literário da cidade de Zurique.

1933 Torna-se presidente da Sociedade Médica Geral Internacional de Psicoterapia e editor do *Zentralblatt für Psychotherapie und ihre Grenzgebiete*; serviu até 1939.

1933 Palestrante do Instituto Federal de Tecnologia (E. T. H.), em Zurique.

1933- 1951 Participante e palestrante das Conferências Eranos, em Ascona.

1934 Começa sistematicamente a pesquisar a alquimia.

1935 Professor honorário do Instituto Federal de Tecnologia (E. T. H.) até sua renúncia, em 1941.

1938 Viagem à Índia, a convite do governo britânico, por ocasião do vigésimo quinto aniversário do Congresso de Ciência Indiano; recebe doutorados honorários das universidades de Calcutá, Benares e Allabad. (Jung também recebeu doutorados honorários da Universidade Clark, de Worcester, Massachusetts; da Universidade Fordham, Nova York; da Universidade Harvard; da Universidade Oxford; da Universidade de Genebra; e do Instituto Federal de Tecnologia, em Zurique. Também foi membro honorário da Sociedade de Medicina Real de Londres.)

1944 Professor de Psicologia Clínica da Universidade de Basileia. Renuncia no mesmo ano por motivos de saúde.

1945 Presidente do conselho da recém-fundada Schweizerischen Gesellschaft für praktische Psychologie.

1948 Fundação do Instituto C. G. Jung, em Zurique.

1955 27 de novembro: falece Emma Jung.

1960 Recebe o título de Cidadão Honorário da cidade de Küsnacht, Suiça.

1961 6 de junho: Carl Gustav Jung falece em sua casa de Küsnacht.
9 de junho: serviços funerários e sepultamento em Küsnacht.

ÍNDICE

H

M

P

S

U